Annual Report on Industry Status and
Industry Association of Shenzhen (2015)

深圳行业状况及行业协会报告
·2015·

深圳市社会组织管理局　深圳大学　合作编写

图书在版编目(CIP)数据

深圳行业状况及行业协会报告.2015/深圳市社会组织管理局,深圳大学合编.—厦门：厦门大学出版社,2017.5
ISBN 978-7-5615-6473-8

Ⅰ.①深…　Ⅱ.①深…②深…　Ⅲ.①行业管理-研究报告-深圳-2015②行业协会-组织管理-研究报告-深圳-2015　Ⅳ.①F279.276.53

中国版本图书馆CIP数据核字(2017)第090499号

出 版 人	蒋东明
责任编辑	邓　臻
封面设计	李嘉彬
技术编辑	许克华

出版发行	
社　　址	厦门市软件园二期望海路39号
邮政编码	361008
总 编 办	0592-2182177　0592-2181406(传真)
营销中心	0592-2184458　0592-2181365
网　　址	http://www.xmupress.com
邮　　箱	xmup@xmupress.com
印　　刷	厦门市万美兴印刷设计有限公司

开本　787mm×1092mm　1/16
印张　23.25
插页　2
字数　560千字
版次　2017年5月第1版
印次　2017年5月第1次印刷
定价　88.00元

本书如有印装质量问题请直接寄承印厂调换

厦门大学出版社
微信二维码

厦门大学出版社
微博二维码

《深圳行业状况及行业协会报告·2015》编委会

总 顾 问：廖远飞

主　　　任：凌　冲

副 主 任：孙景明　李文海

编　　委：曾映红　李祥杰　曾晓婷　郑　炜

策　　划：曾映红　李祥杰

主　　编：周　卫

副 主 编：贾　芳　高俊杰

执行编辑：周　卫　贾　芳　高俊杰　陈柏欣　罗梓烨

　　　　　吴　穷　肖泽邦　黄亮亮　周　英　蓝娅倩

　　　　　黄倩芸

前 言

深圳市社会组织自实施登记制度改革以来呈现井喷之势。行业协会和商会作为深圳市社会组织中最为活跃的组成部分，近年来，其在数量、规模、覆盖面及社会影响力方面的发展势头尤其引人注目。

2015年，是深圳市社会组织管理局深化行业协会改革的一年。在这一年中，除了继续实行行业协会直接登记管理体制外，深圳市社会组织管理局响应党中央号召，进一步完善配套政策措施体系，加大对行业协会的培育和扶持力度，着力构建政府和行业协会的新型合作关系，坚持培育发展和管理监督并重的方针，加强对行业协会的规范和管理，促进行业协会的健康发展，已经取得显著成绩。年报数据表明，截至2015年12月底，深圳市行业协会以近20%的速度呈快速增长趋势，资产规模显著扩大，行业协会工作人员日趋年轻化，市场化程度大大提高，在推动产业升级、开拓行业市场、承办行业展览、提供公共服务方面已成为市场经济体系不可或缺的重要组成部分；与此同时，行业自治的规范化程度已经达到较高水平，行业协会主动适用行业自律规范处理行业内不良行为；一些行业协会制定的行业标准，其影响力正由地方向全国扩展；行业协会已经形成了多种参政议政的渠道，并通过平等对话、沟通、协商、协调等办法参与社会管理，缓解社会矛盾，增强社会弹性，促进社会融合，成为构建和谐社会的有效"减压器"。当前，深圳市行业协会已经广泛涵盖了高新技术、金融、物流、文化四大支柱产业、优势传统产业、商贸旅游业、建筑和房地产业、市场中介服务业、环保产业及互联网、新能源、生物等战略性新兴产业各主要领域，已被公认为深圳经济特区社会组织中力量最强、最具创造力的部分。

《深圳行业协会状况及行业协会报告·2015》约53万字，属于深圳市社会组织管理局自2005年以来连续编印的《深圳行业状况及行业协会年度报告》系列，在不改变其基本宗旨和定位的前提下，按照由总到分、由整体到个别的逻辑顺序，在对往年行业协会报告的结构进行微调的基础上，共分为"总报告"、"技术报告"、"分报告"、"经典案例"和"政策概要"五篇，将深圳市行业协会发展状况总体分析报告在内的"总报告"放在第一篇，结合年报数据和调研资料系统、全面、客观地描述了深圳市行业协会2015年的整体发展状况。第二篇是"技术报告"，也是本年度的一个创造性成果，根据行业协会年报模板和数据，并应用因子分析方法，对相关指标进行降维处理，构造了一个基于年报信息衡量各协会绩效竞争力的年度运行状况评估模型（辅助软件为SPSS.22版本），旨在通过年报数据快速比较行业协会在个体和整体发展方面的历时或共时差异，以引领行业协会的发展。往年的"经典案例"在今年分为两个部分：一为"分报告"，收录了22家行业协会的行业及行业协会年度发展报告，作为第三篇；一为"经典案例"，收入了深圳市6家具有一定代表性的行业协会在提供行业服务、促进行业自律、引导产业升级、参与社会共治方面不懈探索或取得一定社会影响力的具体案例,作为第四篇。考虑到主题的要求和篇幅的限制,往年放在第一篇的政策文件,本书将之置于最后一篇"政策概要"中,并且改变了往年直接收录的方式,只是简单梳理和概括,以起到检索指引作用。

应当声明的是,《深圳行业状况及行业协会报告·2015》一书中,总报告部分,由于年报数据的模板本身的限制,且各个行业协会在填写年报时因理解差异和数据处理方法存在差异而导致一些数据存在瑕疵,因此,其中的分析难免存在局限性。分报告部分系向各个行业协会征稿后甄选汇编而成,其中的数据、事实及观点由各分报告的撰写单位和撰写人负责。经典案例部分材料多来自相关协会的供稿、年报报表或有行业协会商会经验交流沙龙的发言录音记录(文中皆有说明),如有错漏,希望相关读者及时指出。

深圳市行业协会发展快、数量多且覆盖面广,但囿于篇幅,本书在分报告和案例的取舍中难免挂一漏万。另外,本书技术报告中有关行业协会年度运行状况评估模型的构建和应用尚在初步的探索中,远未达到完善的程度。编者诚挚地希望各个领域的读者能够不吝赐教,行业协会报告才得以在大家的关注和批评中不断发展完善。

目 录

第一篇 总报告

深圳市行业协会发展状况总体分析报告·2015 …………………………………… 003

第二篇 技术报告

深圳市行业协会年度运行状况评估模型的构建及应用 ………………………… 035

第三篇 分报告

深圳市安全防范行业 2015 年度发展报告 ……………………………………… 057
深圳市黄金珠宝首饰行业发展及行业协会报告·2015 ………………………… 073
深圳市燃气行业发展及行业协会报告·2015 …………………………………… 091
深圳市房地产经纪行业发展及行业协会报告·2015 …………………………… 114
深圳市房屋租赁行业发展报告·2015 …………………………………………… 128
深圳市饭店行业发展及行业协会报告·2015 …………………………………… 144
深圳市个体劳动者协会 2015 年度发展报告 …………………………………… 167
深圳市工艺礼品行业发展及行业协会报告·2015 ……………………………… 180
深圳市物业管理行业发展及行业协会报告·2015 ……………………………… 186
深圳市集装箱拖车运输行业发展及行业协会报告·2015 ……………………… 200
深圳市高分子行业发展及行业协会报告·2015 ………………………………… 210
深圳市物联网行业发展及行业协会报告·2015 ………………………………… 220
深圳市工艺美术行业发展及行业协会报告·2015 ……………………………… 239
深圳市计算机行业 2015 年度发展报告 ………………………………………… 257
深圳市仪器仪表与自动化行业发展及行业协会报告·2015 …………………… 264
深圳市机械行业协会发展报告·2015 …………………………………………… 274
深圳市家庭服务行业发展及行业协会 2015 年度报告 ………………………… 278
深圳市防伪行业发展及行业协会报告·2015 …………………………………… 293
深圳工业总会 2015 年度发展报告 ……………………………………………… 307

深圳市电子烟行业协会2015年度发展报告 …………………………………… 315
深圳市净水产业协会2015年度发展报告 …………………………………… 319
深圳市缝制设备行业协会2015年度发展报告 ……………………………… 323

第四篇　经典案例

深圳市包装行业协会开展第一次行业普查 ………………………………… 333
深圳市集装箱拖车运输协会行业服务经典案例概览 ……………………… 338
深圳市银行业协会反信息诈骗犯罪活动经典案例 ………………………… 342
深圳市个体劳动者协会整合信用信息促进会员自律 ……………………… 345
深圳市钟表行业协会：小钟表成就大事业 ………………………………… 349
深圳市二手车流通协会2015年度行业服务经验分享 …………………… 352

第五篇　政策概要

2015年我国有关行业协会方面的政策重点及其贯彻实施 ……………… 357

第一篇
Chapter 1

总报告

总报告

深圳市行业协会
发展状况总体分析报告·2015

◎深圳大学法学院　周　卫　◎深圳大学经济学院　陈柏欣

一、本报告的数据来源及分析目的

本分析报告的撰写主要基于2013—2015年深圳市社会组织管理局提供的深圳市社会组织第四季度统计表、深圳市市级社会组织年检及深圳市市级行业协会（以下简称协会）年度报告数据、深圳市社会组织管理局官网发布的信息，以及通过对行业协会及社会组织管理局管理人员深入访谈、举办主题沙龙方式获得的调研信息。

截至2015年12月31日，深圳市社会组织已经达到10 100家，较上年度增长20.28%，其中，行业协会（含异地商会，以下同）较上年度增加19.12%。截至2016年3月31日，共有456家协会在线填报了2015年年度报告，年报填报率达到85.23%，比上年度的年报填报率增加了20.44%，年报数量增长幅度超过了协会及社会组织的数量增长幅度。

撰写本报告的目的在于：第一，择要展示2015市级协会年报数据情况；第二，基于协会年报数据提供的基本信息，分析影响深圳行业协会发展的基本要素；第三，结合统计数据和调研情况对目前深圳市协会在数量增长情况、发展规模、资产状况、人力资源、内部治理、业务活动及接受监管状况七个方面的现状进行描述，区分不同发展状况的协会的发展年限和发展区段，便于协会对自身所处的发展阶段和环境形成一个较全面的个体—整体印象，同时为深圳市社会组织管理局行业协会管理制度的实施和完善提供参考。

特别需要说明的是，本报告所涉及的数据仅包括市级行业协会（含异地商会）信息，未收录区级行业协会的具体年报信息，因此，所得出的结论不一定能完全反映深圳市全市行业协会的发展状况。

二、2015年深圳市推进行业协会改革和发展的主要举措

近年来，深圳市采取了一系列的改革措施，大力推进行业协会改革，在全国范围内率先实施行业协会商会的民间化、市场化改革；率先突破双重管理体制，实行工商经济类行

业协会商会、异地商会直接登记；率先在行业协会商会引入竞争机制，探索"一业多会"。深圳的很多实践探索，已经为全国行业协会商会改革积累了丰富的经验。

2015年，是深圳市社会组织管理局深化行业协会改革的一年。在这一年中，除了继续实行行业协会直接登记管理体制以外，深圳市社会组织管理局响应党中央号召，进一步完善配套政策措施体系，加大对行业协会的培育扶持力度，着力构建政府和行业协会的新型合作关系；坚持培育发展和管理监督并重的方针，加强对行业协会的规范和管理，促进行业协会的健康发展。具体做法包括：

(一)巩固和发展行业协会"去行政化"、"去垄断化"改革成果

1.深化"去行政化"改革

长期以来，不少行业协会和行政部门政社不分，存在千丝万缕的利益联系，行政化色彩浓厚，妨碍了行业协会的健康发展。2004年，深圳市在全国率先进行行业协会登记管理体制改革，推动了行业协会"去行政化"改革。2015年1月，"深圳市民间组织管理局"更名为"深圳市社会组织管理局"，政社共治理念进一步得到彰显。2015年9月，深圳市社会组织管理局建立社会组织第三方评估机制，坚持政社分开，管评分离，由独立的社会机构对包括行业协会在内的社会组织进行专业化评价，评估主体由往年的政府部门变为独立的第三方。深圳市社会组织管理局通过政府公开招标的方式确定了深圳市社会组织总会承接市级社会组织评估工作，联合专业评估机构及研究机构、律师、会计师等组建评估委员会及复核委员会，制定评估指标体系，并实施评估工作。2015年12月23日，深圳市民政局发布了《关于开展社会组织与行政机关挂钩情况全面摸底调查工作的通知》，告知各单位，民政局将面向全市开展一次关于社会组织与行政机关挂钩情况的全面调查摸底工作，并对调查的范围、内容、时间及办法进行了公布。调查表明，深圳市行业协会近年来去行政化的改革成效卓著，且改革成果得到了巩固，没有出现反弹现象。

2.巩固"去垄断化"改革

推行"一业多会"、"去垄断化"改革，是广东省委省政府2014年以来行业协会体制改革的核心任务。深圳市在完成行业协会的"去行政化"改革后，2014年通过地方立法确认了"一业多会"制度，2015年在深圳很多传统优势产业领域产生了许多专业性强、适度细分的行业协会，不仅激发了行业协会通过提升服务质量吸引会员，也为政府购买服务提供了更大的选择空间。

(二)加大培育和扶持力度，为行业协会营造良好的发展环境

一是组织行业协会承接政府转移的有关职能和工作事项。在2009年的行政管理体制改革中，深圳市各部门共取消、调整和转移284项职责和行政审批事项。2010年3月，深圳市出台《推进政府职能和工作事项转移委托工作实施方案》，对政府职能和工作事项规范有序转移进行了制度性安排，切实转变职能，打造服务型政府。2015年深圳市政府颁布的《推进简政放权放管结合转变政府职能工作实施方案》(深府〔2015〕72号)提出，"推进政府转移职能，加大对社会组织的扶持培育力度，完善具备承接政府转移职能的社会组织目录，深入推进政府购买服务工作，确保事项转得出、接得稳、管得住"。深圳市社

组织管理局对政府转移的职能和工作事项,有序组织包括行业协会在内的社会组织对接。如深圳市环境保护产业协会2015年通过政府外包服务采购招投标,承担了不少政府外包采购服务项目,包括"2014年度深圳市环境服务业财务统计"项目、"2014年度深圳市环境保护及相关产业基本情况调查"项目、"深圳市重点企业清洁生产审核专家评估验收"项目,共完成100余家企业清洁生产评估验收以及多项应急预案组织评审工作,还承担了深圳市排污口标志牌的核定发放及制作任务,以及"深圳市环保企业信用等级评估体系指标研究"、"基于产业链整合的深圳环保产业市场外拓模式研究"等项目。年报数据显示,2015年的一年时间中,市级行业协会和商会共接受了不少于363项政府职能转移和购买服务,获得政府资助近1 000万元。

二是加强行业协会的人才队伍建设,持续推行"行业协会管理职业化"人才培养项目,多年累计培训行业协会管理人才近万人次,提高了行业协会专职人员的职业化水平。

三是每年组织编印《深圳行业状况及行业协会年度报告》,对深圳市行业协会的发展状况及其所在行业进行全面、综合的分析与汇总,为政府、行业协会和广大企业提供研究素材与决策依据。

(三)加强规范管理,促进行业自治

1.指导行业协会完善内部治理

深圳市社会组织管理局进一步督促以章程为核心的法人治理结构,健全内部规章和自律机制。根据《深圳市行业协会法人治理指引》、《深圳市社会团体换届选举指引(试行)》、《深圳市社会组织财务管理指引(试行)》,有序指导行业协会规范管理,提升其内部自治能力。

2.加强行业自律体系建设

深圳市社会组织管理局大力开展行业自律体系建设。2015年除了组织行业协会开展"如何推进诚信和自律建设"经验分享和讨论沙龙活动,它还组织专业人员编印了《深圳市行业协会诚信自律建设材料汇编》,以引导和促进协会间就诚信自律规范建设主题进行交流和学习。

3.大力开展社会组织信用体系建设,创新监管方式

深圳市社会组织管理局为应对直接登记制度改革以来监管对象激增、监管压力增大的局面,2015年创新了监管模式,将社会组织纳入全市社会信用体系和市场监管体系建设之中,采取"直接抽查+信用惩戒"方式实施监管,并取得了一定成效。如2015年,它通过抽查方式发现深圳市汽车行业协会等170家社会组织因未按照《社会团体登记管理条例》、《民办非企业单位登记管理暂行条例》、《基金会管理条例》、《深圳经济特区行业协会条例》,以及《民办非企业单位年度检查办法》、《基金会年度检查办法》和《广东省民间组织年检暂行办法》等规定履行接受2012—2013年度检查或报送2013—2014年度报告等法定义务,处于非正常活动状态,即将其列入《深圳市市级社会组织活动异常名录》并向公众公示,以督促协会自律。

4.落实和加强行业协会党建工作

为贯彻落实中办《关于加强社会组织党的建设工作的意见(试行)》、中办国办《行业协

会商会与行政机关脱钩总体方案》和全国、全省社会组织党建工作座谈会精神,加强深圳行业协会商会党建工作,促进行业协会商会健康有序发展,市社会组织党委、市社会组织管理局在2015年年底颁发了《关于加强异地商会党建工作的意见(试行)》和《关于加强行业协会党建工作的意见(试行)》两个规范性文件,对全市行业协会商会党建工作提出系统且全面要求,并突出了深圳特色。这两个规范性文件于2016年开始实施。

三、2015年深圳市市级行业协会发展的基本状况

(一)社会组织整体数量变化及行业协会数量增长情况

1.深圳市社会组织整体数量增长情况

深圳市社会组织整体数量呈快速增长之势。深圳市社会组织管理局管理服务处提供的年报数据表明,截至2015年12月31日,深圳市社会组织登记7 731家,备案2 369家,共有社会组织10 100家。其中,市级社会组织2 651家(含社团1 271家、民非1 198家、基金会182家),区级社会组织7 449家(含社团3 844家、民非3 605家);社团5 115家,民非4 803家,基金会182家(见表1)。由图1可见,深圳市社会组织总数呈逐年上升趋势,较上年增加22.58%。图2表明,深圳市社团总数和社会组织整体数量变化趋势十分接近,较上年增加22.54%。

表1 2013—2015年深圳市社会组织数量情况

类别	2013			2014			2015		
	市级	区级	合计	市级	区级	合计	市级	区级	合计
社会团体	920	2 440	3 360	1 080	3 094	4 174	1 271	3 844	5 115
民非	832	2 676	3 508	997	2 943	3 940	1 198	3 605	4 803
基金会	76	0	76	127	0	127	182	0	182
社会组织总数	1 828	5 116	6 944	2 204	6 037	8 241	2 651	7 449	10 100

2.市级行业协会数量增长情况

深圳市市级行业协会数量以近20%的速度增长。截至2015年12月31日,全市行业协会和异地商会合计673家,其中市级行业协会346家,异地商会189家,区级行业协会138家。当前,全市行业协会在社会组织中占比约6.66%,在全市社会团体中占比约13.16%(见表2)。由图3可见,深圳市行业协会总数呈显著上升趋势,较上年增长19.12%,略低于全市社会组织平均增长水平。其中,异地商会、市级、区级行业协会增长速度分别为31.25%、15.72%、13.11%,异地商会数量增加速度接近市级行业协会增速的2倍。

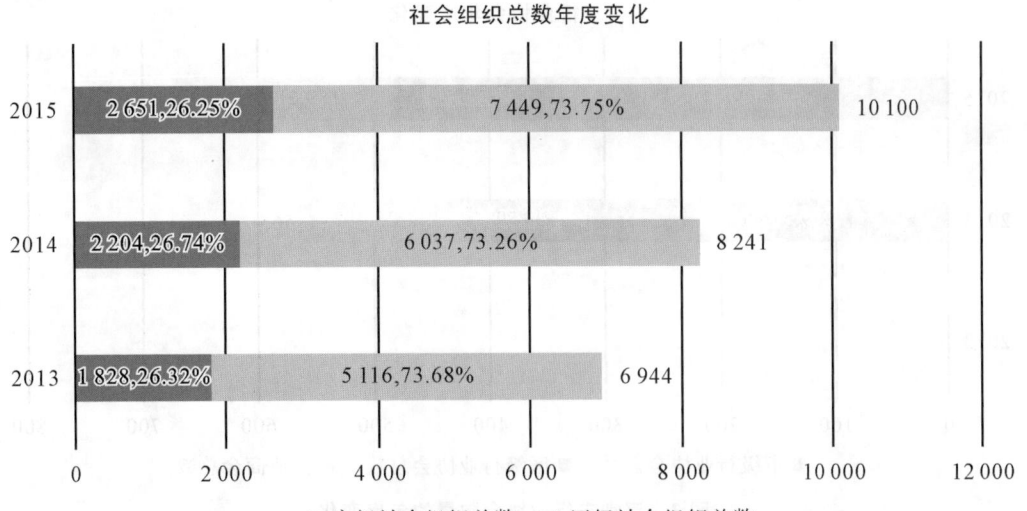

图1 深圳市社会组织总数年度变化

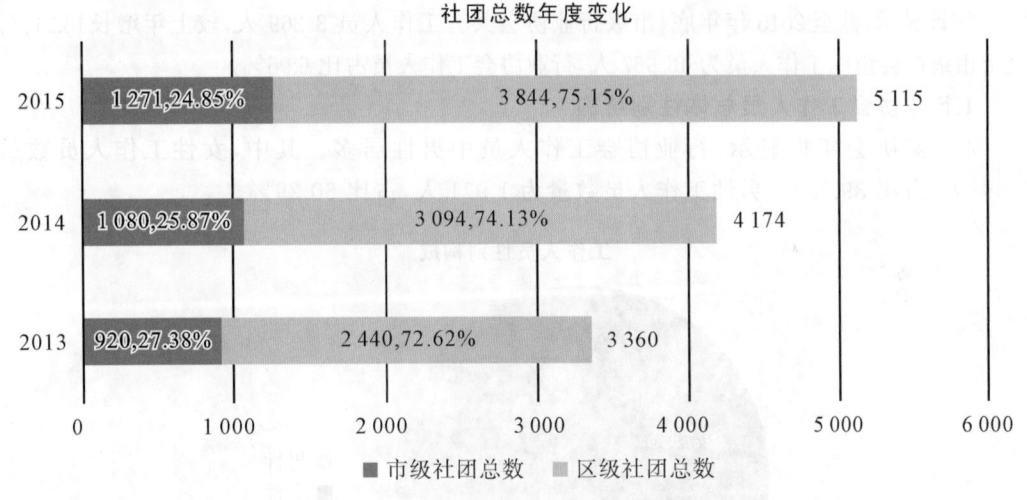

图2 深圳市社团总数年度变化

表2 2014—2015年深圳市市级行业协会商会数量

类别	2014		2015	
	数量	占比	数量	占比
市级行业协会数	299	52.92%	346	51.41%
区级行业协会数	122	21.59%	138	20.51%
异地商会	144	25.49%	189	28.08%
行业协会总数	565	100%	673	100%

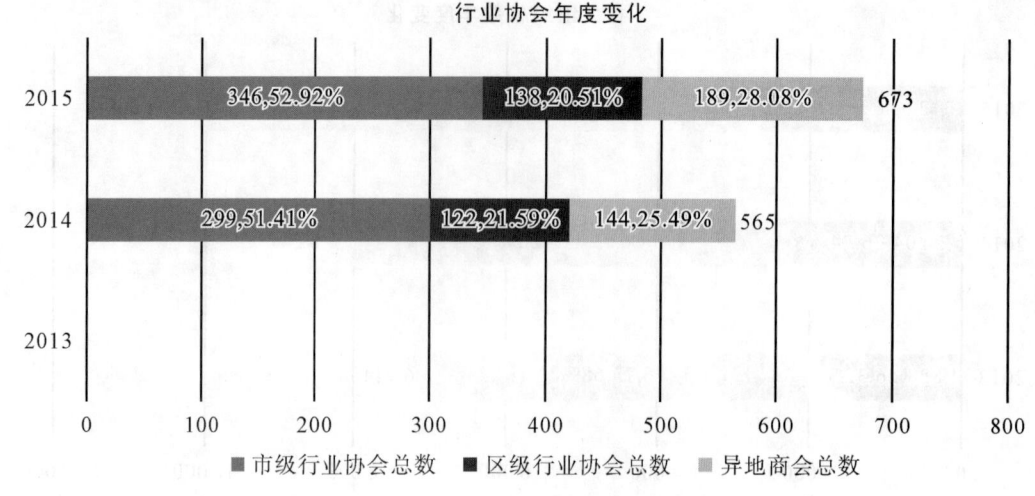

图3 深圳市行业协会数量的年度变化

(二)行业协会人力资源状况

统计显示,截至2015年年底,市级行业协会共有工作人员3 269人,较上年增长16.21%。全市市级社会组织工作人员为46 967人,行业协会工作人员占比6.96%。

1.行业协会工作人员总体性别结构

456家协会年报显示,行业协会工作人员中男性居多。其中,女性工作人员数量1 298人,占比39.71%,男性工作人员数量为1 971人,占比60.29%。

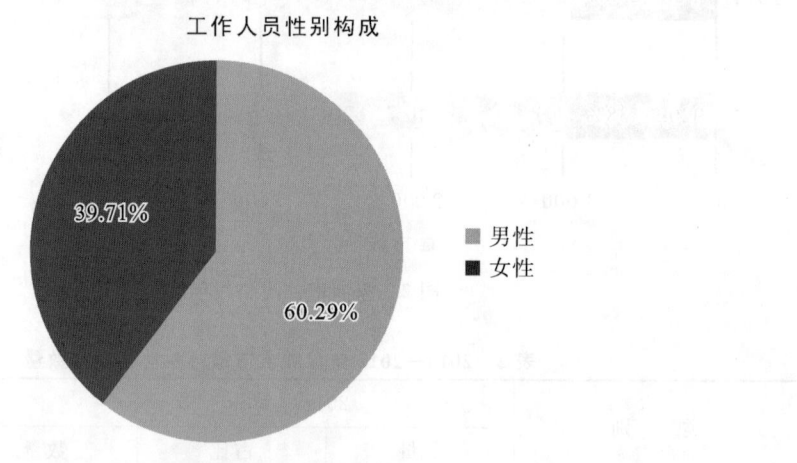

图4 工作人员性别构成

2.行业协会专职工作人员比例及其年龄结构

市级行业协会中的工作人员以专职工作人员为主,兼职工作人员为辅。专职工作人员有2 338人,占比71.52%。

从年龄结构来看,青年人占据了绝对比例:当前专职工作人员36岁以下的人数为

1 253人，占比53.59%；36～55岁人数为937人，占比40.08%；专职工作人员56岁以上的人数为148人，占比6.33%。

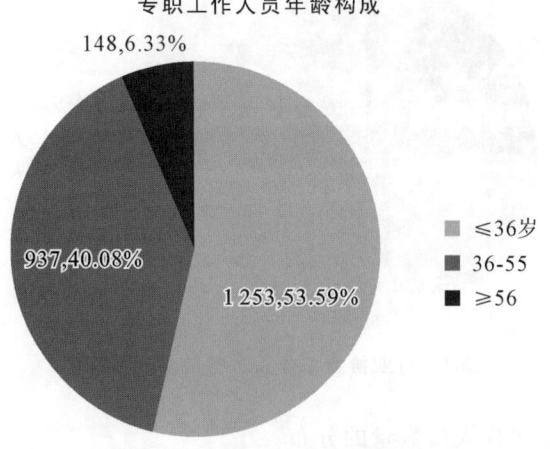

图5 专职工作人员年龄构成

3. 行业协会专职人员学历结构

年报资料显示，当前市级行业协会专职工作人员近八成具有大专以上学历，但研究生以上的高学历则占比不大：协会大专以上学历1 932人，占协会中专职工作人员总数的82.63%；其中，研究生以上学历192人，占协会专职工作人员的8.21%。

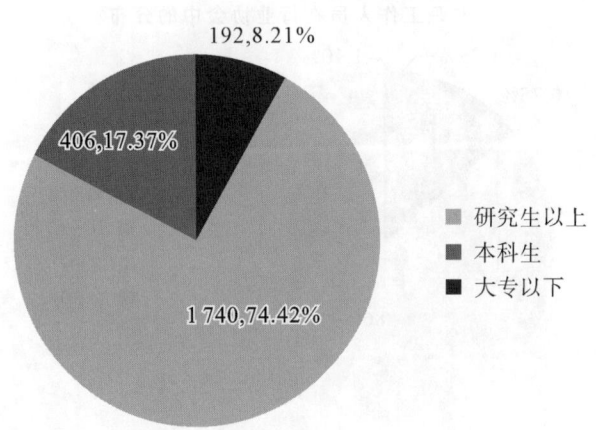

图6 专职工作人员学历构成

4. 行业协会工作人员数量分布

(1)行业协会工作人员的数量分布

年报数据显示，456家协会中，工作人员数量在9人以下的（含9人）协会有343家，占比75.22%。其中，工作人员数量为0～3人（含0,3)的协会有150家，占比32.89%；工作人员数量为4～9人（含4,9)的协会有193家，占比42.32%；工作人员数量为10～19（含10,19)的协会有86家，占比18.86%；工作人员数量为20～29（含20,29)的协会有19

家,占比 4.17%,工作人员数量为 30 及以上的协会一共有 8 家,占比 1.75%。

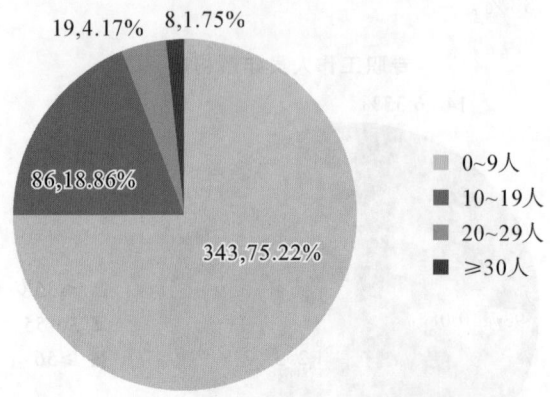

图 7 行业协会工作人员的数量分布情况

(2)行业协会专职工作人员数量的分布

行业协会的专职工作人员数量十分有限。数据表明,行业协会专职工作人员在 9 人(含 0,9)以下的数量居多,有 394 家,占比 86.40%,其中 3 人(含 0,3)以下专职工作人员的协会数量为 242 家,占比 53.07%;[①]10~19 人(含 10,19)的协会数量居次,有 49 家,占比 10.75%;20~29 人(含 20,29)的协商会有 8 个,占比 1.75%,30 人以上(含 30 人)专职工作人员的协会仅 5 个,占比 1.10%。

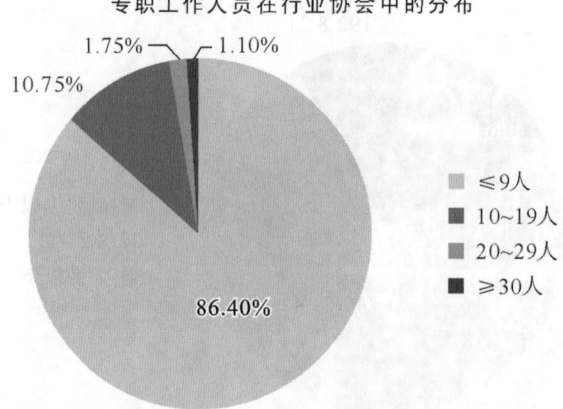

图 8 行业协会专职工作人员的数量分布

---

① 3 人以下的协会实际占比可能在 6 成以上 7 成以下。因为按照 2015 年年底的登记数据,深圳市共有 675 家协会,仅有 456 家提交了年度报告,其余 200 余家没有提交年度报告的协会多为当年成立,协会更有可能为专职人数少于 3 人的协商会。

3.行业协会中兼职工作人员数量分布

数据显示,大多数协会都需要聘用兼职工作人员。其中,聘用兼职工作人员在9名(含0,9)以下的数量居多,有433家,占比94.96%;聘用10～19名(含10,19)兼职人员的协会数量居次,有20家,占比4.39%;聘用20～29人(含20,29)的协会有2个,占比0.44%;聘用30人以上(含30人)兼职工作人员的协会仅1个,占比0.22%。

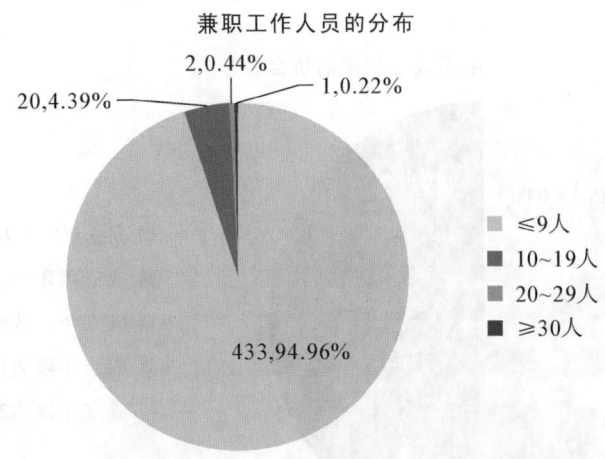

图9　2015年行业协会兼职工作人员的分布

(三)行业协会内部发展与治理情况

1.行业协会规模

(1)行业协会会员成员构成与分布情况

行业协会的会员结构分布合理。456家市级协会数据显示,会员数量已经达到96 625家。其中,个别行业协会,如深圳市个体劳动者协会,其单位会员已经突破1万家。

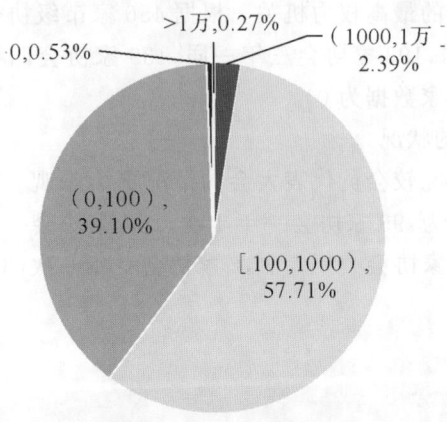

图10　行业协会单位会员分布

2.协会成立年限的分布

456份年报显示,成立时间在5年以内的协会占比达到45.84%。其中,协会成立时间在2年以内的(含2年)有64家,占比14.04%;成立时间在2~5年(含5年)的有145家,占比31.80%;成立时间在5~10年(含10年)的有85家,占比18.64%;成立时间在10~20年(含20年)的有77家,占比16.89%;成立时间在20年以上的有85家,占比18.64%。

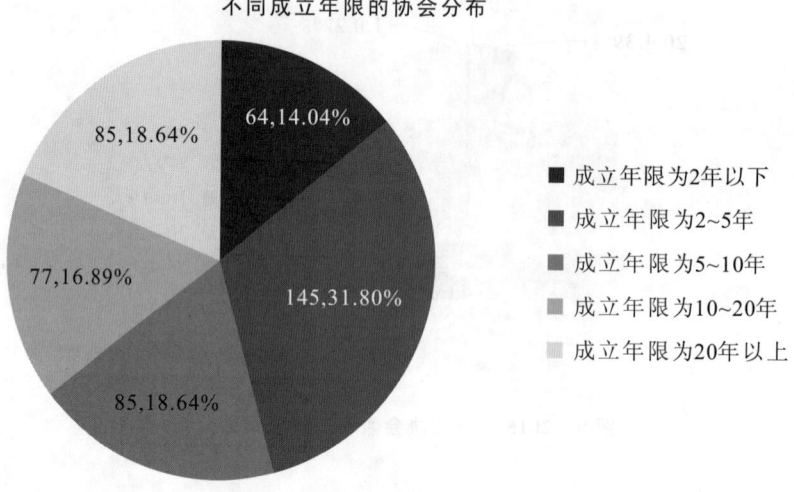

图11 不同成立年限的协会分布

由于当年成立的行业协会无需填报年报,因此,年报信息不能反映2015年或2016年新增行业协会的信息。

3.内部治理情况

(1)会员代表大会行使职能的状况

会员代表大会是协会的最高权力机关。根据456家市级协会数据统计,60家协会一年一届,9家协会两年一届,193家协会三年一届,139家协会四年一届,19家协会五年一届,2家协会六年一届(34家数据为0)。

(2)理事会行使职能的状况

理事会行使职能的状况较会员代表大会的情况更为乐观。仅从年报数据来看,各协会理事会的召开频率分别为:99家协会一年1次,267家协会一年2次,15家协会一年3次,32家协会一年4次,3家协会一年5次,2家协会一年6次(37家协会数据为0)。

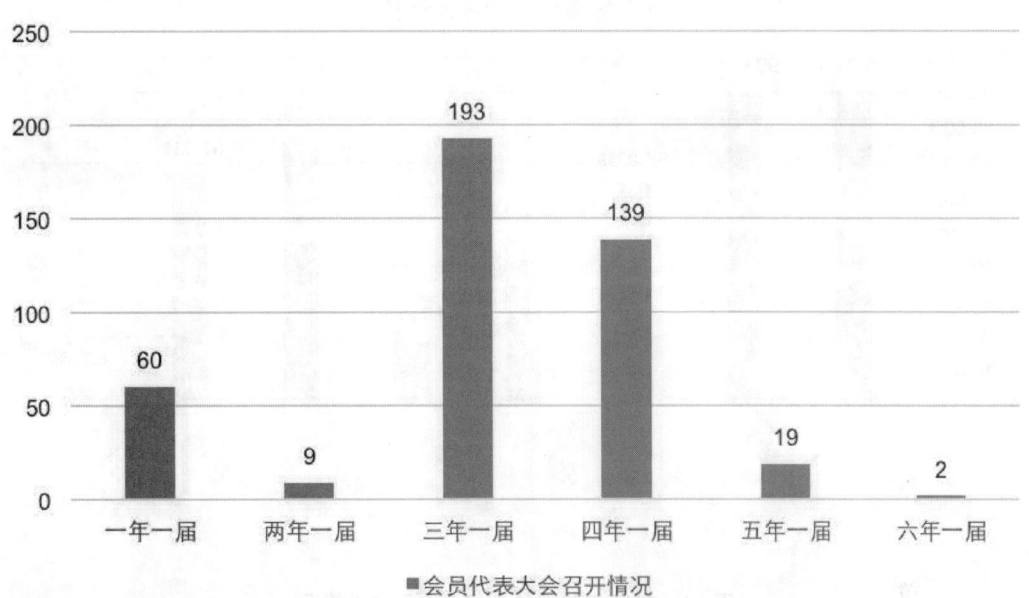

图12　2015年深圳市行业协会商会会员代表大会召开情况

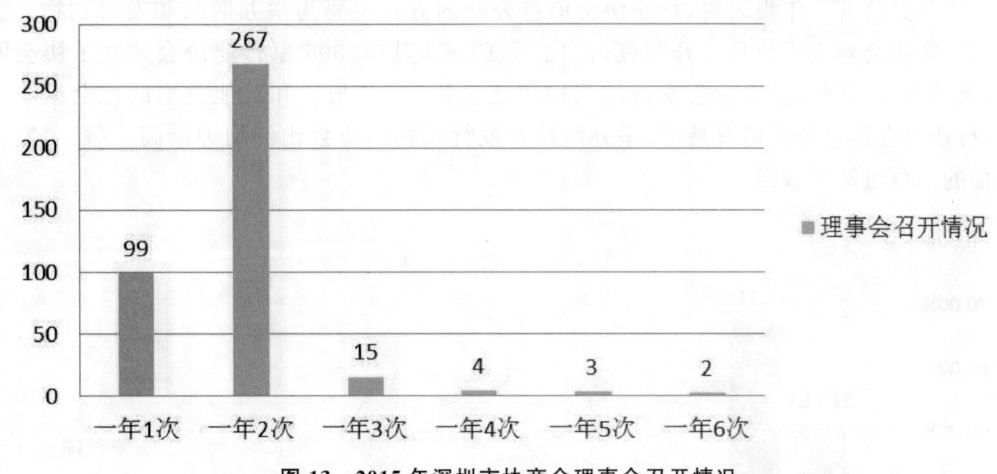

图13　2015年深圳市协商会理事会召开情况

(3)协会内部制度建设和实施状况

①法人证书和印章管理制度。年报显示,9成以上的行业协会对法人证书、印章使用管理制度的管理已经实现规范化。

②人事管理制度。由于行业协会规模小的居多,因此,正式规范的人事管理制度的使用率仅达63.82%。

③诚信自律规范的制定。456家协会制定了诚信自律行为规范的协会有225家,占比49.34%;年报中声称实际实施了自治自律规范的达到223家。也就是说,仅从年报表述来看,自治自律规范的实施率达到99.11%之高！行业标准属于自治规范中比较有影响

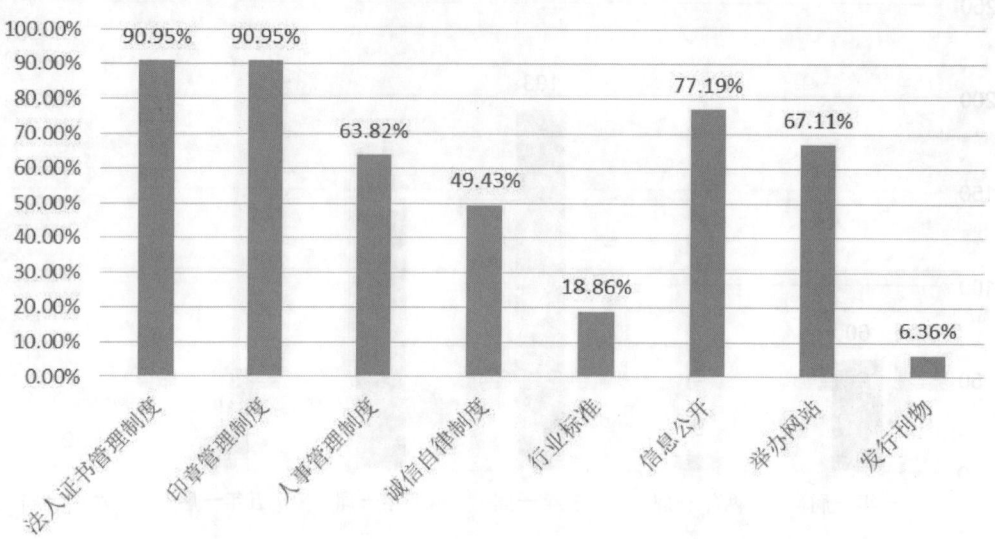

图14 2015年行业协会内部制度建设情况

力的一种。年报表明,已有86家协会制定了行业标准,占比18.86%。

④信息公开。年报表明,行业协会信息公开的方式主要为举办网站和发行刊物。已有352家协会建立了信息公开制度,占比77.19%。其中,306家行业协会建立了协会网站,及至2015年年底,由协会发行的刊物数已达到3 046册。和其他类型的社会组织相比,行业协会信息公开情况最好,举办网站及发行刊物的协会比例均为最高。(社团发行刊物的总数量缺乏数据)

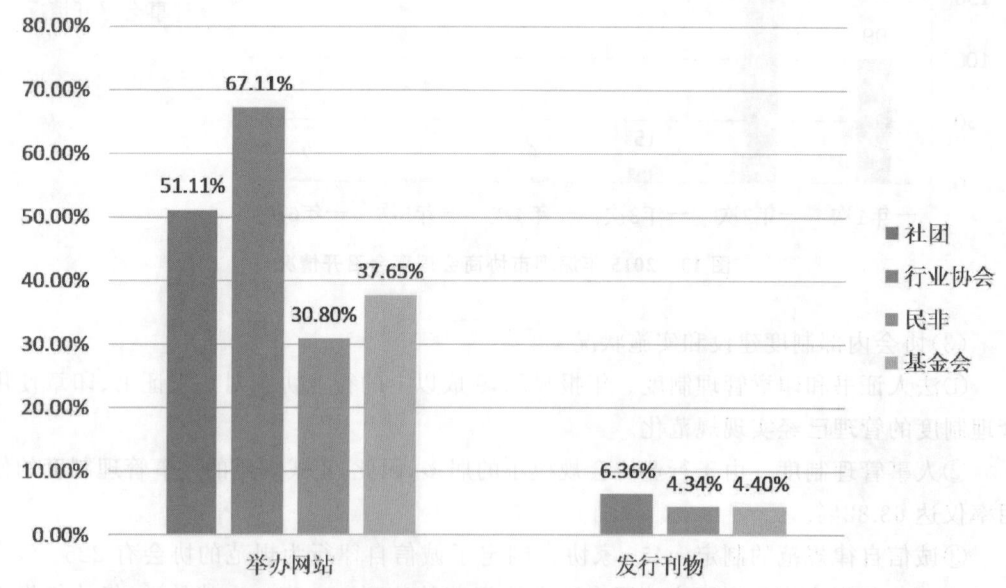

图15 行业协会和其他类型社会组织的信息公开情况对比

(4)行业协会党组织建设情况

456份年报中,208家协会填报了党员数量,党员数量合计2 088名。其中,党员组织关系在本社团的人数达到1 025人(来自76家协会填报数据),占比49.09%。党员中专职工作人员数为410人,占党员总人数的19.64%。

从下图来看,行业协会专职人员中党员人数和其他类型的社会组织相比,其比例处于一个偏低的水平,但党组织的建设比例则仅次于基金会。

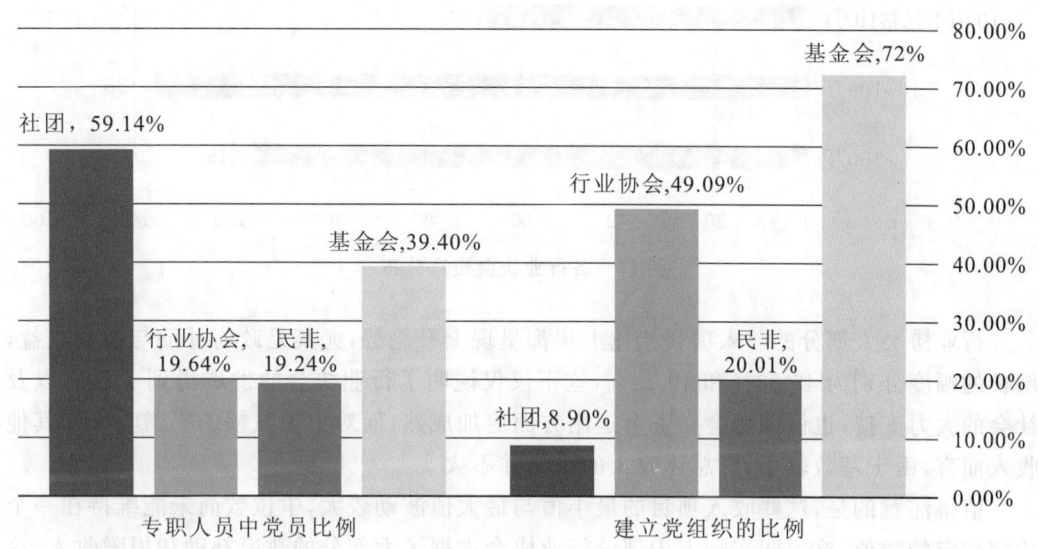

图16 行业协会与其他社会组织的党建情况对比

(四)行业协会财务状况

1.行业协会总资产变化

截至2015年12月31日,行业协会资产总计总数累计达7.29亿元,比年初增长1.29亿元,涨幅21.52%;净资产总数2015年年底累计达5 695.15万元,比年初增长1 925.97万元,涨幅51.10%;应交税金总数年底累计达3 444.98万元,比年初增加831.07万元,同比上升31.79%。

各行业协会资产分布统计具体情况如下图所示:行业协会资产规模基本呈U形分布,负资产协会共80家,占全部协会数量的17.54%,资产规模10万元以上的占全部行业协会数量的55.04%;其中,资产规模在100万元以上的占25.22%;资产超千万的行业协会共有24家,比上年增加2家,占比5.26%。

2.收入整体变化

2015年,行业协会总收入达到了84 236.48万元,较上年增长了17.79%,平均每家协会收入184.79万元。其中,总收入超过1000万的协会一共有15家,相比去年的绝对值增加了6家,这说明行业协会正在稳步发展中,并呈现出良好的趋势。

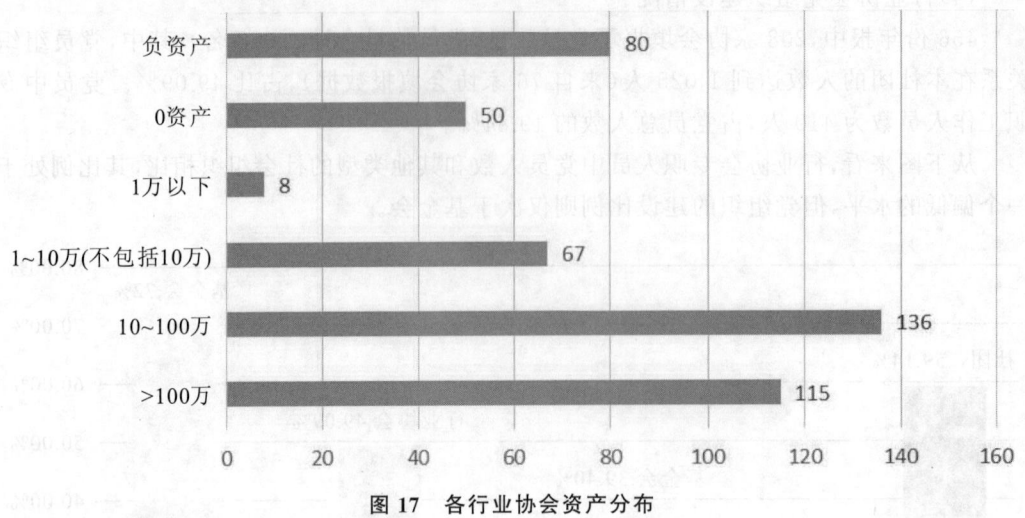

图 17 各行业协会资产分布

行业协会大部分的收入项目相比上年都呈现上升趋势,尤其是政府补助与投资收益,增长的幅度分别为 49.00% 和 49.22%,这不仅仅说明了行业协会的发展得到了政府以及社会的大力支持,也说明协会在资金运用方面更加成熟;而对出现跌幅的捐赠收入和其他收入而言,由于基数较小,对总体收入的影响并不大。

值得注意的是,这些收入项目的最小值与最大值波动较大,中位数尚未能维持在一个比较稳定的数值,这说明实际上少部分行业协会占据了大部分的政府补助和捐赠收入,这一点在统计数据中得到了印证:未得到政府补助的行业协会高达 83.11%。

3.收入来源的分布情况

行业协会收入的主要来源分别为提供服务收入、会费收入以及政府补助。以下图表反映了行业协会主要收入来源占比情况。

表 3 行业协会各类收入情况

收入类型	总数	年增长率	平均值	中位数	最小值	最大值	备注
捐赠收入	27 486 259.31	−7.99%	60 276.88	0.00	2 000	88 545 608.11	386 家为 0
会费收入	315 901 531.47	0.82%	692 766.52	213 000	−40 300	19 594 000	113 家为 0
提供服务收入	303 465 116.31	34.03%	665 493.68	0.00	−5 400	5 997 431	276 家为 0
政府补助	154 192 318.66	49.00%	338 141.05	0.00	2 512	23 380 600	379 家为 0
投资收益	9 734 165.34	49.11%	21 346.85	0.00	−23 515	2 880 000	433 家为 0
其他收入	29 746 140.89	−14.5%	188 266.71	0.00	−1 302.51	4 344 000.01	298 家为 0
总收入	842 364 841.56	17.79%	1 847 291.32	495 590.10	0.00	32 859 661.40	81 家为 0

(1)会费收入

会费收入具有覆盖面广、一般性的特征。75.22% 的行业协会在 2015 年度获得会费收入,为社团的分项收入中覆盖面最广的收入来源。同时,其总数较上年基本一致,表明

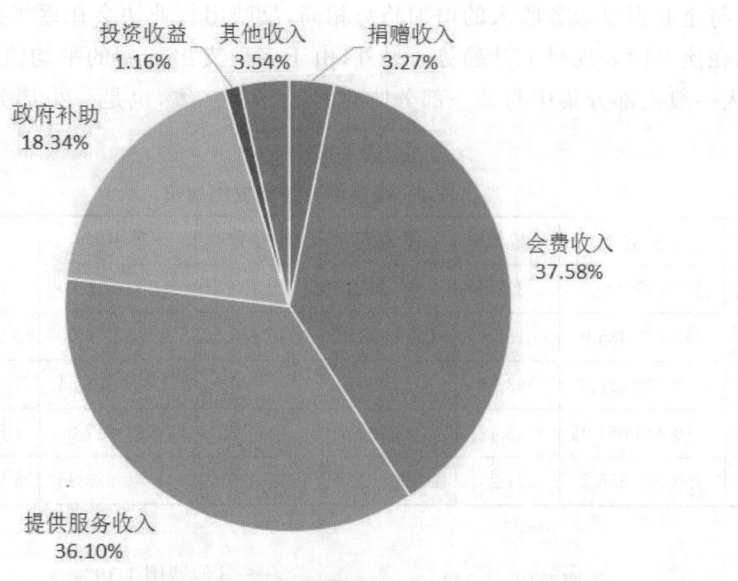

图18 行业协会主要收入来源占比

会费收入作为行业协会收入来源已较为稳定。此外,存在1家会费收入为负的协会其会费收入为-40 300元。

(2)提供服务收入

同上年相比,提供服务收入总额增长很快,达到34.03%,且39.47%的行业协会在2015年度获得提供服务收入。这反映出,提供服务获得行业协会收入也正和会费一样,成为行业协会的主要收入来源之一。

(3)政府补助收入

相较于前两类收入来源,政府补助收入覆盖面小、针对性强、金额大,是部分协会的重要收入来源。2015年度仅有17.89%的行业协会获得政府补助,但在行业协会总收入来源中占比18%。此外,补助对象在2014—2015年度有较高的延续性,我们由此可以认为政府补助有较长的持续性。

(4)捐赠收入

捐赠收入在行业协会收入来源中占比很小。统计表明,捐赠收入仅占行业协会总收入来源的3.27%,且在2015年度的实际数额为负增长。不过,从受捐对象及金额来看,它体现出同政府补助呈类似规律,呈现出一定的持续性。

(5)投资收益

投资收益是行业协会各类收入中覆盖面最小的收入来源,仅5.04%的协会产生了投资收益项目,而投资收益的总额也仅占总收入的4%。

3.支出

行业协会的总支出费用较上年增加21.2%。由下表可见,行业协会的筹资费用以及其他费用,包括去年,一直都呈现着下降的趋势。筹资费用的下降反映出企业筹资效率的提高、筹资能力的增强,筹集到同等资金所需要的费用的降低;而业务活动以及管理费用的增加,与企业提供服务收入的增加趋势相同,反映出行业协会在逐年提升自身提供服务的能力,在该方面表现呈上升趋势。另外,由于多项支出类型的平均值均大于中位数,支出同收入一般大部分集中与某一部分协会的情况相一致,也是一小部分协会占有大部分的支出。

表4 行业协会各类支出情况

支出类型	总数	年增长率	平均值	中位数	最小值	最大值	备注
业务活动	392 785 209.3	31.55%	861 371.07	40 771	0.00	24 820 261.54	189家为0
管理费用	349 293 485.9	15.24%	765 994.49	346 668.52	0.00	13 291 768.79	64家为0
筹资费用	−2 432 093.03	−193.26%	−5 333.54	0.00	−1 024 901.54	1 566 535.69	287家为0
其他费用	10 446 054.05	−28.42%	22 908.01	0.00	−27 517.06	1 622 789.00	248家为0
总费用	750 092 656.2	21.2%	1 086 903.075	566 026.4	−40 923.95	28 917 652.06	50家为0

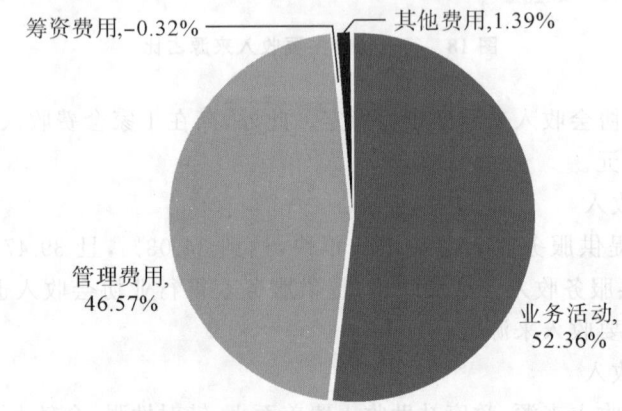

图19 行业协会各支出项目占比

上图为行业协会各类支出项目费用的占比情况,业务活动、管理费用成为行业协会最主要的费用支出项目。

业务活动收入在行业协会中的覆盖面仅为58.55%,但因其平均费用较高,故占比达到52.36%。在产生业务活动费用的协会中,81.80%的行业协会的业务费用低于平均值,其中,业务活动费用大于1000万的组织有8家,比上年增加4家。

大部分行业协会都产生了管理费用,且相对于业务活动产生的费用而言,其极差较小。

4.支出占收入比例

总体上来看,支出占收入比例越高的区段,行业协会数量越多(参见图20)。其中支出占收入比例大于100%的行业协会数量最多,共有147家,占比32.24%。有33家行业协会在没有收入的情况下产生了支出,48家行业协会当年没有产生收入与支出,这说明,极少数行业协会由于没有制定合理的预算,加上资金缺乏,造成了支出及收入不理想的局面。此外,存在个别商会,在扣除支出后,当年差额还有1.5959千万元资金尚未使用,说明该商会未能有效使用当年收入,造成一定的资金闲置。

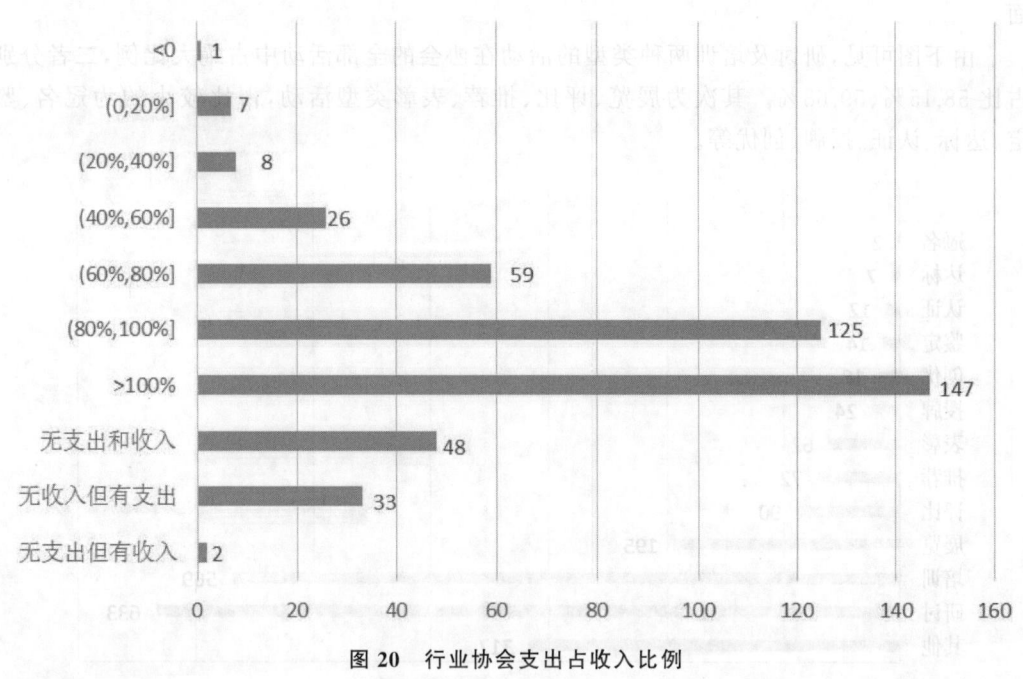

图20 行业协会支出占收入比例

(五)行业协会活动开展情况

1.国内活动概况

456家市级协会,2015年度共开展2013次活动。由下表可见,和其他类型的社会组织比较来看,行业协会开展活动最频繁,覆盖面最广:其中开展活动的组织比例达到100%,平均每家组织开展活动场次达到4.41。

表5 社会组织开展活动的频次

组织类型	活动总次数	开展活动的 组织个数	开展活动的 组织比例	平均每家组织 开展活动场次
社团	1 890	633	53.8%	1.60
行业协会	2 013	456	100%	4.41
民非	2 720	338	35.03%	3
基金会	558	118	72.84%	0.73

2.收费活动情况

截至2015年12月31日,在行业协会所开展的活动中,收费活动次数为493,占比24.49%;免费活动居多,占比75.51%。

3.活动类型

深圳市行业协会的活动类型十分丰富,广泛包括研讨、培训、展览、评比、推荐、表彰、冠名、鉴定、达标、认证、授牌、创优等多种类型，反映出深圳市行业协会发挥的功能十分全面。

由下图可见，研讨及培训两种类型的活动在协会的全部活动中占绝大比例，二者分别占比58.15％、59.68％。其次为展览、评比、推荐、表彰类型活动，占比较小的为冠名、鉴定、达标、认证、授牌、创优等。

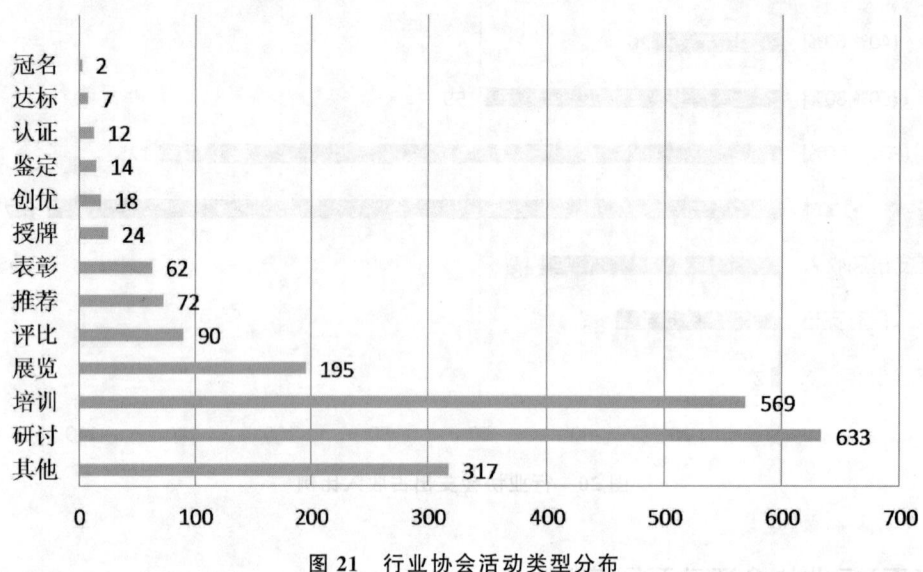

图21 行业协会活动类型分布

4. 国际活动开展情况

(1) 对外交流在社会组织中的主要分布情况

与上年相比，行业协会开展活动的频次及协会数量均有一定幅度上升，分别较上年上涨24.81％、20.82％，超过了社团的上涨幅度，但和本市的其他社会组织相比并不算高：如民非、基金会在活动总次数上升幅分别为56.64％、152％。

以下两表列出了社会组织的国际活动明细及汇总情况，从整体上看，行业协会及民非组织参与或组织国际活动的次数明显较高，但二者具有不同特点：行业协会开展活动的次数多且涉及的协会数多，其开展活动的组织比例高达64.91％，而民非开展活动的组织较为集中，其比例仅为10.26％，但平均每家组织开展活动的场次在行业协会及民非间的差异不大。

表6 2015年社会组织国际活动情况表

类型	社团		行业协会		民非		基金会	
	组织数	个(次)数	组织数	个(次)数	组织数	个(次)数	组织数	个(次)数
国际合作项目	14	12	5	7	9	18	3	16
国际会议	1	1	39	64	39	100	3	5
国际组织	5	8	8	9	10	12	\	\

续表

类型	社团		行业协会		民非		基金会	
	组织数	个(次)数	组织数	个(次)数	组织数	个(次)数	组织数	个(次)数
出访	0	0	44	75	41	94	\	\
国际博览会	1	1	41	85	\	\	\	\
接待/接受访问	0	0	27	54	\	\	\	\
参与应对国际纠纷	0	0	2	2	\	\	\	\

表7 2014—2015年行业协会和其他社会组织国际活动情况对比

组织类型	活动总次数		开展活动的组织个数		开展活动的组织比例		平均每家组织开展活动场次	
年份	2015	2014	2015	2014	2015	2014	2015	2014
社团	22	142	21	90	3.34%	16.48%	0.035	0.26
行业协会	296	245	166	133	64.91%	38.44%	0.36	0.71
民非	224	143	99	98	10.26%	13.23%	0.23	0.19
基金会	21	6	6	3	3.70%	2.65%	0.20	0.05

其次，从各社会组织参与的国际活动类型看，社团多集中在国际合作项目上，行业协会在国际博览会、出访、国际会议、接待/接受访问等国际活动中基本呈均匀分布，参与国际合作项目较少。而民非以国际会议和出访为主。

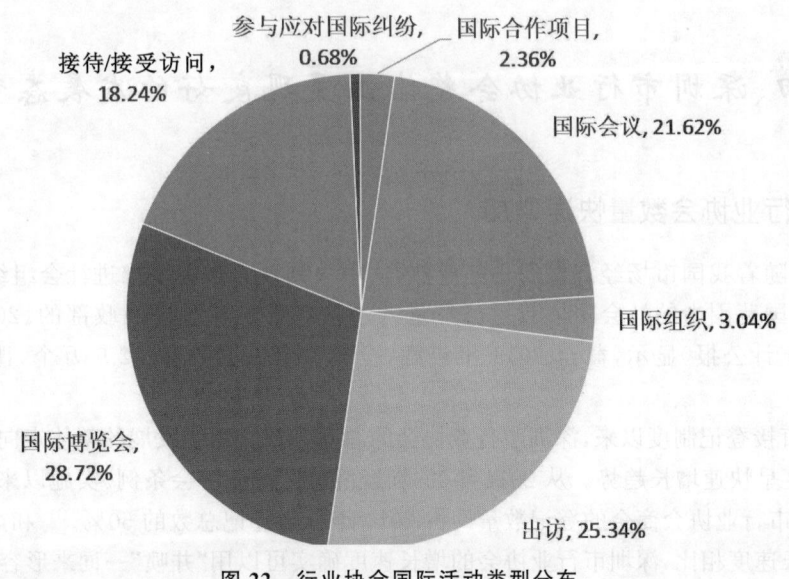

图22 行业协会国际活动类型分布

(六)行业协会承接政府购买服务情况

统计表明,2015年深圳市行业协会共承担了363项接受政府职能转移和购买服务(含展会会议45项、组织考察4次、培训讲座51项、评审评定46项、课题调研99项、其他118项),接受政府资助97 876 931.93元。

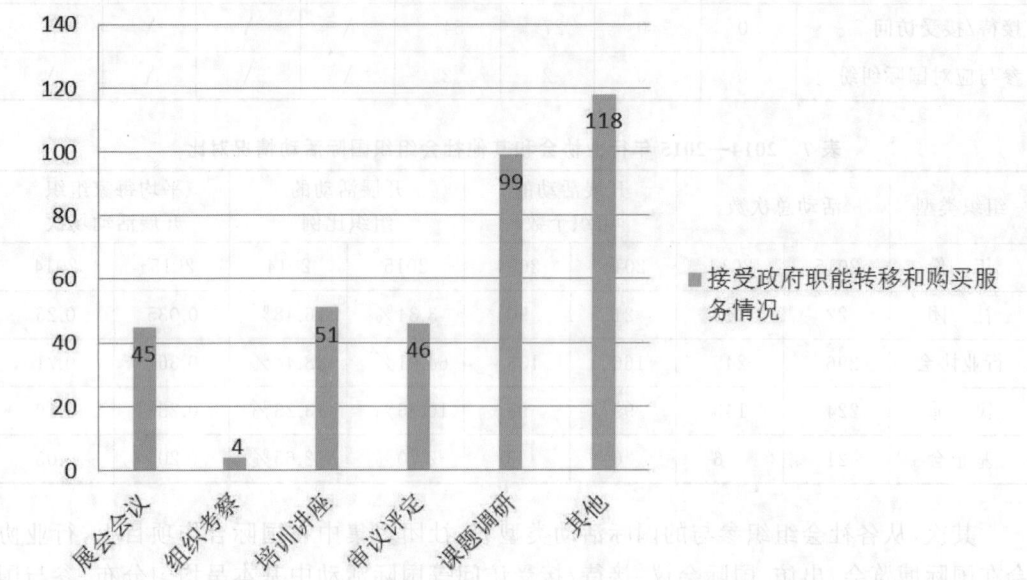

图23 2013—2015年深圳市协商会政府转移和购买服务情况

四、深圳市行业协会整体上呈现良好的发展态势

(一)行业协会数量快速增加

当前,随着我国市场经济发展日趋成熟,从中央到地方加大了推进社会组织改革发展的力度,全国范围内的社会团体数量已经进入了快速发展阶段。民政部的《2015年社会服务发展统计公报》显示,截至2015年年底,全国共有社会团体32.9万个,比上年增长6.1%。

实施直接登记制度以来,深圳市行业协会的总量和社会组织发展的整体走向一致,以近20%的速度呈快速增长趋势。从2014年《深圳经济特区行业协会条例》实施以来到2015年年底,深圳市行业协会商会的登记数量约占2010年以来登记总数的50%。[①] 和全国范围内的社团增长速度相比,深圳市行业协会的增长速度确实可以用"井喷"一词来形容。

---

① 深圳市社会组织管理局、深圳大学法学院合作编写:《深圳市行业协会诚信自律建设材料汇编》,"序"部分,第1页。

(二)行业协会工作人员增加,且年轻化趋势明显

2015年,行业协会的从业人员较上年有明显增加,且就协会工作人员的年龄构成和学历构成来看,过半数以上的工作人员都在36周岁以下,且近8成的专职工作人员为大专以上学历,协会工作人员的年轻化、知识化的趋势明显。

(三)行业协会的总资产显著增加

从年报资料来看,及至2015年年底,市级行业协会总资产已近7.3亿元,同比增加21.51%,占全市市级社会组织总资产的7.07%。市级行业协会资产增加的速度已经超过协会数量增加的速度。2015年年底,行业协会净资产总数累计达5 695.15万元,比年初增长1 925.97万元,涨幅51.10%。资产在百万以上的行业协会占比约1/4,资产超过千万的有24家,比上年增加2家。市级行业协会应纳税金总数年底累计达3 444.98万元,比年初增加831.07万元,同比上升31.79%。

(四)行业协会的市场化程度大大提高

2015年,行业协会总收入已经超过8亿元,相比去年增长了17.79%。行业协会大部分的收入项目和上年相比,在政府补助、投资收益和提供服务方面的收入,增长幅度分别为49.00%、49.22%和34.03%。这反映出,深圳市行业协会在会费收入基本稳定的前提下,服务市场和政府的能力大大增强,市场化程度显著提高。

(五)行业协会的功能得到全面发挥

1.开拓行业市场,提供行业服务

深圳市行业协会商会在推动产业升级、开拓行业市场、承办行业展览、反映行业诉求、提供行业服务等方面,已成为市场经济体系不可或缺的重要组成部分。如深圳市电子商务协会协同深圳市国际电子商务战略研究院会员单位,发挥多年积累起来的实践经验和理论优势,为电子商务的发展构建新的切实可行的理论体系的同时,还在广东省内创建了"国家电子商务示范基地专家咨询工作辅导站"(1~3个),为示范基地智库建设,提升示范基地辐射带动效应发挥专业指导作用;配合商务部电商司启动《电子商务企业认定规范》在全国100个地方电商协会的推广与应用;辅导前海国家电子商务示范基地构建跨境电商公共服务平台(涵盖深港及两岸创业育成、培训、企业、产品、资质、溯源互认、在线纠纷争议调解),同时构建若干个国家级电商试点或示范工程。

2.提供公共服务

行业协会提供公共服务,摒弃了传统的养机构、养人员的做法,通过竞争机制,既能最大限度地满足服务对象的多样化需求,又提高了服务效率和质量。据不完全统计,52.4%的行业协会承担了行业调研和统计职能;39%的行业协会承担了行业培训、考核职能;35%的行业协会承担了资质认定、行业准入与行业展览;此外,30%的行业协会在方案论证、决策分析、行业标准制定、行业监督管理、送审材料初审、社区服务、技术推广等方面发挥积极作用。如,深圳市房地产业协会承担了市规土委的房地产开发行业年审、诚信公示

及应急问题与政策制定研究等职能,开展房地产开发企业资质年检、全市650家房地产开发企业及5000名从业人员诚信评价、房地产市场秩序检查、房地产企业数字认证、房地产开发行业投诉受理、调查处理及突发应急问题等工作。

3.促进行业自律

行业协会通过制定行规行约,加强行业自律,倡导诚信从业、廉洁从业的行业道德准则,打造行业管理的重要平台。

(1)行业自治的规范化程度已经达到较高水平

年报表明,近半数的市级协会已经制定了自治自律行为规范,99%的协会实际上也实施了这些规范。另外,191家协会有会员惩戒和申诉制度,近8成行业协会已经建立了信息公开制度,主要通过互联网网站、微信公众号及刊物发行等方式公开协会管理信息,2015年由协会公开发行的刊物数已达3 046册。

突出的如深圳市保险同业公会为促进行业信用体系建设,在销售队伍中建立自我约束机制,2015年4月,深圳保险业人身保险销售从业人员诚信信息管理平台(以下简称"诚信平台")正式上线。平台建设分为三期,首期实现个人代理和电话销售渠道销售人员的诚信记录管理功能,后期将纳入银保兼业代理和专业中介机构的销售人员诚信数据,以及产险销售人员诚信记录。"诚信平台"已记录了个人代理和电话销售两个渠道的销售人员违规数据共计474条,涉及20家公司和454人。其中,2012年至2014年的数据440条,2015年新增记录34条。监管处罚和司法机关处罚信息各1条,其余472条均为因违规被公司处理信息。

(2)行业标准的影响力增强

行业标准是对工艺流程以及产品质量标准等的客观规范。实践中,行业协会除了要求其成员遵循国家已有的技术标准外,还可根据行业实际情况拟定高于国家标准的行业标准,以引导与促进技术进步。特别是一些新产品或服务,若尚无国家技术标准,则行业协会制定的标准就是必不可少的。年报表明,接近两成发展比较成熟的协会已经制定了引领行业发展的行业标准,在全国范围内产生了深远影响。以深圳市零售行业协会为例:从2006年到当前,零售行业协会一共完成11个基层岗位的行业标准。这些标准中只有2个标准存在于国家劳动大典中,大部分在国家劳动大典中还是空白。为了让各个企业实施照标准,零售行业协会还出了7本培训教材,按照统一标准、培训教材、考核要求,在获得政府部分资助的情况下,开展全国性的竞赛、认证培训。这些标准已经成功地通过各地行业协会推广至全国。

(3)适用行业自律规范处理行业内不良行为

不少行业协会切实实施行业自律规范,及时惩处和矫正业内违规行为。如2015年深圳市房地产经济行业协会自律专业委员会按照该行业协会制定的《深圳市房地产经纪行业诚信评价指标》,将本行业内世华地产4名严重违规招揽业务的员工列入行业失信名单,要求两年内全市任何房地产经纪机构均不得聘用上述人员,否则将参照《深圳市房地产经纪行业从业人员不良行为处理办法》对聘用机构予以处罚;将上述人员处分结果通报中国房地产估价师与房地产经纪人学会,在全国范围内禁止其从业;对主要引发本次恶性事件的世华地产汉京山分行,根据《深圳市房地产经纪机构、地铺星级管理办法》,吊销其星级,由秘书处收回星级服务牌,并责令分行对负责人做出降职、罚款处分;根据《深圳市房地产经纪行业诚信评价指标》的规定,对该次事件主要责任方——世华地产扣减诚信分9分。又如深圳市机动车驾驶员培训行业协会对驾校中领考员索贿行为予以业内通报;深圳市环保产业协会对会员单位行贿行为予以业内通报,并做出三年内不得加入理事单位的处罚;深圳市特种设备行业协会在2015年8月6日宝安融景园乘客电梯开门运行的电梯事故发生后第一时间召开理事会,按会员管理办法的相关规定取消该电梯维保单位会员资格,向深圳市市场监督管理局提请取消该单位深圳市电梯维修资格,并就此事向全行业和全体会员单位进行曝光。

4.协同社会管理

行业协会通过平等对话、沟通、协商、协调等办法参与社会管理,缓解社会矛盾,增强社会弹性,促进社会融合,成为社会的"减压器"。如,深圳市银行业协会将反信息诈骗工作列为2015年的重点工作,参与制定全市开展反信息诈骗犯罪专项治理行动方案,与市公安局签订《深圳市反信息诈骗犯罪案件涉案账户资金应急处置合作协议》,并组织协调银行业贯彻落实。在开展专项行动的过程中,该协会大胆创新银行业反信诈工作制度,建立专项行动银行公安联动机制。协会组建银行反信诈专家团队,各行指定专项行动负责人,加入"反信息诈骗银行工作组"微信群,建立信息交流与互动工作平台;在各行已经建立的司法协助窗口和网络工作平台基础上,充分发挥保卫部门和客服热线的职能作用,不断完善银行公安快速查冻与协作处置机制,基本实现24小时无缝对接。又如,深圳外商投资企业协会于2007年成立商事调解委员会,在我国率先建立商会调解与商事仲裁紧密衔接的争议解决机制,自成立以来共接到各类咨询近千例,成功解决商事争议的金额超过人民币数十亿元,成为构建社会矛盾纠纷"大调解"体系的重要补充。深圳市出入境检验检疫协会为促进跨境电商产业健康发展,提升跨境电商产品质量,作为主要发起人发起成立了深圳市跨境电子商务检验认证联盟,打造深圳跨境电商检验认证公共服务平台。该联盟于2015年9月28日在蛇口前海自贸区正式挂牌成立,目前正组织"品牌跨境电商"创建相关工作,并积极推动联盟参与深圳市政府的跨境电商产品质量监测。

5.实现多渠道参政议政

目前,深圳市行业协会已经形成了多种参政议政的渠道,具体包括:

(1)人大政协代表参政议政

行业协会代表不同的利益阶层和广大的受众面,积极建言献策,反映行业发展诉求,正逐步成为公民参与民主管理的有效渠道,成为政府的参谋助手。在2010年换届中,行业协会商会专职工作人员有人大代表4位,政协委员6位。深圳市商业联合会执行副会长林慧当选省人大代表,是全省唯一的社会组织专职工作人员身份的人大代表。在2013年换届中,市政协400多名委员中就有82名委员具有行业协会背景,在第四届市人大代表中有14名来自行业协会商会。这些代表多会甄选出协会的一些诉求作为提案,传达协会的需求。

(2)接受政府委托,参与政策调研和起草

有人称之为政策传导机制。目前,许多政府部门都将部分职能以协议和购买的方式委托给行业协会商会。

(3)现场互动

现场互动即通过文化节、展览会、听证会、座谈会、茶话会、研讨会等方式传递政策主张,获得政府认同。如:深圳市住宅行业协会2015年组织开展了市住建局"5-20建筑工业化座谈会"、"PC构件专项调研及行业座谈会"、《广东省人民政府关于加快推进建筑产业现代化的意见(代拟稿)》意见征集会等,搭建政企桥梁,会后形成行业呼声,提供政策参考。

6.已经形成一批民间化程度高并具有典型示范作用的优质行业协会

深圳市行业协会涵盖了高新技术、金融、物流、文化四大支柱产业、优势传统产业、商贸旅游业、建筑和房地产业、市场中介服务业、环保产业及互联网、新能源、生物等战略性新兴产业各主要领域,已被公认为深圳经济特区社会组织中力量最强、最具活力和创造力的部分。一些行业,经过多年的积累,形成了一批民间化程度高、功能作用发挥好,具有典型示范作用的行业协会。到目前为止,共有7家行业协会被国家民政部授予全国先进社会组织荣誉称号,33家行业协会被评为5A级社会组织。

具有典型示范作用的协会如深圳市物流与供应链管理协会,成立于1994年,属于成立早、规模大、功能全、服务优、权威强、专业精的协会,虽然是市级协会,但其会员由物流业、生产制造业、金融业、信息产业、法律机构、科研机构、大专院校等组成,遍布国内各省市和亚洲、欧洲、大洋洲、北美洲等地,多年来为政企提供资讯、培训、法律资讯及展会服务,多次成功举办规模为亚洲第一、世界第二的国际物流与交通运输博览会以及各种高端沙龙论坛,通过市场拓展、促进行业内企业的国内、国际交流、提供人才综合服务、政策服务等多种方式促进行业发展。又如,深圳市零售商业行业协会。该协会成立于1979年,基本上与深圳商业一起成长。目前,它有400多家会员,40多个业态,门店数达到6万多家,其中5万多家遍布在全国各地。从经营规模上说,会员的影响力在全国影响力大:会员2015年销售额在5 000亿元,其中有一半在深圳销售,占深圳市的零售总额的75%,全国零售连锁业百强企业中有17家在深圳,广东十强当中前7位都是深圳的企业。协会的战略定位是专注在零售和连锁领域,建立一个在行业和领域起到推动和发展作用的强效助推平台,在资源平台、企业助推和行业代言方面发挥显著作用。数据显示,在深圳,类似零售行业协会成熟的协会已经达到一定比例。选择综合排名在前10%的46家优质协会的情况来看,58.70%的成立时间都在10年以上,86.96%的成立时间在5年以上。

这些优质的行业协会通常具备以下共同特点:成立时间较长(多数优质协会的成立时间在10年以上,年限最短的不低于5年),在资产积累和专职工作人员方面具备显著的优势,民间化和市场化程度高,开展市场活动或接受政府购买服务频繁,行业号召力较强,在国内甚至国际社会产生了较大影响力。

(六)行业协会接受登记部门监管的自主性提高

1.年报上报率明显提高

截至2016年3月31日,共有456家协会在线填报了2015年年度报告,年报填报率达到85.23%,比上一年度的年报填报率增加了20.44%。尽管当年成立的协会当年内无需报送年报,但年报填报数量增长幅度还是超过了协会及社会组织的数量增长幅度。

2. 鲜有协会因撤销而退出

调研表明，极少数行业协会因被登记机关撤销而非正常退出。据深圳市社会组织管理局统计，2010—2015年，被登记机关撤销的社会组织共169家，其中行业协会为24家，在被撤销的社会组织中占14.20%，占2015年协会总数的3.57%，无论是在社会组织中还是在协会中，比例都极低。

五、深圳市行业协会发展面临的难题和挑战

改革开放以来，我国脱胎于计划经济窠臼的行业协会，其产生和发展，在政策的推动下，日趋民间化、市场化，行业协会的发展也体现出阶段性和差异性。自2014年《深圳经济特区行业协会条例》确认直接登记制度以来，一方面，行业协会数量激增；另一方面，短期内行业协会由于人力资源、财务状况和市场竞争能力的差异，发展能力参差不齐的情况十分显著，自治手段极为有限，外部干预过多和支持不足的情况同时并存，政策应当如何进一步引导和激励行业协会自治成为当前亟待解决的问题。由于《深圳经济特区行业协会条例》破除了"一业一会"的行业垄断，允许"一业多会"，深圳市行业协会生存环境的变化使得行业协会在一定程度上表现出应对竞争的内生驱动力不足，加之行业协会专业人才的缺乏和过多的外部干预，行业协会的发展仍面临诸多困境。

（一）行业协会的发展存在着显著的分化趋势

深圳市行业协会的分化趋势在人员、资本、收入以及政府服务的集中程度等方面都有所反映。

1. 微小型协会占比很大

数据显示，尽管行业协会的数量急剧增加，专职人员在个位数的微小型规模的行业协会占比居多，适应行业协会自治需要的专职人员储备仍然不足。从前述年报统计数据来看，深圳市本地专职工作人员在9人(含0,9)以下的协会居多，有394家，占比86.40%，其中3人(含0,3)以下专职工作人员的协会数量为242家，占比53.07%。专职工作人员人数属于行业协会组成的最基本条件。这些专职人员不等的行业协会的分布从一个侧面反映出行业协会的多层次多类型的特点：3人以内专职工作人员的行业协会属于微型行业协会，影响力也比较弱，很容易为个别大企业所圈养，无力构建协会自治需要的架构和结构；3~9个专职工作人员的行业协会属于小型行业协会，10~20个专职工作人员的行业协会属于中型行业协会，覆盖面相对微小型行业协会而言更宽，中等规模的行业协会已经具备实现自治的基本条件，如深圳市钟表行业协会；20个专职工作人员以上的行业协会，已经属于大型的行业协会，如果市场化比较充分的话，往往已经是发展十分成熟的行业协会。

2. 底部行业协会数量增加，中段行业协会的数量有所减少

从资产、收益分布来看，深圳市市级行业协会当前的资产和收益呈U型分布，两头大，中间小；近三成的行业协会入不敷出，面临生存危机；近一成的行业协会在2015年没有产生收支，属于"僵尸型"社会组织。

另外，基于相关性、显著性、导向性、可比性、简约性四方面的考虑，课题组从年报数据中选取"财务状况"、"市场运作能力"、"内部制度建设"三个公因子，根据年报信息对456家协会进行了绩效评估。其中，"财务状况"因子，包含较大载荷的指标为年报中资产总计期末数、会费收入本年合计、收入本年合计、净资产变动额、收入费用比5项指标，体现了一个协会的资产及收入状况；"市场运作能力"因子中，有较大载荷的指标为提供服务收入、工作人员总数、专职工作人员总数、市场服务次数、承办政府委托项目及活动收入集中度6项指标，大体反映出一个协会举办社会活动、协调市场运作的能力；"内部制度建设"因子中有较大载荷的指标为会员（代表）大会（几年一次）、理事会（一年几次）、人事管理制度及信息公开制度4项指标，反映的是协会内部民主决策和制度建设情况。

用上述3个公因子对456家协会绩效进行测量和排序，结果也印证了前述资产分布状况分析。评估结果显示，和2013年的年报数据相比，2015年虽有部分协会绩效水平有所上升，但深圳市市级行业协会的总体状况有所下降，具体表现为底部协会数增加，中段协会数减少。①

（二）新生行业协会的能力建设任重道远

课题组将各个协会的成立年份输入，进行相关性分析，发现协会的绩效和成立年份呈现出很强的正相关性：成立时间越长的协会，其排名靠前的比例也较大；成立时间在2~5年的，其绩效排名表现得较为分散，成立时间在2年以内的，无一能进入优秀登记系列。②而结合上述快速绩效评估模型进行评估分析，课题组也发现：2015年相比2013年增加了181家行业协会，这181家协会的平均绩效得分远低于全体行业协会的平均得分。

这也印证了一些卓见：有人将行业协会商会的发展分为：初创期（成立期为5年以内）、稳定期（成立期为5~10年）、高速发展期（成立期为10~20年）。初创期具有管理方式粗放型、生存方式温饱型、行为方式江湖型、人才方式草根型的特点；稳定期开始走向特色型、资源型和合作型；高速发展期开始追求引领性、文化性和战略性。③ 虽然这种三阶段划分有粗略之嫌，但对于初创期行业协会的特征概括确是比较准确的。对于新生行业协会而言，最重要的是发展会员，积累人才，整合资源，寻找市场发展机会，从多个方面进行能力建设。

（三）行业协会的自治自律程度还有待提高

1.绝大多数会员（会员代表）大会形同虚设

根据《深圳经济特区行业协会条例》第28条第4款的规定，会员（会员代表）大会每年至少召开一次。但统计表明，仅13.16%的行业协会达到这个要求。该条例第30条第一款规定，每年至少应召开2次理事会，近3成的行业协会不能达到这个要求，其中，有8.11%的行业协会理事会不曾行使过职能，21.71%的理事会一年仅召开1次。

---

① 参见本书中《深圳市行业协会年度运行状况评估模型的构建及应用》一文。
② 参见本书中《深圳市行业协会年度运行状况评估模型的构建及应用》一文。
③ 参见王理宗：《论协会商会的发展阶段和发展特征》，《深圳社会组织观察》2014年第（1）期，http://www.ssof.cn/study/1000010000000658.html，2016年12月15日访问。

2.诚信自律制度建设还有很大提升空间

年报显示,约有5成行业协会尚未制定诚信自律制度。有能力建立行业标准指导全行业的协会尚不足2成。

3.激烈竞争情境下一些行业协会自治自律的内生驱动不足

去行政化和"一业多会"背景下,一方面,行业协会数量激增,另一方面,行业协会面临的市场竞争较以往更加激烈。有业内人士指出,从数量和竞争方式上看,协会的竞争相当惨烈。行业在细分,协会也在裂变式地增长,所以,协会的数量呈几何级数倍增。一个行业从研发到生产、流通、销售、品牌等,每个环节、每个工序都可以成立行业协会,还有异地、区域性的商会,以地缘为主体的商会,甚至基于微信群产生的商会也越来越多。协会数量以多种形式剧增,使这一领域的竞争渐趋白热化。大家各出奇招,通过情感战、行业战、概念战、评奖战、权术战、卖牌战、服务战等不同战术谋求生存空间。① 另一方面,行业协会在行业内进行有关自律和自治方面的教育和督促,都难以在市场上能起到立竿见影的效果,如果行业协会所处的市场环境混乱,竞争激烈,屈于市场压力,协会是否有足够的激励防治违竞行为,自治的同时并促进企业自律,很难预料。

(四)外部干预过多和外部支持不足同时存在

我国行业协会大约有四种生成途径:体制外途径生成的行业协会、体制内途径生成的行业协会、体制内外结合型的行业协会,以及法律授权产生的行业协会。② 在后三种类型的行业协会中,政府的外部干预比较明显,政府往往要求行业协会承担一定的义务,如党建、政策宣传、维稳等,通过授权或合约的形式要求行业协会承担一定的辅助政府管理的职能。从政策层面看,政府似乎在大力促进体制外途径生成的行业协会的发展,但从实践层面来看,政府和协会都体现出一种矛盾的态度:政府一方面大力促进行业协会的民间化和市场化,另一方面希望行业协会听命、服从于政府并承担更多的管理之责和社会责任,更多地反映管理部门的意志;行业协会一方面希望有更多的市场竞争自由和自主权,另一方面又希望从政府那里获得更多的资源,更直接的扶助。在这个互动过程中,不少行业协会的自治原动力很难说是主要源于内生性的需要,还是更多源于政府的外在驱动,并且在这种外在驱动过程中,二者有可能形成一种畸形的依赖和被依赖关系。

与此同时,其还存在法律和政策支持不足的问题。首先,行业协会自治的正当性和合法性基础是否得到当前的法律支持?行业协会商会自由竞争及自治的权限和边界是否清晰?这在目前也是在理论层面探讨的问题。其次,行业协会的自治性规范如何保障实现?当前行业协会快速发展的同时,政府部门主要的监管手段是抽查、信息公开和责任激励,但由于当前管理部门的执法力量相对于快速增长的行业协会数量而言捉襟见肘,抽查比例不可能太高;同时,各个部门间的信息尚未能实现充分共享,信息孤岛的现象还很普遍,管理部门通过信息公开达到声誉影响的制裁效果在当前还极为有限,企业退出行业协会

---

① 参见王理宗:《商会的企业化转型刻不容缓》,http://blog.sina.com.cn/s/blog_1532fab560102wx5o.html,2016年8月7日访问。

② 余晖:《管制与自律》,浙江大学出版社2008年版,第298页。

的成本也很低,面对企业的一些失范问题,政府部门在一些时候表现出力不从心,此种情况下政策如何进一步引导和激励行业协会的自治意愿?行业协会的自治能力应当接受市场的自由选择还是应当获得一定的外部支持而得到加强?这些都是当前行业协会自治问题中的难点,亟待解决。

六、促进深圳市行业协会健康有序发展的政策建议

(一)优化和稳定行业协会的发展环境

优化行业协会的发展环境是促进行业协会健康发展的前提。优化措施可以概括为:科学监管,合理激励,加强指导。

对于行业协会商会而言,政策和制度的稳定也是一种红利。朝令夕改的制度并非好的制度。因此,制度并不能年年追求创新。深圳行业协会的管理创新已经走在全国的前列,接下来更重要的工作,应是稳固好改革创新成果,完善各项配套措施,管理更趋精细化。

(二)对行业协会采取类型化管理

基于年报信息,我们对行业协会内部的整体和个别绩效进行快速评估,基于内部评估结果对协会进行分类:"排名前10%"、"排名前10%～30%"、"排名前30%－70%"、"排名前70%～90%"和"排名后10%"五个区间,结合实际走访和调研,基本上确定对应优质型、良好型、稳健型、达标型和脆弱型五种形态的协会,对这五种不同类型的协会实施一下有差异的分类管理:

1. 鼓励优质型行业协会发挥领军作用

鼓励优质型行业协会在行业内、区域内、国内乃至国际社会发挥领军作用。这一部分行业协会发展得最为成熟,往往是接受政府购买服务的主力军,同时也是行业协会发展的标杆,在行业协会发展,乃至社会组织的发展中起到引领作用。除了通过官方途径肯定其地位和作用,我们还应创造平台让这些优质型协会成为脆弱型协会培训和指导的主体,分享其发展经验,显性的和隐形的知识,引导行业协会发展,也加速其自身升级。

2. 激励良好型行业协会升级

这一部分协会也是接受政府购买服务的生力军,且数量较优质型协会多,在人、财、物、市场影响力方面已经完全具备发展为优质型协会的潜力,值得督促其优化对市场和政府的服务,加大政策激励力度为其发展为优质型协会助推。

3. 培育和引导稳健型行业协会进一步扩大影响

培育包括行业协会在内的社会组织发展,乃是近年来国家和地方政策的重心所在。但我们对培育的对象应当有所甄别和侧重。如果选择稳健型的行业协会作为培育对象,3～5年的积累可能会出现一些发展更趋成熟、影响力增大的协会。

4. 规范和指导达标型协会健康成长

达标型协会虽然在基础条件方面已经达标,但往往还属于发展情况不太稳定阶段,需

要对其加强规范,逐步增强其自我造血能力。

5.为新生协会提供更多的培训机会

行业协会的发展成熟度与行业协会本身的发展历程密切相关。在行业协会成立初期,人员较少,会员覆盖面较窄,影响力较为有限时,其自主性较低,自治程度也较低。而当行业协会发展走向成熟时,随着其影响力扩大,自主性增强,自治的内在动力增强,其综合实力也得到提升。脆弱型协会多为新生协会,面临的主要还是生存危机,时时存在被市场淘汰的危险。考虑到新生的脆弱型协会在人、财、物方面的基础都差强人意,很难在短暂时间内构建内部治理机制,承接政府购买服务的能力较弱,管理部门应组织优良型的协会对其予以经验传授,并对其加强培训和指导,引导他们走向达标和稳定。

6.优先促进特定领域行业协会的信用制度建设

作为改革开放的前沿地带,深圳一直走在全国的前列。2016 年,深圳前海蛇口自贸区制度创新不断取得重大突破,质量持续提升,始终坚持先行先试,把制度创新作为核心任务,把防范金融风险作为重要底线,把企业作为重要主体,着眼于形成可复制、可推广的制度成果。深圳经济特区可结合深圳前海蛇口自贸区的定位和需求,重点促进与前海蛇口片区、前海深港合作区产业定位衔接领域,如金融、现代物流、信息服务、科技服务等产业领域的行业协会信用制度建设。

(三)加强对行业协会的动态监测

由于上述分类主要依靠年报资料做出,一方面,存在信息不完备、判断不准确的情况,需要进一步调研落实,另一方面,不同行业协会的发展情况也在不断变化,因此,我们应当加强信息采集和数据挖掘,结合年报信息、抽查情况,以及调研信息,对行业协会的发展情况进行动态监测,实时调整管理方案和对象。

(四)促进行业协会之间以及行业间的合作

促进协会间和行业间的合作,重在为促进协会间和行业间的交流合作搭建多层次多方位的交流合作平台,发挥优势协会的领军作用和示范作用,帮助脆弱型协会和达标型协会度过瓶颈期。

(五)加快完善信用监管手段

深圳市社会组织管理局应依据法律法规以及 2016 年《行业协会商会综合监管办法》的具体要求,尽快落实社会组织信用体系建设,建立协会商会信用承诺制度,促进协会商会与政府间的信用信息互联共享,合理利用信用激励和约束手段,和其他管理部门配合,构建跨部门、跨地区、跨领域的守信联合激励和失信联合惩罚机制,促进社会管理的信用化和信用管理的社会化,促进内生性自治型行业协会的形成和发展。

第二篇
Chapter 2

技术报告

报木圣

深圳市行业协会年度运行状况评估模型的构建及应用*

◎深圳大学法学院　周　卫　◎深圳大学经济学院　陈柏欣
◎湖南大学金融与统计学院　罗梓烨

一、建立深圳市行业协会年度运行状况评估模型的背景

近几年,我国社会组织领域的改革开放为行业协会[①]的发展带来了难得的发展机遇。作为改革开放前沿地区的深圳,在这方面取得的成就尤其令人瞩目:确立了直接登记制度,降低了行业协会的登记门槛,简化了行业协会的登记手续;打破了以往"一业一会"的垄断,引入"多会竞争";强调依法自律,民主自治,促进行业协会完善内部治理;改革传统的监督管理体制,结合当前信息技术的发展,以年报制度替代过往的年检制度,通过厘清权责义,建立信息公开和信用监管制度,并通过行使特区立法权,将这些制度改革的有益探索通过《深圳经济特区行业协会条例》(下称《条例》)加以规定和确认,自2014年4月1日起正式实施。新条例被国家民间管理局领导谓为"近5年来所看到的最好版本","应成为现代社会组织制度的范本"。条例实施以后,行业协会的数量激增,且在市场经济中的作用日益凸显,其社会影响力和社会地位迅速提升。制度改革一方面给深圳市行业协会注入了新活力,另一方面对行业协会监管部门的监督能力提出了更高的要求。为适应当前行业协会数量激增,监管压力增大的需要,建立一套能根据年报对行业协会年度运行状况进行快速评估的管理体系,成为深圳市社会组织管理部门的当务之急。

当前,我国缺少便捷、实用且拟合程度较高的绩效评估模型。尽管国内有学者初步建立了行业协会绩效评估的"五维模型"[②],或以发展能力为导向探究了行业协会绩效评估的构建,但由于深圳经济特区享有特区立法权,制度创新走在全国前列,目前的研究并不很适用于深圳本地的行业协会管理。深圳市社会组织管理局需要一套适应深圳本地制度发展的评估体系。结合以上情况,课题组认为,深圳市有必要结合当前可获得的年报数

---

* 本文感谢深圳大学管理学院贾芳老师的指导和修正。
① 本文中所称的行业协会包含异地商会。
② 李科:《行业协会绩效评估研究》,武汉:武汉大学出版社2013年版。

据,建立一个针对深圳行业协会的年度运行状况进行快速绩效评估的模型,以适应《条例》实施以来行业协会数量激增的现实状况,为协会自我监督和完善提供简明的定量指标依据,同时供国内同行讨论与参考,完善我国行业协会绩效评估体系。

二、建立深圳市行业协会年度运行状况评估模型的意义

(一)对评估指标进行量化分析

目前,行业协议评估的主观性较强,各地的行业协会评估,往往人为地确定指标、分值和权重,并通过专家评审的方式对行业协会进行评估。如何评估、评估的具体细则的操作因人而异,评估后,行业协会自我改进的方向和措施都不太清晰,且评估的面比较窄,大部分新设行业协会缺乏参加评估的资格,因而也不明确本行业协会和其他行业协会的比较情况。我们因此考虑,能否通过量化理论予以支撑和补充。因此,本体系侧重量化指标分析,并结合深圳行业协会的实际情况构建评分体系,提供行业协会的绩效得分情况,与主观评估互为补充。这有利于政府主管部门发现问题和分类管理,同时,每一个行业协会也可以通过比较评估结果发现自身不足并通过量化途径找到改进方法。

(二)提高行业协会年度运行状况的评估效率

事实表明,虽然管理过程中对大量行业协会进行深入调研实有必要,但受制于时间、经济和人力成本,难度较大,且效率偏低,有时难以适应行政决策的需要。本体系希望在节省人力物力且不增加额外负担的前提下,建立一种简单高效的评估模型,有效地对行业协会的年度运行绩效予以跟踪和评估,以补充深入调研的不足。

(三)为行业协会的发展方向提供指引

新《条例》实施后,行业协会数目增长较快,很多新协会在管理和运作方面缺少经验,老协会所面临的市场情况也更加复杂,竞争更加激烈。年度运行评估体系,有助于引导行业协会自我监督和自我完善,通过绩效排名的形式促进行业协会增强自我竞争力,推动行业协会体制改革,更好地实现行业协会的市场化。

三、行业协会年度运行状况评估模型的理论基础

(一)行业协会年度运行状况评估的概念

1.行业协会年度运行状况评估本质上属于一种绩效评估

目前,学界公认的关于绩效的概念尚未出现,各领域学者从经济学、管理学和社会学等不同的角度对绩效进行了阐述。结合行业协会的性质,课题组倾向于认为,绩效是一种

能力,也是一种行为和结果的结合①。前者体现为"一个机构或当局经济地利用资源以及高效率、高效益地利用那些资源实现业绩目标的熟练性"。②后者意味着绩效被个人或团体通过行为的方式表现出来,成为一种结果。但行为不仅仅是产生结果的途径,其本身也是一种结果。

结合国家民间组织管理局对"评估"一词的定义,"绩效评估"可认为是运用统计学和管理学理论与方法,以特定的指标体系为评议标准,按照确定的程序,通过定性、定量的比较和分析,对被评组织的绩效进行客观、公正和准确的综合性评判③。考虑到行业协会年度运行状况评估本质上是根据一定的标准体系,结合行业协会年度报告提供的财务状况、市场服务状况和内部治理情况等信息对当年行业协会的运行状况进行综合评判,因此,其本质上仍然属于一种绩效评估。

2.对行业协会年度运行状况评估的定义

行业协会年度运行状况评估虽然本质上属于一种绩效评估,但有别于企业绩效评估。因为,行业协会属于非营利组织,其评估目的是提高管理者的管理经验,协助政府监督管理以及行业协会自我监督与完善,借此提高组织的资源利用率和服务能力,带来更大的市场和社会效益。而企业的绩效评估主要侧重于盈利能力和经济效益的考察。因此,在行业协会评估时,我们一方面可以借鉴企业的绩效评估,另一方面要针对自身特点进行改正,充分重视行业协会的内部制度建设和社会效益。

结合以上分析,课题组将行业协会年度运行状况评估定义为:结合行业协会的有关法律规定和社会学、管理学方法,对行业协会进行调研和定性分析,通过统计学方法,对行业协会的评估指标进行筛选确认,综合行业协会年报中的财务状况、内部制度建设和运行情况,以及市场服务能力等数据对行业协会每年的年度运行状况进行定量分析和综合评价。

(二)影响行业协会年度运行状况评估的因素

1.财务状况

行业协会虽属于非盈利机构,没必要像企业那样重视组织的盈利能力,但行业协会本身有自己的服务宗旨和服务行为,其运作离不开资金的支撑,因此也会面临财务管理问题。胡辉华等通过对广东省级行业协会的调研,认为资金不足是行业协会发展的首要难题,其次是专业人才匮乏和缺少业务指导单位的支持。④ 我们根据年报反映的情况,了解到行业协会在财务管理方面至少面临以下问题:

(1)财务管理的专业化问题,即是否有专业工作人员和会计对组织的财务进行管理、核实和监督。以2015年456个行业协会上交的年报为例,有77.41%的行业协会聘用了

---

① 仲理锋,时勘:《绩效管理的几个基本问题》,载《南开管理评论》2002第3期,第15—19页。
② OECD. In Search of Results: Performance Management Practices. Paris: OECD Publications. 1997,18.
③ 国家民间组织管理局:《中国民间组织评估》,中国社会出版社2007年版,第93页。
④ 胡辉华,彭彦霏:《非营利组织能力建设的观念迷宫:以广东全省性行业协会能力建设为例》,载《甘肃政法学院学报》2015年第2期。

专职财会人员，78.07%的行业协会的财务管理人员具有会计执业资格。可见，仍有部分行业协会缺少基本的财务管理人员。

(2)收入的多元化问题，即是否能拓宽收入方式，增加筹资手段，自力更生，逐步摆脱政策依赖。从2015年的有确切财务数据的375份行业协会年报来看，59.20%的协会以会费为主要收入，23.47%的协会以提供服务收入为主，以捐赠收入、政府补贴收入、投资收益和其他收入为主的各占6.67%、5.33%、1.33%和4.00%。可见，目前大多数行业协会能实现财务上的独立自主。

(3)如何提高资金的利用率问题。例如，管理者如何运用好闲置资金、如何适当举债等资金运作行为，都需要管理者加以思考和实践。

另外，结合市场情况，为所提供的服务定价，维持较好的收支关系，也是行业协会要考虑的。因此，财务管理水平是非盈利组织内部管理的一大重点，也是衡量行业协会绩效的重要指标，它不仅能反应现阶段行业协会的财务管理水平，还能通过收入集中度和资金利用效率等指标估计行业协会在未来一段时间内的财务状况。在"去行政化"的政策引导中，行业协会需逐步摆脱对政府财政支持的依赖，提高资金利用率和盈利能力，实现财务独立，因此，财务状况更是行业协会生存力和竞争力的重要指标。

2. 人力资源

人力资源因素也是行业协会内部管理绩效的重要体现，是绩效评估中不可忽视的一部分。唐国平、唐纯林认为，在行业协会中，"人力资源是第一资源。任何组织要发展，关键在人才"[①]；梅哲强调了人力资源在非营利组织中的重要性，认为人力资源不仅是企业的第一资源，更是非营利组织的第一资源。在如行业协会这样的非营利组织中，人力资源的重要性远大于其他资源。[②] 高一村在对《上海行业协会商会人力资源指数报告》进行分析后，概括了协会人力资源的三个现状：(1)人才结构方面，队伍发展较为稳定，年龄结构偏大，素质有待提高；(2)人才需求方面，人才储备量不高，专业度有待提高；(3)人才薪酬方面，构成体系基本合理，总体水平不高。[③] 对照深圳各行业协会上交2015年年报登记表，专职工作人员占比情况尚好，占总人数的69.81%，在人才结构方面，深圳行业协会工作人员的年龄结构合理，专职工作人员35岁以下的人数占专职人员总数的53.59%，大专以上学历占专职人员总数的84.67%；90.32%的专职工作人员有签订聘用合同，其中绝大多数人签订了失业、养老、医疗和工伤等保险。

可以预期的是，随着行业协会的发展，各行业对专业人才的需求会愈加明显，而人力资源对绩效的影响也会越来越大。

3. 制度的合理性

制度一般被认为包括政府管制(regulatory)、社会规范(normative)和文化认知(cul-

---

① 唐国平，唐纯林：《行业协会人力资源管理的困境与创新：以广州市为例的研究》，载《社团管理研究》2012年第8期。

② 梅哲：《入世后从职能定位看行业协会人力资源的合理构成》，载《中国人力资源开发》2004年第2期。

③ 高一村：《〈上海行业协会商会人力资源指数报告〉首次发布——综合评估行业协会商会人才结构、人才需求和人才薪酬》，载《中国社会组织》2015年第22期。

ture-cognative)因素三种形式。① 对于行业协会而言,正式制度指的是政府相关的成文规定,例如,新《条例》。社会规范多是行业协会内部制定的成文的或形成的不成文的能对行业协会会员及工作人员起到激励作用的制度,通常可通过内部人员的互动将价值取向和行为规范落实到组织中。例如,协会确定了一份报告的完成时间,但是内部成员为了保险起见,默认提前三天就把报告完成。"提前三天"就是一个非正式形式的特定领域内对特定人群产生的一个规则。若某个成员没有在默认的时间内完成自己的任务,可能会受到合作者的责怪,属于一种非正式的惩罚——道德谴责。最后一种是文化认知因素,指的是成员间有共同的价值观和认知,并能通过这种共同的文化认知因素去协调行为,达成共同使命。例如内部成员深刻意识到行业协会的价值和意义,将这种对行业协会的认知融入到工作中,为会员提供更高水平的服务。

一般而言,良善合理的制度对绩效的影响主要体现在三个方面:一是对管理者和员工产生激励和监督作用;二是减少行动者的决策时间,提高协会内部的运作效率;三是把控行业协会发展路线,规范运作方式。一套包含三种形式的良善合理的制度,是管理者和工作人员共同努力的结果,是行业协会内部运行过程中不断总结和完善的劳动成果。根据本文对"绩效"的定义,一套制度从制定到成型,本身就是行业协会的内部管理绩效。

4. 履行市场职能水平

从各国行业协会的发展路径来看,为行业谋求更多的经济利益和更高的经济地位是行业协会成立的根本目的。行业协会是行业利益的维护者,履行市场职能是其根本职责。对于非盈利的行业协会而言,履行市场职能水平的高低主要体现为提供市场服务的数量和质量,这也是绩效评估的重中之重。不过,服务质量的评估依据应是会员的满意度,因为会员是服务的直接接受者,其体验决定了服务质量的高低。

5. 代理政府行使管理职能的水平

从定义上看,代理政府职能是指行业协会为了获得政府的重视和各种形式的支持,主动或被动地承担本应由政府履行或以前由政府履行的行业管理工作②。我国现代的行业协会和西方传统行业协会在形成原因上有所不同,后者主要是经济利益驱动而成立,而我国行业协会的成立除了源于市场经济和社会制度的发展,还源于政府职能的明确和权力的分化。十八届三中全会通过的《中共中央关于全面深化改革若干重大问题的决定》指出,全面深化改革的总目标是完善和发展中国特色社会主义制度,推进国家治理体系和治理能力现代化。经济体制改革是全面深化改革的重点,核心问题是处理好政府和市场的关系。行业协会具有代理政府职能,协助明晰政府和市场关系的积极作用,在深化改革的政策背景下更应该受到重视。在2015年国务院颁布的《行业协会商会与行政机关脱钩总体方案》中,强调了要进一步理清行业协会商会和政府之间的职能关系,加快转移适合由行业协会履行的行业职能。因此,代理政府职能必须成为我国行业协会绩效考量的一个重要组成。

---

① [美]道格拉斯·C·诺斯:《制度、制度变迁与经济绩效》,格致出版社2008年版。
② 梁昌勇,代翚,朱龙:《行业协会承接政府职能转移的作用类型及其实现机制:一项多案例研究》,载《管理工程学报》2016年第1期。

6.行业协会的影响力

行业协会的影响力可分为三个层面：(1)对会员的影响力；(2)对行业的影响力；(3)对政府的影响力。对会员的影响力可通过两个方面体现：一是会员在行业企业中的覆盖率；二是行业协会在实际职能履行过程中对会员的影响与约束能力。对行业的影响力主要体现为：行业协会对行业是否具有领导力，对本行业的自治和发展规划是否受到重视且有效执行。在对政府决策的影响方面，国内学者尚未形成统一意见，但较为主流的观点认为，中国的行业协会尚无法构成影响政府决策的制度性力量。但也有学者通过对北京和浙江两地的实证研究，认为行业协会的层级越高，对政策的影响力越大，例如，省级协会对同一级政府的政策影响力大于市级协会①。深圳位于改革前沿地带，且有较高的行政自主权。调研发现，深圳部分优质行业协会和地方政府部门互动性较强，对与本行业相关的地方政策可以产生一定的影响力。综合上述分析，行业协会的影响力是行业协会职能履行的保证，是绩效评估的影响因素之一。

在绩效量化评估的指标中，影响力指标难以定量，同时，其作用常渗透并体现在其他因素中，这给影响力的评估增加了不少难度。考虑到这一点，尤其考虑到年报模板中未纳入影响力指标，因此，本文暂未将之纳入评估体系。

（三）构建行业协会年度运行状况评估体系的方法选择

常用的绩效评估体系往往依据相关的管理、财务等理论，选取合适指标，并通过给定适当权重得出各协会绩效评分。这类方法往往直观快捷，但存在两个较突出的问题。其一，为指标间的相关性问题。每个指标的选取往往具有一定的主观性，就单个指标而言，选入指标体系或许有较强的说服力，但由此所构造的指标体系却不一定是最佳组合：若某些指标体现的绩效考核角度相似，则该指标间可能存在较大的相关性；但若仅使用单一指标对绩效某一角度进行考核，则评价结果可能存在较大的偶然性。两者均会导致绩效评估体系的科学性、合理性大打折扣。其二，为指标权重的设置问题。即使构建了一个较理想的绩效评估体系，其中，各指标权重的设定是另一影响评价效果的关键因素。目前多采用专家小组讨论法、德尔菲法等确定权重，但由于其主观性较大，对评价结果的准确性会造成较大影响。

鉴于此，本文选择了因子分析方法，结合管理、财务、统计学等相关的理论知识，构造较科学的行业协会年度运行状况评估体系。

因子分析法以变量的内部依赖关系为着手点，将多个观测变量中相互关联程度高的变量归纳为同一类，将错综复杂的变量归结成少量综合因子。在因子分析法中，每一个公共因子代表了一类相互关联程度高的变量，这样就可以在减少研究变量个数的同时反映出变量的多数信息。

因子分析主要分为确定因子载荷、因子旋转及计算因子得分三个步骤。

确定因子载荷的方法有主成分法、主轴因子法、最小二乘法等，本文采用较常使用且简洁方便的主成分法。

---

① 纪莺莺：《当代中国行业协会商会的政策影响力：制度环境与层级分化》，载《南京社会科学》2015 年第 9 期。

用主成分法寻找公共因子的方法如下:假定从相关矩阵出发求解主成分,设有 p 个变量,则可找出 p 个主成分;将所得的 p 个主成分按由大到小的顺序排列,记为 $Y_1, Y_2, \cdots, Y_p$,则主成分与原始变量间存在如下关系:

$$\begin{cases} Y_1 = \gamma_{11}X_1 + \gamma_{12}X_2 + \cdots + \gamma_{1p}X_p \\ Y_2 = \gamma_{21}X_1 + \gamma_{22}X_2 + \cdots + \gamma_{2p}X_p \\ \cdots\cdots \\ Y_p = \gamma_{p1}X_1 + \gamma_{p2}X_2 + \cdots + \gamma_{pp}X_p \end{cases}$$

由于 X 到 Y 的转换关系是可逆的,易得由 Y 到 X 的转换关系:

$$\begin{cases} X_1 = \gamma_{11}X_1 + \gamma_{21}X_2 + \cdots + \gamma_{p1}X_p \\ X_2 = \gamma_{12}X_1 + \gamma_{22}X_2 + \cdots + \gamma_{p2}X_p \\ \cdots\cdots \\ X_p = \gamma_{1p}Y_1 + \gamma_{2p}Y_2 + \cdots + \gamma_{pp}Y_p \end{cases}$$

对上面每一等式只保留前 m 个主成分而把后面的部分用 ε_1 代替,并为了把 Y_i 转化为合适的公共因子,需对其标准化,则上式转化为:

$$\begin{cases} x_1 = \alpha_{11}F_1 + \alpha_{12}F_2 + \cdots + \alpha_{1m}F_m + \alpha_1\varepsilon_1 \\ x_2 = \alpha_{21}F_1 + \alpha_{22}F_2 + \cdots + \alpha_{2m}F_m + \alpha_2\varepsilon_2 \\ \cdots\cdots \\ x_p = \alpha_{p1}F_1 + \alpha_{p2}F_2 + \cdots + \alpha_{pm}F_m \alpha_1\varepsilon_p \end{cases}$$

其中,$x_1, x_2, x_3, \cdots, x_p$ 为 P 个原有变量,是均值为 0、标准差为 1 的标准化变量,$F_1, F_2, F_3, \cdots, F_m$ 为 m 个因子变量,m 小于 P,表示成矩阵为

$$X = AF + a\varepsilon$$

其中,F 为因子变量或公共因子,可以将它们理解为在高维空间中互相垂直的 m 个坐标轴。A 为因子载荷矩阵,α_{ii} 为因子载荷,是第 i 个原有变量在第 j 个因子变量上的负荷。如果把变量 X_{ij} 看成是 m 维因子空间中的一个向量,则 α_{ii} 为 X_{ij} 在坐标轴 F_i 上的投影,相当于多元回归中的标准回归系数。ε 为特殊因子,表示原有变量不能被因子变量所解释的部分,相当于多元回归分析中的残差部分。

对于公共因子个数 m 的确定,应结合实际情况,在考虑公共因子信息量达到总体信息量合适比例的同时,要使所选取的公共因子能够合理描述现实情况,有利于因子模型的解释。

如果得到的初始因子解中各主因子的典型代表变量不是很突出,就容易使因子含义模糊不清,则可考虑对初始公共因子进行线性组合,即进行因子旋转,以期找到意义更明确的公因子。

因子模型建立之后,往往需要对变量进行比较,这就需要计算因子得分。因子得分是公共因子 $F_1, F_2, F_3, \cdots, F_m$ 在每个样品点上的得分。为此,我们需建立如下以公因子为因变量、原始变量为自变量的回归方程:

$$F_1 = \beta_{i1}X_1 + \beta_{i2}X_2 + \cdots + \beta_{ip}X_p, \quad i = 1, 2, \cdots, m$$

在最小二乘意义下,可得到 F 的估计值:

$$F = A'R^{-1}X$$

式中,A 为因子载荷矩阵;R 为原始变量的相关阵;X 为原始变量向量。这样,在得到一组样本值后,我们就可以带入上面的关系式,求出公共因子的估计得分,从而用少数公共因子去描述原始变量的数据结构,用公共因子得分去描述原始变量的取值。在估计出公共因子得分后,我们可利用因子得分进行进一步分析,例如,计算综合因子得分,对样本点的聚类分析等。

四、行业协会年度运行状况评估模型实证分析

(一)行业协会年度运行状况评估指标的选取及说明

结合上述对行业协会年度运行状况评估的界定,绩效的评估可从内外两部分着手,协会商会内部的财务、人力资源等要素是外部的职能有效履行的保证,而外部情况是内部要素水平的直接体现。故我们可设立"内部"和"外部"两个一级指标,前者评估协会商会的内部管理情况,有"财务状况"和"内部制度建设情况"两个二级指标;后者集中讨论协商会的市场运作能力这一个指标(具体指标选取情况见下表)。

表1 行业协会年度运行状况评估指标的选取

一级指标	二级指标	三级指标
内部	财务状况	会费收入本年合计
		提供服务收入本年合计
		总收入合计
		净资产变动额
		收入费用比
	内部制度建设情况	是否具有信息公开制度
		是否具有人事管理制度
		理事会召开情况
		会员代表大会召开情况
外部	市场运作能力	专职工作人员总数
		工作人员总数
		提供服务收入
		活动收入集中度
		市场服务次数
		承办政府委托项目

1.财务状况领域的三级指标

目前,我国缺少符合国情的协商会财务状况评估理论,因此,课题组首先试图在"财务状况"一项借鉴 Greenlee 和 Trussel(2002)等人提出的用于预测非营利部门财务脆弱性的方法[①]。国内学者李科(2013)认为,"该指标不仅明确,操作方便,而且提取出了标准化的数学模型,我国在缺少对应模型的情况下,可借用该模型对行业协会的绩效进行分析"[②]。但课题组借助该模型对深圳市行业协会计算财务脆弱性程度之后,将之代入因子分析法分析时,发现这一指标和行业协会绩效的相关性并不显著,因此舍弃。

考虑年报中数据的可获得性以及因子分析的效果,本研究最终根据实际情况选取了会费收入本年合计、资产总计期末数、净资产变动额、收入本年合计、收入费用比作为财务状况的三级指标。其中,资产规模及净资产变动额分别从绝对角度及相对角度考察了协会的综合经济实力,各项收入、总收入及相关比值指标体现了协会在各方面的经营状况。

2.内部制度建设情况的三级指标

在内部制度建设的指标选取方面,由于现有的年报数据局限,课题组选取的指标有会员代表大会召开频次、理事会召开频次、是否具有信息公开制度、是否具有人事管理制度。理事会及会员代表大会的召开反映了协会自治机构的运作状况,信息公开制度及人事管理制度反映了协会内部重要的管理制度的建设情况。

3.市场运作能力方面的三级指标

市场运作能力一共考查了6个指标,包括:专职工作人员总数、工作人员总数、提供服务的收入、活动收入集中度、承办政府委托项目次数和市场各类服务次数。其中,专职工作人员总数和工作人员总数体现了协会人力资源状况,提供服务的收入和活动收入集中度体现的是市场运作给协会带来的收入状况,其中,项目活动收入集中度为项目活动收入与总收入之比;市场服务次数和承办政府委托项目的次数则是反映协商会履行市场职能、承接政府委托职能的具体表现。在缺少服务满意度和活动规模及影响力等数据的前提下,协商会举办活动次数越多,越能在一定程度上反映出该协会的市场影响力,因此,该指标采用举办市场活动次数作为绩效评估的依据,活动包括了对会员提供培训、把控行业质量、制定行业发展规划和加强对外联系等。

(二)数据来源说明

模型的数据通过以下几个途径获得:

1.深圳市社会组织管理局提供的深圳市行业协会年度报告(下称"年报")

历年的年报数据是绩效评估数据的主要来源[③]。结合深圳的具体情况分析,2014年,《条例》的实施给深圳行业协会的整体状况带来影响深远的巨大改变。2015年,作为《条

[①] Trussel,John,Greenlee,Janet S.,Brady,Thomas Colson,Robert H.,Goldb and,Martin,Morris,Thomas W., Predicting Financial Vulnerability in Charitable Organizations, CPA Journal,Vol.72,Issue 6,Jun2002.

[②] 李科:《行业协会绩效评估研究》,武汉大学出版社2013年版,第117—124页。

[③] 若无特殊说明,下文所用数据均来自深圳市行业协会2015年年度报告。

例》实施后的第一个完整年,起到了承上启下的作用。因此,本模型选取2015年的数据是基于以下两个方面的考虑:

第一,数据的同质性。在本模型中,其主要体现为排除数据中无关变量的干扰。2014年4月份以前的统计数据并无新《条例》带来的政策因素的影响,而这一影响又是我们未来一段时间中必须考虑的。因此,在选取数据时,较为合适的做法是排除未受政策激励的早期数据,转而采用新《条例》正式实施后第一个完整年的数据,以此保持现在和今后的统计背景在政策上的一致性,即保持数据上的同质性。

第二,数据的典型性。具有典型性,数据分析才能真正起到对比和预测的作用。在筛选典型数据的过程中,有两个值得注意的操作需要指出。一是将2015年新增协会的数据纳入绩效评估体系。2015年比2014年增加了110份年报,这些年报绝大部分来自于2014年或2015年新成立的协会。虽然这些新协会只有一两年的发展时间,很可能各项指标均处于起步阶段,将其纳入评估范围,可能会大大降低协商会的总体绩效,但它们是深圳协商会的重要组成部分,其数据同样具有重要的参考价值,也可藉此研究新《条例》实施对协商会整体质量水平的影响,符合数据的典型性要求。第二,排除协会的往年数据,只选取本年度数据。因为协会的发展具有累积效应,其基本状况可从最新一年的数据中得出。若采用历年的数据,虽大大增加了模型的样本数,但一方面弱化了新协会对整体水平的影响,另一方面造成了部分数据的重叠,将给模型带来无法估计的干扰,影响模型拟合效果。

2.政府公开数据和调研结果

政府公开数据和实地调研信息是对年报数据的补充。对于年报中没有涉及又必须包含的数据,课题组采用这两种方式搜集。政府公开数据主要是各类政府报告、会议记录和官方网站公示。调研信息则来自课题组对社会组织管理局或行业协会多次访谈了解的信息。由于这两种途径相对于年报途径的操作难度较大,且可能存在数据规模的局限性,不符合模型系统性和高效性的要求,故仅作为年报数据的补充。

(三)基于因子分析的评估模型建立

如上文所述,本文采用因子分析方法,对相关绩效指标进行降维处理,构造衡量各协会绩效竞争力的优良指标。辅助软件为SPSS.22版本。

因子分析方法对于变量的选取有一定的要求,须保证各指标和协会绩效之间存在一定的相关性,但同时还要体现指标间一定的差异性。因此,课题组在研究中选择KMO及球度检验,判断该指标的选取是否适合因子分析。

KMO检验统计量度量了变量间简单相关系数和偏相关系数,变量间相关系数越强,KMO统计量越接近于1,越适合做因子分析。球度检验用于检验相关阵是否为单位阵,即检验各个变量是否各自独立,当p值小于0.5时,即在5%的水平上拒绝原假设,说明适合做因子分析。由表2可知,KMO值达0.792,球度检验显著性水平接近0,这表明:所选指标适合进行因子分析。

表2　KMO and Bartlett's Test

Kaiser-Meyer-Olkin Measure of Sampling Adequacy.		.792
Bartlett's Test of Sphericity	Approx. Chi-Square	4 103.834
	df	105
	Sig.	.000

下面着重分析因子提取情况。因子提取情况的分析包括对公共因子提取个数的选择及其解释能力的评价,可通过解释平方总和表、旋转后因子载荷矩阵等进行分析。解释平方总和表反映了各因子对总方差的解释能力,是选取公因子的主要参考依据。本文的解释平方总和见下表3。

表3　Total Variance Explained

Component	Initial Eigenvalues			Extraction Sums of Squared Loadings			Rotation Sums of Squared Loadings		
	Total	% of Variance	Cumulative %	Total	% of Variance	Cumulative %	Total	% of Variance	Cumulative %
1	5.192	34.612	34.612	5.192	34.612	34.612	3.585	23.898	23.898
2	2.055	13.700	48.312	2.055	13.700	48.312	3.431	22.876	46.774
3	1.668	11.121	59.433	1.668	11.121	59.433	1.899	12.659	59.433
4	0.981	6.540	65.972						
5	0.927	6.183	72.156						
6	0.767	5.115	77.271						
7	0.660	4.401	81.672						
8	0.595	3.965	85.637						
9	0.567	3.782	89.419						
10	0.534	3.558	92.977						
11	0.469	3.128	96.105						
12	0.290	1.933	98.038						
13	0.171	1.140	99.178						
14	0.087	0.583	99.761						
15	0.036	0.239	100.000						

Extraction Method: Principal Component Analysis.

在上表中,Component 表示系统所提取的全部因子;Initial Eigenvalues 表示初始特征根;Extraction Sums of Squared Loadings 表示提取平方负荷的总和;Rotation Sums of Squared Loadings 表示旋转平方负荷总和。可见,系统总共提取了15个因子,其中前3个公因子满足特征根大于1的公因子选取原则。这3个公因子共解释了总方差的近

60%,其中各公因子分别解释了总方差的 34.61%、13.7%、11.12%。

得到的 3 个公因子间相关性为 0,表明 3 个公因子互不相关(见下表 4)。

表 4　Component Score Covariance Matrix

Component	1	2	3
1	1.000	0.000	0.000
2	0.000	1.000	0.000
3	0.000	0.000	1.000

Extraction Method: Principal Component Analysis.
Rotation Method: Varimax with Kaiser Normalization.

下面重点分析各公因子的含义。得到旋转后的因子载荷矩阵如下表 5 所示:

表 5　Rotated Component Matrix[a]

	Component		
	1	2	3
资产总计期末数	0.657		
会费收入本年合计	0.846		
提供服务收入本年合计		0.755	
收入本年合计	0.629		
净资产变动额本年合计	0.921		
收入费用比	0.920		
工作人员总数		0.701	
专职工作人员数		0.730	
市场服务次数		0.639	
会员(代表)大会几年一次【取倒数】			0.691
理事会一年几次			0.579
人事管理制度			0.673
信息公开制度			0.745
承办政府委托项目		0.654	
活动收入集中度		0.650	

Extraction Method: Principal Component Analysis.
Rotation Method: Varimax with Kaiser Normalization.
a. Rotation converged in 5 iterations.

由上表可见,对于第一因子,有较大载荷的指标为资产总计期末数、会费收入本年合计、收入本年合计、净资产变动额、收入费用比。这类指标均体现了一个协会的资产及收入状况,可定义为财务状况因子,也即前文所述的内部因子之一。对于第二因子,有较大载荷的指标为提供服务收入、工作人员总数、专职工作人员总数、市场服务次数、承办政府委托项目及活动收入集中度。这类指标大体反映了一个协会举办社会活动、协调市场运作的能力,可定义为市场运作能力因子,属于前文所述的外部因子。对于第三因子,有较大载荷的指标为会员(代表)大会几年一次、理事会一年几次、人事管理制度及信息公开制度。这类指标反映的是协会民主决策、内部制度建设等情况,可定义为内部制度建设因子,仍然属于内部因子。

结合上述,表1中的三级指标可以组合为如下表6所示:

表6 三个公因子及其负荷的指标

因子1	因子2	因子3
会费收入本年合计 资产总计期末数 净资产变动额 收入本年合计 收入费用比	专职工作人员总数 承办政府委托项目 活动收入集中度 提供服务收入 工作人员总数 市场服务次数	会员(代表)大会几年一次 理事会一年几次 人事管理制度 信息公开制度
财务状况因子	市场运作能力因子	内部制度建设因子

此外,上表给出的为因子得分系数矩阵,是用原始变量表示的标准化主成分(公共因子)的系数矩阵。由此,通过因子得分系数乘以对应的原始指标的值,可计算得出各协会各公因子得分,并以各公共因子对总方差的贡献率为权数(财务状况因子、市场运作能力因子和内部制度建设因子分别为34.61%、13.7%、11.12%),分别对各协会公共因子得分进行线性加权平均求和,得到各协会的综合因子得分及排名情况。

五、评估体系的实证应用

(一)3A级以上的行业协会在2015年年度运行状况评估体系中的分布情况

课题组从深圳市社会组织管理局获悉,2010—2015年,深圳市通过社会组织评估确认的5A级行业协会为37个,4A级协会为23个,3A级协会为32个。课题组以各级协会的个数为依据,选出排名的前1~30、前1~60和前1~90三个区间,对协会绩效得分进行排名后,与上述三个区间进行对照,得出的结果如下:

表7 年度运行状况评估得分排名和3A级及以上行业协会覆盖率

	1~30名	1~60名	1~90名
5A协会数	14	28	31
4A及以上协会数	16	34	42
3A及以上协会数	18	39	48

续表

	1~30 名	1~60 名	1~90 名
5A 协会覆盖率	37.84%	74.68%	83.78%
4A 及以上协会覆盖率	26.67%	56.67%	70%
3A 及以上协会覆盖率	19.57%	42.39%	52.17%

由表7可知，前30名的协会中有5A级协会14个，占5A级协会总数的37.84%。前90名中，有31个5A级协会，占5A级协会总数的83.78%，可见，5A级协会基本在本绩效排名的前90。

表8　年度运行状况评估得分排名和3A及以上行业协会的对照

	1~30 名	1~60 名	1~~90 名
5A 协会数占比	46.67%	46.67%	34.44%
4A 及以上协会数占比	53.33%	56.67%	46.67%
3A 及以上协会数占比	60%	65%	53.33%

由表8可知，在绩效得分前30名的协会中，有46.67%的协会是5A级协会，3A级及以上协会占60%；在前90名的协会中，5A级协会占34.44%，3A级及以上协会占53.33%。

由于当前深圳市的行业协会等级评估属于协商会的合规性评估，并不能充分反映协商会发展的成熟度和年度发展概况，而本文中设计的绩效评估模型属于协会年度运行状况的评价，因此，二者评估的目的、性质及评估方法存在明显差别，不可能完全重叠，也无法相互取代。但应当注意到的是，评估结果仍然存在比较强的关联性。例如，5A级协会在前30、前60名的占比均接近50%。

(二)行业协会年度运行状况评估等级的确定

1.行业协会年度运行状况评估等级划分的意义

评估等级划分的主要目的在于为行业协会年度运行状况评估提供微观横向的比较依据，通过确定协会的等级，可大致了解被测者在本年度的绩效水平位于整体哪一分段。

同时，由于模型具有简单快捷的特点，只需根据协商会每年上报的年报数据即可确定协商会所处等级，具有比较宽泛的应用范围：既可作为社会组织管理部门快速评估协商会总体等级分布区段的工具，也可作为行业协会自我评定的量化模型，还可作为管理人员或专家学者识别某一具体协商会在全市范围内所处发展水平的快速筛选工具，有助于促进年报的适用范围，提高社会组织信息监管的科学性。

2.行业协会年度运行状况评估等级区间的划分

结合3A级及以上协会的分布情况和实际调研结果，课题组对2015年各协会按照得分降序排列后，将登记区间划分为五个层级，并按照正态分布原则划分每个区间的比重，依次是"排名前10%"、"排名前10%~30%"、"排名前30%~70%"、"排名前70%~

90%"和"排名后10%"五个区间,分别对应"优"、"良"、"中"、"合格"及"无等级"五个等级。具体情况如下图:

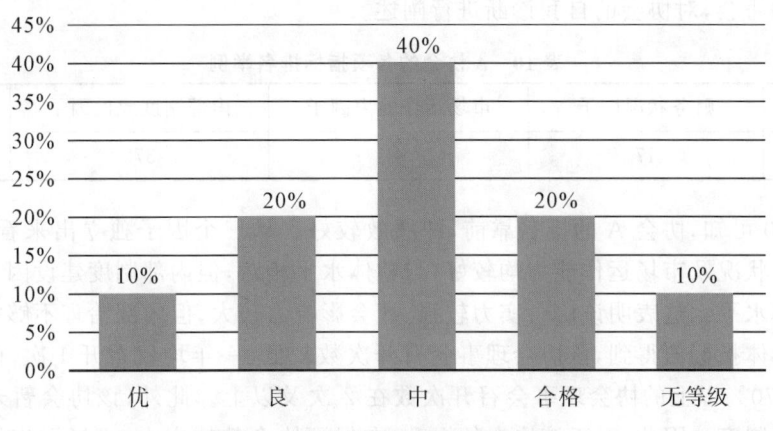

图4 各等级区间协商会个数占比

而采用强制正态分布作为划分依据主要有以下几个原因:

(1)在实际情况中,一个群体内通常存在少数业绩优异的成员,一小部分成员的绩效差强人意,而其他大部分成员的业绩一般。从整体上看,该群体成员的业绩水平符合正态分布的特征。

(2)行业协会年度运行状况评估旨在针对每一个协会提供结果性评估,协助协商会完成计划、指导、评价这三个步骤的循环,明确协会未来健康发展的方向。行业协会年度运行状况评估体系从构建到完善的过程,对评估体系的构建者和参与者都是一个不断学习和积累经验的过程。对于协会管理者而言,可能存在无法正确评估自身绩效成果的情况。因此,在经验不足的情况下,进行行业协会之间的直接比较,能给管理者提供一个宏观上的参考,避免管理者采用过严或过松的标准评估自身的绩效。

(3)等级区间采用占比而非具体的分数线划分区间,目的在于提供一个动态的相对指标。依据排名所在区间评定等级,可较为清楚地得知某一年度中的某一协商会在整体协商会中的大致排名,实现协商会的横向比较。

在课题组看来,对于协会管理者或需要对协商会进行调研的专家学者而言,得知协会位于整体的哪一个区间,比知道准确得分或排名等绝对数值更有意义。

3.行业协会年度运行状况评估等级划分的具体应用

为方便查看,本文对五个等级作了进一步解释,具体如下表:

表9 评估等级划分的具体应用

排名 项目	前10%	前10%～30%	前30%～70%	前70%～90%	后10%
等级评价	优	良	中	合格	无等级
发展阶段评价	成熟区	稳健区	成长区	脆弱区	警戒区

协会在自我诊断时,一方面可以观察自己所处的等级区间是否符合自己的发展现状和目标,同时可以查看各因子排名,找出薄弱项目,结合发展实际加以完善。现取两个较有代表性的协会,对协会的自我诊断进行阐述。

表10 A协会的各项指标排名举例

协会	财务状况因子	市场运作能力因子	内部制度建设因子	总排名
协会A	17	4	378	10

从表10可知,协会A的排名靠前,即绩效较好。从三个因子独立出来看,可发现该协会的财务状况及市场运作能力均较好,与整体水平相对,但内部制度建设因子远远落后于协会整体水平。这表明该协会实力较强、社会影响力较大,但内部治理不够完善。通过该协会的具体指标值得到,该协会理事会召开次数较低,一年均仅召开1次,而在456家协会中,有70%以上的协会理事会召开次数在2次及以上。此外,该协会暂未建立良好的信息公开制度。因此,对于该协会的提升,在保证协会整体实力、市场运作能力稳定的情况下,其应重点放在内部制度建设的完善上。

另外,对于新协会而言,在成立初期,由于运作时间较短,它通常存在资金和经验不足、知名度不高的情况,导致协会排名靠后,甚至位于"警戒区",这是可以理解的。但若在成立三到五年之后,协会仍位于较低的等级区间,而且各项绩效指标并没有改善,管理者则需引起注意,分析协会存在的问题,加以改正完善。

(三)评估等级分数线的划分及其应用

1.评估等级分数线设置的意义

设置评估分数线旨在为协会年度运行状况评估提供宏观纵向的定量依据。根据历年的整体运行情况,我们可判断深圳行业协会的发展情况,预计未来一段时间的发展态势。另外,单个协会可据此得知自身近几年的发展趋势。

2.评估等级分数线的划分

模型设置了三条分数线,代表优秀线、中等线及及格线,优秀线为0.14分,中等线为0分,及格线为-0.26。这三条分数线参照3A级及以上协会的分布和协会绩效等级的区间划分。借助这两条分数线,我们可得出每一年中优秀或达标协会的数量和占比,实现绩效评分的纵向比较。其分布情况如表11。

表11 各分数线协会数

年份 项目	2015	2014	2013
0.14分以上	67	51	44
-0.05~0.14分	130	121	119
-0.26~-0.05分	210	153	112
-0.26分以下	49	22	14

3. 基于评估等级分数线的年度比较分析

从表12可知,优秀段协会比例在三年间保持稳定,2013—2015年均保持在14.7%左右,而中等段比例呈明显下滑趋势,2014—2015年比例减少18.47%。相反,合格段及以下占比逐步增加,2014—2015年的比例增幅分别为4.83%、69.02%。

表12 各分数线协会占比

年份 项目	2015	2014	2013
0.14 分以上	67	51	42
−0.05~0.14 分	130	121	119
−0.26~−0.05 分	210	152	112
−0.26 分以下	49	22	14
0.14 分以上占比	14.69%	14.74%	14.63%
−0.05~0.14 分占比	28.51%	34.97%	41.46%
−0.26~−0.05 分占比	46.05%	43.93%	39.02%
−0.26 分以下占比	10.75%	6.36%	4.88%

优秀段协会体现的是整个行业协会的最佳水平,但行业协会的整体发展水平仍更多地由中等段协会体现,并受制于合格段以下协会。由此可见,深圳市行业协商会,近年来整体状况略有下浮,表现为中等段协会比例减少、不合格段协会比例明显增加。但优秀段协会比例保持平稳。优秀段协会往往发展成熟,抗风险能力强,经营状况稳定,故在长期可保持相对平稳状态。

需要注意的是,中等段协会比例虽逐年减少,但其绝对数变化较为平缓,其协会成员在各年有一定的连续性。其比例的减少主要来源于两方面:其一为转化为优秀段协会。由于协会数量连年增长,但优秀段协会比例保持稳定,故有一定数量的协会过渡到优秀段。事实上,从2014年中等段过渡到2015年优秀段的协会有13家。其二,也是更主要的原因,即在于各年新增协会多处于合格甚至合格以下段,故而稀释了中等段的比例。从年度报告中可知,2015年相比2013年增加了181家行协会,这181家协会的平均绩效得分为−0.13分,其余协会平均得分为0.08分,深圳市全体行业协会的平均得分为0分。可见,新增协会拉低了行业协会的整体水平,这和我们的实际预期相同。

六、基于评估模型对深圳市行业协会发展的预测和建议

从表13可见,近两年行业协会以较快的速度增长,同时飞速的增长拉低了行业协会的整体质量。由于年度数据较少,我们无法对行业协会的发展做出较准确的预测。但是鉴于新《条例》的影响尚未结束,预计明年的行业协会总数还是会以较快的速度增长,同时,协会平均分仍会下降6%~7%。

表 13　2013—2015 行业协会整体情况比较

年份 项目	2015	2014	2013
协会总数	456	346	287
协会总数增长率	31.79%	20.56%	—
全体行业协会平均分	0.0012	0.0013	0.0014
全体行业协会平均分增长率	−7.3%	−6.1%	—

从数据上看,这种因为法律放宽了行业协会准入门槛导致的行业协会商会数量激增初期的质量下滑,是很自然的事情。因为宽松的政策为行业协会迎来了一个数量发展的高速期,不断有新的协会加入,而一个协会从起步到完善运行至少需要几年的时间,加之《条例》突破了"一业一会"的限制,加剧了同一个行业内部各协会间的竞争加大了数据的波动。要实现协会整体数据稳定发展,至少需要满足两个条件:一是协会数量的增长相对稳定,二是大部分行业内部的协会通过竞争,达成动态的均衡。

对此,在实现数量和质量稳定增长的过程中,政府在行业协会成立初期应给予政策和财政的支持,协助有发展潜力的协会渡过发展的初期和瓶颈期,同时可给新协会提供指导,共商发展大计;另一方面,政府可加强对协会间竞争的规范和监督,确保协会进行良性的有益竞争,加强行业内部和行业间的合作。

七、模型的局限性

(一)数据本身存在的局限性

1. 年报数据的真实性存疑

部分协会整理年报信息时态度不够严谨,导致出现基本的错漏。比如,有的协会在统计专职工作人员的年龄构成时,各年龄阶段的人数总和大于统计出的总人数。另外,有些行业协会善于总结数据,也有的行业协会虽然举办很多活动,但可能统计不及时、不充分而出现遗漏。

2. 年报数据不能反映人力资源中的领导者才能

管理学理论认为,一个有魅力、影响力和决策能力的领导能给组织带来较大的提升。在行业协会中,会长一般是行业领袖式的人物。但往往他的凝聚力、社会影响力,都不容易通过年报得到明显的体现。

3. 年报数据只能反映协会活动的数量,不能反映协会活动质量的差异

服务的质量和数量都是职能绩效评估的重点。有些行业协会可能一年就举办一到两次活动,活动的影响力较大,活动参与者的满意度很高,但由于现有数据只涉及活动次数,因此,这些协会的绩效估值偏低。

4. 行业协会和商会之间,以及行业协会之间的异质性难以体现

商会和协会性质不同,一些指标不能同等对待,但如将行业协会区分开来,则出现数据规模太少、难以适用软件进行分析的情况。相比行业协会,商会在会员数量上具有优势,而在外部职能的履行方面则不如协会。若用同一套评估标准,两者的评估结果难免出现偏差。

另外,工商服务类的行业协会和文化领域的行业协会之间的异质性也很难通过数据分析得到充分体现。

(二)定量方法研究行业协会的局限性

目前,我国的行业协会发展并不完善,相关的制度不健全,公开信息较少。这也是定量研究的障碍之一,对此,课题组只能修正无法获得数据的指标或减少指标以确保模型的拟合度。而过分地压缩模型指标可能导致模型解释力度不足,样本数量较少也影响了模型的拟合程度。

另外,由于行业协会年度运行状况评估体系的开发需要跨学科的实际合作,因此,当前这方面的文献数量并不是太充分。本文是课题组在参考资料较少的前提下,结合多学科学者的不同看法进行探索得到的初步结论,必然存在一定的不足和疏漏。我们希望行业协会的年度运行状况评估能得到国内学者的重视,共同完善深圳乃至全国的年度运行状况评估体系。

八、对年报数据征集的建议

(一)增加有关行业协会工资水平的数据征集

建议增加行业协会工作人员的工资水平这一项,如按照高层管理人员、中层管理人员和基层人员确定不同的工资区间。

(二)增加有关行业协会影响力方面的数据征集

尽管行业协会的影响力评估具有一定的主观色彩,但仍然可以借助一定的指标来体现,如以"是否被政府部门咨询过政策相关问题"、"是否影响了某个政策",以及"媒体正面曝光的次数和范围"等指标来衡量行业协会对政策和社会的影响力;重视行业协会对市场的监督和管理,设置"参与行业质量监督次数"、"参与行业合规性监督次数"、"参与行业标准、地方标准或国家标准制定次数"等指标。

(三)加强对年报填写的指导和内部审核

通过对2015年年报进行分析,我们发现不少商会和协会出现数据上的瑕疵问题。商会年报的瑕疵问题更加显著一些。

第三篇 Chapter 3

分报告

第三章

Chapter 3

分散式

深圳市安全防范行业 2015年度发展报告

◎深圳市安全防范行业协会　杨金才　庞　伟　邓文达
　　　　　　　　　　　　　王　达　王君利　刘立峰

前　言

(一)深圳市安全防范行业协会简介

深圳市安全防范行业协会(原深圳市安全防范产品行业协会)成立于1995年9月19日,现有员工186人,是经深圳市社会组织管理局核准登记的行业性组织,是非营利性社会团体、社会法人。它被深圳市民政局评为AAAA级协会,是中国第一个拥有全国性会员的地方安防行业协会,其中企业会员1 860家(含外省市企业会员356家),行业专家380人。本协会是中国安防行业的主要代表,在全国及全球安防领域享有盛誉。

(二)本课题的意义、研究方法、资料数据采集方式

课题意义:更好地了解深圳市2015年安防行业的发展状况,促进深圳市安防行业的持续健康发展,对政府管理部门、行业机构、安防企业等相关单位、组织有所借鉴。

研究方法:本课题采用了查阅文献、问卷和访谈调查、统计分析和比较分析等研究方法。

资料数据采集方式:查阅文献、问卷调查、专家和企业座谈会等。

(三)选题、研究方法、内容与观点方面的创新之处

近年来,深圳安防行业在经济、技术、市场等的冲击下,固有的先发优势不断削弱,行业发展遭遇拐点,企业发展遇挫,亟待转型升级。在此背景下,本课题通过深入研究深圳市安防行业的发展状况,并结合行业从政府、企业、协会等方面提出相应政策和建议,具有很强的现实意义,实属本课题选题的创新之处。

另外,在研究方法上,我们重点采用了比较分析法,通过对全国和深圳市安防行业历年发展状况的横向比较和纵向比较,使读者更直观、清晰地了解该行业发展的"前世今生",更利于读者迅速、全面把控该行业。

本报告中引用的数据、图表资料等,均标明了来源并进行了核实,本课题组对其真实性负责。

一、安防行业概述

(一)行业概念与内涵

安防行业是集光电、材料、机械、生物、电子信息工程、通讯等技术为一体的综合性高新技术应用行业,是一个知识和技术密集型行业,也是一个技术驱动型行业。

安防行业与社会经济、生产活动密切相关,随着经济的不断发展和技术的不断成熟,安防行业已经成为社会公共安全体系的一个重要组成部分。

中国安防行业(本报告中如无特别说明,特指中国大陆安防行业)的行政主管部门是公安部和各省市级公安机关。自1984年开始,由公安部科技局对安防行业实行行政管理。此后,各省市级公安机关都先后设立了安全技术防范的管理机构。

(二)安防产业链及核心环节简析

中国安防行业经过多年的发展,已经形成了完整的产业链条及运作模式,如下图1所示。

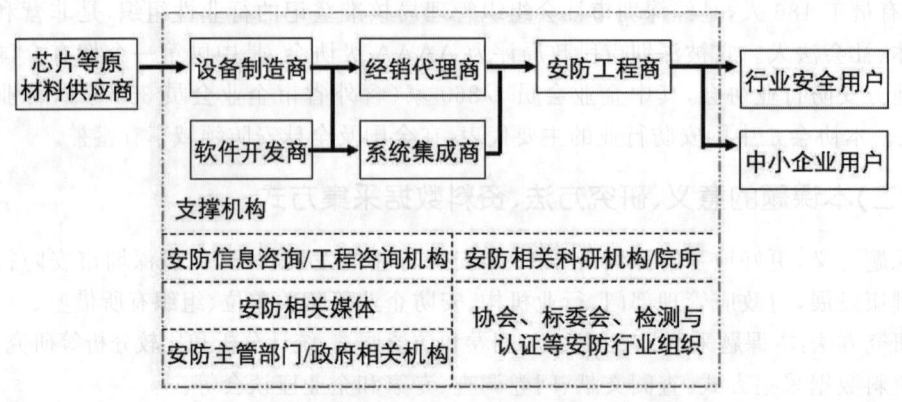

图1 安防产业链及其运作模式示意图

安防产业链主要由原材料(芯片等)供应商、产品(硬件、软件)制造商、经销代理商、系统集成商、工程商和客户构成。行业内的各种机构,如信息咨询机构、科研机构、相关媒体、行业协会、相关政府机构以及银行等金融机构,为该链条提供支撑。

安防产业链的五大基本要素(即关键环节)分别为硬件设备、软件产品、系统集成、工程安装和运营服务。从安防产业链角度来看,安防就是依托最初的原料供给到制造和生产出产品,再通过销售渠道给集成商,最终通过施工交付客户使用的过程。

二、行业发展情况

（一）国内安防行业发展状况

中国安防行业始于20世纪80年代，比西方发达国家大约晚20年。改革开放以前，由于受到经济发展的限制，中国早期的安防主要以人防为主，安全技术防范几乎还是空白。20世纪80年代初，安防作为一个行业在深圳、上海、北京、广州等经济发达城市和地区悄然兴起，尤其是处在改革前沿的深圳，依托本地先进的电子科技优势和得天独厚的地理位置，逐渐发展成为全国安防行业的重要基地。

整体来看，中国安防行业在历经了20世纪90年代中后期的快速发展、2002年的技术升级和结构调整后，2005年因为科技强警、平安城市建设而重新步入发展快车道，直至受2008年全球金融危机余波影响，从2011年开始告别高速增长而回归到近五年来的中高速发展的"新常态"。

历经30余年的发展，中国安防行业已颇具规模。由20世纪80年代初几十家小打小闹的安防企业发展到2015年的拥有23 600家安防企业、从业人员160余万人、年产值4860亿元的行业；产品由单一的防盗门窗发展到涵盖了防盗报警、视频监控、出入口控制、楼宇对讲、实体防护和防爆安检等多个领域上万个品种。技术实现了从机械化防护到信息化、网络化的跨越；市场也由国家重要部门的应用到政府、行业和民用并重的转变；竞争已形成了从国内到国际市场同台竞技的格局。

近几年来，随着"智慧城市"、"平安城市"的方兴未艾以及新一代信息技术的突破发展，中国安防行业进入到智慧安防行业的高级发展阶段。

虽然在"新常态"经济发展态势下，中国安防行业也进入发展了转型期，由前几年的20%以上的"高速增长"区间逐步下降到目前13%左右的"较快增长"区间，但其发展速度仍然远远高于GDP的增长速度，成为中国经济建设领域里一支十分重要的主力军。近五年，中国安防行业的年产值及增长率见下图2。

2015年，中国安防行业总产值达到4 860亿元人民币，其中。安防产品产值为1 800亿元，安防工程产值为2 730亿元，报警运营服务及其他为330亿元，如下图3所示。

在1 800亿元的产品产值中，视频监控产品产值为870亿元，出入口控制为260亿元，防盗报警为150亿元，防爆安检为85亿元，楼宇对讲、实体防护及其他合计产值为435亿元。各类产品的占比如图4所示。

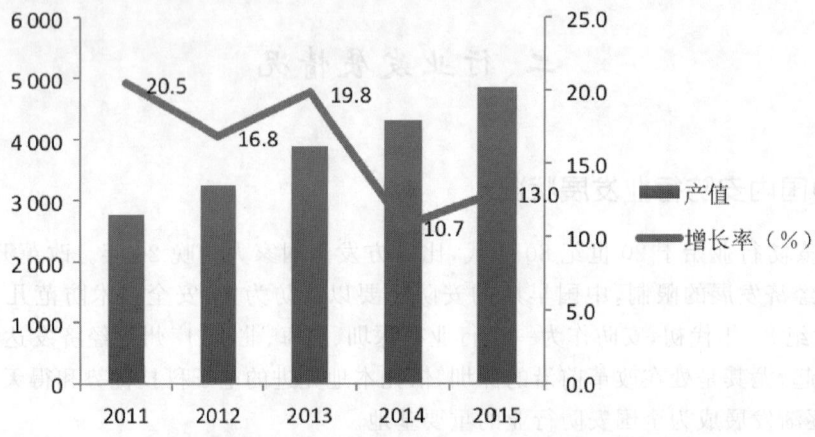

图 2 近五年中国安防行业的年产值及增长率示意图
资料来源：深圳市安全防范行业协会、CPS中安网

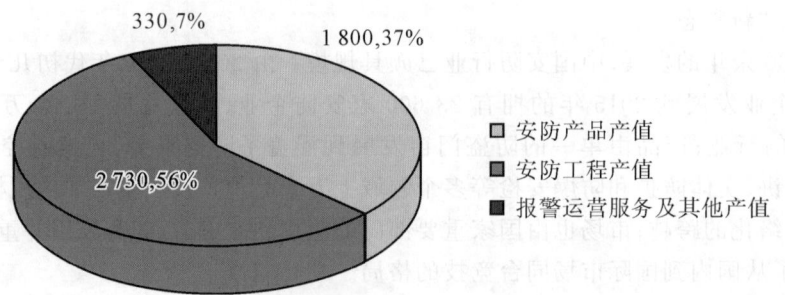

图 3 2015年中国安防年产值及其分布
资料来源：深圳市安全防范行业协会、CPS中安网

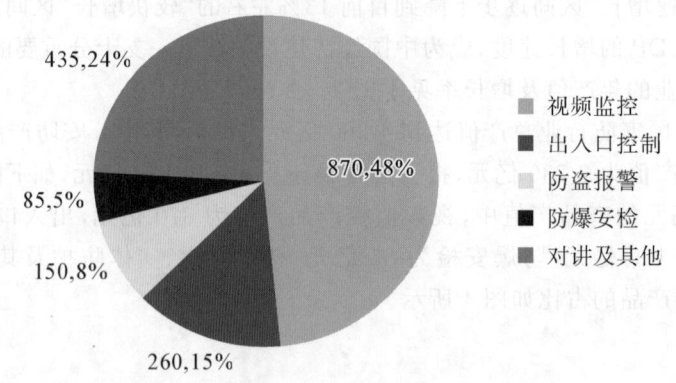

图 4 2015年各类安防产品产值分布图
资料来源：深圳市安全防范行业协会、CPS中安网

2015年,中国安防企业的出口交货值超过了350亿元,中国安防产品在海外的热销,印证了国际上对中国安防"智造"的认可。

(二)深圳安防行业发展状况

作为安防行业重要的发源地、产品生产制造中心、采购交易中心和行业资讯中心,深圳安防行业2015年的总产值约为1 420亿元,增长率为7.9%,行业增加值为104亿元,占行业总体比重的30.3%(如表1所示)。2015年深圳安防行业增长速度出现了明显下滑,行业年增加值从2014年的150亿元降至104亿元,增速由12.9%降至7.9%,环比下降5个百分点。

表1　全国及深圳市安防行业历年发展情况

(单位:亿元人民币)

年份	行业总产值	比上年增长	增加值	深圳安防总产值	比上年增长	增加值	比重
2010	2 300	—	—	756	—	—	32.9%
2011	2 800	19.7%	460	845	11.8%	89	30.2%
2012	3 250	16.1%	450	970	14.8%	125	29.8%
2013	3 884	19.8%	634	1 166	20.2%	196	30.0%
2014	4 300	10.7%	416	1 316	12.9%	150	30.6%
2015	4 860	13%	560	1 420	7.9%	104	30.3%

资料来源:深圳市安全防范行业协会、慧聪安防网

对于深圳安防行业而言,2015年行业表现出拐点现象,体现在两方面:从增速来看,深圳安防行业年增速由2014年的12.9%降至2015年的7.9%,降低了5个百分点;从增加值来看,2015年的增加值较2014年减少约三分之一,与行业整体对比来看,2014年深圳安防行业增加值超过行业整体增加值的三分之一,而2015年深圳安防行业增加值对行业整体的贡献不到五分之一。虽然从占比来看,因为基数较大,深圳安防行业仍然占据行业30%左右的比重,但2015年的表现确实弱于行业整体发展,这是行业监管者及从业者需要正视的局面。

从业务结构来看,2015年的1 420亿元产值中,安防产品贡献了600亿元,占比42.25%;集成和工程产值为731亿元,占比51.48%;服务及其他业务产值为89亿元,占比6.27%,详见下图5所示。而2014年的1 316亿元产值中,安防产品产值为602亿元,占比45.7%;集成和工程业务为649亿元,占比49.3%;服务及其他业务为65亿元,占比5.0%。对比来看,安防产品发展出现停滞下滑,集成工程和服务业务占比进一步上升。

2015年,深圳经济运行保持了平稳健康发展,呈现稳中趋升、结构优化的良好态势,尤其是战略性新兴行业的主引擎作用进一步增强。安防行业作为战略性新兴行业的一部分,在深圳国民经济中占据重要位置,从下表2可以看出,近三年来,随着行业的发展壮大,深圳安防行业产值占全市GDP的比重已稳定在8%以上,可以说,安防行业已经是深圳的重要支柱行业之一。

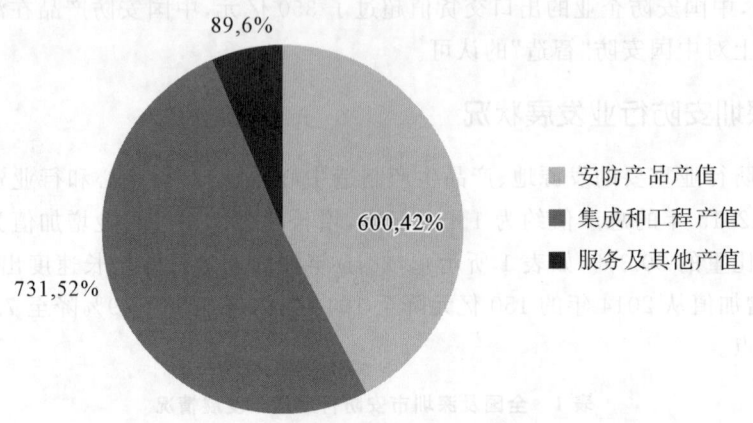

图5　2015年深圳市安防行业产值分布图
资料来源：深圳市安全防范行业协会、CPS中安网

表2　深圳市安防行业在全市GDP的占比

（单位：亿元人民币）

年份	深圳市GDP	安防行业GDP	比重（%）
2010年	9 510.91	756	7.94
2011年	11 502.1	845	7.35
2012年	12 950.08	970	7.70
2013年	14 500.23	1 186	8.18
2014年	16 001.98	1 316	8.22
2015年	17 500	1 420	8.11

资料来源：深圳年鉴、深圳市安全防范行业协会

2014年，在由中国公共安全杂志、中国公共安全研究院、国际安防品牌实验室、CPS中安网主办的第七届中国安防百强评选活动中，深圳共有49家企业位列榜中，几乎占据了半壁江山，凸显了深圳作为安防之都的实力。

从出口情况来看，2015年，深圳安防行业产品出口总值约130亿元，占行业整体的37%左右（2015年全国安防出口总额为350亿元），这一比例较前几年降幅较大（如2012年，从深圳出口的安防产品占行业比例为60%）。究其原因，最主要的因素是近几年视频监控设备产品出口比例大幅提高，而这些产品主要由行业巨头海康威视及大华股份在海外市场拓展。从上市公司年报披露的数据来看，仅上述两家企业2015年在海外市场的收入即达到102亿元。深圳安防企业绝大多数是中小企业，受制于产品质量和品牌，难以登陆欧美等高端市场，而在中东、印度等新兴市场，安防产品价格战异常激烈，加之人民币升值、劳动力成本上升等因素，深圳本土企业在出口外销方面的竞争优势有所减弱。

三、企业发展状况

（一）全国安防企业发展情况

截止到2015年，全行业企业数量为23 600家，安防产品商（含经销商、代理商）约8 400家，工程商、系统集成商约14 300家，报警运营服务商约3 300家，行业从业人数约160万。图6为中国安防行业中各类企业的数量及行业占比。

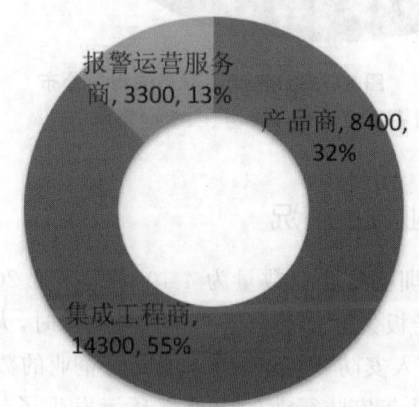

图6　安防行业中各类企业的数量分布
资料来源：深圳市安全防范行业协会、CPS中安网

安防产品商规模普遍较小，年销售额过亿的企业仅有为数不多的几十家龙头企业，诸如海康威视、大华股份、宇视科技、捷顺科技、保千里等。正如下图7所示，2015年，在8 400家产品商中，销售额超过1 000万元的仅占3%，97%的企业，其2015年的销售额都低于1 000万元。

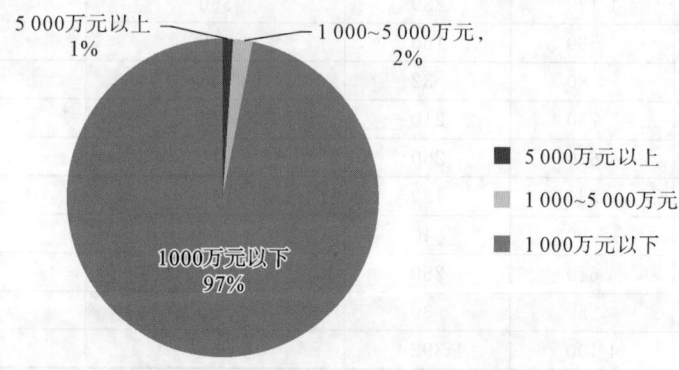

图7　安防产品商2015年的销售额分布图
资料来源：深圳市安全防范行业协会、CPS中安网

安防集成工程商的规模也相对不大，50人以下的企业占据66%，100人以上的企业，约占21%。具体分布见下图8。

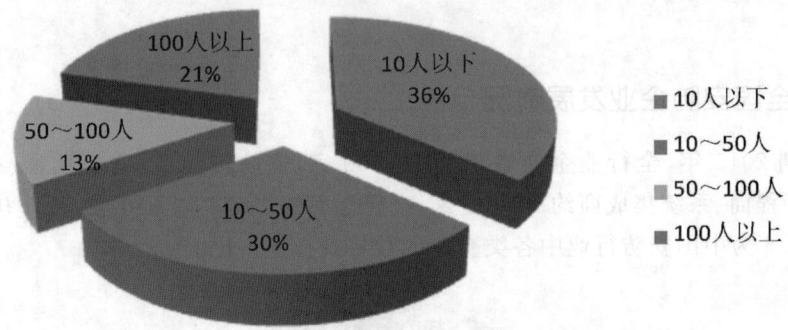

图8 安防集成工程商的规模分布

资料来源：深圳市安全防范行业协会、CPS中安网

(二)深圳市安防企业发展情况

2015年纳入统计的深圳安防企业数量为4 100家，尽管2014年年中以来，深圳安防业界时而传来企业倒闭、老板失联的刺耳声音，但与此同时，大型IT企业、家电企业，甚至房地产商，也开始逐步进入安防领域，使得深圳安防企业的数量近几年来整体上保持平稳的发展态势。但由于近几年安防行业的内外部环境发生了较大变化，企业的主营业务开始不断调整，企业的属性(产品商、集成工程商、经销代理商、服务商等)也有所变化。

从企业在各区域的分布情况来看，目前，深圳市的安防生产商企业数量与集成/工程类企业数量势均力敌，经销代理商数量有所减少，服务类企业逐渐在市场中出现。表3为2015年深圳市安防企业类型及主要行政区域分布情况。

表3 2015年深圳市安防企业类型及主要行政区域分布情况

全 市	小计	生产商	经销/代理商	集成/工程商
福 田	1 120	280	360	480
罗 湖	560	160	120	280
盐 田	80	32	15	33
南 山	730	210	240	280
宝 安	630	260	110	230
龙华新区	230	120	40	100
光明新区	90	40	10	40
龙 岗	610	260	80	270
坪山新区	50	30	10	10
合 计	4 100	1 392	985	1 723

注：2015年统计时，由于较多企业同时从事生产、经销和工程业务，所以在归属划分时有所偏差；另外，安防服务商有130家，在上表中归入集成/工程商类别。资料来源：深圳市安全防范行业协会、CPS中安网。

2015年,全市4 100家企业中,福田区有1 120家,罗湖区有560家,南山区有730家,宝安区有630家,龙岗区有610家,盐田区有80家,龙华新区有230家,光明新区有90家,坪山新区有50家。

福田是安防技术研发和产品销售中心,形成了车公庙安防技术企业聚集中心和华强北安防产品销售中心。但因为土地租金的不断上涨,受制于办公成本,近年来诸多企业向宝安、龙华、光明、龙岗、坪山等地搬迁。

南山借助高新区的优势和部分IT企业向安防领域发展,该区安防企业积极开展自主创新,大力推进安防系统集成关键技术平台的构建,提升了企业核心竞争力。

宝安(不含龙华新区)是安防产品生产大本营,相对于罗湖、福田、南山具有土地资源优势,有多家企业建设了安防行业园,大部分(原)关内安防生产企业向关外转移有效推动了宝安安防行业的发展,形成行业的相对集聚格局。

在4 100家企业中,产品商有1 392家,占比34%,较2014年有比较大的减少(2015年有不少小微生产商倒闭);经销代理商数量亦有所减少,但仍占24%;集成工程商占比提高至39%;服务商新加入统计,占比3%,全市各类型企业的具体分布,见下图9。

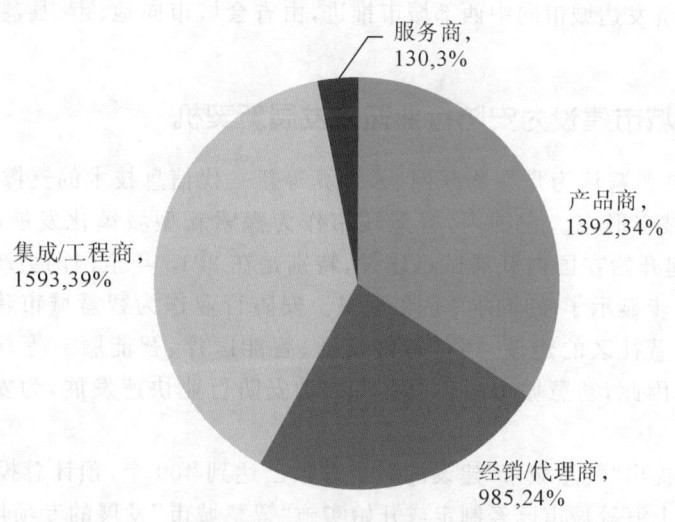

图9　2015年深圳市各类安防企业分布图
资料来源:深圳市安全防范行业协会、CPS中安网

四、行业发展趋势与预测

随着社会的发展以及人们安全意识的提高,安防产品已经从工业品向民用品转变,安防行业与城市治安、教育、交通、房地产等行业相结合,不断开辟国内安防行业新的应用领域。

(一)平安城市建设继续为安防行业带来新的动力

我国平安城市的建设源于国家"科技强警"战略和"城市报警和监控系统建设"两大项目,2004年公安部提出"科技强警"战略,启动第一批科技强警示范城市建设;2005年公安部"3111"城市报警和监控系统试点工程启动,全国各地掀起了以视频监控为基础的平安城市建设的浪潮,极大地推动了我国安防行业的发展和繁荣;2012年2月,公安部发布《全国公安机关视频图像信息整合与共享工作任务书》,明确规定了全国公安机关关于视频图像信息整合与共享工作任务,以实现应用服务与资源共享,打造标准化、通用化、智能化的"城市警务综合信息平台",开创"平安城市"新时代。

可以预见,在"十三五"期间,我国"平安城市"、"科技强警建设工程"等重大公共安防项目将继续加大实施力度,势必给安防行业的发展注入新的动力。这种动力主要体现在硬件和软件建设两个方面:一是防盗报警、监控系统的建设,如闭路电视监控系统、防盗报警产品、生物识别、智能交通监控系统等;二是各种系统整体解决方案,如住宅小区监控报警系统解决方案、城市治安防控系统解决方案、电子警察系统等。现在这些系统的建设正由沿海、东部经济发达城市向中西部城市推进,由省会城市向地、市、县甚至城镇下沉,市场潜力巨大。

(二)智慧城市建设为安防行业迎来发展新契机

智慧城市被普遍认为是在物联网、云计算等新一代信息技术的支撑下,形成的一种新型信息化的城市形态。在国内,智慧城市作为探索新型城镇化发展的重要举措,自2012年11月起开始在国内开展试点建设,特别是在2015年全国两会政府工作报告中的出现,更进一步显示了政府的关心和重视。安防行业作为智慧城市建设的重要组成部分,不管是智慧社区的建设,还是智能交通、智能医疗、智能服务等领域都离不开安防系统的应用,因此,智慧城市的建设必将推动安防行业快速发展,为安防行业迎来新的机遇。

如今,国内提出"智慧城市"建设的城市总数已达到400个,预计总投资规模达2~3万亿元。北京、上海等城市已经制定或开始实施"智慧城市"发展的专项规划。"十三五"期间中国将有600~800个城市建设"智慧城市",加上后期的各种投资,市场总规模将达4万亿元。其中,平安建设部分占比在20~30%,即在"十三五"期间,"智慧城市"项目将为安防行业贡献8 000~12 000亿元的需求。

(三)智慧交通市场成为安防行业主战场

随着城市交通压力日渐增大,越来越多的城市开始关注智慧交通,并付诸于行动。特别是在城市轨道交通建设领域,相关部门明确提出,地铁视频监控必须向高密度、高智慧化发展,而且还要达到设备管理无人值守的标准;要求沿线各站售票处、闸道口、月台等重点地区高密度布防,在营运车辆内安装监控摄像机;同时,要求逐步完善智能化监控,有效服务于城市反恐。

截至目前,全国先后有30多个城市编制并向国务院提出申请建设城市轨道交通网,各地在建或准备开工的地铁项目已超过20个,总投资额预计超过人民币2 000亿元。业内预测,未来五年是我国智慧交通发展和提升的重要阶段,安防系统作为城市智慧交通的重要组成部分,将被普遍应用在各城市的智慧交通建设项目中,可以说,高速公路、铁路、城市交通将为安防行业带来持续发展的商机。

受益于交通运输部《交通运输信息化"十三五"发展规划》等多项政策,预计未来3年国内智慧交通市场的增长率仍将保持在20%左右,总资金投入将达3 000亿元。

(四)智能建筑市场的需求经久不衰

在智能建筑领域,安防、消防、楼宇自动控制技术正在融合,而安防有可能成为三者的领头羊,拥有高科技含量的安防产品将成为未来智能建筑中的一大亮点。

建筑智能化市场有两部分组成,一是存量建筑的智能化改造,另一个是新建建筑的智能化投入。据我们测算,至2018年,存量建筑智能化改造规模将达3 800亿元,而建筑智能增量市场规模约为6 800亿元,即到2018年建筑智能化市场总规模将达1.06万亿。

(五)民用安防市场方兴未艾

目前,国内的民用安防市场还处于培育期。2015年,我国民用安防产值约290亿元,占国内安防总产值的6%左右。据中国展览网数据显示,美国作为国际领先的安防市场,民用市场产值占总产值的50%以上,世界平均水平也在10%左右。可以看出,国内民用安防市场空间还很大。如果按照世界平均水平(占比达到10%左右)测算,未来三年,国内民用安防市场规模将在原有规模(占比6%左右)的基础上新增700亿元。

(六)安保服务市场稳步发展

2010年,我国《保安管理服务条例》正式实施,安保服务市场迎来了发展良机。到目前为止,包括外企独资和合营的,全国共有安保服务企业3 000多家。安保服务市场步入了稳步发展阶段,并有了广阔的发展空间。

2015年,安保服务及其他相关服务的市场规模为330亿元,较上年同比增长10%,预计在"十三五"期间,安保服务将会以12~15%的复合增长率发展,为安防行业提供近2 400亿元的市场需求。

五、深圳安防行业发展优劣势分析

(一)行业发展的优势

1.行业集群优势得天独厚

历经30余年,深圳安防行业具有了较强的行业集群优势,已经形成了完整的集产品、集成、工程、服务于一体的安防行业链,以及完善的包装、物流、配送、资本投资、标准制定等服务体系,同时促进了各类企业所需的人力、物力、财力资源的优化配置。另外,随着深圳安防行业集群规模的扩大,它们在加大该区域内安防企业间的竞争的同时,又可能产生互相学习的效应,使原来基于资源禀赋的比较优势发展为创新优势,大大加快企业技术创新的步伐。随着集群效应的日渐显现,现在深圳安防行业已引起广东省、深圳市等有关部门的高度重视,今后也将会得到更多的扶持。

2.行业软实力突出

深圳安防行业的软实力是国内同等行政区所无法比拟的,这里有被誉为"全球安防第一展"的深圳 CPSE 安博会,这里有全国最大的安防产品专业交易市场——华强北太平洋安防市场,这里有全国规格最高的安防行业发展论坛,这里有中国安防行业首个行业经济发展指数——CPS 中国安防发展指数,这里也是包括全球安防行业联盟、中国报警服务业联盟、深圳市安防行业标准联盟、深圳市安全防范行业协会、深圳市智慧安防行业协会等多家安防行业组织的总部所在地。此外,多家安防行业的平面媒体、电子媒体也在此设立总部或分支机构,如《中国公共安全》杂志、《智慧交通》杂志、CPS 中安网、A&S 安防知识网等,奠定了深圳市全国安防行业资讯中心的地位。深圳突出的行业软实力,全国乃至全球安防行业的发展都发挥了积极作用。

3.跨界合作优势明显

安防行业作为电子信息行业的一个重要组成部分,近年来与电子信息行业的融合发展不断深化。而深圳市以电子信息行业为主导的高新技术行业集群,是全国高新技术成果行业化的重要基地。在电子信息方面,深圳目前已形成了以计算机、通信、微电子为代表的电子信息行业群。2016 年,深圳 18 家企业入选中国电子信息百强企业,数量为全国城市之最。因此,深圳的安防行业,依托深圳强大的高新技术行业,其跨界合作的优势是国内其他城市无法相比的。

4.制造能力有目共睹

深圳安防制造已经拥有完善的配套行业链,这是与其他发展中国家甚至某些较为发达国家相比的重要优势。制造行业链配套设施的完善,能够最大程度地满足跨国制造公司快速、大规模生产的需要:缩短零配件采购时间、有效实施本土化、最终降低生产成本。在深圳市以及与之毗邻的东莞市,电子制造业享誉全球,无论是电脑还是其他电子产品整机所需的配件,直至五金塑胶模具都能够在该地区配套齐全。据了解,加工制造安防电子产品所需要的零配件,98%可以在深圳、东莞配套完备。

5.政府支持力度较大

行业的发展,离不开政府的大力支持。而深圳市政府对本地安防行业的支持,又较国内其他城市为甚。在政府的各项重大规划中,如深圳市"十二五"规划、《深圳国家创新型城市总体规划实施方案(2011—2013 年)》等,都对安防所在的信息行业有明确的发展要求,并给出了具体实施建议。2013 年福田区还把打造全球"安防之都"写入其总体规划,有力地保证了安防行业的健康发展。同时,市、区领导多次深入海思半导体、捷顺科技等安防企业调研,鼓励企业向高端领域发展。除此之外,深圳市、区政府还与深圳市安防协会一道,积极引进国际安防巨头(如美国 UL 公司等)来提升本市安防行业的发展质量。

当然,我们也不可否认深圳安防行业具备内地其他城市无法比拟的先天优势,如珠三角所蕴含的国内市场商机,地理上毗邻港澳,完善的基础设施及更大的开放性,等等。

(二)行业发展的劣势

1.行业规范化不够

一个行业的发展需要一个规范的环境,而中国安防行业最大的问题就是市场规范化缺失,这种现状不利于整个安防行业的长远发展。近年来,深圳市在安防行业规范化发展方面也做出过努力,例如,积极推动新兴行业规模化、聚集化,建设"全球安防之都"等。然而,从实际效果来看,安防行业发展依然面临着很多挑战,安防管理的技术支撑环境差,产品检测、认证评估手段较低,系统或网络运行管理不规范,接处警机制不健全,基础理论研究薄弱等,都制约了本地区安防行业的发展。

2.企业综合成本高,利润空间收窄

从深圳全市来看,其写字楼租赁成本在国内都属于高位,同时,相应的人力资源成本也较高。因此,随着土地租金、办公以及人力成本等的不断上升,深圳市安防企业的利润空间不断被压缩,再加上安防行业链上游各种核心元器件的价格也在上涨,而同质化竞争造成终端安防产品的低价格,都严重制约了深圳市安防行业的发展。

据不完全统计,目前,深圳市做代工类的安防企业,毛利率基本没有超过5%。所以产量小的话它们就很难生存,规模较大的生产企业也感到举步维艰。可以预计,不断上升的制造成本,给深圳市安防企业,尤其是代工类的小微安防企业,将持续带来较大的不利影响。

3.龙头企业缺失,集群效应未能充分发挥

深圳市安防行业龙头企业较少,辖区内缺乏有效的标杆企业,从而影响了该区行业集群效应的进一步发酵。我国安防行业虽然起源于深圳,但是随着行业的发展、技术的进步以及市场的变化,尤其是进入智慧安防行业的发展阶段,企业传统的粗放式增长模式越来越受到挑战,企业到了必须依靠整体实力获得增长的阶段,包括研发、公司治理、营销渠道、资金等方面整体实力的比拼。而深圳安防企业固有的经营理念没有及时调适,导致在这一轮竞争中落伍,很少有行业龙头企业出现,即便在行业细分领域,龙头企业也相对较少。龙头企业的缺失,将给深圳安防行业的发展带来不利影响。

4.企业自身存在诸多问题

深圳市的安防企业,虽然数量众多,但规模普遍偏小,多重身份交叉现象严重,抵御风险能力较弱。经营管理方式落后,缺乏现代管理理念,管理手段单一;自主创新能力弱,关键技术或产品依赖进口,企业科研投入少,自主创新能力不足,尤其缺乏对投入大、周期长的高新技术及关键技术的研究;企业对品牌重视不够,缺乏品牌建设思维等,这些都给企业未来发展带来不利的影响。

5.政府缺乏对安防行业的长远规划

尽管深圳市政府对安防行业的支持力度相对较大,但由于没有通盘考虑,始终未能出台针对本市安防行业的全局性中长期规划,无法使区域内的安防企业统一思想,找准各自定位,也就没能真正发挥行业集群的整体优势。

六、深圳市安防行业发展建议

深圳既是中国安防行业的发源地,也是国际安防企业进入中国市场的桥头堡。因此,深圳安防行业整体发展水平较高。但是,深圳安防行业从国际市场分工来看,还处于行业链条的中低端,高科技产品的比重不大,生产的安防产品也多是集中在以劳动成本低为特征的相关产品上,这种低水平的、同质化的产品结构使得企业面临着激烈竞争,不利于整个行业的发展。

为将深圳建设成真正意义上的世界"安防之都",使其在未来一段时期内获得更加有质量的增长,为深圳市的经济发展再立新功,课题组特从政府、企业和协会三个方面提出如下建议:

(一)建议市政府给予安防行业力度更大的支持

1.尽快编制深圳市安防行业中长期发展规划

清晰明确的行业发展规划,利于市场各参与主体明确本区安防行业发展的指导思想、基本原则、战略定位和发展目标等,使他们从中得到提示和鼓励,从而支持、引导市场对资源进行优化配置,有利于维护整个深圳市安防行业的发展秩序,提升行业的整体发展优势和持续竞争力。因此,我们特请求深圳市政府支持,由深圳市安防行业协会牵头,组织行业内的专家精英编制深圳市的安防行业中长期发展规划。

2.引导更高一级政府更加重视安防行业的发展

安防行业是广东省的重要行业,深圳市政府相关部门应抓住"编织全方位、立体化的公共安全网"的契机,以"工业4.0、中国制造2025"为抓手,围绕"互联网+"、"双创"新引擎,引导更高一级的政府部门更加重视安防行业的发展,从而为深圳安防行业结构调整升级,为本市安防行业未来发展积蓄力量,真正实现深圳制造向深圳创造、深圳"智造"的转变。

3.出台更具针对性的优惠政策,提升企业抵御风险的能力

安防行业属于新兴的高新技术行业,政府应该从政策上为其提供更大的发展空间和平台。我们认为,可以采取以下措施:

(1)鼓励金融机构支持市属安防行业。政府可以牵头金融机构与企业的对接,发挥深圳市的金融行业优势,拓宽企业投融资服务渠道,鼓励和引导国内外风险投资及社会资金投向安防行业,创造有利于安防企业成长的投融资环境;对本市企业在融资方面给予较大的支持,支持市内企业登陆资本市场,支持市内企业开展并购重组交易,助力企业获得资金支持与发展空间。

(2)设立市属安防行业发展基金。我们建议市政府设立安防行业引导基金,这一方面有助于发挥财政资金的杠杆放大作用,吸引社会资本参与对安防行业的投资;另一方面可以鼓励和引导企业应用大数据、云计算、物联网、智能分析等为代表的技术进行业务转型升级,发展高附加值经济,促进安防行业不断升级。

(3)积极吸引优秀企业、行业机构的总部落户深圳。为使深圳市安防行业的总部经济"更上一层楼",政府要加速吸纳各方面资源,引进国家级和国际性的重点实验室、工程实验室、检测中心、工程(技术)研究中心、企业技术中心等创新平台和载体,积聚战略资源,抢占技术制高点。同时,政府应鼓励安防企业向规模化、集聚化发展,推动其向产业链高端延伸。政府要积极出台土地、税收等优惠政策,吸引优秀安防企业落户深圳,打造安防行业"总部基地"。另外,政府在人才引进、就业住房、子女入学等方面给予较大的政策支持,以便吸引人才、留住人才。

(4)推动标准化建设。安防行业已经进入到标准化时代,产品竞争更多地表现为标准的竞争。产品是核心,技术是支撑,标准是通行证。有了标准,企业在竞争的源头上就处于领先地位,也就能赢在起跑线上。政府可以制订多项政策鼓励企业参与标准制定,同时,对于已经确定的标准,鼓励企业遵守既定标准,打造产品质量,以质量构建品牌影响力。

(5)出台扶持与奖励措施。政府应利用深圳的立法权优势加强深圳市安防法规建设,为安防行业发展创造宽松的外部环境。我们建议政府正视企业经营困境,暂时降低企业负担,并给予一定的资金补贴,帮助企业渡过难关,同时,对市内安防企业投入研发创新进行资金奖励,鼓励企业实施技术升级、业务创新,推动行业升级。

(二)企业需内外修炼,提升软实力

1.围绕"互联网+"进行转型升级

深圳市现有的安防企业,要积极依托"互联网+"战略,借助移动互联网、物联网、云计算、大数据等新一代信息技术,努力克服传统安防企业面临的发展困境,进行产品的研发、生产、营销和服务的智慧化升级,更好地满足客户需求,同时,加强企业品牌建设,持续提升品牌美誉度,增强企业的社会影响力,有效整合社会资源为企业所用。

2.提高企业的凝聚力和执行力

现阶段的安防企业,面临着全球性、全方位的市场竞争环境,企业在加强硬实力的同时,更应着力提升软实力,打造企业强大的凝聚力和执行力;积极营造良好的工作氛围和企业文化,提升企业的凝聚力;积极开展企业公共关系,提高企业的社会认知度和美誉度,增强企业的吸引力;建立现代企业管理制度,提升企业的发展预见力和环境适应力,提高企业决策水平和决策效率。

3.强化规范和标准的参与制定能力

全球化竞争的安防行业,要求企业要积极投身行业的规范、标准等的制定中,谁掌握了标准,谁就在行业竞争中占得先机。因此,深圳市安防企业应积极参与行业相关标准、规范及地方安防法规、条例等的制定工作,借此提高企业的知名度和权威性,同时获得保护自我发展和在市场上攻城略地的强大武器。

(三)协会要积极为本行业的发展建言献策

1.大力支持和发展深圳市安防中介服务行业

行业的良性发展,离不开行业内发达的中介服务。为了促进深圳安防行业健康、有序、可持续发展,提高产品质量,规范安防市场,协会应继续积极推进安防产品认证服务的国际互认,努力开拓和发展行业标准化、评估、咨询、培训等第三方评价服务形式,争取尽快牵头建立面向安防行业的高质量的专业研究中心(智库、专家库),引进成熟的服务模式,全面提升中介服务的水平。

2.进一步发挥协会作用,完善行业自律管理体系

协会按照国家和深圳市要求,加强和促进行业规范化建设,完善行业自律管理体系,进一步提高行业自律管理能力和水平。建立行业统计和行业发展报告制度,加强行业规划和指导;继续推广安防工程企业资质认证,规范工程服务市场行为;加快推动安防从业人员职业认证和职业培训,有效提升从业人员专业素质和技能;积极推动开展企业信用等级评价,创建行业诚信制度;公平公正地开展行业推优,扶持优秀企业、推广优秀产品,促进行业进步。

3.为企业提供各类信息服务,为企业发展搭桥铺路

协会要积极为本市的安防企业提供诸如市场信息、技术信息、供求关系信息、政策信息等各类信息,负责全行业的信息交流,开展企业产品评优及推介,组织技术合作和交流,组织行业评先选优。通过这些服务,协会向社会推介有实力的企业和优秀管理者,从而扩大行业、企业知名度,提高社会信誉。同时,协会要利用已有资源,多为本市的安防企业穿针引线,促进企业间的战略合作,助力深圳市安防企业获得更好的发展。

参考文献

1.曹国辉,刘立峰.审势与破局——大安防时代的企业发展模式[M].中国人民公安大学出版社,2008:36.

2.杨金才,曹国辉.中国安防行业发展报告[M].庞伟,刘立峰.中国人民公安大学出版社,2009:128.

3.吴志明.以改变谋求破局——2012年安防外销态势及企业发展策略分析[J].中国安防,2012(12):74—77.

4.李龑翔,汤国宝.对《关于加强公共安全视频监控建设联网应用工作的若干意见》的浅析[J].中国公共安全:学术版,2015(13):34—36.

5 张斌.智能楼宇安防监控系统建设的现状分析和实践探索[J].中国公共安全:学术版,2016(5):110—113.

深圳市黄金珠宝首饰行业发展及行业协会报告·2015

◎深圳市黄金珠宝首饰行业协会 杨绍武 兰轶

前 言

2015年,中国经济发展处于"三期叠加"中,呈现"新常态"下速度变化、结构调整、动力转换等三大特点,经济增速也从年均10%的高速增长向年均7%左右的中高速增长转换,传统发展模式难以为继,新的增长模式未完全形成,转型升级迫在眉睫。深圳珠宝行业经过十几年的高速发展,也不能独善其身。规模的无序扩张,产品同质化竞争带来的产能过剩,盲目跨界投资造成的资金链紧张,加上银行的信贷紧缩,给业界造成一时的困惑和质疑。

为了更全面客观地了解行业,从2015年10月开始,深圳市黄金珠宝首饰行业协会面向全行业发放行业调查问卷共600份,回收有效问卷521份。接受调查问卷的企业涉及黄金、钻石、镶嵌、珍珠、翡翠、彩宝及相关配套企业。同时,协会深入行业内较具代表性的83家企业进行了现场走访座谈。在结合行业内的基本情况的基础上,此报告最终形成。

一、中国黄金珠宝首饰行业基本情况

据国家统计局数据显示,2015年限额以上单位的金银珠宝商品,零售总额为3 069亿元,年增长7.3%。全国目前与珠宝相关的上市企业有27家。其中,老凤祥、潮宏基等10家以珠宝销售为主业的A股上市公司,2015年前3个季度,营业收入为717亿元,同比增长8.11%,利润增长5.51%。

黄金作为珠宝行业的重要品类,市场供需稳中有升。2015年,上海黄金交易所,黄金累计实物交割2 596吨,同比增长23.50%,黄金市场比较活跃。2015年,中国大陆从香港净进口黄金774.1吨,全国累计生产黄金超过450吨。2015年,我国黄金珠宝首饰市场销售总量超过1100吨,较去年有10%以上的增长。2015年,黄金价格跌幅超过10%,虽然销售总量有所增加,但零售市场销售总额增幅不大。(足金首饰下降,K金类首饰上升)总体上讲,2015年,整个珠宝行业零售总额保持在5 000亿元以上。

上海钻石交易所的数据显示,钻石一般贸易进口145.49万克拉,金额17.48亿美元,同比呈现负增长。刚需市场上,30分~50分的钻石尤为受欢迎。

有色宝石市场飞速发展,全年有望突破30%的增长,高保值的大颗红宝、蓝宝、祖母绿增长较快,前几年炒作过热的碧玺等停滞不前。

珍珠市场中,中低档饰品销量较好,珍珠类合金胸针异军突起,销量火爆。翡翠市场逐步从礼品市场回归饰品属性。文玩类如琥珀、蜜蜡、崖柏等进入平民百姓的视线,大家的目光不再仅仅放在普通饰品上。个性化、大众化消费产品,以及智能化首饰呈现快速发展的态势。

据海关总署统计数据显示,2015年,我国各类珠宝产品出口总计290.53亿美元。就分类产品来说,绝大多数产品出口金额下降,仅银原料和仿真首饰出口增长。其中,银原料出口2095吨,同比增长57.79%;出口金额10.94亿美元,同比增长29.13%。仿真首饰出口168 713 015千克,同比下降0.86%;出口金额26.62亿美元,同比增长12.31%。

出口金额下降的有贵金属首饰、金银器、贵金属制其他制品、天然或养殖珍珠、未镶嵌钻石、宝石或半宝石、合成宝石半宝石以及珍珠或宝石半宝石制品等。其中,贵金属首饰出口186.47亿美元,同比减少61.57%,金银器出口1.78亿美元,同比下降85.2%,贵金属制其他制品出口27.29亿美元,同比减少47.85%。

天然或养殖珍珠2015年出口金额为0.98亿美元,同比下降19.79%。这也是天然或养殖珍珠出口金额连续第四年下滑。

二、深圳黄金珠宝首饰产业基本情况

黄金珠宝首饰,是深圳市优势传统和创意时尚文化的标志性代表产业之一,是罗湖区、盐田区支柱产业之一,已经在国内外形成了具有巨大影响力和凝聚力的产业集群,在中国仍然处于绝对领先的龙头地位。

深圳全年黄金、铂金制造加工量占上海黄金交易所实物销售量首饰用金约90%;制造珠宝首饰成品钻的用量占上海钻石交易所成品钻石一般贸易进口量的约90%;有色宝石镶嵌首饰、金镶玉首饰绝大部分是深圳制造;翡翠镶嵌、玉石镶嵌规模以上的制造企业几乎都在深圳;3D硬黄金制造加工、硬黄金镶嵌宝石首饰制造加工业几乎都在深圳。深圳已经成为中国珠宝首饰制造交易中心和物料采购中心以及信息交流中心。

根据初步统计,截至2015年,深圳珠宝产业已有各类法人注册企业约5 000家,个体工商经营户超过5 000家,大小珠宝交易批发市场约22家,行业制造加工总值约1 500亿元,批发、零售贸易额约340亿元,进料加工超过150亿美元,产业队伍超过15万人。

2015年,一些没有资金实力与创新能力的企业只能随着市场及技术、产品创新的洗牌而有所下降。相反的是,在经营模式、技术研发、产品设计等环节始终坚持以"创新、提升"为导向的企业,则在这一轮行业寒冬中稳健发展。

三、深圳黄金珠宝首饰行业发展现状与特点

(一)2015年深圳珠宝行业总体情况

通过对调查数据进行统计分析后,我们发现,2015年深圳珠宝企业制造加工、批发贸易和零售总量在20万件以上的企业最多,占28%;总量在15～20万件的企业占12%;总量在10～15万件的企业占14%;总量在5～10万件的企业占14%;而总量在2～5万件的企业占18%。由此可知,在2015年,深圳珠宝企业的制造加工、批发贸易和零售总量的情况总体良好,但也有不少企业生存出现问题。(详见:图1 深圳珠宝企业2015年制造加工、批发贸易和零售总量)

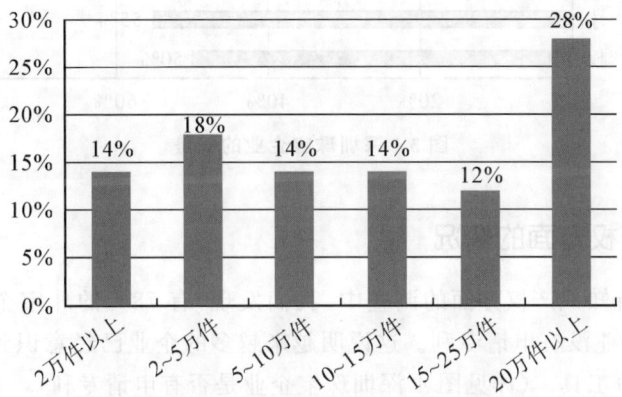

图1 深圳珠宝企业2015年制造加工、批发贸易和零售总量

深圳珠宝企业2015年的制造加工、批发贸易和零售总量与2014年相比,有8%的企业是大幅增加,20%是少量增加,26%是大致持平,24%的企业少量减少,但也有22%的企业减少很多。这说明大部分企业在稳中求进、平稳发展,但也有少部分企业经营出现问题。(详见图2 珠宝企业2015年制造加工、批发贸易和零售总量与2014年相比情况)

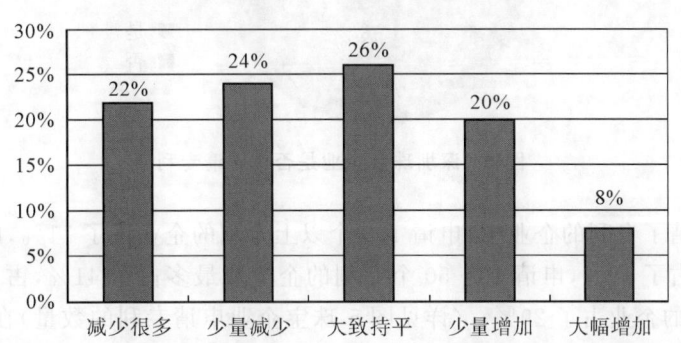

图2 珠宝企业2015年制造加工、批发贸易和零售总量与2014年相比情况

在企业优势方面（多选），有60%的企业认为品牌建设是企业自己的优势之一；其次是人才，占55%；50%的企业认为知识产权是企业的优势之一；20%的企业认为产品质量为企业优势之一，不少企业认为，质量本身就是深圳珠宝得以称雄全国的原因之一，是企业的根本，因此，这项已不能做为企业的优势；15%的企业认为电商为企业自身的优势，没有企业选择融资为企业优势。这说明，深圳珠宝企业最主要的优势为三项：品牌建设、人才和知识产权。（详见图3 深圳珠宝企业的优势）

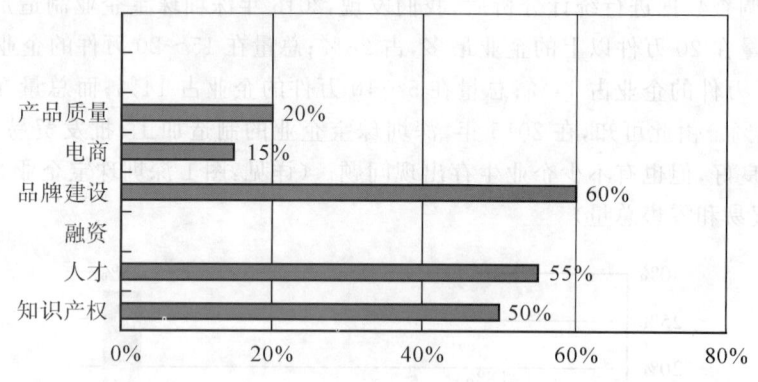

图3 深圳珠宝企业的优势

（二）知识产权方面的情况

在对企业进行知识产权方面的调查中，我们发现，有78%的珠宝企业已经申请了专利，只有22%的企业没有申请专利。这说明越来越多的企业已经意识到知识产权是企业发展强有力的竞争工具。（详见图4 深圳珠宝企业是否有申请专利）

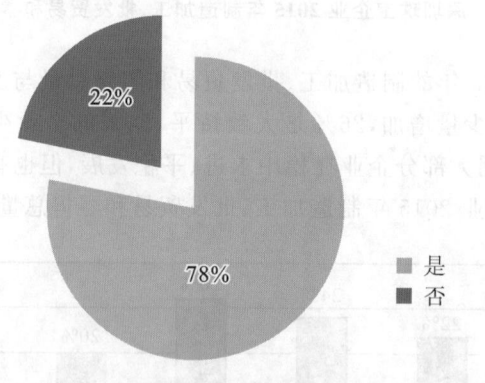

图4 深圳珠宝企业是否有申请专利

在已经申请了专利的企业中，申请100个以上专利的企业占了11%，申请了50～100个专利的企业占了19%，申请10～50个专利的企业数最多占了41%，占了近一半，申请10个以下专利的企业占了29%。（详见图5 珠宝企业申请专利的数量）在调查中我们也发现，90%以上的企业申请的专利为外观设计专利。

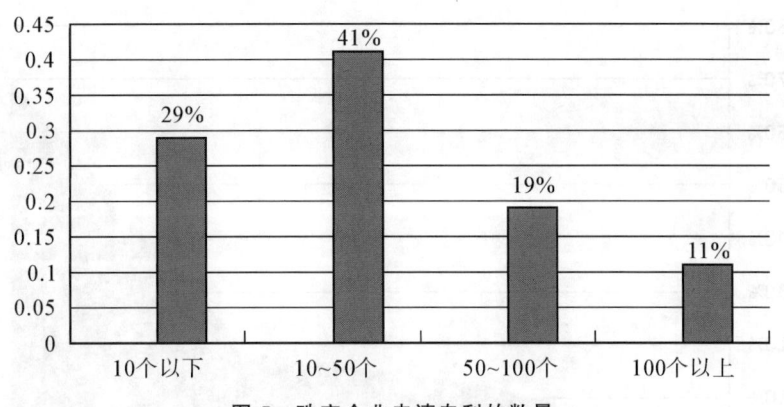

图 5　珠宝企业申请专利的数量

(三)人才方面的情况

在公司是否存在人才短缺问题上,79%公司认为,不存在人员短缺问题。(详见图6公司存在人员短缺的情况)

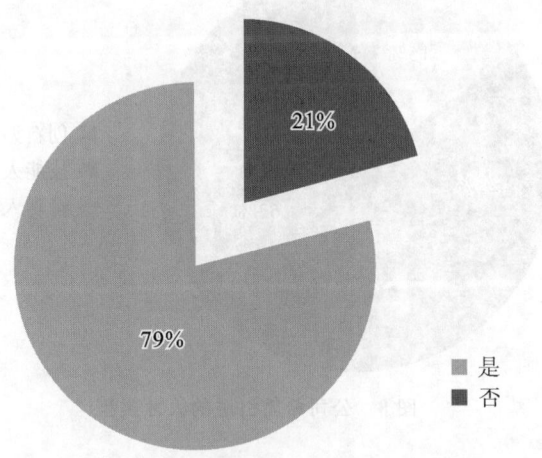

图 6　公司存在人员短缺的情况

关于珠宝企业人才流失的情况,70%的企业认为没有人才流失情况,18%的企业认为偶尔存在人才流失情况,12%的企业是一年有几次人才流失情况。(详见图7珠宝企业人才流失情况)

关于企业最希望引进的人才,62%的企业选择创新型人才,23%的企业选择了技能人才,15%的企业选择了管理人才(详见图8公司希望引进的人才类型)。

在职业认证方面,企业最希望认证的职业技能鉴定是:设计师占了47%,首饰营业员占19%,起版占4%,执模占4%,压光占2%。(详见图9企业最希望认证的职业技能鉴定)

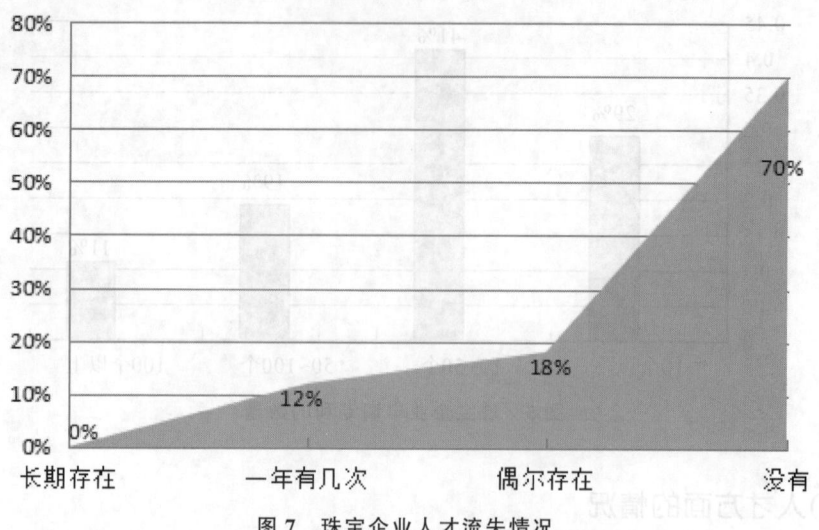

图 7　珠宝企业人才流失情况

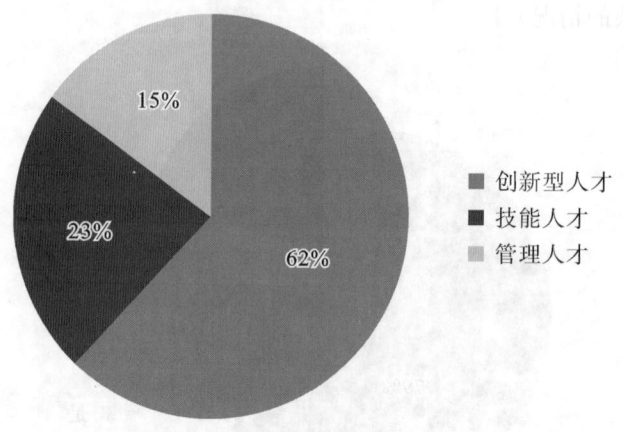

图 8　公司希望引进的人才类型

(四)融资方面的情况

在利用政府政策获得贷款方面,70%的企业没有利用,只有30%的企业获得过。(详见图 10 利用政府政策支持获得货款情况)

在利用民间贷款方面,近八成的企业表示不会经常利用民间借贷融资,只有两成的企业表示经常会借助民间贷款(图 11 经常利用民间借贷融资情况)。

成立以来,没有发生民间借贷行为的企业占 70%,偶尔存在民间借贷的企业占 18%,一年有几次民间借贷的企业占 12%,长期存在民间借贷的企业为 0%。(详见图 12 企业民间借贷行为频率)

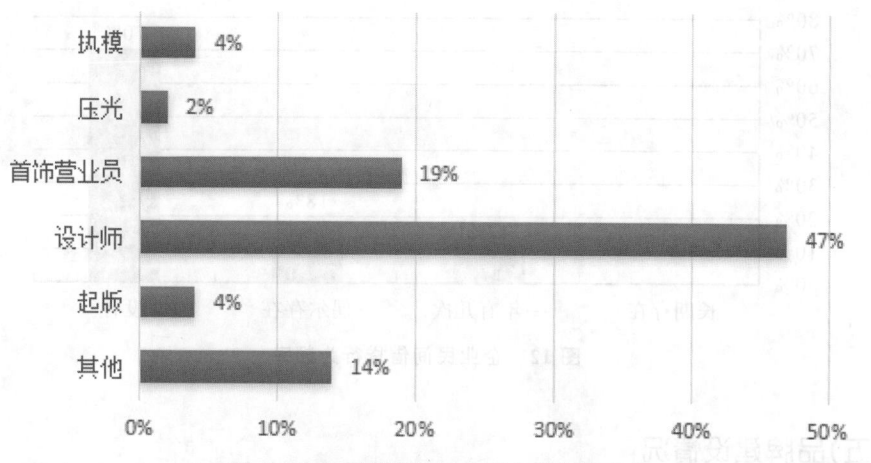

图 9　企业最希望认证的职业技能鉴定

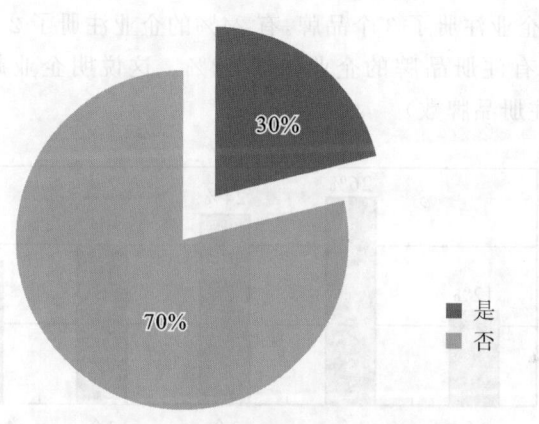

图 10　利用政府政策支持获得贷款情况

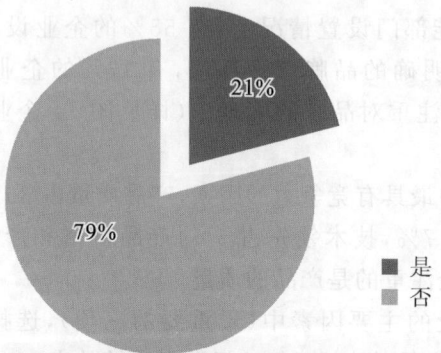

图 11　经常利用民间借贷融资情况

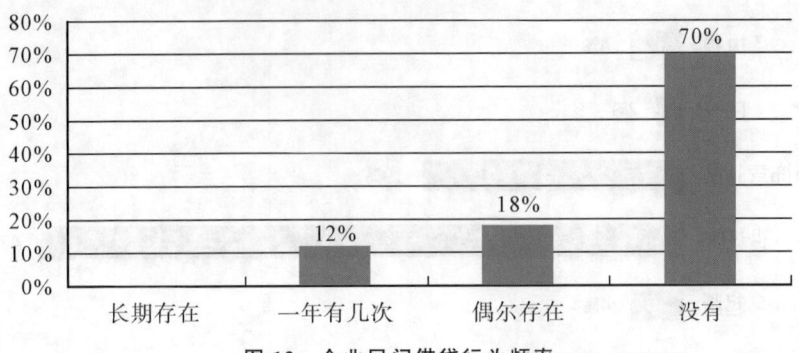

图12 企业民间借贷行为频率

(五)品牌建设情况

关于品牌建设,有88%的企业注册了品牌。其中,有18%的企业注册的品牌数量为4个以上,有20%的企业注册了3个品牌,有24%的企业注册了2个品牌,有26%的企业注册了1个品牌,没有注册品牌的企业占了12%。这说明企业越来越重视品牌建设。(详见图13 企业现注册品牌数)

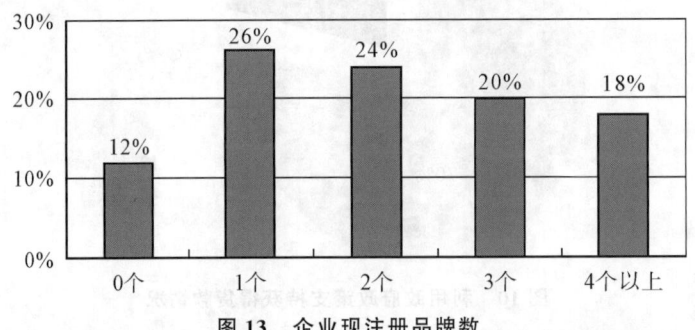

图13 企业现注册品牌数

在企业品牌管理职能部门设置情况上,有55%的企业设立了专职品牌管理部门,有28%的企业没有设置明确的品牌管理部门,有17%的企业设置了兼职品牌管理部门,可见大部分企业比较注重对品牌的管理。(详见图14 企业品牌管理职能部门设置情况)

现阶段产品在市场中最具有竞争力的因素,产品质量占36%,产品品牌占32%,服务水平占14%,销售渠道占7%,技术领先占5%,产品价格和产品宣传都只占3%。这说明,企业在品牌建设中,最注重的是产品的质量。

在妨碍企业品牌建设的主要因素中(最重要的三项),选择缺乏切实可行方案的占64%,选择缺乏相关专业人员的占60%,选择资金不够的占30%,选择企业现阶段没有必要的占20%,选择体制制约的占20%,选择领导层重视不够的占6%。由此可见,妨碍企业品牌建设最主要的三个因素为:缺乏切实可行的方案、缺乏相关专业的人员和资金的缺乏。(详见图16 妨碍企业品牌建设的主要因素)

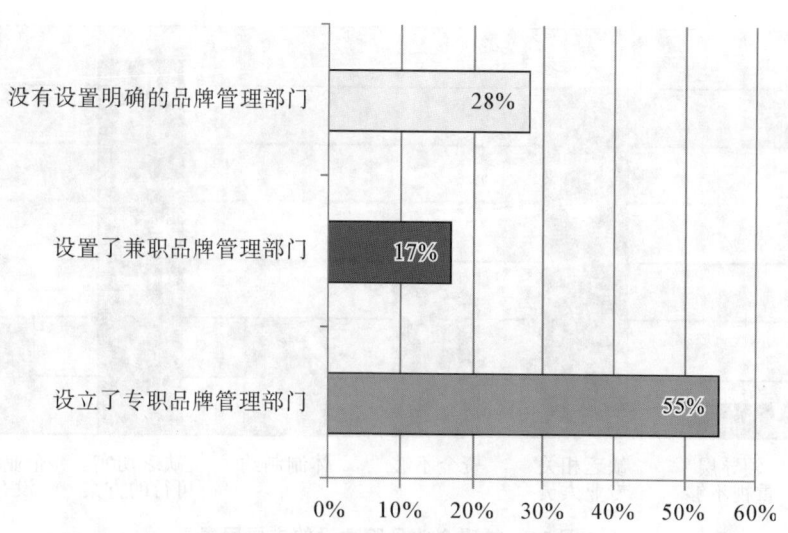

图 14　企业品牌管理职能部门设置情况

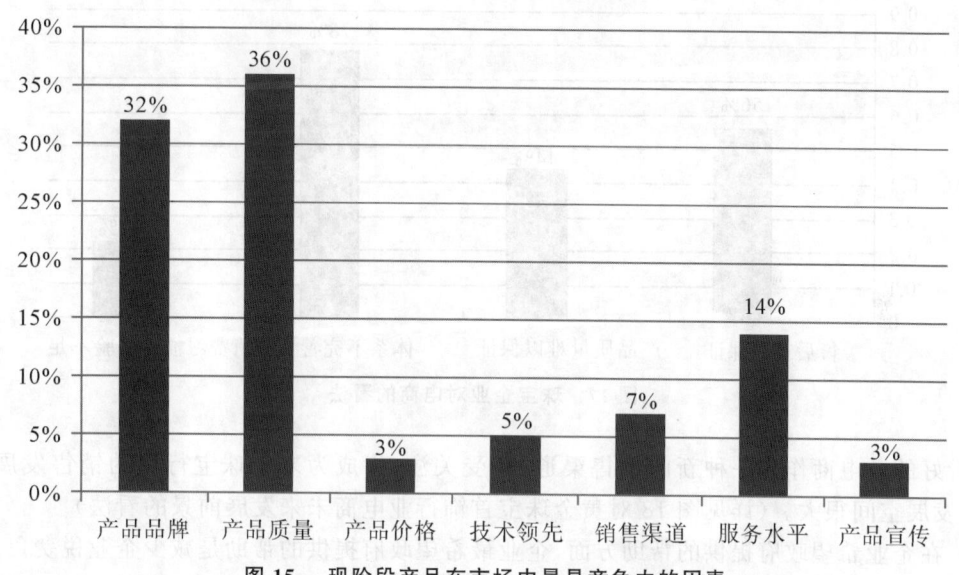

图 15　现阶段产品在市场中最具竞争力的因素

(六)电商建设情况

在珠宝企业对电商的看法方面,78%的企业认为目前电商的体系不完善,56%的企业认为电商售后难以保证,44%的企业认为电商的产品质量难以保证,22%的企业认为消费体验不足。(详见图17珠宝企业对电商的看法)

在对黄金珠宝首饰行业电商未来发展前景的看法上,有76%的企业对电商未来的发展持积极的态度,认为电商很有发展前景,方式新颖,有15%的企业则不看好电商,认为前景不好,没有保障,有9%的企业则表示不清楚,总体来说,大家对电商未来的发展是比

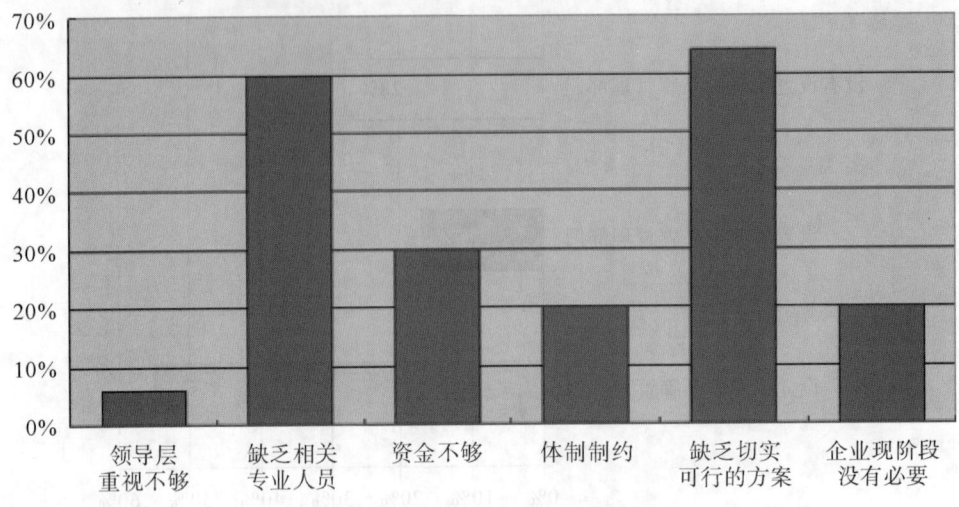

图16 妨碍企业品牌建设的主要因素

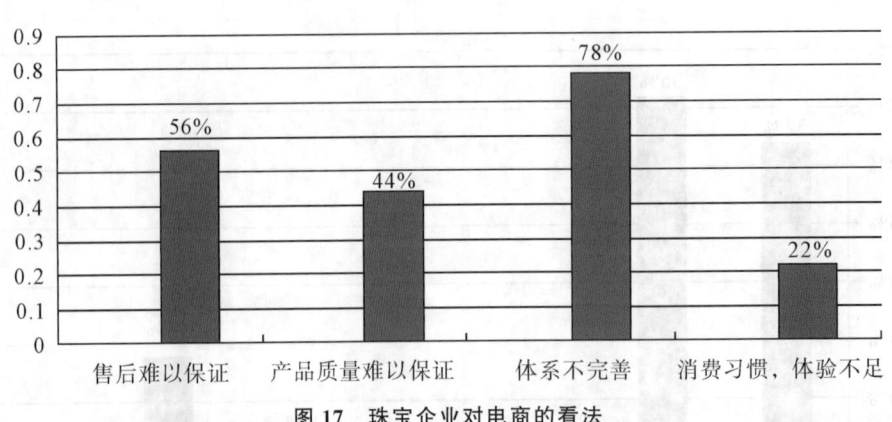

图17 珠宝企业对电商的看法

较看好的。电商作为一种新的销售渠道,备受关注,将成为未来珠宝行业的销售发展方向,发展空间很大。(详见图18对黄金珠宝首饰行业电商未来发展前景的看法)

在企业希望政府提供的帮助方面,企业最希望政府提供的帮助是减少企业税费负担,占了62%,其次是降低银行贷款利息占了44%,再次是降低社会保险费占38%,这说明企业的税费和银行贷款利息过高将不利于企业的发展。我们希望政府可以适当调节,给企业的发展提供更广阔的空间。(详见图19企业希望政府提供的帮助)

四、与国内同行业比较分析

目前,我国珠宝产业主要分布在以深圳为代表的珠三角、以上海为代表的长三角和以北京为代表的环渤海地区。这三大区域包含的京、津、鲁、辽、沪、苏、浙、粤等9省市集中

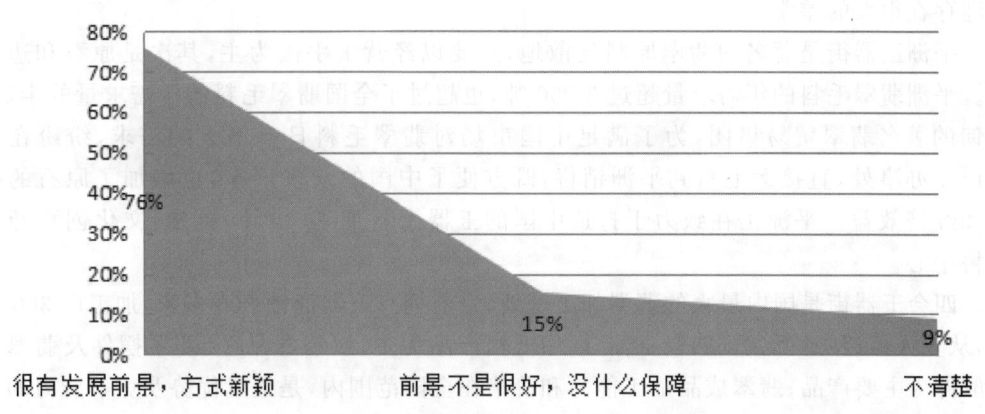

图 18　对黄金珠宝首饰行业电商未来发展前景的看法

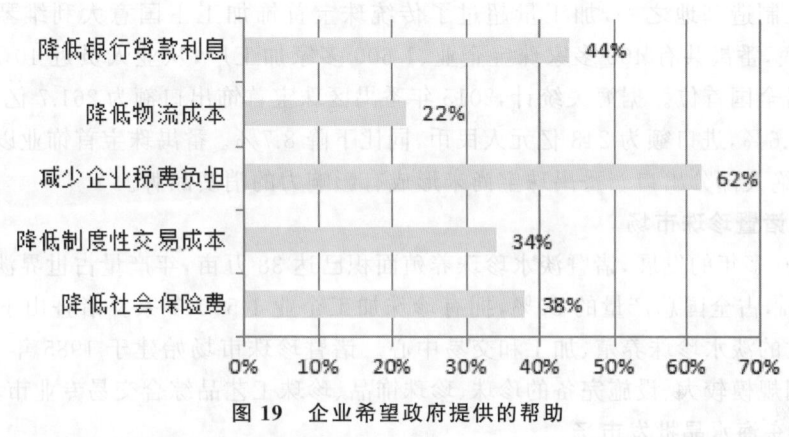

图 19　企业希望政府提供的帮助

了我国 44% 的人口、40% 以上的富裕阶层、80% 以上的金银珠宝公司,拥有庞大的珠宝生产力和消费潜力。虽然上述地区的地理范围较大,但与我国巨大的市场空间和国土面积相比,产业集中度较高,产业集聚效应仍然较为明显。

(一)国内主要珠宝专业市场情况

1.广东四大翡翠玉器市场

广东有四大翡翠玉器市场:广州玉器市场,四会玉器市场,平洲玉器街,揭阳玉器市场。

广州玉器市场很少有玉器工厂,货源都来自另外三个市场,玉器品种丰富,涵盖高中低档玉器,是四大玉器市场中最大的成品销售集地。

揭阳玉器城位于揭阳阳美村,专营高档的、顶级的玉器,品类较全。阳美共有大小翡翠加工及贸易 400 多家,专业从事翡翠加工贸易的人员约 1 万人,拥有大型油锯玉机、中型夹钻抛光机、小型雕刻机等 3 000 多套先进的加工生产设备。阳美的翡翠品质堪称是广东四大翡翠交易中心圈中最高端的,因为这里有最厚实的原料进口基础,但翡翠加工的人文素质仍欠缺,更谈不上品牌意识,使这里的翡翠市场上的成品翡翠在品味和档次上与香港存在很大的差距。

平洲玉器街是著名的翡翠原料集散地,主要以经营玉手镯为主,其次是原石和边角料。平洲翡翠毛料的年需求量超过3 000吨,也超过了全国翡翠毛料的年需求量的半数。缅甸的著名翡翠贸易集团,为了满足中国市场对翡翠毛料日益增大的需求,纷纷在平洲设立办事处,直接运毛料到平洲销售,既方便了中国的众多厂家,也增加了原石的价值和经济效益。平洲正在致力于打造中国的玉器来料加工、设计、批发、文化创意乃至零售中心。

四会玉器街是国内最大的翡翠加工基地,目前拥有玉器商铺800多家,加工厂300多家,从业人员近10万人。四会玉器,以中低档产品为主,以翡翠吊坠、翡翠摆件及翡翠手镯散件为主要产品;翡翠成品加工能力和价格在全国范围内,是最具优势及竞争能力的。

2. 广州番禺珠宝来料加工业

广州市番禺区珠宝来料加工业经过近30年的发展,已成为全国乃至东南亚地区著名的珠宝加工制造基地之一,加工量超过了传统珠宝首饰加工王国意大利维琴查。截至2014年年底,番禺共有400多家珠宝企业、1 600多家加工厂,从业人员近10万,番禺珠宝出口量居全国首位。据海关统计,2015年番禺区珠宝首饰出口额为261.7亿元人民币,同比下降7.6%,进口额为243亿元人民币,同比下降8.7%。番禺珠宝首饰业以来料加工为主,并且绝大部分出口。番禺珠宝尚未形成有影响力的消费品牌。

3. 浙江诸暨珍珠市场

经过30多年的发展,诸暨淡水珍珠养殖面积已达38万亩,年产量占世界淡水珍珠总产量的73%,占全国总产量的80%,拥有珍珠加工企业1 500多家。诸暨山下湖已经成为全球最大的淡水珍珠养殖、加工和交易中心。诸暨珍珠市场始建于1985年6月,已发展成为全国规模较大、设施完备的珍珠、珍珠饰品、珍珠工艺品综合交易专业市场。

4. 江苏东海水晶批发市场

东海水晶批发市场已经成为我国最大的和世界上最重要的天然水晶集散地,它的天然水晶销售量占全国市场的90%,据统计,东海从事水晶开采、加工、贸易及相关产业的从业人员约20万人,每年的总交易额达到50亿元。其中,有10亿元来自巴西、马达加斯加、南非这些水晶盛产地,它们在东海加工后再销往世界各地。

(二)国内主要零售品牌情况

中国较有影响力的珠宝零售品牌有:周大福、周大生、老凤祥、六福、老庙、菜百、中国黄金、萃华、金一文化和爱迪尔。

按地区分类,周大福、六福为香港上市公司。其中,周大福是全球市值最大的纯珠宝商,集团总资产值超过50亿美元,零售店遍布多个国家和地区,在香港及国内的珠宝首饰行业里,每年的销售额占市场第一位。2015年,周大福年报营业额为643亿港币,同比减少16.96%;营业利润66亿港币,同比减少27.33%。

老凤祥、老庙为长三角地区公司,其中,老凤祥为中国500强企业,上市公司,2015年营业收入达350亿元人民币,利润额为17亿元人民币;老庙是豫园商城下属品牌,豫园商城为上市公司,2015年三季度年报黄金珠宝收入87亿元人民币。

菜百和中国黄金为环渤海地区公司,菜百2015年的营业收入为120亿元人民币;中国黄金为上市公司,2015年三季度年报营业额2.61亿元,利润额为4 119万元。

周大生、萃华、金一文化和爱迪尔为珠三角地区公司,其中,周大生近三年公司的主营业务收入近74.39亿元人民币,2015年,周大生品牌价值高达180.95亿元人民币;金一文化,上市公司,2015年三季年报营业收入46.65亿元人民币,同比增长20.16%,营业利润1.24亿元人民币;爱迪尔,上市公司,营业利润5.78亿元人民币,营业收入6 345万元人民币。

五、行业发展面临的问题和机遇

(一)行业发展面临的问题

1.低端产品产能过剩,高端产品供给不足

一方面,受前几年市场需求快速增长的影响,一些企业对市场预期过于乐观,盲目投资,加剧了产能扩张。在经济下行时,国内需求增速趋缓,由于大量低端产品积压在一、二线批发商手中,加工厂订单大幅减少,生存困难。

另一方面,国内黄金珠宝产品的供给体系主要面向低收入消费群体,并没有及时跟上国内中等收入群体迅速扩大而带来的多样化、个性化消费等结构变化,这也就导致了国内黄金珠宝行业的供给体系呈现出中低端产品过剩、高端产品供给不足的情况,巨大的市场反而表现得越来越吃力。

2.银行贷款的突然紧缩使企业融资出现困难

深圳珠宝行业是资金密集型的行业,也是个"重资产"的行业。近几年,为扩大产能,争夺渠道,很多珠宝企业盲目通过"货押"向银行借贷,负债率甚至达到总资产的50%,这意味着负债达到净资产的100%,资金链稍有变动,就可能马上陷入债务危机,这类企业不在少数。而企业的盈利能力却并不高。

2015年,受全国经济的影响,部分企业出现亏损,资金链短缺,银行不良贷款率不断上升,银行贷款的突然紧缩,使得更多中小企业获得银行信贷的几率非常低,融资变得极为困难。深圳珠宝行业雪上加霜,不少企业措手不及,公司资金链吃紧。然而,不少行业的优质企业为加快企业转型升级,进行技术创新,又急需大量的资金。即使是优质企业,资金链一旦断裂,也会很快倒闭,与同起步的竞争对手公司相比,即使有着再优越的条件,再优秀的人才和人脉,没有一定的流动资金,还是一样被宣判为死刑。企业生存面临进退两难的无奈。

3.制造业企业利润不断下降

2015年,在全国经济增速减缓和行业不良竞争的背景下,行业发展方式粗放,创新能力不强,不少珠宝零售商采用薄利多销的方式,虽然在一定程度刺激了消费,但导致企业利润不断下降。另一方面,虽然原材料市场价格低迷,为行业带来利好,但深圳工资、房价、铺租、消费等综合成本高,令企业压力倍增。

4.中高端人才短缺制约行业发展

虽然珠宝行业是一个传统行业,而且还处于粗放式的发展阶段,但其对管理水平要求很高。不同于其他行业,珠宝企业仅仅在货品管理、原材料采购,财务体系等方面的复杂程度就非常高,所以,很多珠宝企业发展到一定规模后,已经不是业务跟不上,而是企业内部的管理能力跟不上。

深圳珠宝行业中高端人才短缺,特别是缺少高级技术人才、管理人才和营销人才。行业内存在着初级技术人员扎堆、高级技术人员缺乏、设计人才流失等令人担忧的现象。深圳珠宝企业要充分发挥和有效调动专业技术人才的积极性、创造性,推动行业转型升级。

(二)机遇

1.中国销售市场需求巨大,深圳珠宝行业回旋空间较大

2015年,中国消费者的全球奢侈品消费达到1 168亿美元,约合7 400多亿人民币;中国人在2015年买走了全球约46%的奢侈品,是全球奢侈品市场无可争议的最大买家。据商务部网站消息,2015年,国内消费市场运行总体平稳并呈前低后高、小幅回升态势。全年实现社会消费品零售总额30.1万亿元,同比增长10.7%,扣除价格因素,实际增长10.6%。同时,消费对国民经济增长的贡献率进一步提升至66.4%,比2014年高15.4个百分点,充分发挥了经济增长"稳定器"和"压舱石"的作用。

婚庆市场对珠宝仍然是刚性需求,全国每年有1 650万人对婚庆刚性需求,节庆、婚庆纪念、生日、寿日等的刚性需求仍然强劲,已经达到近3 000亿元销售额的市场大蛋糕。据国家最新的消息,现在有9 000万对适龄婚庆人士,潜在的市场巨大。2015年,镶嵌饰品中,30~50分及以上的钻饰销量最好,就是明证。

2.资本将加快流入珠宝行业

未来,珠宝企业不再单纯依靠单一担保的方式获得间接融资来获得资金。珠宝企业上市变得越来越容易,也可靠众筹筹集资金,也可通过被收购的形式跨入资本市场,包括外行业注资珠宝市场。这样,资本也将会更快流入珠宝行业,带动中国珠宝产业又一拨快速发展的黄金期。

3.互联网开始与珠宝行业相融合

毫无疑问,中国社会在形态上已经进入信息化时代,无论是网民数量还是网络经济发展的速度,均勘称世界第一。在互联网飞速发展的今天,乘着互联网发展的运势,建立自身稳固的电商平台,是各大珠宝品牌未来发展的道路之一。近年来,珠宝行业开始试水互联网,除了常见的O2O、B2C模式,B2B、P2P等新型模式亦逐渐兴起。但由于行业的特殊性,珠宝行业的电商化还十分缓慢,仍处于萌芽状态。

4.新型业态的兴起促进了行业的发展

2015年,珠宝微商、圈子销售等新的商业模式开始火爆,成为不少珠宝加工厂的主要订单来源。线上,微商由于投入小、门槛低、传播范围广、不受区域限制等特点,使许多没有过多资金投入但是具有自主运营意识的小型企业或者个体加入其中。而线下的珠宝圈子销售,也开始蔓延。珠宝圈子销售范围较小且营销面窄,但对客户也拥有很高的信任度和粘合性,可以将企业的宣传成本大幅降低。

5.口红效应开始显现

口红效应也称低价产品偏爱趋势,是指在经济不景气的情况下,人们仍然会有强烈的消费欲望,所以会转而购买比较廉价的商品。"口红效应"只是眼下众多消费心态中的一种,为文化产品的走红创造了一定的可能。产品要成为"口红"需要满足三个条件,并缺一不可:价格比较低;具备心理安慰作用;相比同价位消费品,它的安慰作用更强。2015年,口红效应正在显现,例如:蜜蜡等文玩饰品和合金珍珠胸针等的热销。

六、行业发展思路及对策

2016年,深圳市黄金珠宝产业的发展面临着巨大的挑战。市场原材料价格低迷、市场竞争日趋激烈的严峻形势,促使深圳市黄金珠宝产业必须加快改革创新、结构调整和转型升级的步伐。

(一)化解过剩产能危机,推动珠宝产业供给侧改革

企业经营困难、金融风险积累等,都与产能严重过剩密切相联。化解产能严重过剩矛盾必然带来阵痛,但从全局和长远来看,遏制矛盾进一步加剧,引导好的投资方向,对加快产业结构调整,促进产业转型升级,防范系统性风险意义重大。

面对新的形势、新的需求和新的市场,传统的供给端已经疲弱不堪,未来市场谁生产出的产品好,谁能激发出有效的需求,谁就能占领市场。我们要化挑战为机遇,以智能制造为核心,以企业创新驱动发展为重要抓手,提高企业保护意识,提升企业研发、创意设计能力,加强珠宝行业职业技能人才培养,坚决优化存量,加快建立和完善以市场为主导的化解产能严重过剩矛盾长效机制,固本培元,抢占制造业新一轮的竞争制高点。

(二)以务实的态度,加强企业品牌的建设

品牌是企业发展的基石,也是企业的知识产权。加强企业管理,打造企业品牌是企业做大做强的必要条件。在调研中,我们发现,深圳市黄金珠宝产业的品牌建设理念,相比服装、化妆等行业,还比较落后。很多行业内的品牌,表面做的是品牌,实际做的是批发。在过去的一段时间里,炒作新品种、炒作资源短缺、炒作投资增值、炒作打折促销、炒作拍卖价格、炒作眼球效应、炒作营销概念等,刺激了消费者的购买欲望。但是,随着珠宝知识的不断普及,随着消费者不断成熟,越来越理性的消费者面对各种炒作变得冷静了。

发力品牌营销,最重要的还是要开发出具有自己特色的产品,并且能把社会主流文化、珠宝文化、企业文化融入到产品中去,形成核心竞争力,得到消费者的信赖。

(三)互联网与产业的深度融合,为行业发展增加动力

在互联网经济高速发展的今天,改变企业基因,拥抱互联网,重构商业模式,已经不是企业效益增不增长的问题,而是关系到企业生死的问题,传统的深圳珠宝行业需要与互联

网深度融合。

互联网技术加上快捷物流的发展,使得传统商业厂家——代理——终端这种树状的营销模式扁平化,渠道不再为王;在互联网高度发达的时代,所有产品信息都已公开透明,产品供应链趋于扁平化,互联网可以使企业的营销成本大幅下降;网络的普及使得客户拥有强大的发言权,客户的口碑又可以通过互联网快速传播,好的产品,可能一夜之间就妇孺皆知。

另一方面,互联网使企业的信息流不以区域为依赖,使行业的发展不再注重商业地产的集聚,更大程度地破解人才瓶颈问题,更多的企业可以借助互联网的发展构筑起整个商业框架。

互联网的社会趋势,将推动行业发展。

(四)增强行业自律,推动行业健康发展

随着政府监管方式的转变和行业的不断发展壮大,国家将越来越重视发挥行业协会的组织协调作用。协会要站在全行业的角度,加强企业管理,强化对会员的约束机制,真正起到维护市场秩序、促进珠宝行业健康发展的重要作用。

(五)希望政府进一步优化政务环境,完善营商环境

得益于市场机制和创新体制的浸润,深圳一直走在全国的改革开放前沿,率先在行政体制方面进行着探索和改革。如今,深圳的综合成本不断高企,我们希望政府能够不断完善营商环境,帮助企业化解产能过剩、降低成本、扩大有效供给、防范化解金融风险、提高综合优势、在转型升级中提升效率、化解成本压力,为深圳珠宝制造业提供支撑和保障,增强竞争力。

七、深圳市黄金珠宝首饰行业协会发展状况

(一)深圳市黄金珠宝首饰行业协会基本情况

深圳市黄金珠宝首饰行业协会于1990年正式成立,是全国珠宝业商(协)会成立较早的行业民间组织之一。会员主要是珠宝首饰及其相关公司,会员企业中,以制造加工企业居多,零售企业和珠宝相关企业只占极小部分。协会充分发挥桥梁与纽带作用;开展行业自律、行业调研及规划、人才培训、信息和技术交流、珠宝展览、检测评估和咨询服务;加快区域品牌建设,促进行业的经济发展;促进中国珠宝产业经济增长方式的转变,加快深圳珠宝创意设计业的发展,搭建珠宝创意设计大平台。

如今,协会的影响力、凝聚力不断增强,服务政府、服务企业、服务行业的能力和水平不断提升,协会工作务实绩效,协会形象公开、公正、公平,协会队伍职业化、科学化。全体会员、理事、常务理事和副会长,政治素质明显提高,社会责任感增强,现代企业管理水平和能力大幅提高,社会效益和经济效益持续提升,赢得了政府和社会的尊重和认同。2015

年,协会会费在收入中所占比值为45.17%。截至2015年年底,协会会员达586家。协会于2005年被评为广东省先进民间组织;2013年被深圳市民政局评定为深圳市社会组织评价等级5A协会。

(二)协会2015年主要工作情况

1.按照协会《章程》规定,进行换届选举

按照《深圳市黄金珠宝首饰行业协会章程》有关规定,协会完成了换届选举。

2.创意设计与产业发展相融合,发展文化珠宝

2014年9月11日,由协会主承办的第四届中国(深圳)国际珠宝首饰设计大赛在深圳会展中心启动。大赛以"点亮梦想"为主题。2015年3月31日,大赛正式截稿。大赛组委会共收到来自海内外共1438件作品,其中,专业组817件,学生组621件。大赛评委会进行了封闭式的评审工作,对学生组和专业组的参赛图稿分别评选出工艺奖各项大奖(专业组30件,学生组19件),以及大赛"勒杜鹃杯"工艺艺术奖各个奖项。大赛颁奖典礼在深圳国际珠宝展的晚会上举行。

3.开展职业技能人才水平评价试点工作

2015年,深宝协作为深圳市人社局首选的8家行业协会试点单位,开展"珠宝首饰营业员"评价试点工作,共举行了两批珠宝首饰营业员(中级、高级)评价工作,有151名学员通过了理论考试和实操考试。开展职业技能鉴定是提高职工队伍专业技能素质,提高职工积极性,加快企业发展的重要途径。

4.配合盐田区政府创新黄金珠宝业技能人才评价制度工作

为破解黄金珠宝行业人才发展瓶颈,加快技能人才队伍建设,协会主动作为,深入调研,准确把握行业现状后,配合盐田区政府启动了黄金珠宝业技能人才评价制度改革工作,优先开发完成黄金珠宝业三个核心工种:起版、执模、压光的专项职业能力标准和专项职业能力考核大纲,并指导百泰公司、丰艺公司两家企业依据开发的职业能力标准完成了起版、压光、执模三个工种的技能人才评价工作。两家企业共组织407名技术工人参加培训和考核,评价通过146人,其中38人获得市人力资源局颁发的三级(高级)专项能力证书,54人获得市人力资源局颁发的四级(中级)专项能力证书,54人获得市人力资源局颁发的五级(初级)专项能力证书。

为推进盐田区黄金珠宝业技能人才队伍建设,推动技能人才评价体系中的竞赛评价工作精准落地,同时,协会成功承办了深圳市首届黄金珠宝业职业技能竞赛。本次竞赛共设四个职业工种(岗位),分别是首饰设计师、起版、压光、执模,全市珠宝企业周大福、粤豪、百泰、丰艺、宝福等21家共315名技术工人报名参赛。赛事经过选拔赛、复赛、决赛三个阶段的激烈角逐,为我区选拔出121名黄金珠宝业的高技能人才,包括技师3名,高级工118名,其中有1人获得深圳好技师称号,20人获得深圳市技术能手称号。

世界技能大赛是世界技能组织举办的全球范围最高级别的职业技能赛事,被称为"技能奥林匹克"。协会正积极指导,协调推动百泰公司和深圳技师学院联合申报2017年第44届世界技能大赛珠宝加工项目中国集训基地,并已获得国家人力资源和社会保障部的初步认可。

5.周密部署,促进深圳珠宝行业的大发展

2015年7月,2015深圳珠宝区域品牌中国巡展(武汉站)于武汉宝谷珠宝交易中心隆重开幕。此次巡展由深圳市罗湖区经促局与深圳市黄金珠宝首饰行业协会共同主办,展期三天,深圳28家珠宝行业知名品牌企业参展。此次活动,深圳珠宝统一组织、统一形象、统一装修、统一展示,不同企业推出不同的精品、珍品,既突出了深圳珠宝区域品牌的整体形象,又展现出企业的不同风格,充分展现"中国珠宝,深圳创造"的魅力,也大大提升了深圳珠宝品牌的影响力。

6.服务政府、服务会员,不断提升专项服务水平

(1)积极为市、区政府及各职能部门提交产业发展运行分析、知识产权总结等方面报告,按时完成政府交办的任务

为了让市经济贸易和信息化委员会、市民政局和罗湖区人民政府更加直观地了解2014年深圳的珠宝产业情况,协会经过一个多月的调查研究,对深圳珠宝产业从制造、批发、零售、自律、电子商务、交易市场等各个方面进行了综合分析,递交了《2014年度深圳珠宝产业运行报告》,向市场监管局、罗湖区经促局递交《深圳珠宝知识产权保护工作总结》和《深圳珠宝质量》等报告,全面地反映深圳珠宝产业的整体情况。

(2)积极帮助企业申报政府相关转型升级政策和申请资金补助

为帮助会员企业转型升级,协会接市经济贸易和信息化委员会通知,汇编了2015年深圳市、区的所有政府转型升级政策,通过深圳珠宝网向全行业进行发布,并由秘书处通过传真、短信、微信及QQ等联系方式通知各会员企业的相关负责人,指导企业准确把握转型升级政策扶持的时机。协会还帮助企业申请开拓国内市场的资金补助,在协会统一组织的评审和报审下,2015年共有近120家企业获得2015年的展位补贴,合计金额约400万元。使企业有更多的资金投入到研发、市场、终端的开发和建设。

(3)水贝黄金珠宝首饰专业市场统计调查

协会继续按照统计调查模式承担水贝黄金珠宝首饰专业市场的统计调查工作,对全市批发业商品销售额、社会消费品零售总额增长的统计工作做出了积极贡献。

深圳市燃气行业发展及行业协会报告·2015

◎深圳市燃气行业协会　李新有　李晓莉　王佳磊

I　深圳市燃气行业2015年度发展报告

一、燃气行业定义及分类

燃气是气体燃料的总称,它能燃烧而放出热量。燃气行业属于公共事业,是城市能源结构和城市基础设施的重要组成部分,不仅关系到城市人民的生活质量、自然环境和社会环境,还关系到城市经济和社会的可持续发展,是国民经济中具有先导性、全局性的基础产业,具有自然垄断性,所以,燃气行业的大部分项目都要受到政府的监管。目前我国配送的燃气主要包括人工煤气、液化石油气和天然气三种。因为我国城市燃气供应行业的发展起步比较晚,从20世纪90年代才有了大幅的增长,并且随着国民经济的发展,生活水平的提高,居民对生活质量的要求也越来越高,燃气行业和燃气产品将面临着更大的机遇和挑战。而提高城市燃气化水平,对于提高城市居民的生活质量、改善城市环境、提高能源利用率,具有十分重要的意义。随着上游输配管道长度的不断增加和下游用气需求量的持续攀升,我国的燃气行业规模不断扩大。

二、我国燃气行业发展现状

燃气是气体燃料的总称,目前,燃气已广泛用于居民、工商业、发电、交通运输、采暖和化工等多个领域,燃气的市场需求快速扩大。城市燃气是指供给居民生活、商业(公共建筑)作燃料用的天然气、液化石油气和人工煤气,是市政公用事业的重要组成部分,是现代城镇的重要基础设施,与经济社会发展和人民生活息息相关。我国城市燃气主要由天然气、液化石油气、人工煤气三类气源构成,它们的平均低位发热值分别为 38.97MJ/m³、50.24MJ/kg、15.07 MJ/m³。自 1865 年我国在上海市建设第一套煤气生产装置起,我国燃气行业经历了从煤制气到液化石油气再到天然气的转换,并开始从液化石油气和人工煤气为主逐步向以天然气为主过渡。2004 年,"西气东输"管道投入商业运营,使得天然气用气人口首次超过人工煤气用气人口,2009 年,已接近液化石油气用气人口;2009 年天然气消费量占领了 56.4% 的燃气市场,首次超过液化石油气,成为燃气领域的主导气源。

在我国的能源消费总量中,天然气年消费总量占能源消费总量的比重由 2004 年的 2.5% 上升为 2013 年的 5.8%,根据发改委的规划,2020 年,中国天然气消费量在一次能源消费中的比重将达到 10% 以上,利用量将达到 3 600 亿立方米,这意味着,在未来中国能源消费结构中,天然气的黄金时代正在来临;而煤炭和石油的年消费总量占能源消费总量的比重分别由 2004 年的 69.5% 和 21.3% 下降为 2013 年的 66.0% 和 18.4%。

天然气燃烧中氮氧化物的排放仅为煤炭的 1/5 左右,二氧化硫的排放几乎为零,突破常规,大幅度加大天然气利用,特别是天然气对煤炭的替代,已经成为世界能源升级和改善环境的关键一招。天然气作为一种清洁、高效的能源越来越受到人们的青睐,随着天然气资源的不断充足,干线管道和支线管网建设的日益完善,以及下游消费市场的不断成熟,天然气在城市燃气市场中的应用得到了极大发展,天然气成为城市燃气的主要气源已是大势所趋。液化石油气将作为天然气的有益补充而稳步发展。

人工煤气由于成本高、气质差以及气源厂在生产过程中污染环境,正在逐步退出燃气市场。

三、深圳市燃气行业发展现状

深圳市自 1982 年开始供应城市燃气,至今已有 33 年的历史,气源主要由天然气和液化石油气两类构成。由于天然气市场的开发是一个循序渐进的过程,受天然气源供应限制,未来 5 年,广东省液化石油气市场需求将继续增长,但增速将趋缓,城郊乡镇及农村仍有旺盛需求,液化石油气市场仍有较大的发展空间。由于液化石油气市场的结构性萎缩,众多的小规模运营商将被迫面临整合,液化石油气市场出现整合重组的机会,通过产业链整合增强竞争力,液化石油气业务仍具有一定的增长空间。无论天然气还是液化石油气,管道化经营都将成为城市燃气的主流发展趋势。2015 年,深圳市燃气经营企业 29 家,天然气经营企业 13 家,其中管道气经营企业 1 家;液化石油气经营企业 15 家,其中批发企业 1 家,零售企业 14 家。深圳市燃气供应方式分为管道天然气供气和瓶装液化石油气供气两种,居民燃气供应有 15 家单位经营,其中,深圳市燃气集团是政府授权经营管道燃气的唯一企业,瓶装燃气经营企业有 14 家,包括深圳深岩燃气有限公司、深圳市深燃石油气有限公司和深圳市六南能源液化石油气有限公司等。

(一)天然气发展迅速,供应量稳步增长

2015年,深圳市新建管网长度517.3公里,较上一年增长13.77%;天然气消费量为224.9万吨,较上年增长-6.78%;全市新增管道天然气用户超过13万户,用气人口为556.2万人,较上年增长了9.10%,天然气气化率已达到51.64%。天然气服务用户稳步增长,在总体燃气用户中所占的比例已接近50.00%,较上年增长9.17%,其中家庭用户增长9.10%,工业用户增长92.34%,商业用户增长了16.97%;天然气管网覆盖率为72.61%,较上年增长4.79%,可见,天然气发展速度及规模增长较快。(见表1)

随着城市经济的发展及人们节能减排呼声的提高,天然气在城市燃气中的使用比例会进一步提高,而最终成为主导气源。

表1 燃气行业与天然气服务用户表

	指标	单位	2014年	2015年	增长率
总体	用气户数	户	3 074 095	3 227 654	5.00%
	其中:家庭用户	户	3 055 833	3 192 447	4.47%
	用气人口	万人	1 069.5	1 117.4	4.48%
天然气	用气户数	户	1 464 987	1 599 387	9.17%
	其中:家庭用户	户	1 456 546	1 589 150	9.10%
	工业用户	户	483	929	92.34%
	商业用户	户	7 951	9 300	16.97%
	电厂用户	户	7	7	0.00%
	用气人口	万人	509.8	556.2	9.10%
	管网覆盖率	%	69.29	72.61	4.79%
	年新建管网长度	公里	454.7	517.3	13.77%
	消费量	万吨	241.3	224.9	-6.78%

(二)液化石油气供应量浮动不大

2015年,全市液化石油气消费量为36.6万吨,较上年增加3.42%;液化石油气用户162万户,较上年增加1.19%;用气人口为561.2万人,增加近0.25%,气化率比为52.11%。液化石油气的服务用气户数、家庭用户和用气人口相对2014年有少许增加,在总体用户中所占的比例由2014年的52.34%下降为2015年的50.44%。

液化石油气作为天然气的辅助气源,在深圳市燃气市场上仍然占有主体地位,为管道天然气没有覆盖地区的用户用气提供了保障,保证了民生需求。随着深圳市老旧住宅区和城中村居民用户燃气管道改造,液化石油气用户将进一步减少,天然气转换进程将进一步加快,但是燃气管道改造与普及是一项耗时、耗力、耗材的大工程,需要循序渐进地进行。所以从长远来看,液化石油气将作为天然气的补充气源而长期存在。

(见表2)

表2 燃气行业与液化石油气服务用户表

	指标	单位	2014年	2015年	增长率
总体	用气户数	户	3 074 095	3 227 654	5.00%
	其中：家庭用户	户	3 055 833	3 192 447	4.47%
	用气人口	万人	1 069.5	1 117.4	4.48%
液化石油气	用气户数	户	1 609 108	1 628 267	1.19%
	其中：家庭用户	户	1 599 287	1 603 297	0.25%
	用气人口	万人	559.8	561.2	0.25%
	气化率	%	52.71	52.11	−1.88%
	消费量	吨	35.4	36.6	3.42%

（三）液化石油气供应量浮动不大

随着我市经济的发展，供气领域已经从简单的居民用气扩展到公共建筑及商业用气、城市工业用气、调峰电厂用气、汽车用气等，对于燃气能源的依赖程度不断提高，所以充足的能源储备对于保障城市的能源供应、稳定居民生活具有非常重要的意义。

2015年，深圳市天然气现存气总量为10.5万吨，同比减少37%，其中供深圳市应急储备使用的储备量为0.19万吨，仅能满足全市城市燃气用户（不含电厂）半天的用气量，抵御上游事故的能力有限。目前，深圳市还没有建成天然气应急储备库，一旦出现供应短缺或中断，将会影响城市经济发展、社会安定和居民生活。而国内一些城市，比如上海的应急保障气量可维持15天以上，杭州的气源站可满足杭州10天的应急保障气量，相比来说，深圳市天然气应急储备能力相对薄弱，所以建立起城市燃气能源战略储备，提高储存能力对于保障城市的能源供应、稳定居民生活具有非常重要的意义。（见表3）

表3 燃气行业销售储存情况

指标	销售总量（万吨）	现存气总量（万吨）	设计储存能力（万吨）	现存气总量占销售总量比（%）	设计储存能力占销售总量比（%）
天然气	611.3	10.5	22.3	1.72%	3.37%
液化石油气	116.1	3.24	8.62	2.79%	7.42%

（四）安全生产工作稳步推进

为整顿和规范深圳市燃气市场经营秩序，加强燃气行业安全监管工作，消除隐患，防范和遏制燃气市场泄漏、爆炸事故的发生，保障人民群众的用气安全，作为燃气主管部门，深圳市住房和建设局统筹推进我市燃气安全生产工作。

1. 开展专项治理

通过日常巡查及联合燃气管理部门开展专项治理活动,有效消除了一批安全隐患,防治事故发生。

2. 规范燃气经营

督促燃气经营单位依法从事燃气生产经营活动,2015年,我市持有燃气经营许可的燃气经营企业28家,天然气汽车加气站19个,液化石油气储配站16个、供应站206个、服务点达898个。(见表4)

3. 强化燃气宣传

今年来,我市委托深圳市燃气行业协会组织开展商业燃气用户安全用气专项培训,同时在用户安全用气方面做好三方面工作:一是落实企业安全生产主体责任,督促企业入户宣传、安检,指导用户安全用气;二是及时向社会公布正规燃气经营企业名录及供应站、服务点网点信息,让用户知道渠道,买到放心气;三是推出"燃气小博士"、"深圳燃气协会"微信公众号,向市民们普及燃气安全知识。

表4　燃气行业基础设施建设情况

指标		单位	2015年
天然气	汽车加气站	个	19
液化石油气	储配站	个	16
	瓶装气供应站	个	206
	瓶装气服务点	个	898

(五)人员培训不断强化

2015年,深圳市共组织行业培训124期,参培人数5 946人,合格数5 649人。培训项目主要包括:燃气企业从业人员岗位培训、职业技能培训、商业燃气用户安全用气培训、重点为餐饮行业从业人员燃气专业培训、燃气行业新政策及新技术培训、第三方管道施工人员培训等。培训对象包括:行业监管人员、燃气企业从业人员、商业燃气用户、第三方地下施工企业相关人员。通过开展各类培训,从业人员变得更专业,用气人员更懂得如何防止事故发生,有效降低安全事故发生率。(见表5)

表5　燃气行业人员培训情况

培训类别	本年累计		
	期数(期)	参培人数(人)	合格人数(人)
合计	124	5 946	5 649
行业监管人员业务培训	9	483	483
国家职业资格证培训	11	560	301
从业人员岗位培训	36	2 070	1 935

续表

培训类别	本年累计		
	期数(期)	参培人数(人)	合格人数(人)
施工现场人员管线保护培训	24	647	647
商业用户培训	4	163	149
新标准培训	15	209	209
其他培训	25	1 814	1 814

(六)节能减排效果明显

2015年,因锅炉油改气项目的推进,天然气汽车使用量的增加,新增减排项目天然气消费量为35.2万吨,占2015年天然气消费量的5.76%。相对应的减排量分别为:CO_2减排量25.3万吨,SO_2减排量0.28万吨,燃气行业节能减排效果明显,节能减排效益可观,所以,我市应大力促进减排项目的开发,加快天然气的转换。(见表6)

表6　2015年燃气行业节能减排情况

减排项目	新增量(个)	减排项目天然气消费量(万吨)	CO_2减排量(万吨)	SO_2减排量(万吨)
燃气电厂	0	33.0	23.6	0.16
燃气汽车	0	0.36	0.40	0.0002
燃气锅炉	32	1.81	1.30	0.12
合　　计	32	35.2	25.3	0.28

四、深圳市燃气行业集中度分析

行业集中度(Concentration Ratio)又被称为行业集中率或市场集中度(Market Concentration Ratio),是指某行业的相关市场内前N家规模最大的企业所占市场份额(产值、产量、销售额、销售量、职工人数、资产总额等)的总和,是对整个行业的市场结构集中程度的测量指标,用来衡量企业的数目和相对规模的差异,是市场实力的重要量化指标。为便于分析,我们采用行业集中率(CRn指数),这里n取8。

根据美国经济学家贝恩和日本通产省对产业集中度的划分标准,我们将产业市场结构划分为寡占型($CR8 \geq 40\%$)和竞争型($CR8 < 40\%$)两类。其中,寡占型又细分为极高寡占型($CR8 \geq 70\%$)和低集中寡占型($40\% \leq CR8 < 70\%$);竞争型又细分为低集中竞争型($20\% \leq CR8 < 40\%$)和分散竞争型($CR8 < 20\%$)。

已知多个衡量指标,如企业资产总额、利润总额、从业人员总数等,CRn的计算公式如下:

$$CRn = (\sum [(Xi)n])/(\sum [(Xi)]N)$$

CRn：规模最大的前几家企业的行业集中度；

i：表示第i家企业的资产总额、利润总额、从业人员总数等；

n：产业内规模最大的前几家企业数量；

N：产业内的企业总数。

在这里，我们n取8，"规模最大的前几家企业"是指"燃气行业营业额最大的前8家燃气企业"，其中，总营业额是深圳市内燃气行业的总营业额，具体包括天然气和液化石油气经营企业的营业额。

五、燃气行业满意度情况

(一)管道天然气总体满意度

2015年，家庭用户、公福用户对燃气的满意度与去年相比有一定幅度的提高。经测算，家庭用户对燃气集团提供的管道气供气服务的满意度指数为89.9，达到比较满意的范畴，较2014年(88.2)上升1.7。公福用户的满意度指数为90.2，属于比较满意的范畴，较2014年(88.6)提高了1.6。(见表7、表8)

表7 2010—2015年总体满意度

年份	2010	2011	2012	2013	2014	2015
家庭用户	85.2	84.8	85.9	87.1	88.2	89.9
公福用户	84.0	83.9	86.3	88.0	88.6	90.2

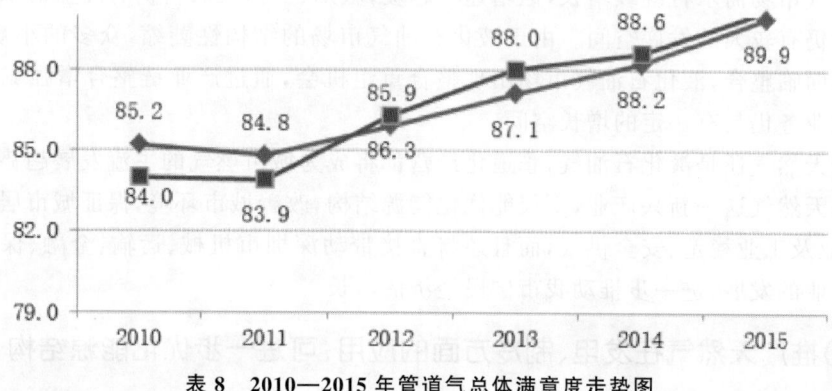

表8 2010—2015年管道气总体满意度走势图

（二）液化石油气总体满意度

从历年用户的评价来看，其满意情况在逐年稳步地小幅提高，2014年突破80.0的关口。2015年正规瓶装气用户的整体满意度指数为82.9，接近比较满意的范畴，较2014年（80.9）提高了2.0，满意程度略有提升。（见表9、表10）

表9　2011—2015年总体满意度

年　份	2011	2012	2013	2014	2015
总体满意度	77.1	79.0	78.7	80.9	82.9

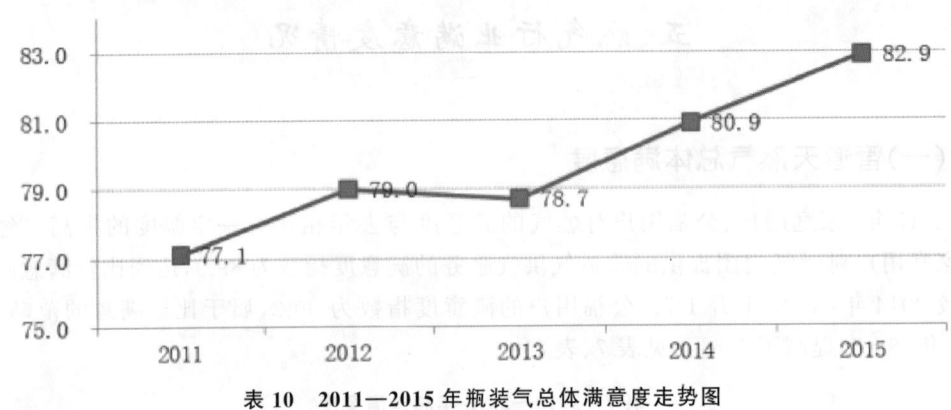

表10　2011—2015年瓶装气总体满意度走势图

六、深圳市燃气行业面临的机遇和挑战

天然气市场的开发是一个循序渐进的过程，受天然气源供应限制，未来5年，广东省液化石油气市场需求将继续增长，但增速将趋缓，城郊、乡镇及农村仍有旺盛需求，液化石油气市场仍有较大的发展空间。由于液化石油气市场的结构性萎缩，众多的小规模运营商将被迫面临整合，液化石油气市场出现整合重组机会，通过产业链整合增强竞争力，液化石油气业务仍具有一定的增长空间。

无论天然气还是液化石油气，管道化经营都将成为城市燃气的主流发展趋势。

发展天然气这一新兴产业，不仅能优化能源结构，改善城市环境，保证城市居民、公共建筑、商业及工业稳定、安全供气，而且还将直接带动深圳市机械、运输、金融、保险、电子等相关产业的发展，进一步推动我市国民经济的增长。

（一）推广天然气在发电、制冷方面的应用，可进一步优化能源结构

随着深圳市经济的高速发展，深圳市电力供需每年大幅度增长，近两年年均增长52.55亿度，年增长率超过20%，用电负荷峰谷差和日负荷峰谷差均达50%上下。2004

年,高峰负荷已突破685万千瓦,而峰谷差相当一部分是夏季空调造成的。据专家介绍,空调负荷约占高峰负荷的30%~40%,与夏季电力高峰的情形刚好相反,夏季正是城市燃气管网用气低峰。发展燃气空调是能源综合平衡、优化组合的需求。

日本在其经济腾飞时期的20世纪60年代末,意识到了燃气空调有削减夏季高峰电力、填补夏季低谷燃气的益处,从政府到民间一致推动燃气空调的发展,大约用了10年的时间,使燃气空调负荷占据了整个中央空调负荷的85%左右。国内如上海、杭州等地政府部门也开始采取一系列措施,鼓励燃气空调的发展。

(二)推广天然气在热、电、冷联产中应用,可大大提高能源利用率

分布式冷热电联产(CCHP)是一种建立在能量梯级利用概念基础上,将发电、制冷及供热过程一体化的多联产总能系统,也称分布式能源。分布式冷热电联产能源系统一般建在用户附近,可实现能源梯级利用,总热效率可达85%以上,具有良好的节能和环保性能,可提高用电可靠性,有利于降低地区电力峰谷差,具有良好的经济效益和社会效益。

能源问题是制约城市经济和社会发展的长期瓶颈之一,大力发展一次清洁能源、推动节能和科学用能是根本性的解决措施。发展分布式能源系统是科学用能的重要方面,也是合理利用天然气的有效方法。

(三)发展天然气在商业、工业及公共交通领域的应用,可切实减少阴霾天气,大大改善大气环境

造成环境质量下降的重要原因之一是燃煤燃油的电厂、工业企业、酒楼餐厅和燃油空调产生的污染排放。天然气用于发电,二氧化碳排放量约为燃煤电厂的43%,氮氧化物排放量约为燃煤电厂的10%。天然气用于酒楼、餐厅及工业方面所产生的环保效果更加明显。

造成环境质量下降的重要原因之一是近年来由于港口货柜业的发展,大中型柴油汽车数量急剧增加,加之家用汽车的增加,市内道路交通繁忙拥堵,造成汽车长时间低速、怠速运行,污染物排放量加大。汽车尾气直接排放的颗粒物、黑烟以及气体污染如氮氧化物、碳氢化合物等经过光化学反应形成的二次气溶胶细粒子颗粒物是大气污染的主要污染源。阴霾中所含的二氧化硫颗粒,会沉积于人体的呼吸系统,诱发呼吸道疾病;阴霾天气还严重影响了深圳的城市形象,成为深圳的主要气候灾害和气象灾害之一。

2004年—2005年我国将对燃油汽车实施欧Ⅱ排放标准,紧接着相当于欧Ⅲ水平的标准将提到日程上来。但我国柴油品质远远不能满足公交车辆排放实施欧Ⅲ标准的需要,因此,即使汽车达到欧Ⅲ标准,废气污染也依然严重。而且,由于柴油汽车从技术上无法控制颗粒物的排放,因此,柴油汽车清洁化很难根本解决颗粒物污染问题。

LNG汽车是继压缩天然气(CNG)和液化石油气(LPG)汽车之后近年才发展起来的一种新型燃气汽车,是真正意义的环保汽车。大量的试验证明,天然气汽车与燃油汽车相比,HC下降70%左右,CO下降90%,NOX下降30%左右,CO_2下降20%左右,噪音下降40%,不存在形成光化学污染的危险,可基本消除微小颗粒物的排放,是未来清洁汽车的发展方向。

发展LNG汽车，不仅改善了大气环境，并且有利于调整燃料结构，缓解油品供需矛盾，改善能源安全状况，减少对油品的依赖程度。如以每车每年5万公里计算，有1万辆LNG汽车，每年可以代替油品3.5万吨。

此外，LNG汽车还具有显著的经济效益，使用LNG作燃料至少比燃油便宜10%~20%。加之国家计划在不久的将来征收燃油税，汽车使用天然气作为燃料可有更好的经济效益。

(四)发展天然气可切实改善市区居民生活，提高商业及工业企业竞争力

由于广东液化天然气与国际原油仅在一定幅度挂钩，价格较为平稳，深圳市转换天然气后，大部分市民将用上方便、经济、安全的天然气。

由于经济的因素，至今深圳大部分工业用户仍采用柴油或重油作为燃料，柴油、重油燃烧造成的大气污染较为严重。我市使用普通柴油含硫量为2000ppm，而发达国家使用的普通柴油含硫量为150 ppm，柴油质量差导致了大量的灰尘或其他污染物积聚在城市上空，无法迅速被扩散或稀释。转换成天然气后，我市可实行差别定价，更多的商业及工业企业将用到价格经济、稳定的天然气，可大大减少环境污染。以大工业区赛格三星公司为例，使用天然气后，企业每年可节省燃料费用约1000万元，这对降低企业成本、提高企业竞争力具有十分重要的意义。

七、燃气行业发展目标及面临的问题

(一)燃气行业发展目标

根据《深圳市燃气行业发展规划(2006—2020)》，深圳市燃气行业总体发展目标为：

2010年：初步健全燃气行业的法规体系，理顺行业管理体制，实现燃气气源多元化。管道燃气特许经营取得成效。市场发育良好，瓶装液化石油气市场规范，服务质量明显改善，劳动生产率普遍提高。燃气在能源消费结构中所占的比重达到12%左右，其中城市燃气在能源消费结构中所占的比重达到3%左右，环境效益突出。

天然气输配设施配套，管网基本覆盖全市。全市完成天然气转换，用户普遍受益，城市燃气居民气化率100%，其中，天然气居民气化率50%。

全市初步建成全社会的燃气安全监控管理系统，建成燃气应急储备一期项目，理顺燃气价格机制。

全市培育1~2家国际知名、国内一流、具有较强市场竞争力的燃气企业；培养技术人才，形成合理的人才结构，满足行业发展的需要；行业整体发展水平在国内处于领先地位。

2020年：燃气行业法律完善、管理规范、监管到位、公开透明、市场发育良好，竞争充分；确保充足和稳定的燃气供应。燃气在一次能源消费结构中所占的比重达到20%左右，其中，城市燃气在一次能源消费结构中所占的比重达到6%左右。

天然气场站设施全部建成投运，各级管网覆盖全市区域。城市燃气居民气化率

100%,其中,天然气居民气化率75%。

全市建立先进完善的燃气安全监控管理系统,全面实现联动控制、多级管理;建成燃气应急储备项目。

行业整体发展水平处于同期国际中等发达国家水平。

(二)深圳市燃气行业存在的主要问题

对于深圳市燃气行业存在的问题,我们可以从政府相关部门、燃气经营企业、用户及其他相关企业几个主体来考虑:从政府部门来说,主要是政策的制定与执行;从燃气经营企业来说,主要是入户安全检查、员工培训等;从用户来说,主要是配合安全检查、学习安全用气常识、履行安全用气责任等。具体来讲,它主要包括以下几个方面:

1.安全监督管理及执行存在困难

随着城市燃气市场规模的逐年扩大,燃气管网的覆盖率不断提高,用户数量的不断增加,燃气行业的安全监管问题凸显,而对违章压占燃气管线、第三方违章施工损害燃气管道、违规销售等行为的安全执法监督无力的问题更为突出。在燃气管线保护方面,第三方违章施工损害燃气管道等,给燃气管线安全运行及用气安全埋下了很多隐患,2014年的生产安全事故均是由第三方危害燃气设施引起的。2014年用户用气事故均是由燃气泄漏引发的,违章占压、私自改装燃气管线以及拒绝整改户内具有安全隐患的设施的行为依然存在;在安全用气方面,虽然我市不断地通过各种活动和多种方式来加强安全用气的宣传教育,但部分用户安全用气的意识还是很差,如私改燃气管道、购买非法经营的瓶装气及无气源适配性标识的燃烧器具等,2014年瓶装液化石油气中使用不合格热水器户数增长了131.50%;在企业安全检查方面,存在用户不配合企业安全检查的情况,2014年管道天然气和瓶装液化石油气的入户安检整改率均有所下降,分别下降29.72%和9.64%。以上情况的存在,反映出行业安全监管存在困难,导致难以及时有效地查处和纠正违规行为而留下安全隐患。

2.部分从业人员素质有待提高

从业人员的规范操作是杜绝人为燃气事故的关键。随着燃气行业多种经营体制的发展,燃气经营企业出现两极分化。规范经营的大型企业作为消防安全重点单位,在内外的严格监督管理下,对操作人员的培训较为严格,同时出现部分中小型企业,为追求单纯的经济利益,忽视操作人员的业务培训,致使从事燃气经营的作业人员的专业素质不够高,安全意识淡薄,发现和处置安全隐患及事故的能力差。

2014年,燃气行业中的专业技术人员在从业人员中所占的比例为15.93%,专业技术人员主要分布在天然气行业,占燃气行业专业技术人员的66.19%,液化石油气行业及燃气具安装维修企业所占比例仅分别为9.60%和24.21%。

3.管网建设不均衡、更新改造滞后

管网建设是管道天然气发展的基础。目前,深圳市原经济特区内管网覆盖率较高,为97.29%,管网建设属于基本完善区域;原经济特区外管网覆盖率相对偏低,为58.44%,尤其是光明新区和大鹏新区,管道气供应体系尚处于起步阶段,管网建设原特区内外不均衡。《深圳市燃气行业发展规划》中指出,2020年燃气行业发展总体目标是天然气居民气

化率75%,要提高天然气气化率,管网建设是基础,尤其是原经济特区外的管网建设是接下来的重点工作。

按照目前的状况,这将无法满足日益增长的供气能力的需求。所以,除了旧管网的改造,新的管网规划和调压站及门站等的规划问题应提上日程。

4. 天然气气化率相对较低

2014年,深圳市常住人口管道天然气气化率为47.96%,而北京市、上海市、天津市常住人口管道气气化率分别为82.8%、85.6%、61.8%,相比北京、上海,深圳天然气的发展还比较滞后。2014年,我市实现向大鹏新区南澳街道供应管道天然气,至此,管道天然气覆盖全市所有街道办,管网覆盖率达到69.29%,与此同时,管道天然气气化率却不足50.00%,管网覆盖率与天然气气化率发展不平衡。究其原因,主要是原特区外由瓶装气改造管道气难度较大、速度较慢,原特区外较多居民想用清洁、安全的天然气,并且也具备用气的条件,但因改造成本及租住户较多等原因,且政府在政策上的主导支持及改造推动力远远不足,致使改造速度较慢。

5. 天然气汽车发展缓慢

据环境空气质量分析显示,深圳市机动车每年排放的PM2.5达0.94万吨,占所列全部排放源的64%,其中,以集装箱拖车、重型载货车为主。货运车是城市空气质量主要污染源,目前,深圳市货运行业约有1 000辆LNG运输车辆,与《深圳市大气环境质量提升计划》提到的2015年年底前在我市货运行业推广应用3.5万辆LNG货车的目标相去甚远。天然气汽车推广不力,与购买天然气汽车补贴政策难落实、加气站不足、加气困难有很大关系。

(三)促进深圳市燃气行业发展的相关建议

任何一个行业的成长和发展都伴随着困难和问题,事关民生的燃气行业也是如此,关键在于面对问题,要积极寻找解决问题的策略和方法。我们从法律建设、制度建设、人员素质、基础设施建设、安全宣传等多个角度,从政府、企业和用户三个方面,探讨促进深圳市燃气行业发展的建议。

1. 继续强化人员培训及安全用气宣传

由于燃气的易燃易爆特性直接关系社会公共安全和居民的人身、财产安全,为确保燃气行业的安全建设和运营,对燃气行业从业人员的培训及对用户的安全用气宣传十分重要。2014年,燃气行业从业人员培训及安全用气宣传取得较好成绩,但也存在一定的问题。

对于人员培训,我们建议:首先是从业人员培训。行业主管部门加大对企业从业人员专业培训的督导力度,可以委托本市具有燃气培训资质的单位,开展燃气经营企业主要负责人、安全生产管理人员以及运行、维护和抢修人员专业培训及考核。其次是燃气用户安全用气培训。我们建议加强商业燃气用户安全用气培训,据了解,2015年政府有望给予财政支持,这将对提高用户的安全用气意识和遇险应急处理措施有积极推动作用。最后是施工作业人员培训。相关单位继续加强对地下燃气管道保护培训,提高第三方施工作业人员对燃气管道的保护意识。

2015年的安全事故主要源于第三方危害燃气设施和用户燃气泄漏,这说明居民的安全意识还有待提高,应加大安全用气宣传力度,尽可能增加宣传次数,让更多的人有更多的机会参加,提高公众的燃气安全使用及防范意识,并明确安全是每一个人的责任,而不要寄托在他人身上;明确用户应该承担的责任,防止出现"事不关己"的情况。

2.加快推进管网的建设及更新改造

随着更加环保、经济、安全的天然气的推广应用,我市的管道燃气将迎来一个大发展时期,而加快管网建设速度,提高管道燃气气化率,是促进管道天然气发展的重要途径。对于原经济特区内待更新改造的钢制管道,我们应及时进行更新,以安全性更高的聚乙烯管代替,防止燃气泄漏事故发生。另外,我们应该用发展的眼光来看天然气行业的发展,随着原特区内人口数量的进一步增多,而天然气管网输气能力却已达到极限,这个矛盾的存在,要求必须有新的管网规划、新的调压站及门站等的规划,以满足不断增长的天然气需求,保证民生供应。

原经济特区外的管网建设是接下来的工作重点。原经济特区外的管网覆盖率相对偏低,瓶装液化石油气是主要气源,这也就使得"黑气"有了滋生的空间,"黑气"及其所用的钢瓶都没有质量保证,缺少专业及安全知识,给用户带来很大的安全隐患,所以,加快原经济特区外的管网建设,可以推进天然气的转换,进而打击"黑气",有利于燃气市场的健康发展。

3.加大政府财政支持力度,促进城中村及老区改造

要提高用气安全、天然气气化率,对城中村和老旧住宅区的改造工作不容忽视,政府应起到主导作用,出台财政支持政策。2014年原特区内老旧住宅区改造工作推进较好,与各区政府的支持分不开,2014年福田区政府以水围村管道天然气改造为试点,成功实现了深圳市城中村管道天然气零的突破,使7 000多户居民用上了清洁、安全的天然气,摆脱了背气上楼的困境。

相比原特区内,原特区外的改造工作推动较为困难。我市实行了经济特区一体化,但是原特区内外的政策却存在一定的差别:原特区内的改造有区政府的补贴,每户居民只需拿1300元,而原特区外尚未出台补贴政策,除了个别示范项目有补贴之外,其他改造要用户自己承担费用,较高的费用使居民没有改造的意愿。这就造成了原特区外的改造工作推动困难,我们建议参照原特区内的做法,政府在原特区外的城中村和老旧住宅区改造方面,加大主导力度,同时给予财政支持。

4.大力推进天然气汽车发展

随着我市汽车保有量连年高速增长,汽车尾气排放污染日益严重,在运输业尤其是货运领域大力推广天然气汽车,对我市节能减排、改善空气环境、优化交通领域能源结构具有重要意义。

目前,我市的一些交通工具,比如拖头、环卫、泥头车、搅拌车等,是汽车运行中对大气污染较严重的部分,将其更换成天然气汽车,将大大改善我市空气质量,并且能提高天然气在一次能源中所占的比例。另外,如果能引导企业和车主将车辆更新为天然气汽车,将会对我市节能减排、提升大气环境质量起到决定性作用,并产生极大的社会效益。

引导企业和车主使用天然气汽车:第一,要制定天然气汽车优惠或者补贴政策,一方面,可以从减少成本的角度鼓励大家购买,另一方面,让大家用发展的眼光看待天然气汽车的发展,让大家知道政府鼓励天然气汽车的发展,尤其是货运行业;第二,尽快建立天然气加气站,解决天然气汽车加气难的问题。天然气汽车推广不力,与加气站不足、加气困难有直接关系,由于新建和合建加气站,面临建设周期长、审批流程复杂、场地空间不足等问题,我们建议在前期示范推广阶段,可以采取特殊政策,鼓励LNG撬装站建设,加快推广速度。

5. 加大宣传力度,尽快完善燃气燃烧器具市场准入管理

用户使用的燃气燃烧器具是否合格与燃气安全密切相关,但是很多用户缺乏安全用气知识。因此,我们应加大宣传力度,使用户尤其是瓶装气用户了解到燃烧器具安全的重要性。

对于天然气燃烧器具的管理,政府已建立了二维码标识管理制度,我们建议加大监管力度,加强商场流通环节产品粘贴标识情况的检查,形成常态检查机制,对伪造、冒用、买卖气源适配性标识的厂家给予严厉处罚。

对于液化石油气燃烧器具的管理,我们建议加大《深圳市燃气燃烧器具产品销售推荐目录》的宣传、推广力度,燃气行业协会可将二维码管理系统延伸到《推荐目录》,并由政府出台相应的管理制度,从生产、销售、安装和维修各个环节把关,规范液化石油气燃烧器具市场。

6. 做好燃气设施的保护工作

随着燃气管网及设施的增加,以及城市大量开发建设,燃气设施被第三方施工破坏成为生产安全事故产生的主要原因。为进一步加强燃气设施保护工作,我们建议协调和做好以下工作:

一是建设施工项目应严格按照政府报建流程进行,加大施工前管线查询工作并建立保护措施,确保其施工不会危害到燃气管道及其他设施;二是规范建设施工行为,对于施工过程要严格控制,不定期检查,以防止违规操作行为的发生;三是对违规施工行为严厉处罚,加大执法力度,并对处罚结果曝光,2015年市住房和建设局已经发布并实行《深圳市燃气管道安全保护办法》;四是进一步完善由政府领导,企业主导,社会参与的重大燃气安全事故应急抢险机制,加强事故应急演练,提高事故处置能力,将危险控制在最小范围内;五是继续完善、健全对施工监管及施工作业人员的燃气管道保护培训,实施持证上岗制度,专项技能需进行培训。

燃气设施的建设对城市的发展至关重要,所以,我们要保证燃气设施安全有效的运行,尤其要确保燃气管网的安全运行,为天然气的发展奠定良好的基础。

参考文献

1. 深圳市燃气行业协会.深圳市燃气行业统计数据分析报告(内刊)·维度市场研究咨询有限公司 2014
2. 深圳市燃气行业协会.深圳市燃气行业统计汇编(内刊),2015.
3. 中国城市燃气协会·中国燃气行业年鉴 2015.
4. 花景新·城镇燃气规划建设与管理.薛西法、王志强、张宁.化学工业出版社,2007.

Ⅱ 深圳市燃气行业协会概述

行业协会是同一行业的企业或者其他经济组织，为寻求本行业共同利益而联合起来的社会组织形式，是市场经济体制下开展行业服务和协调、实现行业自身管理和约束的重要中介组织，是具有协调市场主体利益、提高市场配置效率功能的主体。

随着政府职能的转变和中国加入WTO，行业协会面临的形势发生了很大的变化，职能将进一步加强，作用和地位将进一步提高。这关系到国民经济的整体运行效率，也关系到企业和地区的国际竞争力。可以说，发展行业协会是一件事关全局的大事。

一、深圳市燃气行业协会概况

深圳市燃气行业协会（ShenZhen Gas Association）成立于1991年3月20日，现拥有燃气供应、燃气工程、汽车加气企业、燃气器具生产、销售及安装维修等相关燃气会员单位145家，下设瓶装气委员会、燃气工程委员会和燃气具委员会3个专业委员会，同时召集行业内31位资深专业人士成立深圳市燃气行业协会专家委员会。

深圳市燃气行业协会秘书处有专职人员10人，下设综合部、会员部、培训部。

协会的主要任务是：制定并组织实施本行业的行规行约，建立行业自律机制；拓展市场，发布市场信息，推荐行业产品或者服务，开展行业培训，提供咨询服务；向有关国家机关反映涉及行业利益的事项，提出经济政策和立法等方面的意见和建议；代表行业内相关经济组织提出反倾销、反补贴调查或者采取保障措施的申请，参与反倾销应诉活动；协调会员与政府之间、会员之间、会员与非会员之间、会员与消费者之间涉及经营活动的争议，以及本协会与其他协会或者经济组织的相关事宜；对违反协会章程或者行规行约、行业整体利益的会员，采取相应的行业自律措施；参与制订行业技术标准、行业规划，根据国家有关规定进行资格、资质认定，出具公信证明，发布产业损害预警，组织推进行业标准的实施；组织会员参加国内国际经济技术交流，推广先进技术和管理经验，建设为行业服务的公共服务平台；法律、法规授权或者政府部门委托的章程规定的其他职能。

在过去的五年间，协会深入贯彻党的十八大会议精神，团结协作、奋发努力，认真履行协会职责，以"服务和协调"为宗旨，强化自身建设，圆满完成了各项工作任务，为行业持续健康发展、提高专业化水平发挥了积极作用，协会连续两年被市住建局评为先进单位。

深圳市燃气经营企业截至2015年有29家，已办理入会企业27家，会员覆盖率为93.1%；燃具安装维修企业42家，已办理入会40家，会员覆盖率为95.2%；燃气工程、设计会员企业57家、燃气器具生产、销售会员企业70家（其中含具有安装维修资质的企业31家），此两项无法计算覆盖率。燃气经营企业中的深圳燃气集团为上市公司，为行业的龙头企业。

二、行业协会 2015 年财务资产状况

协会财务工作在理事会的领导下,严格遵守国家财经纪律,依法纳税,认真执行《民间非营利组织会计制度》,对财务工作进行规范化、系统化的管理。协会 2015 年的财务资产状况如下:

截至 2015 年 12 月底,协会总资产为 440.94 万元,其中净资产为 289.98 万元、负债为 150.96 万元;固定资产原值 139 万元,固定资产净额 47.75 万元。

2015 年度协会共取得收入 487.81 万元,应收会费 101.8 万元,实际收入会费 92.74 万元,占总收入的 19.01%。

三、行业协会发挥的作用

深圳市在发展行业协会方面走在了全国的前列。深圳市拥有全国最活跃的社会组织群体,在参与社会建设等领域日益发挥着不可或缺的作用。深圳市政府于 2015 年 4 月发布实施《深圳经济特区行业协会条例》,确立了全新的管理模式,深圳市民间组织管理局日前更名为"深圳市社会组织管理局",作为市政府授权的各个行业协会的主管部门,负责全市行业协会的总体规划、布局调整、政策制订、协调管理等。"民间"与"社会"两字之差,突显了政府施政理念的变化,体现了政社共治的理念,赋予社会组织更加平等的社会主体地位,有利于进一步推进社会组织管理体制的全面深化改革,为社会组织创造更广阔的发展空间。

根据《深圳市社会组织评估管理办法》,在 2015 年,协会经过严格、严谨的评估,获得 5A 级社会组织荣誉。协会成立至今,在以下几方面为企业、行业和政府做了大量的工作。

(一)开展对经济社会重大问题的调查研究,做好政府部门重大决策的咨询参谋

参与《深圳市燃气管理条例》的修订、《燃气器具安全和环保技术规范》(SZJG21-2013)起草等相关工作。

(二)协助政府开展宏观调控和行业管理,推进行业的结构调整和技术创新

参与《深圳市燃气燃烧器具气源适配性标识发放实施办法》的修订和实施、起草《建立深圳市燃气工程施工人员实名制度的实施方案》的报告等,印发《深圳市燃气行业电动自行车二维码备案管理规定》的通知,开展燃气场站安全检查等。

(三)帮助企业深化改革,为企业排忧解难提供多方面服务

为深入了解会员单位的经营情况,协会下企业、认家门,与会员单位开展座谈会,传达

主管部门工作精神,倾听会员单位心声,了解会员单位在经营管理、行业竞争方面遇到的问题,听取会员单位的行业管理建议,探讨行业管理创新模式在全市开展行业调研工作。在多方面调研和与企业、政府的沟通中,协会一方面就燃气工程施工企业存在的"小型项目经理"相关问题与政府沟通协调,经过协会的不断努力地,很好地解决了这个问题;另一方面着重对深圳市瓶装液化石油气市场现状进行深入的分析与讨论,在协会的积极推动下,与樟坑径建设市政府拟决定按照"政府统建,由企业经营"的方案进行建设,并要求市住房和建设局"加快研究樟坑径仓储区运营模式、行业监管"等问题相结合,提出了深圳市瓶装液化石油气市场整合改革的建议,协会仍在积极地进一步推动这项工作。协会在解决市民、企业诉求,完成政府购买服务等方面也交上了一份满意的答卷。

(四)实行行业自律,维护公平竞争

组织深圳市燃气具生产、销售、安装维修企业签署《深圳市燃气器具企业诚信自律承诺书》、深圳市燃气行业燃气经营企业签署《深圳市燃气行业燃气经营企业诚信自律承诺书》等相关工作;制定统一的自律公约和竞争准则,协调会员单位之间的矛盾,把同业竞争引向公正、公平、公开、有序的轨道,促进了全市燃气行业健康发展;在政策允许范围内协调价格,规范同业竞争,防范不正当竞争行为,在企业与政府之间很好地起到了桥梁纽带作用。

(五)举办各种从业、安全、技术、管理培训教育

燃气行业的培训是全社会最廉价的安全管理。协会的培训部门认真贯彻落实市住建局、教育局、人社局、交管局等相关部门的文件精神,不断完善培训管理制度,培训工作取得了历史性突破,新增应急预案、企业负责人、送气工道路安全教育及燃具工中级鉴定,全行业证书实行二维码管理,通过扫描即可实现单位、个人及后续教育信息查询,截至2015年十二五期间共培训13 591人,培训工作得到了主管部门认可,获得人社局"优秀鉴定所"荣誉称号,为全市燃气安全管理做出了突出贡献。

2015年,协会受住建局委托,将于一年内完成全市餐饮场所5 000名从业人员培训持证工作,此项培训为政府出资,以提高餐饮场所用气安全,降低事故隐患。

(六)对外交流

我市燃气市场管理工作比较完善,协会为会员单位服务以及承接的各项政府工作颇受国内其他城市赞誉,五年来共接待了来自四川、云南、陕西、贵州及省内多个城市燃气同行来深考察交流,特别是协会在燃具资质、气源适配性管理等方面的工作,得到了国内同行的大力赞赏。

这些工作和经验说明,在建立和完善市场经济体制的进程中,在政府转变职能的过程中,行业协会的作用日益明显,并正在显现其不可替代的功能。

四、行业协会具备的职能

协会经过 25 年来的工作实践与经验积淀,归结出以下几项基本的职能:

(一)代表职能

行业协会是会员的代表,有权代表会员提出涉及会员集体利益的意见,健全与政府协商的机制,维护会员的合法权益,是维护行业内企业获得更好发展的"维利者",维护行业和企业的利益。

(二)沟通职能

作为政府与企业之间、企业与社会之间的桥梁,行业协会向政府、向社会传达企业的共同要求与愿望,一方面向政府传达企业的共同要求,参加政府举办的有关座谈会,提出有关经济政策和制订规章制度的建议;一方面协助制订和实施行业发展规划、行政政策法规,行业标准规范,宣传政府的有关政策。

(三)协调职能

行业协会是会员的自律组织,制订并执行行规行约和各类技术标准,实施认证,开展行检行评,通过法律法规、行规行约来约束企业的行为,协调同行业之间的经营行为,督促企业依法经营;组织开展行业性活动,动员同行企业共创区域品牌,提升行业形象,开拓市场。

(四)监督职能

通过法规、行规行约来承担自律性行业管理的职能,约束企业的行为,监督企业依法经营;对本行业产品和服务质量、竞争手段、经营作风、销售价格进行监督,制订共同的职业道德规范,调解行业内部的纠纷,维护行业秩序和信誉,鼓励公平竞争,打击违法、违规行为。

(五)公证职能

受政府委托,进行资格审查,如燃气燃烧器具产品销售目录、气源适配性标识、国家职业资格证等。

(六)统计职能

帮助政府部门对本行业基本情况、购销存情况进行统计、分析、预测,并上报结果,对重大事情、倾向性问题及时向政府主管部门反映。

（七）研究职能

开展对本行业发展情况的基础调查，研究本行业面临的问题以及发展的方向和目标，提出建议，提供决策依据，供企业和政府参考，如瓶装气市场整合、改革的建议、燃气工程施工人员实名认证制度的实施方案的提出等。

（八）服务职能

为企业提供各种相关经营管理方面的服务，包括信息服务、市场调研服务、人才教育与技术培训服务、咨询服务、专家评审服务、组织会议等，帮助会员排忧解难；通过服务，增强行业协会的凝聚力，促进行业的发展。

根据以上几项基本职能，我们可以得出，行业协会是加强和创新社会管理、构建和谐社会的重要力量，作为"民间化"，并积极落实推进"去行政化"、"去垄断化"。对政府，协会不是附属物，而是独立的社团组织，是企业利益的代表者；对企业，协会不是管理者，而是服务者，是国家利益的维护者。它就是要在许多政府部门不应管又不便管，管不了也管不好的事情上，发挥监督、协调和信息服务作用。在企业与社会的有关方面发生矛盾时，行业协会代表企业与有关方面进行求同存异的友好协商，以维系社会经济的稳定发展。

我们行业协会的职能在于表达同行企业的意愿、进行民主协调、建立行业自律，并为成员提供服务。

五、构建有利于协会规范发展的体制

随着政府职能的转变、行业协会作用的增强，协会必须构建有利于发展的体制环境，实现规范化管理。

1.积极获取政府的支持，履行服务、自律、代表、协调职能。积极提升协会的公信力，完善组织结构，构建高效的服务团队，做政府放心将社会职能移交的放心协会，使政府把适宜协会行使的行业管理职能放心地委托给协会；同时指导和协助协会明确工作定位和转变职能，健全民主决策和选举制度，完善内部组织体制和工作规章；制订实施与国际惯例接轨的行业行为规范、行业服务标准、行业管理制度等。

2.积极协助政府从事行业管理，把属于行业协会的服务标准的制定、技能资质的考核及行业自律等社会职能落到实处；开展行业统计、行业调查、制定行业发展规划、价格协调等工作。

3.做有影响有实力的支柱行业协会，做有利于生产力发展和产业升级、符合国际惯例的行业协会。

六、燃气协会未来的具体发展规划

(一)实现转型

2006年,协会完成了"去行政化"改革,但还没有真正从政府附属转移到燃气行业真正的行业自律性管理组织。行业真正的自律性组织,要能够维护行业的整体利益,提升行业的影响力和竞争力,提升会员单位的市场价值。

为了成功转型,协会开展了秘书处以提高公信力,个人以提高工作能力的活动,并取得了一定的成效。今后协会要从思想上、观念上真正转型,最主要的要从制度上转型。2016年,协会要在转型上有所突破,2020年,协会要完全实现转型。

(二)制定行业标准

燃气行业涉及公共安全,同时服务对象涉及广大市民用户,所以以前行业管理都是政府以法律或政府规范性文件进行行业管理。随着政府职能转变,政府以前的管理方式、方法,必定要发生变化。行业大的方面,有法律法规作为行业规范,但法律法规规范没有规定的,实际又有发展变化的方面,就应由协会、企业制定标准进行规范。标准包括技术、服务、程序标准。尤其是具有行业垄断地位的燃气集团,面对服务的广大市民,在企业追求盈利的基础上,必然随着实践的发展,优化经营方式、方法,由于涉及广大市民,优化的经营方式、方法就需要以标准形式增加公信力、约束力。企业按照标准进行服务活动,在取得社会效益的同时,才能取得好的经营效益。

协会鼓励并帮助会员企业制定高于国家标准、具有竞争力的企业标准。协会积极制定提升行业影响力和竞争力的有关标准。会员企业制定的企业标准,也可以作为协会的行业标准。协会制定的行业标准,会员企业制定的企业标准,报市政府有关部门备案及在全国标准管理网站公示后,该标准即赋予了普遍约束力。

燃气协会已经制定了《深圳市燃气协会自律管理办法》,为协会制定标准做了程序上的准备,配合该《自律管理办法》的实施,协会又成立了燃气行业专家队伍,由燃气行业专家制定论证行业标准,使协会制定发布的标准更具有科学性、可持续性。

2016年,协会拟制定发布深圳市燃气行业的管道气服务标准,鼓励帮助深圳市燃气集团制定管道气定制服务标准。根据燃气服务的特点,企业运营方式、方法,及时制定服务、程序上的标准,其公示后广为用户知悉,提升了行业影响力、竞争力,维护了行业整体发展中的利益。

(三)挖掘、创造、利用行业资源

维护行业整体利益,提升行业影响力、竞争力,创造会员企业的市场价值,最有效的方法就是挖掘、创造、利用行业资源。行业资源包括政策资源、市场资源、信息资源、平台资源,凡是能够提升行业影响力、竞争力,提升会员企业市场价值的,都可以成为行业发展的资源。

市工业总会创造、利用行业资源是一个成功的案例。他们会员企业在协会内部是互补的,在国内、国际也是相互发展,相互促进。燃气行业会员企业就是在深圳市辖区内讨生活,并不像工业总会那样资源丰富,但也有它特有的行业资源,如"互联网+"等平台资源。

协会要善于发现、挖掘行业资源,善于创造行业资源,探索利用行业资源的方式、方法。

(四)定制服务

燃气行业实质上也是服务行业,供气、送气本身就是一种服务,只是这类服务价值包含在气的价格里,没有外在化。这种服务再优质,也仍然是供气的一种基本服务。定制服务,以用户需求为基本点,是为用户量身定制的一种服务,解决了部分居民对燃气的畏惧,以及不了解燃气及产品、怕麻烦的实际困难。这也是为高端人群进行的个性化服务。定制服务是提升行业影响力和竞争力的有效途径。定制服务可以先在管道居民用户中试点,试点成功后再扩大到瓶装气供气服务,燃气炉具、热水器定制服务,居民用户改管等形式的定制服务。

行业开展定制服务主要是价格问题,如何与目前收取的燃气价格有所区别,协会应积极与燃气价格主管部门协调,采取积极措施,与现在的气价分割开来。价格是开展定制服务的前提,同时也是为会员企业增加盈利的经营方式。

2016年,拟在燃气集团管道居民用户中,开展定制服务试点,目标是发展10万户定制居民服务户,2017年选择1~2家瓶装气企业进行定制服务试点,2018年争取全行业开展定制服务。

(五)促进瓶装气行业整合

2008年深圳市引进进口天然气,管道天然气作为城市燃气具有安全、热值高、洁净的优越性。政府鼓励居民使用管道天然气,这样造成了管道天然气的用户增多,瓶装液化石油气的市场萎缩,而且每年以8%到10%的速度减少。瓶装气企业不能靠扩大市场占有率来赢得利润,只能靠节约成本来赚取利润,这样各企业的管理,特别是安全管理,不但得不到加强,而且安全投入越来越少,政府现时也对这些瓶装气企业无法实施有效管理。2013年,协会向市政府打报告,增加汽车加气站建在瓶装气储配站的数量,争取瓶装气企业的整合。根据惠州市、东莞市瓶装气企业整合的经验,瓶装气企业主体整合是瓶装气行业发展的唯一路径。樟坑径搬迁又推进了瓶装气企业的整合,目前,瓶装气企业在政府引导下,已经达成主体整合的高度共识,瓶装气整合是深圳市燃气行业中的一件大事。

协会在政府主导下,协调各方制定整合方案,组织各方面实施整合方案。

瓶装气主体整合后,瓶装气行业管理架构、方法、方式、措施,协会要做前期研究,2020年后要建立起新的瓶装气行业管理模式。

(六)高质量完成委托事项

协会接受政府或企业的委托,从事与本行业管理有关的事项。通过办理委托事项,协会能真正了解行业实际,锻炼人员,为协会增加经费。协会应高质量、高效益地完成所委托的事项,同时争取更多的委托事项,增加协会经费来源。

协会是非盈利机构,协会仅收取会费,远不能满足协会的发展要求,所以,协会应研究其可持续发展的经费保障方面的办法,努力在行业发展中,在会员企业市场价值提高中,寻找一条正确的方法。

(七)大力发展行业互联网+

协会已经建立了协会网站、二维码系统、燃气 APP 和燃气微信公众号,这些互联网+的平台,既是信息管理平台,也是行业经营管理平台。协会要大力加强这些平台建设,争取将这些互联网平台建成高质量、多信息,在行业管理中真正发挥作用,为行业创造价值的平台。

(八)加强行业培训

燃气行业是高危行业,安全管理始终是行业第一位的,一切为了安全。燃气培训是燃气行业最低廉的安全投入,培训是提高在职员工的素质、安全意识的必要途径。我们要充分发挥协会办培训的各种资质,在培训工作取得成绩的基础上,扩大培训面积,争取到 2020 年在岗员工都能接受一次职业培训。另外,协会要加强行业管理,应把行业职业培训做为管理手段之一。培训机构要总结经验,提高培训的实用性、针对性,提高培训质量。

(九)加强协会秘书处建设

提高协会的公信力,必须加强协会秘书处建设,秘书处主要以提高个人工作能力为突破口,提高协会的办事能力、办会能力、办文能力,以个人提高工作能力为核心。协会建立了以自学为主培训的提高能力的奖励办法,要关心员工的实际困难,要千方百计调动员工积极性、主动性、创造性。员工的工资每年涨幅不低于国家 CPI 的涨幅,尽量提高员工的福利待遇,增加员工凝聚力、荣誉感,发挥每一个员工工作的创造力。

(十)加强协会党支部建设

2015 年 4 月,协会成立党支部。协会党支部的建立,加强了协会与会员单位的纽带。

基层支部是党的全部工作和战斗力的基础,是党联系群众的桥梁和纽带,是党在基层组织中的战斗堡垒。加强基层党支部建设,必须提升党员素质、健全组织体系、提升工作能力、广泛联系群众。

我们要抓住协会目前开创性工作的战略机遇期,创造性地开展工作,要有所为,有所不为,条件成熟时就要多为,条件不成熟时就缓为,一切从实际出发。这个实际就是行业的共识。

七、协会工作中存在的问题

十二五期间,协会工作虽然取得了一些成绩,但有些问题仍然需要去面对,值得我们去思考。

(一)瓶装气市场管理有待进一步规范

多年来,市住建局等相关政府部门在规范瓶装气市场管理方面投入了大量的人力和物力,协会也做了许多工作,并取得了一定成效。但是,瓶装气供应网点规划用地、钢瓶流失及黑气等问题依然存在,尤其是今年气站关停了5个,充装和储存的影响达到了近三分之一,这些问题需要政府部门和企业齐心协力共同解决,政府在提供政策支持的同时应加强市场监管,而企业在创造经济利益的同时应做到守法经营,诚信经营。

(二)燃气施工质量有待提高

随着安全监管工作的不断加强,我市燃气施工质量已有较大幅度的提高,但因施工质量原因引起的燃气泄漏事故率仍占一定的比例,主要集中在埋地管,其主要原因是管道防腐层出现破损,管道腐蚀穿孔,造成漏气,也有部分事故由焊缝质量引起。各燃气工程企业应加强规范施工,人员应持证上岗,以确保工程质量。

(三)燃具市场应联动管理

以建材、百货及小店为主的流通领域销售的燃具产品品牌杂乱、质量参差不齐,部分燃具安装维修企业无资质、无上岗证,特别是每到冬季就成一氧化碳中毒伤亡事故的高发期。为保障用户的生命财产安全,我们倡导燃具企业禁产禁销不符合国家和深圳市规定的燃具产品,我们建议市场监管部门加强市场监管力度,并形成常态管理。在深圳市气源适配性管理办法实施之际,各个环节、各相关部门共同携手,加强管理,以规范深圳市的燃具市场。

(四)秘书处需加强专业管理能力,服务范围有待扩大

协会秘书处虽然现在人员素质有了大幅度的提高,但在专业技术人才方面尚有缺失,有些层次高、专业性强的工作无法承担。我们建议增加专业人员配比比例,同时大力发展新会员,扩大协会服务范围,努力探索创新理念和先进管理模式,进一步提升协会服务质量,以适应行业发展的需要。

深圳市房地产经纪行业发展及行业协会报告·2015

Ⅰ 深圳市房地产经纪行业2015年度发展报告

◎深圳市房地产经纪行业协会 徐 枫

前 言

(一)协会简介

深圳市房地产经纪行业协会成立于2008年1月16日,登记证号:社证字第00678号。会员主要是由在深圳从事房地产居间、代理、咨询的企事业单位及从事房地产市场研究的专业机构自愿发起成立的非营利性的行业组织,现共有会员单位400余家。

(二)本课题的意义、研究方法、资料数据采集方式

本课题的意义在于现象到理论的归结过程,从理论高度看待行业日新月异的变化,将散点整合成体系。本课题的研究方法主要为访谈法、概念分析法。

(三)课题创新之处

课题的创新之处就在于没有就现象谈现象,而是试图从理论高度把握整体脉络,例如建立了行业的居间部分佣金模型;对房地产经纪的内涵和外延进行了理论探讨;探讨了市场的症结就是公平和效率问题等;引进了跨行业的概念,譬如"双边市场理论",为相关部门和会员单位提供决策依据。

(四)说明报告中数据、图表资料来源并声明对其真实性负责

课题所有的数据和图表均为本协会一手资料,来源于我们撰写的每年一版的《深圳市

房地产经纪行业白皮书》。其资料真实有效,版权所有。

一、行业定义

(一)房地产经纪的定义

由于国内理论界对"经纪"有不同的解释,使得坊间对"房地产经纪"的理解也有广义和狭义之分。了解"房地产经纪"的定义有助于我们行业深耕市场,把握未来竞争格局。

在成熟的房地产市场体系中,房地产经纪参与了绝大多数的增量、存量房交易,业务的交叉和延伸往往模糊了彼此的界限。对"房地产经纪"行为的界定大致有以下观点:

1.专指交易过程中的居间服务

这是最狭义的房地产经纪概念。例如:"经纪,就是为交易双方牵线搭桥,为业主找买家,为买家找业主,促成交易成功的活动"(邓永成,1994)。

2.指为完成房地产交易而进行的居间、代理、行纪的活动

例如:"房地产经纪活动不仅仅是居间经纪,还包括代理、行纪。房地产经纪是具有特定专业技术要求、在特定领域内从事经纪活动并接受特定部门行政管理的行业"(王德起,2001)。

3.指为房地产交易提供的咨询、策划、评估、代理业务这个概念是涵盖面最广的。

全国不同的城市,在行业发展的早期对"房地产经纪"的定义不尽相同。如:

《上海市房地产经纪人员管理暂行规定》(1994年8月15日上海市人民政府批准,根据1997年12月14日上海市人民政府第53日令修正并重新发布)中所称的房地产经纪活动,是指向进行房地产开发、转让、抵押、租赁的当事人(以下简称当事人)有偿提供居间介绍、代理、咨询等服务的营业性活动,但国有土地使用权出让的经纪活动除外。该规定所称的房地产经纪人员,是指具备经纪人员条件、经工商行政管理部门核准登记并领取营业执照的从事房地产经纪活动的组织和个人。

《北京市房地产经纪机构管理规定》(京房地市字〔1996〕第530号)所称房地产经纪活动是指在房地产转让、抵押和租赁等活动中,向当事人居间提供信息、咨询、代理等有偿服务的行为。

从上文相关引述可见,在90年代房地产刚起步时,学界和业界对于"房地产经纪"的理解还是五花八门的。经过实践的发展,目前来说,协会认为在深圳市房地产经纪行业协会编撰的《房地产经纪实务》里所采用的"居间代理说"比较符合我国房地产经纪业的实际情况。

从以上讨论可以确定,"房地产中介"的含义是房地产咨询、房地产价格评估、房地产经纪等活动的总称(建设部发布行业标准《房地产业基本术语标准》,2003年)。

房地产经纪业与其他房地产业务之间并不是相互割裂的,但随着市场成熟度的提升,房地产经纪业必然会在房地产市场中占据中心位置。协会认为,"房地产经纪"行业的业务范畴分为两块:代理和居间。就深圳市场目前的情况来看,居间业务占主导。

(二)深圳房地产经纪行业的发展简史

就深圳地区而言,全行业自1988年发展至2015年,每年已有超过400多家经纪机构、2 000多家地铺和超过4万名经纪人员。

我市主要机构的发展图谱如图1所示。传统经纪机构在2008年以前是各路人马厮杀期,百花争鸣,行业模式是香港模式为主流:依赖劳动时间的叠加换取劳动效益。这个时期是劳动力密集型和资金密集型。2013—2015年,随着"互协会联网+"的发展,行业商业模式也发生了显著变化,平台的价值成为研讨的重点。行业模式开始由线下转变为线上与线下相结合。这个阶段的行业发展反而有点百鸟朝凤的味道,大家都被互联网洗了脑,一门心思地开始做电商平台,圈钱上市。

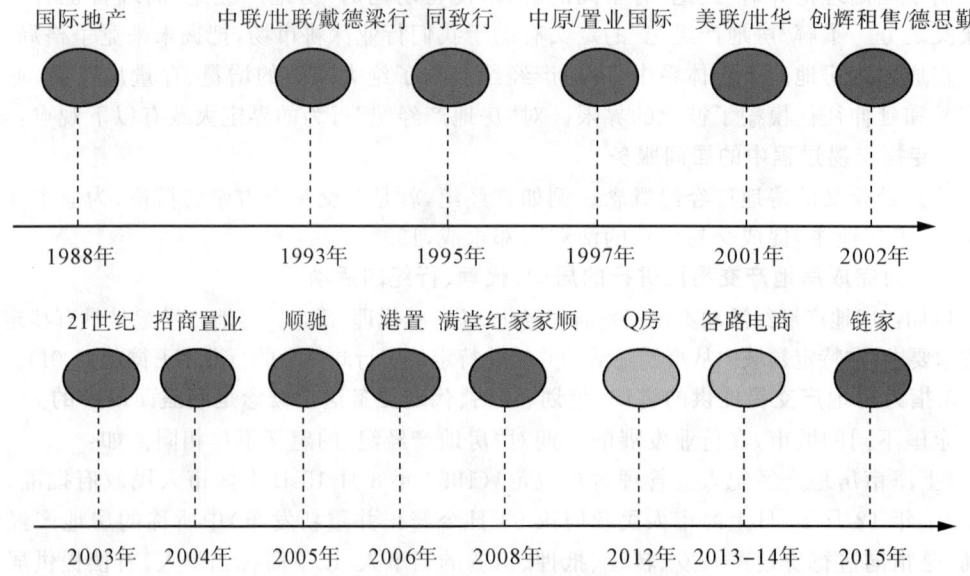

图1 深圳房地产经纪行业主要机构发展图谱

(图表来源:深圳市房地产经纪行业协会《深圳市房地产经纪行业白皮书(2015年)》)

图2 2015年深圳市房地产经纪行业备案经纪机构及分支机构情况

(数据来源:深圳市房地产经纪行业协会)

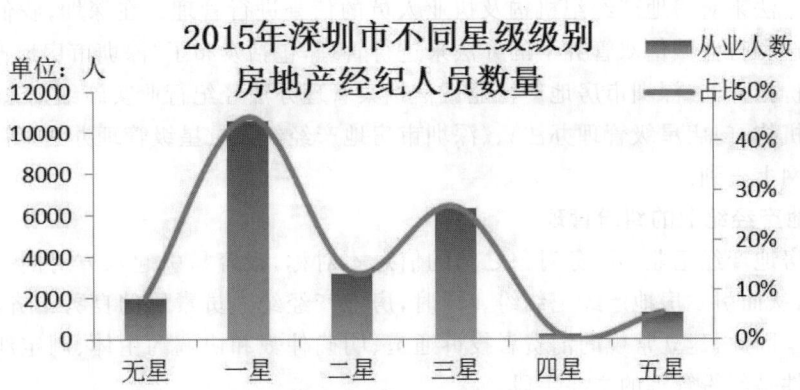

图3 2015年深圳市不同星级级别房地产经纪人员数量
(数据来源:深圳市房地产经纪行业协会)

从这个历史过程我们可以看到,没有什么是永恒不变的。行业的从业人员,一定要摆脱路径依赖,顺应时代的发展而积极谋变。协会认为,2010年发展至今,行业的裂变逐渐明显,呈现多维度发展,如:由传统经营方式转向电商经营模式,由大型机构运营模式转向中小联盟运营模式,由行业内机构之间的竞争转向行业内机构之间与行业内外之间竞争兼具,竞争格局更为复杂。

二、行业发展关键点

早在2007年,深圳就已经初步进入存量房时代,比全国平均水平早了10年多。深圳房地产经纪行业是国内的标杆,协会、企业制定的各类标准,都被兄弟城市因地制宜地使用。"中介论"的理论根基是信息不对称,因而影响行业发展的关键点就主要集中在公平和效率上。

(一)市场公平

市场公平有很多不同的涵义,但它至少包含了两个模块:一是机会平等,二是收入分配法则公平。我国曾陆续出台过诸如《国务院关于促进市场公平竞争维护市场正常秩序的若干意见》等规章制度保障市场公平,同样适用于房地产经纪市场。就房地产经纪领域而言,市场公平工作主要围绕着机会公平和权责公平进行。

机会公平体现在进入机制和收入分配两个方面。其中,收入分配方式除了紧跟国家大方向外,电商的进入在某种程度上也改善了一部分经纪人员的收入水平,但长期的效益还需要看电商模式的进步性和竞争性。

就权责公平而言,国内通常的做法有两种:

1.房地产经纪业的诚信管理

政府和房地产经纪行业组织通过法律、行政、教育、行业自律乃至评奖、设立信用保证金等种种方法来对房地产经纪机构及执业人员的信誉进行管理。在深圳,我们协会是采取星级评选和行业诚信双管齐下的办法来进行管理,包括发布了"深圳市房地产经纪行业的诚信评价指标"、《深圳市房地产行业诚信档案管理办法经纪行业实施细则》、《深圳市房地产经纪机构、门店星级管理办法》、《深圳市房地产经纪人员星级管理办法》等,这些均可在协会官网上查到。

2.房地产经纪业的纠纷管理

由于房地产经纪业与服务对象之间的信息不对称,很容易引起双方对同一问题认知的差异性,从而引发房地产经纪纠纷。同时,房地产经纪人员素质的良莠不齐,也催化了这种纠纷。因此,建立常规的消费者投诉通道、明确仲裁和协调的主体、制定纠纷处理的法律性文件是纠纷管理的主要手段。

另外,市场层面正在积极推进信息透明化,不论是行业协会还是企业,都在积极建立类似美国的"多重上市服务系统"(Multiple Listing Service),它能逐步完善信息的共享性、积累性、时效性,使得行业内的广泛协作得以开展,行业可以共享系统上里资源。早在2011年,我会就发表了《基于MLS的跨平台房地产数据模型对城市经纪业务格局的提升与革新》的论文,提出构建统一的平台对连接信息孤岛的好处,及对促进房地产经纪业务公开化、信息对称化和交易平等化的益处,并明确提出了构建MLS的设想,协会也开展了相应的系统开发实践。

市场公平的评价因素之一:诚信行为。

促进市场公平的其中一种方法是提倡诚信行为。如图所示,以微观经济学的模型来解释。假设存量房市场的总量不变,即供给曲线为S。在有房地产经纪不诚信行为的市场里,需求曲线为$D2$,均衡成交价格为$p2$,均衡成交量为$q2$。当房地产经纪市场相对规范了,消费者更多地选择房地产经纪交易,则有可能推动需求曲线右移至$D1$,形成新的均衡价格$p1$和均衡成交量$q1$,$p1$和$q1$都较之前上升。

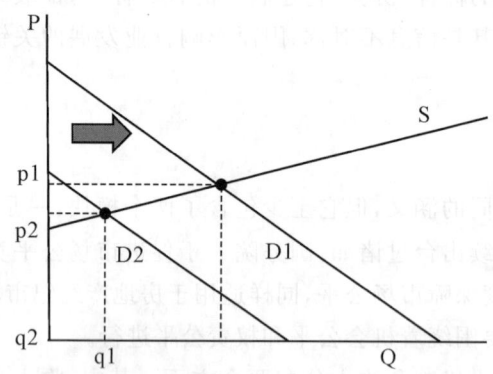

图4 诚信行为对房地产经纪市场交易的促进作用

(图表来源:《深圳市房地产经纪行业白皮书(2015年)》、深圳市房地产经纪行业协会)

(二)市场效率

1.市场公平的内涵

市场的功能在于节约交易双方的交易成本,包括时间成本和资金成本,促进房产资源的优化配置,因此,房地产经纪市场的效率包括两个维度:运行效率和配置效率。运行效率是房地产经纪市场的内在效率,它反映了市场节约交易成本功能的实现程度。房地产经纪的配置效率是指房地产经纪市场的外在效率,它反映了市场能否帮助双方找到匹配的房源或客源。

在代理市场里,房地产经纪人员充当的是代理人的角色,发展商是委托人。他们之间通过相关制度的安排,例如是否联合代理、佣金制度等来提升市场效率。

在居间市场里,房地产经纪人员代表着买卖双方各自的利益,他必须在其中寻找到平衡点。因此,佣金分摊、信息匹配效率等,就成为提升市场效率的关键点。

有些研究者如 Yinger、Crockett、Miceli 以及 Villani & Simonson(1992)认为,房地产经纪市场是低效率的。该结论的依据是房地产经纪服务存在着固定费率,这种固定费率高于有效市场的均衡价格,是一种垄断价格。

但是 Schroeter(1997)建立了一个房地产经纪服务的市场模型,该模型说明了房地产经纪服务的固定费率是竞争的结果,而不是垄断的标志。

Jud & Frew(1996)Zumpano & Hooks(1998)指出经纪机构之间为了争夺客户而对客户做出的诸如以高价和快速卖掉房屋的承诺,实际上也是一种竞争。

在业务操作中,经纪机构常用的客户转化率、客户流失率等,也可以侧面反映市场效率。

2.效率的评价指标之一:TOM

"吸纳周期"是表征住房市场流动性特征的重要指标。当吸纳周期低于均衡水平时,价格下跌的概率增加,土地购置与开发活动减弱;当吸纳周期高于均衡水平时,价格上涨的概率增加,土地购置与开发活动增强。

至于吸纳周期的均衡水平,则是一个关键性指标。因为它就如同温度计,必须相对客观和准确,其影响因素有数据统计质量、市场垄断程度等。

对于房地产经纪领域,协会将其转换了一下概念,用站在经纪人员角度的"经纪人员代理出售房屋的速度(Time on Market,以下简称 TOM)"来衡量市场的效率。这是一个崭新的又富有挑战性的指标。因为协会必须取得行业的基础数据,而不仅仅是各公司独立样本的数据。

相关理论研究表明,TOM 可以反映市场走势,例如:有研究表明,对于中等价格的房屋,成交价与挂牌价之间越接近,则 TOM 越短。对于高价或低价的房屋,则不存在明显的相关关系。成交价格上升,TOM 延长。同时,营销策略对于 TOM 有显著影响。

不过,这些研究都来自海外,国内市场则是相对空白的。协会也逐步在相关领域开展基础研究。

三、对我市房地产经纪行业发展的几点建议

(一)进行交易杠杆的风险管制

1.机会

如果我们就2015年全国8大城市房地产市场表现来看,建立一个二维坐标系:纵坐标为成交价格,横坐标为"销供比"。成交价格取值为年度中位数,"销供比"为2015年前3个季度的平均值。成交价格度量的是购买力、盈利水平。"销供比"隐含了一个认知,即楼市必须有销售量才是健康的,销售应于供应先行。

供应自2015年4月开始高位,推测是因为3.30政策后,其对开发商推盘的动力有显著推动。即使是在这样一个有结构型偏差的衡量体系中,深圳的一手住宅市场即增量市场的竞争力仍排在最优位置。这也不难理解2015年年末深圳卖地,楼面地价可以接近8万元/平米。

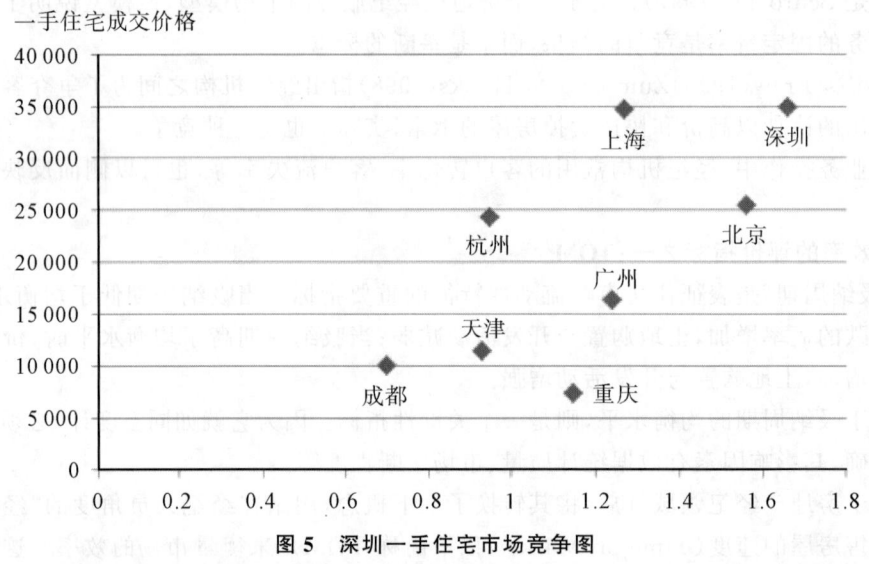

图5 深圳一手住宅市场竞争图

(数据来源:各地国土局,深圳市房地产经纪行业协会)

我们可以得出的其中一个结论是,和全国其他一些城市相比,深圳的楼市活跃度很高。

另一方面,作为从业者,我们必须留意一个大背景,就是全国房地产市场景气指数的下降。中国房地产市场自1987年第一次土地买卖以来,经历了90年代摸着石头过河,2004年—2010年的高速发展,再到最近5年的相对平稳和结构性调整。从全国市场来看,房地产市场的高峰期已经过去。而一线城市由于购买力旺盛,可能在一定时期内相对稳健。

2.挑战

我们需要警惕的是金融的过度支持。房地产业是资金密集型产业,缺少金融支持,房地产业发展就会滞后,其运行效率将下降;金融支持过度又会导致房地产过度繁荣,甚至出现价格泡沫。每当房价过快上涨,民间就对楼市调控寄予重望。相关的研究结果表明,全国性政策工具对重点城市的住房价格产生了显著的长短期干预效果,但全国性政策工具对不同城市的作用力度有显著差异,表现为对二线城市房价的抑制作用明显高于一线城市。因此,对一线城市房价的作用机制,我们需要因地制宜地研究。

金融的过度支持会加大泡沫。"泡沫"是什么?是价格本身远高于价值。在现阶段,考虑到房价与经济发展背景及消费者收入超过了一定数值,我们认为深圳楼市泡沫是存在的。房地产交易的金融杠杆助推了我市的楼市泡沫。在深圳,我们认为透支式的房产消费正在兴起。

房地产市场由于其区域性、多样性、复杂性和专业性,造成房地产信息的分散性、不易获得性和滞后性,由此导致房地产价格的灵敏度不高。而深圳房价的上升,对我市居民的福利效应影响是双面的:从一个社会整体来看,房价上涨一方面可以给拥有住房的家庭带来财富效应,增加其家庭财富;另一方面,又给没有住房的家庭增加购房负担,带来预算约束效应,造成家庭财富损失。因此,房价上涨对居民总财富的影响,关键是看财富效应和预算约束效应孰大孰小。

综上,协会建议政府相关部门特别是金融部门应对交易杠杆采取一定的风险管制。

(二)在交易边界内,减少逆向选择和道德风险

协会在2015年推出了全行业的交易标准,即《深圳市存量房交易规范》,明确界定了经纪交易的终点在签定三方合同。一些客户在房地产经纪人员为其找到合适房源后,撇开经纪人员,私下与业主成交,使得之前的房地产经纪人员的努力得不到回报,这就是道德风险和逆向选择的表现。

作为行业自律组织,协会自2008年成立以后,陆续在行业内推出了交易流程规范指引、交易规范文件包括《看楼确认书》、《存量房交易重要事项告知书》等,就是为了减少和平衡交易各方面临的风险。例如:"两书"对存量房交易中易引发纠纷的买卖双方身份问题、税费问题、服务标准问题等均做了明确提示。

2015年年末,协会推出了"行业保证金"制度。其内容为:在规范经纪服务的目标上,协会与经纪公司签订协议,由经纪公司预交一定金额,作为交易风险保证金。这种保证金将进入特别账户。在公司注销时,经纪公司或人员没有违法、违规的行为,所有款项将无条件返还。

尽管如此,我们行业还有很多未完善的地方,需要政府加快职能转移,赋予行业组织更多职能和项目决策权。

(三)探讨双边市场理论对行业佣金标准的应用

经纪机构在进行匹配时所耗费的时间和精力的回报就是服务的佣金。法制社会里,双方一旦签订契约,就应该严格遵守,但不排除客户有可能会通过衡量佣金费用和交易成

本的大小来决定是否产生道德风险行为。

根据协会2015年年末针对房地产经纪人员的调查,他们普遍反映信息搜寻成本和过户的成本相对较高。可以预见的是,时至今日,外部环境的压力和限制决定了机构获取超额利润的可能性。大多数公司在某一行业或某一领域内互相竞争,掌握着类似的战略资源,并因此而采取相似的策略,也制约了彼此获得超额利润的可能性。

根据上述分析,我们可以这样构建居间部分的佣金模型:

C 表示 commission,即佣金。

S 表示 search cost,即信息搜寻成本。

P 表示匹配成交概率。

Q 表示差价提取率。

J 表示标价,J^* 表示最终成交价。

$$C=S/P+Q(J-J^*)$$

这里主要考虑的是一对一的交换。如果考虑多客户的情况,由于规模效应和大数法则,则 S/P 可以降得比较低。

"双边市场理论"的相关研究可以追溯到20世纪80年代,研究的重点集中在网络外部性和多产品定价。从目前研究具有双边市场特征的产业类型来看,大多数文献集中在传媒业、电子商务、银行卡和电信通讯等行业。特别是网络经济和电子商务的兴起,零价格甚至负价格补贴的现象越来越普遍。双边市场理论近几年得到了学术界和实业界的极大关注,其应用重点包括中介服务业、软件业、银行卡业等。

在网络经济时代,消费者在消费各类产品与服务时给予的评价与传统产品相比有显著差异。消费者不仅会在使用业务过程中获得直接效用,更重要的是,可以通过平台获得协同价值。更特别的是,在有双边市场特征的产业中,供给方和需求方并非在单边市场中进行经济活动,而是多类用户通过平台在双边市场甚至是多边市场中进行交换活动。它的市场主体可以简单分为消费者、平台和生产者。三者在这一平台市场的定价行为与自身网络外部性和交叉网络外部性紧密相关。鉴于电商平台的兴起,行业佣金的制定标准又面临着新形势,亟需我们去探讨。

Ⅱ 深圳市房地产经纪行业协会2015年发展报告

◎深圳市房地产经纪行业协会　陈松华　李正权　惠金玲

深圳市房地产经纪行业协会(以下简称"协会")自2008年成立以来,围绕"维权、服务、协调、自律"的核心职能,坚持求真务实、科学发展、精细服务,坚持维护会员合法权益,着力提升信息化服务水平,深化自律和诚信体系建设,推动行业健康有序发展。在深圳市社会组织管理局(以下简称"市社管局")和深圳市规划和国土资源委员会(以下简称"市规土委")等政府部门的支持和指导下,依靠广大会员的共同努力,协会正迈入快速发展阶段,为我市房地产经纪行业的发展注入了新的活力。

一、行业概况

1988年,全国第一家房地产经纪机构在深圳诞生,这奠定了深圳在国内房地产经纪行业历史中不可动摇的地位。随着深圳房地产市场的不断成熟,经过近30年的发展,房地产经纪行业作为第三产业,已经成为深圳社会经济中不可或缺的重要组成部分。据统计,2015年,深圳市二手房成交量139 893套,成交面积1 218.7万m^3,成交总金额近4 000亿元,其中70%以上的成交通过房地产经纪机构居间撮合完成。2015年,备案房地产经纪机构、分支机构分别达412家、1 873间,持有效房地产经纪星级服务牌的经纪人员39 945人,房地产经纪行业呈现出蓬勃发展的趋势。

与此同时,我市房地产经纪行业发展也存在诸多问题,如法律法规不健全,在行政监管逐步放开的背景下,行业管理矛盾突出;受传统经营模式影响,行业入行门槛低,人员素质参差不齐;缺乏统一的行业服务标准,在居间服务中易产生各类纠纷;社会大众对房地产经纪行业的服务价值始终缺乏认可,行业口碑有待提高,等等。因此,结合行业实际情况,协会坚持"行业自律"与"代行政"两条腿走路,发挥协会平台优势,做好会员服务细节,坚持"在创新中谋求发展,在服务中获得认可",积极引导和促进行业发展、进步。

二、协会概况

协会是由在深圳从事房地产居间、代理、咨询的企事业单位及从事房地产市场研究的专业机构自愿发起成立的非营利性的行业组织,旨在代表会员意愿,搭建沟通桥梁,规范从业行为,提升职业素养,促进行业公平竞争、交流合作,推动行业不断发展进步。自成立以来,协会的工作重心在维护会员合法权益、完善行业自律体系、提升从业人员素养、建设诚信文化及促进业内外交流等工作上。针对行业特性,协会制定一系列房地产经纪行业的行规、行约,自主建设信息化综合服务平台,打造"行业的价值"品牌文化活动,不断激发行业服务精神和社会责任意识。经过多年的发展,协会会员已涵盖全市多数备案经纪机构,建立的行业持牌上岗制度,将业内从业人员纳入自律监管范畴,每年为数万名经纪人员提供素质提升培训,对行业健康、和谐发展发挥了重要作用。

三、2015年工作经验

受国家实施房地产去库存政策影响,2015年深圳实施"3.30新政"后,房价普涨,房地产市场整体火热,我市房地产经纪行业也呈现出机遇与危机并存的局面。机遇是市场向好,行业规模进一步扩大;危机是行业投诉激增,各类违法违规行为有所抬头。在把握行业发展大局的前提下,协会迎难而上,坚持做好会员服务、行业自律及政府委托事项等工作,同时不断提升内部治理水平,提升服务水平。

(一)维护会员合法权益,提升会员社会地位

2015年,协会团体会员达408家,连续多年保持平稳增长。为了提高广大会员的社会地位,使房地产经纪服务价值得到认可,协会着力开展了下列工作:

1. 广泛宣传房地产经纪服务价值

长久以来,社会大众对房地产经纪行业一直存在偏见,为提升行业地位,协会开展了系列宣传工作:一是通过会员服务平台,编写和发布大量二手房交易案例与风险提示,向广大群众普及二手房交易知识;二是发布了《不信中介信自己? 被骗?——信赖专业服务,降低交易风险》等宣传专题,与各行业门户网站、各大经纪机构联合推广,宣扬房地产经纪的服务价值;三是发布《诚信守法,公平竞争,以优质服务赢取合理报酬与专业认可》《关于尊重经纪人员合法权益及劳动价值的呼吁》等文章,呼吁社会大众了解房地产经纪行业,体会房地产经纪人员的劳动与付出。

2. 运用法律武器保护会员合法权益

2015年,协会自主开发了会员法律服务平台,面向广大会员开展免费的法律咨询、代拟文书等服务,成为会员维权的绿色直通车。协会开展了"我与协会同维权"调查活动,除通过协会网站、办事窗口征集意见外,秘书处工作人员还深入各地铺,征集房地产经纪人员关注的维权问题,为今后有针对性地开展会员维权相关服务提供依据。协会发布和实施了《看楼确认书》、《二手房买卖重要事项告知书》示范文本,主动联络市中级人民法院,举办多次座谈,谋求司法机关对"两书"法律效力的认可,维护会员在诉讼中的合法权益。

3. 反映行业现状,解决行业瓶颈问题

针对行业发展中的典型问题,协会向主管部门积极报告,主动建议。针对2015年"3.30新政"后房地产市场火爆,会员反映的办理房产转移登记预约时间长、取号难等问题,协会向市规土委提交《内部情况反映》,请求主管部门协调解决,维护市场正常交易秩序。就电商涉嫌不正当竞争,阻碍房地产经纪行业健康规范发展的问题,协会向多个相关主管部门提出网络电商行为影响房地产三级市场正常秩序的分析报告,以及亟需纳入房地产市场监管、行业自律管理范畴的建议。

4. 利用技术手段优化培训服务

根据从业人员实际情况,协会制定素质培训改进方案,开发了微信学习平台,实现人员星级申请、在线培训等业务的一站式便捷服务。培训课程还引入分段式学习,使学员能随时随地进行素质提升,更加灵活地安排学习时间。2015年,协会持续向经纪人员提供素质提升的星级培训服务,其中,新申请星级培训21 449人次,星级提升培训18 703人次,培训人数同比增幅明显。

5. 开展会员走访,解决发展难题

协会安排工作人员实地走访会员,进行面对面交流,以点带面地了解会员需求,研讨行业走向;宣传协会各项服务举措,协助会员解决各类实际问题,积极与福田区企业发展服务中心沟通,协助会员单位开展专项资金的申报工作,解决困扰会员单位特别是中小经

纪机构的发展资金问题。

6.及时传达服务事项及行业政策动态

如及时通知会员参加年检、防范风险，进行违规整改等工作；简化年检、星级申请和提升相关事项的办理流程，精简收文材料，提高办事效率；举办专题讲座，辅导会员顺利开展机构年检、星级申报等业务，通过"房地产市场与政策走向"专题讲座传递市场动态；特邀市中级人民法院房产庭审判长进行"二手房买卖纠纷案件若干难点问题"专题讲座，为会员规范经营、规避从业风险提供参考。

（二）推进和完善自律体系，促进行业规范发展

协会以行业长远利益为出发点，立足全局，深化自律，努力打造诚信、公平、有序的发展环境。

1.完善制度体系建设，为行业规范发展铺路

在了解到企业的发展规划对行业诚信体系建设有需求的基础上，协会从行业发展现状出发，以完善房地产经纪行业诚信体系为根本，厘清各项行业自律规范之间的关系，建立了相对科学的星级体系，优化了诚信管理机制，系统修编了相关管理办法。

2.主动行使自律职能，打击不诚信行为

协会充分发挥协会专业委员会作用，对行业不良行为进行自律惩戒，追究当事单位及个人的责任；颁布了国内首部互联网房地产经纪行为管理办法，以规范电商机构或平台在房地产经纪领域的经纪行为，推动行业自律、自治；对因违规被投诉的3家经纪机构及4名经纪人员、9名"不良从业人员"予以惩戒。

3.发布相关信息，引导行业自律

为引导规范从业行为，协会发布了《关于禁止恶性竞争保障行业健康发展的声明》《关于坚持贯彻落实房地产经纪人员持牌上岗制度的郑重提示》《关于防范交易风险、理性消费的温馨提示》等告知、提示类信息，这些信息对于树立行业正面形象，以行业角度提醒消费者防范相关风险，引导行业及时了解政策变化，严格遵守相关规定，自觉杜绝违规行为起到了积极作用。

4.开展行业宣传，推动自律工作开展

在向行业发布实施"两书一法"(《看楼确认书》《二手房买卖重要事项告知书》)，以及《深圳市互联网房地产经纪行为管理办法》)后，协会通过行业培训，以及微信、网站等多渠道进行宣传，并采访业内资深管理人士编制"互联网背景下的行业自律与发展趋势"新闻专题，使行业及社会大众了解"两书一法"，降低交易风险，保护双方合法权益。

（三）忠实履行代行政职能，自律规范、行政监管两手兼顾

根据《深圳市房地产市场监管办法》，协会依市规土委委托，完成经纪机构备案初审及2015年（2014年度）经纪机构、分支机构年检初审等工作；辅助市规土委对全市412家经纪机构、1873间地铺实施行业管理。在此基础上，协会着重开展以下两方面工作：

1.市场巡查与投诉举报相结合

随着市场政策的释放，2015年，我市二手房交易持续火爆，房产交易纠纷也随之激

增。协会全年共计受理投诉241宗,同比增长94%。其中,接待现场投诉68宗,协会邮箱投诉47宗,代市规土委受理信访案件68宗(含电子信访62宗),电话投诉58宗。所有上述投诉涉及的已核实未备案机构均在官网"未备案查询平台"予以公示。同时,协会响应市规土委市场检查的统一部署,开展房地产经纪行业年度检查;对日常发现的违规投诉,特别是未备案机构的投诉,配合市规土委各辖区管理局进行现场巡查,协助发出整改通知书,并督促整改。

2.深入广泛研究,创新行业管理思路

协会在2015年强化研究实力,大胆创新,顺应行业需要,自主开展多个课题项目,包括《深圳市土地权属纠纷重大与常见问题研究》《行业内保险制度设计》《行业内并购问题研究》《行业内电商研究》《与物业管理行业合作框架》等,形成研究结果,为行业自身发展与行业监管做好理论导向及预测。

(四)加强行业文化建设,树立行业价值观

在行业自律体系日臻完善的背景下,协会将行业文化建设纳入工作范畴,引导行业诚信规范发展。

1.开发"行业文化活动平台",鼓励有社会责任意识的企业申报、举办各类行业文化活动

依托本平台,协会组织开展了"行业的价值"主题海报征集和评选活动,引发了行业对自身价值的深入思考。协会邀请会员单位"自主申办、自主筹办"各类行业文化活动。在协会的积极鼓励下,美联物业代理(深圳)有限公司开展了"宝贝,等你回家——寻找失踪儿童"公益活动,深圳市世华房地产投资顾问有限公司举办了2015年深圳市房地产经纪行业羽毛球大赛等活动。

2.通过学术研讨等活动,加强行业交流

协会在年内召开了《房地产经纪行业白皮书》发布会,全面剖析行业态势,引导行业认清形势,携手共进;举办了"房地产经纪行业试验室"系列活动,促进房地产研究领域的交流,研讨行业发展的各类问题;针对房地产经纪行业人事管理知识,组织业内召开了专场"行业人力资源交流会";联合举办深圳市房地产经纪机构市场数据统计培训会暨行业研讨会,邀请专家学者为行业发展答疑解惑。

3.成立深圳市房地产经纪行业协会S慈善基金会

基金会旨在帮助和救济罹患重病的会员,推动社会公益事业的发展。为确保基金会运作,协会颁布实施《深圳市房地产经纪行业协会S慈善基金管理办法》、《深圳市房地产经纪行业协会S慈善基金财务管理制度》等规章。通过走访壹基金、深圳关爱行动公益基金等组织,协会学习了先进成熟的基金运营与管理经验,为慈善基金会今后的正常运作奠定了基础。

(五)完善协会内部治理,打造职业化服务团队

1.强根立本,变顺应为引导,制定协会5年发展规划

协会以提升核心服务价值为目标,变被动为主动,引导行业发展;由过去"头痛医头,脚痛医脚"的管理思路,转为"强根立本"、"先入为主"的主动服务模式。

2.对内开展秘书处"服务之星"评选活动

协会强化全体员工尽职尽责、主动服务的意识,以"评星"的榜样力量,提高秘书处整体服务质量和服务技能。

3.完善绩效管理,提升工作效率

秘书处内部实施了严格的绩效考核与问责机制,推动员工的职业化建设,强化纪律监督、提升会议效率等内部规章。协会严格落实各项业务流程及服务规范标准化,树立规范专业的团队服务形象。

4.改革、优化管理体系

协会根据秘书处发展需要调整管理体系,减少干部层级,实施扁平化管理。除内部办公系统外,秘书处还通过综合服务系统、ToDoList任务软件等工具,优化内部管理体系,提高秘书处整体工作效率及质量。

5.规范管理,提倡创新

秘书处严格工作流程、行文审批以及财务各项制度,建立规范化流程,接受监事监督,保障协会工作规范有序,会费使用公开、透明。协会对秘书处各部门提出了明确的创新任务,要求"一季度一创新",全体员工应自足岗位,"创造性地完成工作"。

6.立足服务要求,深化员工素质培养

根据《深圳市房地产经纪行业协会秘书处员工培训管理办法》,秘书处对员工开展职业技能、职业荣誉感等多项培训课程,邀请行业精英给员工授课;举办员工辩论赛,要求员工通过学习提升专业知识,深化服务意识;针对中层干部,"以绩效为依据、以结果为导向、以服务为目的"开展能力考评,提升干部领导力和决策力,带动协会管理水平的提高。

7.重视国内同行间的工作经验交流

2015年,协会接访中国房地产估价师与房地产经纪人学会,以及成都、西宁、西安、赣州、温州等多个城市兄弟协会、经纪机构的来深交流。协会与其他城市同行亲切交流,互相学习,取长补短,激发了行业活力;同时,组织员工到市内其他5A行业协会如钟表协会、家具协会等参观考察,学习先进经验,改进、充实了协会的服务体系。

深圳市房屋租赁行业发展报告·2015

◎深圳市房屋租赁行业协会 何发菊 温大庆

2015年,深圳市全市房屋总面积有近一半约5亿平方米用于出租,年租金交易额达1 600亿,已形成全国最大的房屋租赁市场,房屋租赁行业在深圳的经济社会建设中占据了重要地位,被誉为经济发展的"晴雨表"。不仅如此,它在经济增长方式转型和产业结构升级、平安深圳建设上发挥了重要作用,事关企业与百姓的切身利益。

房屋租赁正因为其与流动人口、社会稳定及治安好转、经济增长方式转型和产业结构升级等密不可分的独特性,注定与其他行业和产业不同。它不是一种产品,却承担更多的社会责任,更注重社会效益,因为深圳是个新兴的移民城市,外来企业与外来人口所占比重大大超过本地企业与本地人口,2015年全市流动人口1 476万人,占全市总人口约85%,居住在出租屋的流动人口为1 344万人,占全市流动人口约90%。其特殊性带来了巨大的房屋租赁市场消费需求,包括生产性消费、经营性消费和生活消费等房屋租赁需求。深圳的房屋租赁市场不但满足了庞大的市场需求,且已成为深圳市社会经济发展不可分割的重要组成部分。

一、房屋租赁定义

房屋租赁就是指房屋业主和所有人将标的物房屋提供给承租人使用,承租人向业主和所有人(出租人)支付租金并在租赁关系终止后将标的物返还给出租人的行为。房屋租赁与深圳经济社会和各行业发展密切相关,是国民经济的重要组成部分。

二、房屋租赁行业概貌

伴随着深圳经济特区开发的炮响,房屋租赁也应运而生。原深圳当地居民,以前靠打渔种田、养猪种菜为生,在深圳农村城市化的进程中,土地被政府征用,而他们转为靠"租房子"致富。深圳90%以上的工商企业都选择租用办公室、厂房、商铺、仓库等来作为生产经营场所。深圳是个移民城市,据统计,有1 344万人(数据来源:深圳市人口和房屋综合管理办公室(2016.7)。下同)居住在出租屋内,由此可见,房屋租赁从它诞生的那天起,就与深圳经济社会发展息息相关,被喻为经济发展的"晴雨表"。

房屋租赁涵盖所有行业。作为一个高速发展起来的移民城市,深圳市的房屋租赁市场以其迅猛的发展势头,规模不断扩大,涉及经济社会的方方面面。

(一)房屋租赁市场的总量及结构

2015年度有关统计显示,深圳市房屋总建筑面积近9.86亿平方米,其中,可租赁房屋46 875万平方米,占全市房屋总建筑面积的48%,其中,可租赁房屋住宅面积最大,可租面积为22 142万平方米,占全市可租房屋面积的46%。全市房屋租赁面积分别以宝安和龙岗两个区的最多,2015年,两个区的可租房屋面积共占全市可租房屋面积的64%,其中宝安区可租赁面积为19 136万平方米,占全市可租面积的41.3%,龙岗区房屋可租赁面积为14 426万平方米,占全市可租面积的29%。福田、罗湖、南山主要以第三产业拉动住宅、商业用房和办公用房的市场需求,宝安、龙岗、光明新区、坪山新区、龙华新区、大鹏新区主要以第二产业拉动厂房、住宅、商业用房、仓储用房和办公用房的市场需求,盐田主要以第三产业拉动住宅、仓储用房和旅业的市场需求。(如图1所示)

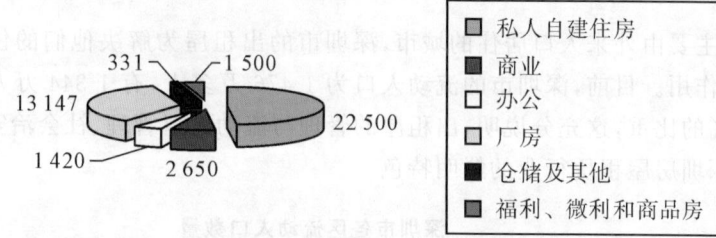

图1 深圳市出租屋房屋结构图

从以上结构分布看,深圳市房屋租赁市场不仅数量庞大,而且门类齐全。

(二)房屋租赁市场发展特点

经过30多年的快速发展,深圳房屋租赁市场呈现以下几个特点:

1.原居民或其他私人自建住房成为出租房屋的主力军

深圳市"城中村"农民房或其他私人自建总量达1.98亿平方米,占到出租屋总量的43%,而且出租率一直居高不下,原关内外差别较大,特区内渔民村、田面村、皇岗村、水围等几十个农民房小区,出租屋出租率都在98%以上。

2.商业用房以租赁性房屋为主

商业租赁用房在房屋租赁行业中地位尤其突出,如罗湖区东门步行街和福田区华强北商业街98%以上的商业用途房屋都是出租的。全市前10家大型商业品牌商场,如沃尔玛、天虹、家乐福、万佳、岁宝等,全都是租赁房屋进行商业布点,引领深圳商业市场的发展。

3.办公用房出租比重大

深圳全市写字楼用房出租率达75%,环境设施较好的商业旺区或市中心区办公用房出租率普遍达到90%以上,最高的达到100%。

4.厂房租赁一直是企业发展的主要形式

厂房租赁面积占全市房屋租赁面积的31.64%,而其出租率普遍在70%以上。自建工业厂房用于出租,这是各区股份公司(村级经济)的主要经营模式和经济来源。

三、行业现状

深圳市房屋租赁市场目前已经具有相当规模,房屋租赁在经济和社会发展中处于极其重要的地位,发挥着举足轻重的作用。2015年,全市房屋租赁交易额达1 600亿元人民币,占全市GDP8.1%左右,经营房屋租赁的企业14 425家(含私人企业),从业人员近200万人。由此可见,深圳房屋租赁市场无论是总体规模和数量,还是企业及从业人员,所占GDP的份额,在全国都是首屈一指的。

深圳房屋租赁在经济社会中发挥了重要的作用:

(一)出租屋为包括高科技人才各阶层人群在内的提供了住所

作为一个主要由外来人口居住的城市,深圳市的出租屋为解决他们的住房问题发挥了特别重要的作用。目前,深圳市的流动人口为1 476万多人,有1 344万人居住在出租屋内,占90.5%的比重,这充分说明,出租屋的管理与流动人口管理、社会治安综合治理密切相关,这是深圳房屋租赁行业的鲜明特色。

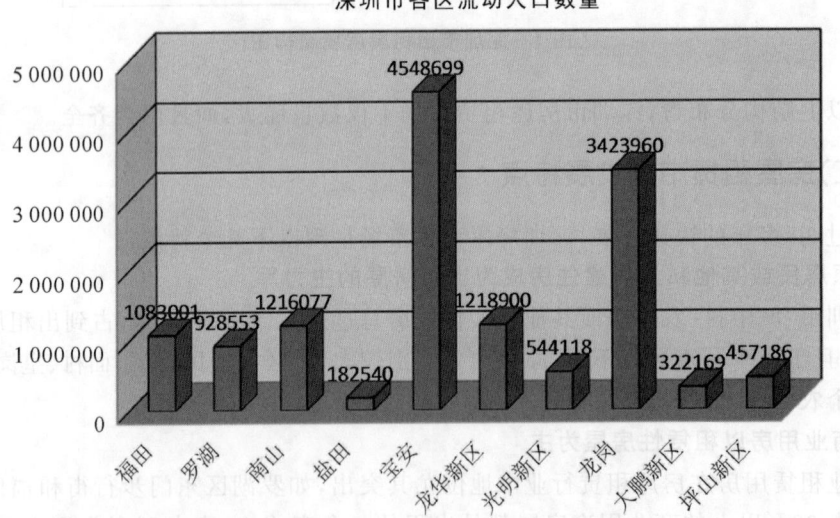

图2 深圳市各区流动人口数量分布图

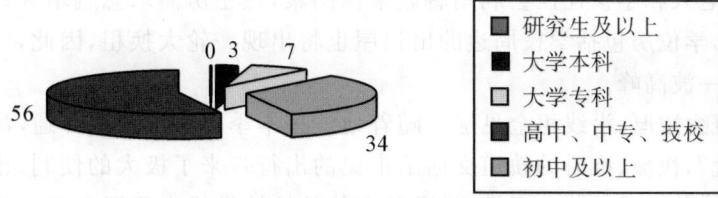

图3 深圳市流动人口学历构成图

(二)房屋租赁为各类企业快速上马提供了场所,促进了经济快速增长

深圳的绝大多数工商企业都是租赁房屋作为生产经营场所了,这一方面降低的企业的投资成本,一方面快速回笼资金,效益好。大量的需求反过来又促进了房屋租赁业的快速发展。

(三)出租屋在社会治安管理中的地位尤为突出

居住在出租屋内的大量闲杂人员,是社会治安隐患的主要因素,出租屋内发案率居高不下,因此,出租屋管理是源头性、社会稳定、基础性的社会工程,搞好了出租屋管理,社会治安和流动人口就管好了一半。因此,深圳在全国首开先河,提出了"以房管人"的社会综合管理战略。伴随着全市房屋租赁规模的扩大,社会治安、超计划生育、制假贩假等问题日益突出,房屋租赁管理由单一的管理方式改革为社会综合管理,成为城市管理的一项重要的基础性工作和系统工程。

四、行业市场状况

(一)2015年上半年深圳市房屋租赁市场分析报告

1.租赁市场总体概况

2015年上半年,随着住宅租赁旺季的到来,租房需求有了较为明显的高涨,租赁市场的成交量开始增大。历经一季度的"涨租潮"后,二季度的租金上涨趋势明显放缓,进入快涨后的相对停滞稳定期,个别月份的租金均价还略有回落。但由于一些房源前期有约在身而无法跟涨,如今到期后自然补涨,加上通胀高企、业主持有成本上升等各种因素的影响,整个上半年的租金呈平稳略升的态势。本季度深圳出租屋住宅类环比上涨1.2%,同比上涨11.8%;写字楼环比上涨2.8%,同比上涨21.7%;商业类环比持平,同比上涨19.4%;厂房仓库类环比基本持平,同比上涨5.1%。市场调查数据显示,本季度深圳市房屋租赁呈现以下几个特点:

(1)租金相对稳定,略有上升。伴随着一季度民工潮的消退,二季度来深的外来工人数大幅减少,租赁需求迅速下降,租客的选择性比上季度更丰富,租赁房的空置周期有所加长,导致业主的涨租意愿不再强烈,基本上维持了上季度的原有报价,全市出租屋呈现出量跌价平的态势。但进入7月份以后,应届毕业生来深求职者会逐渐增多,加上外来工在内地的留守老人和小孩往往会利用暑假来深团聚,短租房需求急剧增大;此外,为下学期开学做打算,学位房包括学校周边的出租屋也将出现一轮大换租,因此,三季度的租赁市场又将迎来一波高峰。

(2)地铁概念浓厚,沿线租金见涨。随着地铁在本季度相继全线开通,深圳正式迎来了"大地铁时代",快捷、准时的轨道交通给市民的出行带来了极大的便利,也因此成了绝大多数打工一族的交通首选。近期,贯通关内外的地铁沿线出租屋又再次发出了涨租的声音。由于前期的小区房租金已然上涨较多,相对此次地铁概念的租金炒作尚不明显,但农民房的业主已普遍提高了租金预期,新租客明显高于原有租金;而老租客大部分都收到了房东要加租的暗示,租约到期后的被动加租将难以避免。

(3)商用物业租售比失衡,价格虚高透支未来。去年的住宅限购后,深圳商业地产投资渐趋火热,由于通胀严重,资金的逐利性促使其必须找到新的出路,这直接导致局部地区提前透支。如宝安中心区、龙岗中心区等,信奉"路通则财通"的说法,过分地炒作了地铁和大运概念。其实,业主的大幅提租,只能说是看好未来的改变,把希望值变得非常高,而忽视了区域人口和消费还没有跟上来的现实情况。如宝安中心区的商铺有的已叫价到10万元/m²,按照合理的租售比计算,租金应该达到800元/m²,但目前相对应的实际租金只有200~300元/m²,透支明显。

(4)关外偏远工业区业主主动调低租金报价。由于深圳的房屋租金及生活成本明显高于内地,而工人的工资水平较内地已逐渐变得没有多大优势可言,特区的诱惑力正在消减,许多外来工萌生退意,在内地就近就业者逐渐增多,深圳的用工困难变得日益加剧;加上深圳的产业升级,逐步淘汰低端产业,内迁企业增多,关外一些偏远工业区的外来工人员减少,租赁需求减少,空置率有所上升,租金也出现松动,有的业主为了加快出租速度,避免房屋空置造成损失而主动调低租金报价,导致这些片区的整体租金水平略有下降,但幅度不大。

2.具体变化情况

(1)住宅类

如表1所示:

表1 2015年二季度住宅租金变化情况

单位:元/m².月

行政区	二季度租赁均价	上季度租赁均价	环比	去年二季度租赁均价	同比
罗湖区	46.7	46	1.5%	42.5	9.9%
福田区	53	53	0%	47.5	11.6%
南山区	48.5	48	1.0%	42	15.5%
盐田区	36.8	36	2.2%	33	11.5%
宝安区	30.6	30	2.0%	27.5	11.3%
龙岗区	26.5	26	1.9%	23	15.2%
全 市	42.5	42	1.2%	38	11.8%

从上表可以看出,本季度全市住宅租赁均价为42.5元/m²,与上季度相比基本保持稳定,环比上涨1.2%,同比上涨11.8%。

其中,盐田、宝安、龙岗环比涨幅居前,罗湖、南山次之,福田区基本保持不变;与去年同期相比,则南山和龙岗二区涨幅最大,罗湖区涨幅最小。

根据市场调查显示,各区情况是:罗湖区本季度住宅租赁均价为46.7元/m²,环比上涨1.5%,同比上涨9.9%。其中,东湖、东晓、莲塘、清水河、黄贝、翠竹以及桂圆蔡屋围片区环比有1.5%~2.6%的上涨;南湖、东门、笋岗基本保持稳定;而银湖片区略有下调。福田区本季度住宅租赁均价为53元/m²,环比持平,同比上涨11.6%。其中园岭、八卦岭片区略有小幅上涨;而福田保税区,香蜜湖农科以及石厦片区略有微回调,其他片区基本维持不变。南山区本季度住宅租赁均价为48.5元/m²,环比上涨1.0%,同比上涨15.5%。其中,科技园、南头、蛇口和后海片区分别有0.8~2.2%的上涨,其余片区变化不大,环比基本持平。盐田区本季度住宅租赁均价为36.8元/m²,环比上涨2.2%,同比上涨11.5%。其中,大梅沙和沙头角片区涨幅相对较大,分别上涨2.5%和2.8%,其余片区也略有上涨。宝安区本季度住宅租赁均价为30.6元/m²,环比上涨2.0%,同比上涨11.3%。其中,民治、宝安中心区和沙井片区分别有1%~2.9%的上涨;而观澜片区租金略有回落,其余片区基本持平。龙岗区本季度住宅租赁均价为26.5元/m²,环比上涨1.9%,同比上涨15.2%。其中,坂田、南湾片区有1.2%~2.9%的上涨;龙岗中心区和布吉片区也略有上涨,其余片区环比基本持平。

地铁1号延长线和4号、5号线的开通对宝安中心区、民治、龙华片区以及龙岗的坂田等片区的租赁市场影响较大,租金还有上升空间,并直接分流了一部分福田、南山以及罗湖的原有关内租客。因此,关内的出租房源紧张将会得到一定的缓解,涨租也会得到一定程度的遏制。现在,关外地铁沿线的农民房正在加租,或即将加租,这几乎已成为了业主的共识。

(2)办公类

深圳的写字楼主要集中在福田、罗湖和南山三个区,其余各区数量有限,不具代表性。如表2所示:

表2　2015年二季度写字楼租金变化情况

单位:元/m²·月

行政区	二季度租赁均价	上季度租赁均价	环比	去年二季度租赁均价	同比
罗湖区	91	89	2.2%	73	24.7%
福田区	126	121	4.1%	102	23.5%
南山区	89.5	88	1.7%	75	19.3%
全　市	112	109	2.8%	92	21.7%

从上表可以看出,本季度全市写字楼租赁均价为112元/m²,环比上涨2.8%,同比上涨21.7%。其中,福田区本季度租赁均价为126元/m²,环比上涨4.1%,同比上涨23.5%,高档写字楼的租金直接抬高了整体均价。如福田中心区的诺德中心、国际商会中心,去年

同期尚在 150 元/m² 左右,现在已在 180 元/m² 之上了。诺德中心本季度直接涨租 10 元/m²,环比涨幅最大。而卓越时代广场等楼盘环比持平,但华强北的标志性建筑赛格广场本季度大幅下挫 9.7%,租金为 176 元/m²,这或许预示随着华强商圈的扩大,其优势地位已有所减弱。罗湖区本季度租赁均价为 91 元/m²,环比上涨 2.2%,同比上涨 24.7%,主要也是因为一些高档写字楼的高租金抬拉了这个早期以乙级写字楼为主体的区域整体租金水平,如嘉里中心本季度环比上涨了 5%,一些外观翻新的写字楼租金也得到了提升。南山区本季度的租赁均价为 89.5 元/m²,环比上涨 1.7%,同比上涨 19.3%。后海片区作为深港现代服务业合作示范区提升了片区的整体档次,海岸城周边已成了该片区的核心区域,其西座写字楼本季度均价为 127 元/m²,环比上涨 5.8%。

本季度深圳的社会固定资产投资持续增长,商务需求平稳,租金水涨船高,继续保持了上涨的势头,但上涨幅度有所收窄。由于深圳一季度没有甲级写字楼的竣工入市项目,供应减少,使全市整体空置率回落至 10% 以下,继续保持低位水平。

目前,深圳的甲级写字楼由于售价涨幅明显快于租金涨幅,租金回报率有所下降,约为 4.5%,低于北京、上海、广州,故租金仍然具有一定的上升空间。

(3) 商业类

从深圳的发展变迁中可以看出,伴随着新城建设和城市骨架的不断扩容,深圳的核心商圈也在经历着变更,从之前的单一商圈逐渐演变为多元、发散式商圈,由传统的东门、华强北商圈发展到南山文化中心商圈以及宝安、龙岗中心区商圈、龙华商圈、布吉商圈等。而商业物业的升值速度更是惊人,尤其是去年下半年住房限购以来,动辄 5~6 万元/m² 的商铺比比皆是。如表 3 所示:

表 3 2015 年二季度商业租金变化情况

单位:元/m²·月

行政区	二季度租赁均价	上季度租赁均价	环比	去年二季度租赁均价	同比
罗湖区	432	437	−1.1%	319	35.4%
福田区	274	278	−1.4%	239	14.6%
南山区	228	230	−0.9%	207	10.1%
宝安区	104	102	2%	98	6.1%
龙岗区	95	92	3.3%	89	6.7%
全市	222	222	0%	186	19.4%

从上表可以看出,本季度深圳市商业租金均价为 222 元/m²,环比持平,同比上涨 19.4%。去年的关内(尤其是罗湖区)商业租金可谓暴涨,直到年底才算消停,上季度由于时处春节期间,环比略有上涨;本季度罗湖、福田和南山区的商业租金集体熄火,并分别略有回调,但与去年同期相比还是呈上升趋势。罗湖区本季度商业租赁均价为 432 元/m²,环比下跌 1.1%,同比上涨 35.4%;福田区本季度商业租赁均价为 274 元/m²,环比下跌 1.4%,同比上涨 14.6%;南山区本季度商业租赁均价为 228 元/m²,环比下跌 0.9%,同比上涨 10.1%;龙岗因地铁的开通,商铺租金有所上升,不过这种上涨多数还是在地铁沿线,一

些商铺有人为炒作因素,有些租客甚至包括投资客志不在开店,而是等地铁开通时赚取可观的转让费或差价。龙岗区本季度的商业租赁均价为95元/m²,环比上涨3.3%,同比上涨6.7%;宝安区目前的商业租金稳中有升,受地铁开通的利好刺激,本季度租赁均价达到了104元/m²,环比亦有2%的升幅,同比上涨6.1%。

持续旺盛的市场需求,尤其是外资零售商对优质商铺的需求以及居民收入增长的预期,下半年深圳整体零售市场依然让我们保持乐观。多条地铁线路的贯通,将为关外的宝安、龙岗二区的新兴商圈带来更多的客源,同时增加了零售商沿线布局的机会。罗湖区时尚品牌活跃,延续着在深圳扩张的趋势;福田和南山商圈也将迎来进一步成才的契机,预计进入下半年后,商业租金仍将保持上涨趋势。

不过,深圳目前局部地区的商业租金炒作成分不少,比如地铁概念、旧改概念等,可是周边的住宅、写字楼的入住率尚未提升到一定高度,人流量还不足以支撑现在这个价格,市场的培养期明显不够。如南山海岸城,现在的商铺价格高达20~30万元/m²,甚至更高,而租金在600~800元/m²,年租金回报率不到5%;而作为商家来说,人流量不够导致销量不足,有限的商业利润被高租金挤占,一些商家仅能维持成本,这样对本地区的商业可持续发展将不利。

(4)厂房仓储类

深圳的厂房主要集中在宝安和龙岗,关内厂房已日渐稀少。现在,新型的工业园区厂房普遍受到青睐,而功能单一的老旧厂房将难逃被淘汰的命运。本季度全市厂房租金总体保持平稳,波动不大,但空置率略有回升。一些大型制造企业产业扩张放缓;民工荒和融资困难,导致小型企业开始萎缩。从春节以后,企业对厂房的需求逐渐减少,租金也止于现行价位。目前,高新科技园租38~60元/m²,福田保税区租22~40元/m²,车公庙工业区租35~65元/m²,八卦岭工业区租28~65元/m²,宝安区平均租15元/m²,龙岗区平均租12元/m²。不过整体空置率虽环比有所上升,但仍然处于历史的一个低水平。

(二)2015年下半年深圳市房屋租赁市场分析报告

深圳市房屋租赁市场从2015下半年开始成交持续走低,但降幅在不断收窄,接近春节,租赁市场进入淡季,成交有所减少,租金涨幅连续收窄,但仍保持稳步上涨步伐。因原特区内租金高企,部分换房客迁入推动了租金水平基数相对较低的宝安、龙岗两区,致使两区涨幅领跑全市,以改善型需求为主的高端住宅租赁则成交量降低,租金出现回落。据相关统计数据显示,去年12月份,深圳住宅租赁成交环比下降6.96%,同比下降18.94%,降幅环比收窄4.58个百分点,同比收窄10.94个百分点;租赁均价63.69元/m²,环比下跌11.89%,同比上涨11.87%;套均租金5497.79元/套,环比下跌20.77%,同比下跌1.32%。由于近期二手房成交火热,进入租赁市场的房源减少,导致租房议价空间减少,住房租金小幅上涨。目前有部分二手房业主小幅提升租金价格,预计今年住房租金波动将持续上涨。

分片区来看,福田的各板块价格普遍领先,其中,福田中心区、农科片区的租金高达85元/m²。相对低廉的上沙、新洲等片区亦录得60~65元/平方米。南山不甘落后,最高的红树湾片区录得93元/m²。最低的深大片区租金水平也有58元/m²。成交量占比相对较低的沙河片区、南山中心区、新安及八卦岭等片区的成交量环比上升,而成交量占比相对较高的蛇口和龙岗中心区的成交量环比则出现27%左右的下滑,多数片区租金下滑,其中蛇口、新安片区的租赁均价下跌超过20%,沙河片区和龙岗中心区等个别片区的租金上涨,其中沙河片区涨幅最大。原特区内的桂园、皇岗、大南山,原特区外的龙华、龙城等片区均录得较高涨幅。在布吉、梅林、景田片区相比往年,今年年底进入租赁市场的房源相对减少了许多,而租金水平也一直处于高位。往年年底前是租房市场的传统淡季,不仅租房需求减少,而且还有不少房屋也到期退租。因此,往年年底前房源增多,房租较为便宜。但是今年进入年底,租赁需求量的确有所减少,同时进入租赁市场的房源也在减少,房租依然稳步上升。12月以来,布吉片区进入租赁市场的房源减少十分明显,片区平均租金为41.2元/m²,环比上涨了1.7%。

从户型结构来看,本月成交结构和上月类似,大户型改善型换租仍为成交主力,超大高端住宅成交量降低。数据显示,去年12月份70~144m²的成交占比56.07%,环比小幅上升1.29个百分点,受别墅豪宅成交量降低影响,144m²以上的超大户型成交量和均价环比均下降。本月租金区间相对较为分散,主流价格区间仍然是3K~5K,9K及以上的占比从上月的19.13%降至13.08%,5K-9K的各价格段成交占比均有不同程度的增加;除2房外,其他户型租金环比均下跌,4房及以上的下跌达27.94%,跌幅最大。

从月度变化走势图来看,2月份租金降至全年最低,为48.79元/m²/月,低价物业成交占大比重,随后平稳上涨。7-10月份是租金快速增长的时期,主要是福田区和南山区租赁成交量大,租金也达到70元/m²/月以上,影响总体租金上涨。11月份为年度最高点,高租金物业需求增加,年底换房人群出动,偏向较宽、舒适的中大户型,平均租金达到55.93元/m²/月。

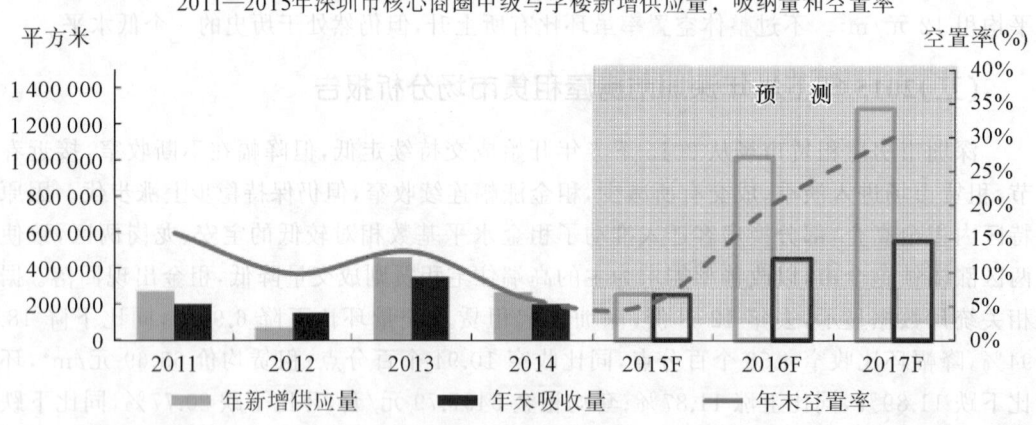

2011—2015年深圳市核心商圈甲级写字楼新增供应量、吸纳量和空置率

从各区套均来看,2015年下半年各区的套均都高于2014年的,其中涨幅最大的是福田区,从去年的4 447元/套.月涨至4 960元/套.月,涨幅为11.54%;其次是龙岗区,随着交通和配套逐渐完善,深受不少刚需白领喜爱,套均从去年的2671元/套.月涨至2 937元/套.月,涨幅为9.95%;南山区受自贸区影响,前海、蛇口片区的租房市场仍然保持火热,而且租金也是越来越高,现在的两房基本可以租到4 500元/月,春节过后租金更是涨

到 5 000 元/月;罗湖、宝安区的涨幅范围均在 7% 左右。

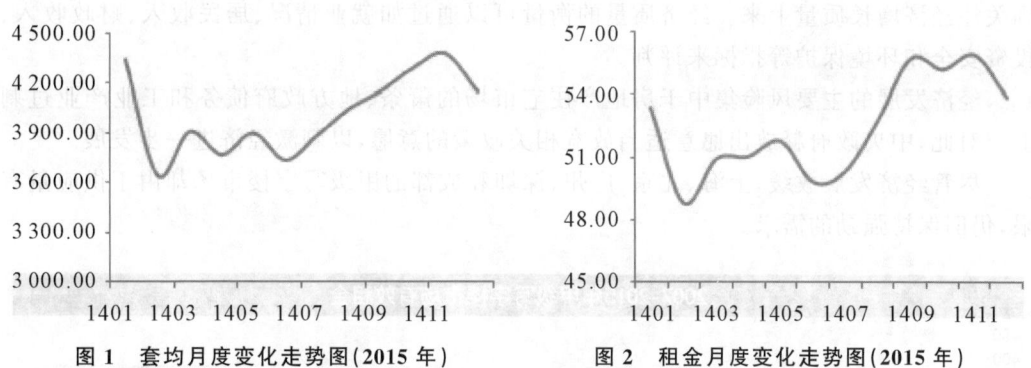

图 1　套均月度变化走势图(2015 年)　　　图 2　租金月度变化走势图(2015 年)

从全市租赁成交情况来看,有相当部分的业主小幅提价 3%～5%。从近两年租金变化看,去年 12 月到今年 3 月份,租金持续波动上涨,预测今年从 3 月份到 11 月份,租金上涨幅度会比去年同期的涨幅略高,从目前的租金水平看,已经比较高。

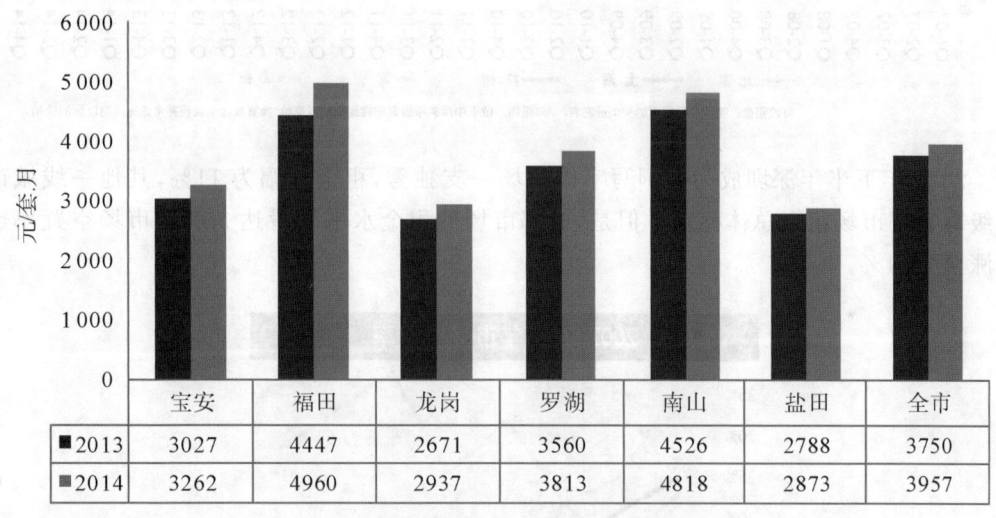

	宝安	福田	龙岗	罗湖	南山	盐田	全市
■ 2013	3027	4447	2671	3560	4526	2788	3750
■ 2014	3262	4960	2937	3813	4818	2873	3957

图 3　2013 年与 2015 年区域套均对比图

今年 1 月开始,租赁市场将进入传统的年底租赁活跃期,租赁房源大幅增多,看房量也会增加,热度将会逐渐回升,租赁的户型结构将和 12 月基本保持一致,以 2 房～3 房的传统改善型换租需求为主,租金也会出现 5% 左右的上涨。春节假期过后,大量就业者涌入深圳,租赁市场再次进入高峰,而以布吉、坂田、龙华为首,性价比相对较高的地铁沿线物业将毫无意外地得到租客青睐。

写字楼方面:

在 2015 年下半年,经济的下行趋势已经确立,而引起经济下行最主要的一个因素就是投资增速的放缓。进入 2015 年,经济增长仍然会是承压的一年。稳定投资依然会是稳定经济增长的核心,其中基建和房地产固定资产投资会对经济增长起到积极作用。作为新常态下的中国经济,我们需要通过新视角来评判中国经济,也就是从重视增长速度转变到关注经济增长质量上来。经济质量的衡量可以通过如就业情况、居民收入、财政收入、投资安全和环境保护等指标来评判。

经济发展的主要风险集中于房地产住宅市场的萧条、地方政府债务和工业产业过剩上。对此,中央政府释放出愿意适当放宽相关政策的意愿,以刺激经济进一步发展。

尽管经济发展放缓,上海、北京、广州、深圳和成都的甲级写字楼市场却由于供应量有限,仍旧保持强劲的需求。

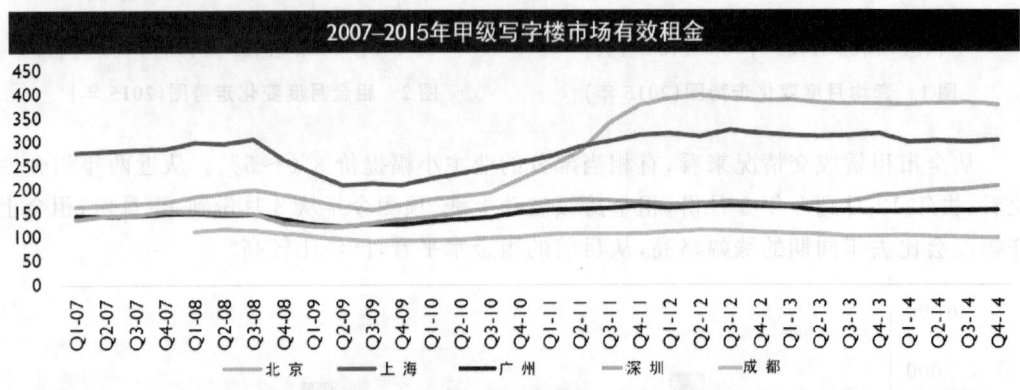

有效租金:跨国公司租用的500 m²左右,3年租约,位于中层的甲级写字楼面积的成交价,换算成建筑面积并考虑免租期以后的价格。

2015年下半年深圳成为全国写字楼市场一支独秀,租金涨幅为11%,其他一线城市甲级写字楼市场租金总体稳定。但是,成都市场的租金水平下滑达3.8%,市场空置率也上涨至28.4%。

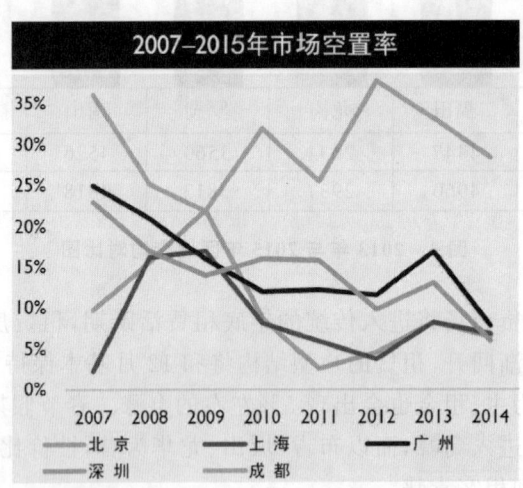

全国租金最高的写字楼市场仍然是北京,今年平均租金为377.5元/m²/月,上海写字楼租金以377.5,303元/m²/月位居第二,比北京市场租金低了24.6%。但是,租金上的差距并不影响上海在中国高品质写字楼市场的领先地位。

2015年下半年1～3季度,深圳市经济运行稳中趋升,结构持续优化。今年上半年,深圳地区生产总值约为 6 460.78 亿元;据广东省统计局核定,前 3 季度全市生产总值比上年同期增长 8.5%,比上半年提高 0.5 个百分点。得益于政策支持,第三产业发展迅猛 占全市生产总值的 55.8%。作为华南区的一线城市,深圳市的金融服务业发展蓬勃,并继续成长为高新技术产业和制造业的基地。截至去年年底,全市甲级写字楼从 2013 年同期的 196 万 m^2 增至 222 万 m^2,同比增长 13.3%。值得一提的是新增供应,包括位于福田 CBD 的投行大厦和位于后海商圈的中州控股中心（A 塔）。甲级写字楼年净吸纳量约为 122 000m^2,压低 5 个百分点的空置率至 6%。由于国内服务产业的拓展迅速和甲级写字楼的相对有限的供应,全市甲级写字楼的平均租金攀升至 207 元/m^2/月,同比增长 11%。

2015年度主要租赁成交*		
楼宇名称	租户名称	租赁面积（m^2）
威新大厦	大疆创新	19,000
威新大厦	英特尔	10,000
NEO企业大道A栋	深圳康达尔集团	3,500
大中华国际金融中心	旅行者汽车集团	3,600
世纪汇	商贸通供应链管理	1,900
中航中心	GoPro	1,700
嘉里建设广场二期	国瑞地产	1,700
嘉里建设广场二期	农林控股	1,700
京基100	中国海洋石油	1,200
世纪汇	天巡网	1,000

*续租不包括在本季度成交内

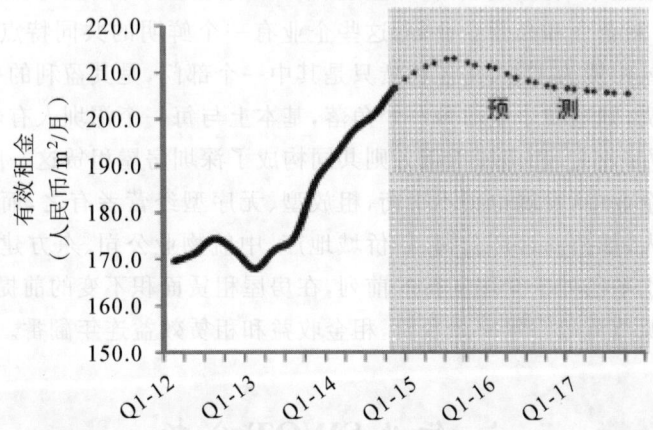

2012—2017年深圳市核心商圈甲级写字楼有效租金**

**有效租金：跨国公司租用的500平米左右，3年租约，位于中层的甲级写字楼面积的成交价，换算成建筑面积并考虑免租期以后的价格

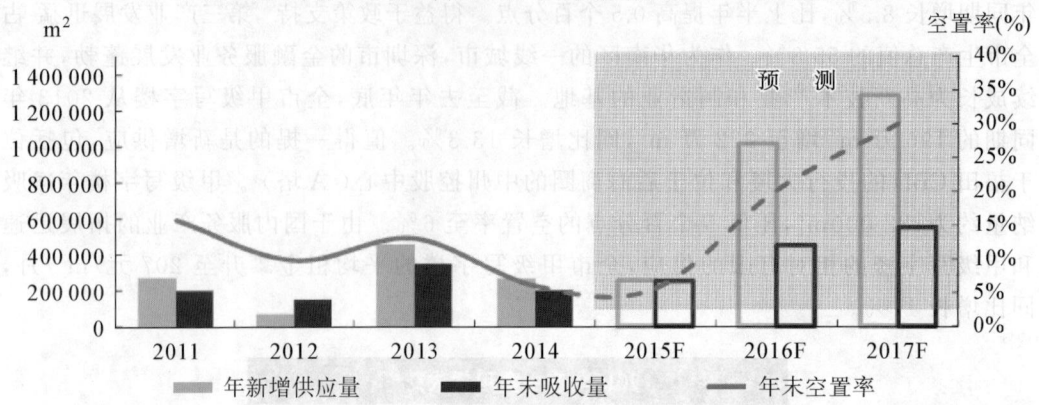

2011—2015年深圳市核心商圈甲级写字楼新增供应量、吸纳量和空置率

2015年,深圳市预计有25万 m² 的写字楼新增供应入市,此外,本市经济的运行将会受全国经济增长放缓的影响,减弱甲级写字楼租赁需求。然而,有限量的供应和稳健的经济步调有望改变这一状况,使得租金持续上涨。本市将在2016年迎来巨大的写字楼放量,新增供应预计为上一年度的4倍。2016年及以后大量甲级写字楼的急速入市冲击将导致写字楼供求状况失衡,使得租金面临下行的压力,这也意味着深圳写字楼市将实现从业主市场到租客市场的转变。另外,前海深港现代服务业合作区的发展,将会吸引更多的国内外企业进驻,从而进一步提升租赁需求。

五、行业企业状况

到2015年年底,深圳市有房屋租赁业务的企业近15万家,从业人员超过300万人。在深圳房屋租赁企业中,有央企、省驻深企业、市属国有企业、外资企业、民营企业、股份制企业、村集体所有制企业和私营企业等,这些企业有一个鲜明的共同特点,就是绝大多数企业都不是以房屋租赁为主业,房屋租赁只是其中一个部门,是其盈利的一部分。而非企业行为的私房租赁,则遍布于全市每一个角落,基本上与每一个深圳人有着直接或间接的关系。房屋出租方(业主)和房屋承租方则共同构成了深圳房屋租赁这一庞大的市场。

在房屋租赁企业中,发展也很不平衡,粗放型、无序型经营者有之,而集约型、精细化经营者也不乏其人,如招商地产公司、华侨城地产、中航物业公司、东方建富实业公司等,其房屋租赁经营水平已处于全国同行的前列,在房屋租赁面积不变的前提下,通过改变观念、挖潜增效、开源节流等一年一个台阶,租金收益和租赁效益连年翻番。

六、行业SWOT分析

深圳房屋租赁市场走势与深圳的产业结构调整、经济增长方式转型和低碳环保的国际要求有直接关系。房屋租赁既要服务和服从于产业结构调整、经济增长方式转变,同时,产业调整升级、经济增长方式转变也给房屋租赁市场带来了机遇与挑战。

(一)行业优势与机遇

1.政策优势

《珠江三角洲地区改革发展规划纲要》的出台和深圳成为综合配套改革试验区及《粤港合作框架协议》等一系列政策的出台,势必拉动经济快速增长,而相应地带动房屋租赁的快速发展。

2.区位优势

深圳毗邻港澳,处于华南中心城市的战略位置,得天独厚的地理位置为房屋租赁行业的兴旺打下坚实的基础。

3.基础优势

经过近30年的发展,房屋租赁已形成规模大、基础雄厚、门类齐全的行业现状,能满足各种需要,形成了比较成熟的市场氛围。

4.机遇优势

深圳正在进行的经济增长方式的改变、产业结构的升级和城市更新改造,对房屋租赁行业影响巨大,势必将提升房屋租赁行业的整体水平和与国际化接轨的能力,而更多地引入一些世界500强企业进驻和打造总部经济,这将为深圳迈入国际化大都市之列作好铺垫。

(二)行业面临的问题及劣势

1.出租屋面积和流动人口总量庞大,且流动人口成分复杂,导致安全隐患严重,因此,房屋租赁行业的不稳定因素非常严重和复杂,房屋租赁与社会稳定和治安管理有着密切的联系,具体有:违章建筑抢建严重,执法中暴力抗法时有发生,消防安全隐患大;治安隐患突出;盗、抢、诈骗等刑事治安案件多发生于出租屋;同乡扎堆租住,帮派、涉黑等势力抬头。在有的城中村几乎全是老乡扎堆居住,本地原住民和外来流动人口积怨较深,稍有一点点小事,都有可能激发矛盾,造成群体事件。如罗湖黄贝岭村,有近1万新疆维族人租住在村里,一呼百应,管理跟服务稍有不慎,皆有可能激发大事件的发生。另外,以所从事的行业为缘由而租住在一起,如福田区石厦村租住了近2万名湘籍出租车司机及家属,宝安宝民社区有近2万湘籍从事废品回收人员扎堆租住,如果不加以引导、分流、服务、化解矛盾于细微之时,则很有可能酿成大的群发事件。

2.房屋租赁相应的政策法规滞后,远远不能适应市场的快速发展,一些房屋租赁纠纷(恶意欠租、欠薪、逃债、非法转租、房中房)很难快捷地得到处理,制约了行业的进一步有序发展。特别是一些企业老板欠薪逃匿,不仅欠房租,还欠工人工资,为了化解矛盾、维护稳定,相关管理部门往往让业主先垫付工资,制约了行业的进一步发展,因为相关事件引发的堵路、堵政府大楼、静坐、上访等层出不穷,严重影响了社会稳定,极易形成打、砸、抢、烧等群发事件。

3.房屋租赁经营水平参差不齐,粗放式、无序型经营企业还占相当大的比例,许多企业对市场的掌控、预测、引导等租赁经营能力亟待提高。

4.产业深层次的矛盾仍制约着房屋租赁结构优化的快速发展：一是企业低层次的租赁和产业调整升级的矛盾；二是产业同质化与产业链整合的矛盾；三是区域、地段租赁经济的打造与行业结构优化升级的矛盾。这些问题既影响物业升级增效，也给产业升级的贯彻执行带来阻力。

5.房屋租赁行业从业人员整体经营水平偏低，缺乏专业性的经理人才，专业人才的极度匮乏成为制约行业快速发展的瓶颈。如：深圳商业地产经营远落后于北京、上海。

厂房优胜劣汰加剧。功能单一，配套不全的老旧厂房逐渐受到冷落，租金徘徊不前，空置率逐渐增高，制约了经济的发展。工业园区的更新已初见成效，一些产业园区由于相应的生活大配套跟不上，以致园区内地办公用房租赁入住率不高。在腾笼换鸟的过程中，被淘汰企业搬离后，厂房、住宅、商业的空置导致业主租金收益损失加大，转型方向也很迷茫，难度较大。

深圳住宅租赁在房屋租赁市场中供需量最大，也最为复杂，主要受不断增加的市场供应和就业人员频繁变化的影响。现阶段，甲级写字楼供不应求的局面已经结束，深圳市写字楼租金逐渐回落。随着深圳的城市更新改造，城市综合体项目不断增多，办公与商业用房的开发量也逐年增多，租赁市场供过于求的局面将不可避免。深圳的商品批发市场各自为阵，发展不尽人意，需要建立拉动深圳工业生产发展的市场通道和大型商品集散市场。

七、2015年度行业运行状况

2015年，在通胀压力、楼市调控、城中村改造以及中介助推等多种主客观因素叠加影响下，深圳市各区各类房屋租金普涨，但比较偏远的区域或条件较差的房屋租金并未上涨。一些新的观念、经营模式有了大突破，着重体现在以下几个方面：

（一）住宅租赁市场高速发展

深圳市商品房价一直居高不下，而居民的居住是刚性需求，这就直接刺激了住宅租赁市场的高速发展，在2015年，住宅租金的大幅上扬是整个租赁市场的一大特点。

（二）专业房屋租赁中介表现活跃

因为整体经济形势的进一步好转，经济发展不断加温，加之宏观打压房价，许多大的房地产经纪纷纷转向租赁市场，抢占滩头阵地，成为专业的二手房东，规模不断扩大，有的甚至发展成为一个片区的市场垄断者。

（三）逐步形成低碳环保租赁平台

2015年，深圳许多房屋租赁企业纷纷响应，打造绿色低碳租赁平台，如招商地产租赁中心将原来的三洋厂房进行低碳环保改造，打造成蛇口南海意库，成为低碳环保突出的典范，不仅取得了可观的经济效益，也收获了极佳的社会效益和环保效益。

八、行业建议

（一）政府规划国土等相关职能部门制定产业政策时，加大前瞻性、区域性和长远性的规划力度，如在城市更新和旧城改造时，有意打造区域型租赁经济，在城中村的改造过程中租赁经济的打造靠前。

（二）经济增长方式的改变和产业结构调整升级对房屋租赁行业影响巨大，需要政府有意识引导、提升房屋租赁产业结构，增加物业的附加值，从目前的粗放型向精细化转变，腾笼换鸟，引进更多500强企业，为打造总部经济、建设华南中心城市和国际化大都市做好铺垫和服务。

（三）对于本行业的一些历史遗留问题，如改变房屋使用功能、产权不明晰、消防等，政府要尽快出台一些解决办法，譬如以华强北为代表的以前是工业区现已变为商业区的改变功能的片区，历史上的定位跟不上形势的发展，相应出现了政策滞后的问题，必须出台具前瞻性的产业政策加以引导和扶持。

（四）加大房屋租赁立法的力度，现有的相关法规已滞后于市场的发展，许多内容已不适应当前的市场形势，亟需加以修改和完善，以适应当前及今后一段时间房屋租赁市场的需要。

（五）立法规范房地产中介机构的运作，中介机构良莠不分，部分黑中介严重扰乱市场，投诉多，但处理少，极易引发一些社会矛盾，是社会不稳定、不和谐的诱因，政府必须从立法上对中介的行为加以市场约束和规范。

（六）解决民生问题，全面做好住宅租赁市场的培育和扶持发展，由政府出面协调和遏制住宅房租的上涨趋势，留住人才，为经济社会的全面发展奠定基础。

目前，市人大常委会废止了《深圳经济特区房屋租赁条例》，但相关的政策法规还未出台，许多房屋租赁企业无所适从，且相关部门在办理业务时，还需要《房屋租赁凭证》，但无合法产权和产权不明晰的房屋以前可凭备案办理凭证，现条例仓促废止后，备案制取消，导致诸如孩子申请学位、特殊行业租赁、税收及银行开户、海关报关等全都受阻，还需政府相关部门从实际出发，早日出台相关应对政策，以促进房屋租赁市场的进一步繁荣。

深圳市饭店行业发展及行业协会报告·2015

◎深圳市饭店业协会 周 玲 吴伟冰

Ⅰ 深圳市饭店行业2015年度发展报告

前 言

近年来饭店业的发展吸引了诸多专门从事酒店研究的学者专家,绝大多数研究者都将精力集中在中国饭店业的整体发展上,以深圳饭店业发展为主要研究方向的极少。为掌握深圳市饭店行业的发展状况,建立深圳市饭店业信息平台,为饭店企业的发展提供完整的数据参考,我们的课题研究很有必要。

本报告经过大量的问卷调查、数据收集与资料整理,旨在向公众及相关机构提供宏观观察深圳饭店行业、饭店业协会组织2015年年度状况及未来发展趋势,并为深圳饭店行业的发展提供数据依据。

相关数据来自国家旅游局、深圳市文体旅游局、深圳市统计局、浩华管理顾问公司、迈点旅游网、中国饭店协会以及深圳市饭店业协会。

一、行业定义与概述

(一)行业定义

现代饭店是指向各类旅游者提供食、宿、行、娱购等综合性服务,具有涉外性质的商业性公共场所。按不同习惯,它也被称为宾馆、酒店、旅馆、旅社、宾舍、度假村、俱乐部、大厦、中心等。

(二)产品特点

1.服务消费同一性

饭店业与其他行业不同的产品特点是生产和消费的同一性。客人进入饭店,开始他的消费过程,同时也开始饭店为他进行服务的过程。二者同时开始,同时结束,在同一个空间进行。它有很高的服务质量要求。

2.产品不可储存性

客房空置会造成饭店利益的巨大损失,这就意味着饭店对招揽客源有强烈的紧迫感,容易在行业内形成激烈竞争。

3.固定成本大,可变成本小

饭店固定投资大,经营中可变成本小,对业务量有巨大的需求。这种特点造成了饭店价格的波动性大,容易引起价格战。

4.脆弱性

饭店业受到政治、经济、社会、环境等一系列复杂因素的影响,是一个既易"成形",又易"破碎"的"玻璃体"。经济形势的任何艰难和危机,饭店业都会第一个感受到、第一个产生负面效应。其他行业衰退,饭店业便成为无本之木,无源之水。

5.经营的季节性

深圳饭店客源市场伴随着旅游旺季开始,从五六月份一直到春节前。"五一"、"十一"、"春节"和每年10月中国高新科技产品交易会期间,需求量旺盛。海滨饭店和度假村则在秋冬季进入淡季。

6.品牌创造并提升价值

特别是同档次饭店之间,产品差距已变得越来越小,品牌形象成为吸引客户的重要因素,这也成为饭店创造利润、在竞争中取胜的关键。

7.与地产投资形成正相关性

地产投资带来酒店客源,酒店为地产提升价值;地产项目的开展与酒店经营共同营造和完善社区,共同获益。

8.产品综合性强

一般的酒店都包括食宿、餐饮、会议、娱乐等多方面功能。

9.产品指向性强

客源类别不同导致酒店的市场定位不同,例如:度假式酒店,会议型酒店,商务型酒店等。

(三)在经济发展中的作用和地位

1.住宿业是旅游服务体系的重要环节

从产业划分以及社会再生产过程中产、供、销之间的联系来看,住宿业处于消费环节,属于第三产业。

住宿业是构成旅游业的基本要素之一,与旅游景区、旅行社、交通等组成旅游服务体系。一个国家或地区,只有拥有丰富的旅游资源,才能吸引旅游者;而旅行社是旅游者从出发地到旅游目的地的组织者和服务者,交通是实现旅游活动的重要工具和手段,住宿则是向旅游者提供基本生活服务的重要环节。各个要素既互相联系,又互相促进,缺一不可。可以说,住宿业的发展水平是影响一国一地客源量的重要因素之一。

2.住宿业是创造就业机会的重要部门

作为劳动密集型产业,住宿业的发展提供了较大的就业市场。作为一座毗邻港澳的旅游城市,深圳住宿业高度发达。截至2015年年底,深圳拥有星级酒店125家,深圳酒店行业从业人员超过18万人。同时,住宿业还带动相关行业的发展,如通讯、水电、交通、食品、商业、金融、建筑等,从而间接地提供大量的就业机会。

3.住宿业是地区经济发展的窗口

住宿业的发展不仅带来了新的文化和新的生活方式,而且在其经营过程中的创新和发展更带来了新的管理观念和管理制度。一个地区、一个城市的住宿业构成了当地投资环境的重要组成部分,因而也是各地经济发展的窗口。

作为旅游业中一个重要的组成部门,住宿业对于深圳除了经济贡献外,高端住宿业酒店还提升了深圳的城市形象,很多酒店已经形成了深圳的地标性建筑,成为深圳城市风貌的有机组成部分。住宿业还改善了深圳市的对外环境,为提高深圳的国际化形象和对外开放水平创建了良好的软环境,整体促进了深圳城市品位的提高。

二、行业概貌

旅游住宿业是现代服务业的重要组成部分,是我国旅游产业的核心要素,具有综合价值高、就业吸纳能力强、产业关联度大等特点。

饭店与旅行社、旅游景点、会展公司、旅游预订网站、餐饮企业、酒店用品供应企业、饭店管理公司、房地产企业等组成饭店产业链。

饭店业是旅游产业链上的一个不可缺少的部分。通过住宿环境的装饰以及专业人员的服务,饭店业满足旅客在饮食、居住等生活条件方面的需要,在旅游产品的构成中占有重要地位。

另外,近年来,国际经济的新趋势也带动了饭店产业链的升级。根据国际会议协会的统计,会展经济与旅游业会形成1:9的经济效应,酒店为旅游、会展提供了良好的配套,而旅游、会展又相互配套、相互促进。旅游、会展、酒店以及公寓,正在形成旅游的黄金生态链、产业链,相互依存、相互促进。

据国家旅游局公布的数据显示,2015年,国内旅游人数41.2亿人次,同比增长11.35%;国内旅游消费增长29.0%,达到4万亿元。出境旅游人数1.2亿人次,同比增长3.4%;出境旅游消费增长36%,达到2 100亿美元,旅游服务贸易逆差将突破1 000亿美元。中国已经稳居世界第一大出境旅游市场与第一大出境旅游消费国。中国境外游游客人数从2001年的1 000万增长至2015年的1.2亿,带动了全球旅游行业的向上发展。

三、行业现状

作为最早对外开放的窗口行业,经过30多年的发展,我国住宿业已成为市场化程度高、业态丰富多元、社会认知度高的现代服务业的典型代表。住宿业在提升旅游接待水平、树立区域发展形象和行业标准、满足群众多样化消费需求、引领现代服务业转型升级等方面正发挥着日益重要的作用。

深圳市作为中国第一个经济特区,开放程度高于其他沿海城市,临近香港的地理位置更使其成为早期外国人接触中国的最便捷窗口。1981年,深圳第一家酒店同时也是新中国第一家中外合资宾馆——竹园宾馆诞生。自1980年建立经济特区以来,深圳酒店业经历了持续创新、不断进取的发展历程,具体来看,深圳酒店业的发展分为三个阶段:1980年至1988年是深圳酒店业数量的快速增长期;1989年至1997年是深圳宾馆酒店建设的质量调整期;1998年至今是国际化、品牌化和多元化发展的相对成熟期。

表1 深圳酒店阶段发展简况

发展阶段	酒店名称	开业时间	地址	备注
起步阶段 (数量增长阶段) (1980年—1988年)	竹园宾馆	1981年	东门北路	宾馆酒店客房数的年增长率都在20%至90%的幅度。
	深圳湾酒店	1982年	华侨城	
	上海宾馆	1985年	深南中路	
	南海酒店	1986年	蛇口工业区	
发展阶段 (质量调整阶段) (1989年—1997年)	晶都酒店	1989年	深南中路	1990年至1992年宾馆酒店建设出现高峰期,其余年度酒店的增长速度减缓。酒店业发展由数量型转为质量型。
	富临酒店	1990年	火车站和平路	
	阳光酒店	1991年	火车站嘉宾路	
	香格里拉酒店	1992年	火车站建设路	
	维也纳酒店	1993年	福华路	
	富苑酒店	1994年	火车站南湖路	
	骏豪酒店	1995年	宝安区观澜镇高尔夫大道	
成熟阶段 (1998年至2007年)	景轩酒店	1998年	福田区福华路	酒店的建设出现恢复性增长,从单一逐渐向个性化、特色化、多元化发展。
	彭年酒店	2000年	东门中路	
	圣廷苑酒店	2001年	福田区华强北	
	威尼斯酒店	2001年	深南大道	
	东方银座酒店	2004年	深南大道西	
	马哥孛罗好日子酒店	2006年	福华一路	
	华侨城洲际大酒店	2006年	华侨城	
	大梅沙京基喜来登度假	2007年	梅沙路	

续表

发展阶段	酒店名称	开业时间	地址	备注
快速发展期（2008年至今）	大中华喜来登	2008年	金田路	全面崛起的高端酒店群，是商务之都的强势力量。从酒店数量、规模以及品牌效应来说，深圳酒店行业再次迎来跨越性发展。
	东部华侨城茵特拉根主题酒店群	2009年	东部华侨城	
	深圳星河丽思卡尔顿酒店	2009年	福华三路	
	深圳瑞吉酒店	2011年	深南东路	
	深圳蛇口希尔顿酒店	2013年	南山区望海路	
	深圳四季酒店	2014年	福华三路	
	深圳温德姆至尊酒店	2014年	彩田路	
	深圳大中华希尔顿酒店	2015年	深南大道	
	深圳中洲万豪酒店	2015年	海德一道	

  1988年，深圳酒店发展到140家，客房数增至14 745间，相比1981年增长了11倍。1989年，深圳开始开展酒店星级评定工作，1990年首度评定了25家星级酒店，其中包括五星级的南海酒店，四星级的晶都酒店、新都酒店、深圳湾酒店等。1997年，深圳宾馆酒店发展到近300家，其中星级酒店评定了86家，整体水平有了很大提升。2004年，中外投资者对深圳宾馆酒店的建设投资大幅增加，一批高星级酒店陆续建成开业，深圳宾馆酒店发展到486家，客房数由1997年的2.53万间增加到2004年的4.14万间，增长了64%。2006年，深圳市旅游局公布全市新一轮的星级酒店复核情况，在此次复核中深圳共有24家星级酒店因经营不善停业或转股，以及停业装修、改建等原因，被取消星级资格，全市星级酒店也因此由182家下降为158家。

  截至2015年年底，深圳拥有星级酒店125家，其中五星25家，四星24家，三星60家，二星16家。全市宾馆酒店平均住房率69.2%，比2015年上升2%。深圳酒店行业从业人员超过18万人，年营业收入近百亿元。

四、行业市场状况

  根据最新公布的《深圳市2015年国民经济和社会发展统计公报》初步核算，2015年深圳市的生产总值为17 502.99亿元，比上年增长8.9%。其中，第一产业增加值5.66亿元，下降1.7%；第二产业增加值7 205.53亿元，增长7.3%；第三产业增加值10 291.80亿元，增长10.2%。第一产业增加值占全市生产总值的比重不到0.1%；第二和第三产业增加值占全市生产总值的比重分别为41.2%和58.8%。人均生产总值157 985元，增长5.2%，按2015年的平均汇率折算为25 365美元。

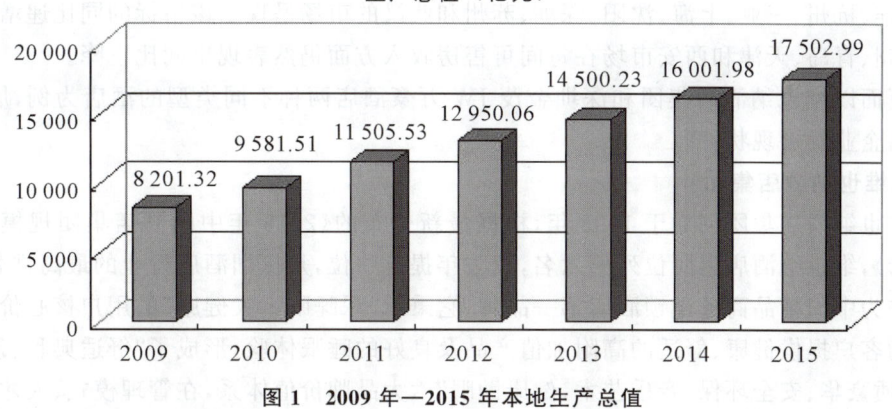

图1 2009年—2015年本地生产总值

现代产业中,现代服务业增加值7 134.47亿元,比上年增长11.6%;先进制造业增加值5 165.57亿元,增长11.5%;高技术制造业增加值4 491.36亿元,增长9.7%。

全年旅游住宿设施接待过夜游客5 375.20万人次,比上年增长7.7%。其中,海外游客1 218.70万人次,增长3.1%;国内游客4 156.50万人次,增长9.1%。在过夜海外游客中,外国游客164.65万人次,增长2.2%;港澳同胞1 011.74万人次,增长3.3%;台湾同胞42.31万人次,增长1.5%。全年旅游外汇收入49.68亿美元,增长8.8%。宾馆、酒店、度假村的开房率为68.2%,比上年提高1.0个百分点。

据国家旅游局公布的数据显示,2015年,国内旅游人数为41.2亿人次,同比增长11.35%;国内旅游消费增长29%,达到4万亿元。出境旅游人数为1.2亿人次,同比增长3.4%;出境旅游消费增长36%,达到2 100亿美元,旅游服务贸易逆差将突破1 000亿美元。中国已经稳居世界第一大出境旅游市场与第一大出境旅游消费国。中国境外游游客人数从2001年的1 000万增长至2015年的1.2亿,带动了全球旅游行业的发展。

五、行业企业状况

回顾2015年全年酒店市场整体供需情况,市场供给量的同比变化率赶超市场需求量,客房供给同比增长4.1%,需求量增长3.9%。奢华酒店需求量增长最快,为9.7%,超出客房供给增长近3%;超高端酒店需求量增长位列第二,与去年同期相比增加8%,客房供给量上涨7.5%;中档偏上和中档及经济型酒店变化最小,涨幅不足4%,但其市场供给过量,超过了市场总体需求。

细观客源结构,散客、团队和协议客户占比分别为70%、22%和8%,其中休闲散客的客源占比有所提升,2010年时占比62%。

中国一直被认为是供给量增幅最大的国家之一。根据最新的数据显示,中国目前筹建的酒店数为464家,代表146 322间客房。虽然新增供给的增幅有所放缓,但三亚和成都依然存在大量的在建项目。

2015年，已经有越来越多的城市扭转了每间可售房收入同比下降的颓势。其中，北京、大连、杭州、三亚、上海、沈阳、深圳、苏州和武汉的市场呈现了该指标的同比递增，而成都、广州、青岛、天津和西安市场在每间可售房收入方面仍然表现出同比下降。

下面以维也纳酒店集团和深圳金茂JW万豪酒店两种不同类型的酒店为例，展示深圳酒店企业发展现状：

1.维也纳酒店集团

维也纳酒店集团创立于1993年，根据最新公布的《2015年中国酒店集团规模50强排行榜》，维也纳酒店集团位列第六名，较去年提升一位，是深圳酒店行业的最高排名。

作为中国精品商务连锁酒店第一品牌，它秉承"深睡眠·大健康"的用户核心价值，致力于为客户提供健康、舒适的高附加值产品及良好的睡眠体验，形成了"舒适典雅、顶尖美食、品质豪华、安全环保、音乐艺术、健康助眠"六大品牌价值体系，在管理模式、人才梯队、品牌培育、扩张发展、资本管理等方面处于全球酒店行业领先地位。

目前，维也纳已拥有七大子品牌，在全国100个大中城市中拥有700多家（在营及在建）分店，拥有超过100 000间客房，综合开房率超过100%，拥有超过5 000万注册会员，并创下23年零安全事故的记录，现每年以新增100~200家分店速度发展。

作为中国中档酒店第一品牌，维也纳亦是唯一一家参与国家商务饭店标准制定的酒店品牌。维也纳酒店整合23年行业先发优势和精准用户分析的智慧积累，顺势而为，布局大健康，并以极致的深睡眠体验持续为客户迸发活力，从而使维也纳迈向发展新纪元。

维也纳酒店集团从2013年的281家增加到2014年的509家，2015年增加到718家，并将在2017年超过1 100家。维也纳酒店2014年平均出租率达96.8%，目前有5 000万有效会员，会员消费率为95%，会员线上预订率超过40%，企业客户有22万家，中兴、华为、中石油等大客户为1 200多家。

2.深圳金茂JW万豪酒店

深圳金茂JW万豪酒店是由中国金茂（集团）股份有限公司投资兴建，万豪国际有限公司管理的五星级酒店。金茂JW万豪酒店于2009年1月10日落成试业，并于春节期间正式营业款客。酒店主体建筑共27层，拥有411间装潢时尚且设施齐全的商务客房，房间面积均由42平方米起，配备42英寸液晶纯平电视，提供宽带与无线高速上网、电子保险箱和客房娱乐设备，浴室更配有19英寸液晶纯平电视，以及24小时客房送餐服务。

深圳金茂JW万豪酒店2015年的平均出租率达79.0%、同比上升2.05%；平均房价1 090元、同比上升2.83%；每间可供房收入877元、同比上升7.3%；支付基本管理费490万元、同比上升4.25%；支付奖励管理费325万元、同比持平；家具、设备采购达790万元、同比上升9.72%。

JW万豪酒店在新公布的《2016年外资酒店集团品牌规模30强排行榜》中位列27名，较2015年下跌2名。

优质的服务是万豪酒店的核心竞争力。为长期保证为客人提供高水准的服务、高品质的设施及产品，使入住客人达到高度满意的程度，万豪国际集团持续实施了宾客服务追踪系统和品牌质量保证计划，保证了每一个万豪酒店都能致力于保持和完善客人的满意度。（对客人最为重要的领域）

万豪国际集团拥有最先进的酒店培训系统,在合理控制有关成本的原则下,采用多种现场或非现场的课程,结合标准手册、自学课程、录像带、培训光盘和其他培训计划对酒店各级人员进行技能和服务培训,特别注重培养员工"随时了解、观察客人的需求,及时有效地为客人提供帮助"的意识。

六、行业SWOT分析

(一)深圳酒店发展机遇分析

1.深圳经济发展前景乐观

深圳作为中国最著名的经济特区之一,过去几十年来的经济建设成果显著。未来,预计深圳和香港两地将进一步深入合作,特别是在IT、物流和金融服务等领域。我们认为,深港两地更加密切的关系将能够支持深圳在中国经济改革中的领先地位。许多企业正在迁入后海总部基地。后海总部基地大约有20个在建或者已经对外公布的总部建筑项目。这些数量庞大的总部办公楼预期将会为竞争酒店市场带来大量商务需求和住店会议需求,特别是对后海和南山区未来的新增酒店而言。

2.前海作为自贸区的开发

目前,前海仍处于刚刚起步开发的阶段。预计未来十年,前海将有进一步的开发。我们认为,前海区域潜在的投资方和项目团队将为竞争酒店市场产生数量可观的房源需求。

3.深圳的经济实力与经济地位

深圳的经济持续增长,尤其是高科技产业有长足发展,海内外驻深圳的商务机构及海内外经常往来深圳的商务人员越来越多,对酒店的需求将不断增加。随着带薪假期的实施、交通条件的改善、民众收入水平的提高,人们的消费观念也正逐渐成熟,消费者的需求在改变。

4.香港的经济发展及深港一体化进展

香港经济情况,香港驻深的商务机构及往来深圳的商务人员及休闲旅游人员亦会增多,对酒店的需求就会相应增加而推动深港一体化加快,缩短口岸通关时间、提高口岸通关能力、增加深港通道等都会对深圳的经济型酒店产生积极影响。

5.酒店供给结构不合理带来的机遇

深圳目前已建成的酒店数量结构呈明显的"两头大,中间小"的不合理状态,即质量好、价格高的高星级酒店和质量次、价格低的社会旅馆数量多,质量与价格较适中的比较少。这一消费断层,给经济型酒店发展提供了大好机会。目前的深圳酒店业呈现出高端五星级酒店与经济型酒店两头热的态势。传统的二、三星级酒店在档次上低于四、五星级酒店,经营成本上又高于经济型酒店,面临着市场份额不断缩小的尴尬局面。大众旅游盛行,大部分都是中等收入水平的旅游,可支付能力不高,在选择酒店的时候,高星级酒店住不起,设施条件不好的一般宾馆又不想住,经济型酒店成为他们的不二之选。

6.国有企业改革深入,传统酒店市场结构调整。

深圳酒店行业竞争加剧,而由于体制和改革动力不足等原因,国有酒店处于劣势地位,而且越来越被动。面临着竞争、改组、兼并、破产的压力,国有酒店不得不改革。而根据中央"抓大放小"的经济战略,经济型酒店的改革首当其冲。随着改革的深入,一批由党、政、军、警及商业银行投资持有的酒店将与之脱钩,上述机构的投资者将作为"副业"的酒店转移到本行业或国家指定的资产管理公司,自己集中力量搞好本行业业务。大量的政府和行业招待所将走向市场,为经济型酒店的发展提供了物质条件,经济型酒店的两权分离也指日可待。而"大公司、大集团"的发展战略,也为深圳经济型酒店的产权流动和资产重组创造了契机。它们通过有偿产权的转让,如投资、合并、胶并、收购等方式进行资产重组,多途径实现资产优化,通过连锁化进一步扩充经济型酒店的实力。

(二)深圳酒店发展存在的主要问题

住宿业是深圳旅游业的核心组成部分。深圳住宿业发展总体上在全国处于领先水平,但也存在一些问题,主要表现在:

1.集团化程度低

由于土地资源少,价格昂贵,建设用地受到局限,住宿业总体上显得不够大气,占地面积不大,规模较小,住宿业园林景观往往很小,甚至缺失,住宿建筑设计往往缺乏个性和精雕细琢。住宿业规模偏低,客房数 300 间以上的只有 20 多家,85% 的酒店的客房数在 200 间以下。高星级住宿业只占星级酒店的 17%。由于绝大部分住宿业为非集团成员型酒店,导致在采购、预订、管理和营销等方面处于劣势,影响了其参与国际竞争的能力。

根据最新公布的《2016 年中国酒店集团规模 50 强排行榜》,维也纳酒店集团位列第 6 名,是深圳酒店行业的最高排名,深圳格兰云天酒店管理公司排名第 46 名。

2.地域分布不平衡,档次结构不合理

目前,深圳三分之二以上的住宿业主要集中在罗湖和福田两区,分布存在较为严重的地域不均衡现象。深圳大部分住宿业按照观光和商务标准修建,而会议、度假、汽车旅馆等功能性住宿业相对较少,存在功能结构上的不协调。

3.本土酒店的经营管理和服务与国际管理公司的经营管理水平有差距,竞争压力提高,本土酒店市场拓展和品牌建设力度有待进一步提高

深圳在许多方面与国际接轨早,深圳住宿业管理与服务的国际化程度在全国处于领先地位。但与国外旅游业发达的城市相比,其仍然在管理机制、管理手段的科学化和服务的文明程度、效率、规范性、个性化等方面存在较大差距。

面对中国巨大的旅游市场,许多国际连锁酒店集团纷纷进驻中国市场。它们由于经验丰富、管理水平高、品牌知名度高等优势,对民族品牌酒店形成了巨大的冲击。目前,已有希尔顿、香格里拉、洲际、喜来登、马可波罗、凯宾斯基、雅高、丽思卡尔顿等国际知名品牌落户深圳。国际知名品牌酒店的强势进驻,一方面提升了我市高星级住宿业的管理和经营水平,另一方面也给本土民族品牌住宿业的成长带来了强大的竞争压力

4.成本上升成为住宿业最为关注的因素

面对通货膨胀以及各类能源(水、电、煤、气等)的多重压力,住宿业希望成本上升

的幅度应与住宿业收入上升程度匹配。但就目前而言,房价(或餐饮售价等)的提高需要一段时间才能被消费者所接纳,在此期间,利润的压缩势必对住宿业运营产生较大压力。

5.竞争加剧,酒店利润率下降

国内外酒店集团都看准了深圳住宿业的发展商机,各品牌住宿业纷纷抢滩深圳。但市场需求增长是缓慢的,住宿业的经营将面临更加激烈的竞争。竞争的加剧,必然导致行业社会平均利润率下降。

6.住宿行业是一个传统的劳动密集型服务性行业,人力资源是住宿行业最为关注也是目前最为矛盾的一点:一方面,高端管理人才缺乏;另一方面,员工用工成本不断提高

中国住宿业严重缺乏同国际接轨的职业经理人,中国职业经理人缺乏与现代化住宿业相适应的经营、管理思路。在人才的培养上,其缺乏专业经营知识的培训。目前正在开展的住宿行业职业经理人资格认证在一定程度上提升了从业者的管理意识和水平,但还远不能满足与国际市场接轨的需求。

较低的工资水平及增长速度的现状,导致了员工流失率的增加,并且增加了相关人员尤其是优质人力资源流失到其他行业的可能性。连年上涨的深圳市最低工资标准使住宿业的人力成本不断增加,为节省成本,住宿业的用工规模在逐年压缩。

从以下深圳11家酒店2015年的用工规模统计数据可以看出,只有3家酒店比去年的人数略有增长,其他的酒店均有不同程度的减少。

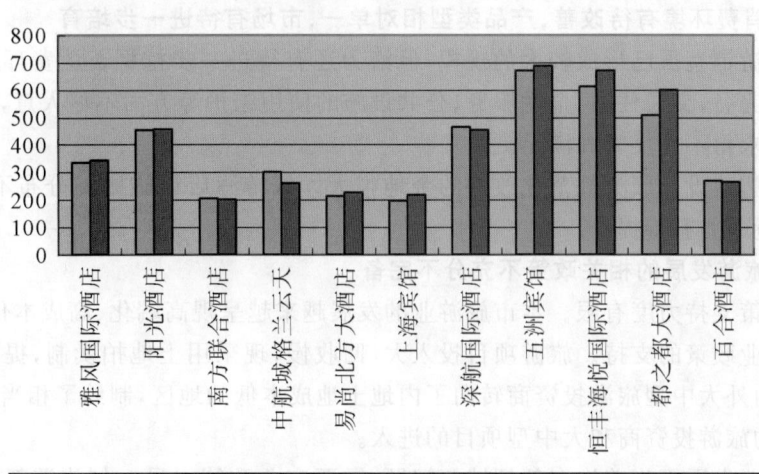

图2 深圳酒店用工规模图

7.客源的增长跟不上住宿业数量的增长

多年来,深圳住宿业住房率一直在60%上下波动,客源量虽不断增加,但赶不上住宿业增加的速度。近年来,高档住宿业和经济性住宿业四处开花,连锁店和单体店各显神通,国外资本和国内资本双管齐下,住宿业供给市场一片繁荣,但客源并不能跟上,失衡隐忧在扩大。

(三)深圳酒店与其他地区同行相比存在的优势

1.区位优势

毗邻港澳,随着香港经济情况向好,香港驻深商务机构及往来深圳的商务人员和休闲旅游人员亦会增多,对酒店的需求就会相应增加而推动深港一体化加快,缩短口岸通关时间,提高口岸通关能力、增加深港通道等都会对深圳的酒店产生积极影响;背靠富裕的珠三角地区,珠三角经济圈带来了大量的商务客源。

2.客源供给优势

深圳的经济持续增长,尤其是高科技产业有长足发展,海内外驻深圳的商务机构及海内外经常往来深圳的商务人员越来越多,对酒店的需求将不断增加。随着带薪假期的实施、交通条件的改善、民众收入水平的提高,人们的消费观念也正逐渐成熟,消费者的需求改变,便利的交通、带薪休假等无不刺激着普通民众的旅游需求。

3.管理优势

深圳是最早实行市场经济的地区,住宿业也较早与国际市场接轨,其管理水平在全国处于领先地位,人才相对聚集。深圳住宿业的从业者特别能创新,博采众长,对市场敏感,与时俱进。

(四)与其他地区同行相比存在的劣势

1.旅游消费环境有待改善,产品类型相对单一,市场有待进一步培育

一是旅游消费虽已形成较大的规模,但潜力还有待进一步挖掘。消费环境尤其是商务环境不够完备,交通住宿、金融服务、公共设施的使用维护等方面不尽人意,旅游消费群体的合理需求得不到反映和满足。

二是设施建设和服务规范化改进的余地很大。旅游酒店设施区域分布不合理,类型不足,国际竞争力有待提升。

2.支持旅游发展的相关政策不充分不完备

一是政策支持力度有限。本市旅游业的发展越来越呈现高端化、高成本化趋势,需要有良好的产业政策的支持。旅游项目投入大,回收慢,现采用土地拍卖制,提高了投资成本,部分国内外大中型旅游投资商转向了内地土地成本低的地区,制约了相当一部分有特色、有实力的旅游投资商和大中型项目的进入。

二是产业发展面临着许多新领域新问题,需要产业政策引导。如旅游新业态领域存在比较突出的问题是,公平竞争政策环境有待提升,市场主体地位有待强化。想要培育新的经济增长点,本市还有许多政策创新需要取得突破。

七、行业历史数据对比分析

改革开放以来,随着中国经济与国民收入的增长,国民人均出游从1984年的0.2次增长到2015年的3次,增长了14倍。国内游客数量从1984年约2亿人次扩大到2015

年的40亿人次,增长了19倍,年均增长10.2%;特别是自2000年以来,国内游客数量呈现持续高位增长,推动中国步入了大众旅游时代,成为世界上拥有国内游客数量最多的国家。国内旅游收入也从1985年的约80亿元增加到2015年的34 200亿元,增长了426.5倍,年均增长22.4%。2015年,中国旅游总收入超过4万亿元,其中,国内旅游收入占全国旅游总收入的比重达到了85.8%,成为中国最主要的旅游消费市场。

从入境市场看,中国已是世界第四大旅游入境接待国。入境旅游人数(含入境过夜游客,下同)从1978年的180.92万人次增加到2015年的1.33亿人次,增长72.5倍,年均增长12.3%;旅游外汇收入从1978年的2.63亿美元增加到2015年的1136.5亿美元,增长431倍,年均增长17.8%。

截至2015年,全国已评星级饭店数量有13 491家,其中包括五星级饭店867家、四星级饭店2 779家、三星级饭店6 776家;中国已有各类经济型连锁酒店约1.5万家,客房总数超过140万间。

八、2015年度行业运行状况

纵观2015年的酒店行业,整体增长迅速,但也浪潮汹涌。星级酒店、中档酒店、经济型酒店、精品酒店、精选酒店……一浪接一浪的品牌升级或创新的大潮下,中国的酒店在刚刚过去的2015年,可谓狼烟四起,也可谓百花齐放,各大酒店集团除了向外扩张外,也忙于内部转型升级。

(一)酒店业绩下降全球化,万豪收购喜达屋

凯悦2015年3季度营收和利润均同比下降,利润为2 500万美元,同比下降21.88%;营收同比下降4.6%至10.5亿美元。喜达屋经营连续8个季度下降。喜达屋2015年3季度营业收入14.3亿美元,同比下降4.0%;净利润0.88亿美元,同比下降19.3%。

全球酒店集团股价2015年年初开始的下跌反映了全球酒店业的供求关系变化,作为竞争激烈的行业,酒店业过去5年也没有出色的表现。2010年至2014年的5年,温德姆股价上升164%,是唯一跑赢大盘指数124%升幅的酒店集团;万豪股价上升92%;喜达屋和凯悦股价各上升28%;希尔顿股价上升6%。

11月16日,喜达屋CEO Bruce W. Duncan在邮件中确认万豪以122亿美元收购喜达屋,喜达屋旗下品牌全部归于万豪,并表示双方的合并审查早在2015年4月就已经开始。此项交易已获得双方董事会的一致批准,预计将于2016年年中完成。交易将以现金和股票的形式完成,喜达屋股东每持有一股喜达屋股票,将从万豪获得0.92股万豪A级普通股,从喜达屋获得2美元现金,还将从分时度假业务和与Interval Leisure Group Inc合并交易中获得7.8美元。至此,超级酒店集团呼之欲出。在万豪88年的历史上,这是最大的一笔收购。新集团拥有30个品牌(万豪19个,喜达屋11个),5 500家酒店,110万间客房,在全球六大洲布局超过100个国家,将成为全球第一个客房数破百万的酒店集团。万豪和喜达屋均为全球高端酒店品牌集团,同质品牌较多,分布网点重合度也较大。

双方合体后或将面临同一城市形成自相竞争的状况,品牌分布需要全盘考虑,同质品牌协调是工作重点,也是考验。

(二)酒店与互联网联系加速

大众点评网与美团网10月8日宣布达成战略合作,两家公司在人员架构上保持不变,并将保留各自的品牌和业务独立运营,同时将加强优势互补和战略协同,推动行业升级。双方已共同成立一家新公司。本交易得到阿里巴巴、腾讯、红杉等双方股东的大力支持。携程旅行网于10月26日宣布与去哪儿网合并,携程与百度达成了股权置换交易,百度将拥有携程普通股,可代表约25%的携程总投票权成为第一大股东,携程将拥有约45%的去哪儿总投票权。去哪儿将作为独立公司运营,百度将继续和去哪儿现有的商业合作。

从OTA中介到BAT平台是趋势。中国在线旅游市场的企业可分为两种类型:一种是提供直接服务的,如在线旅行社和传统旅行社;另外一种是只作为渠道、媒介,对传统中小代理收费,但并不直接提供服务。互联网的本质是取消中介,中介不能体现互联网的优胜,依托大数据、金融、支付、信用体系、信息技术等系统的平台型才是互赢的模式。信息技术的发展趋势是取消中介的线下服务,体现互联网精髓,大大节约成本。

(三)出现推动中国酒店或转型或升级或创新的新因素

1. 酒店先进生产力

在经历了高速扩张的10年后,陈旧的经济型快捷酒店在一二线城市市场竞争几近饱和,产品老旧、服务质量良莠不齐等问题越来越阻碍酒店先进生产力的发展要求。2015年,几乎所有的酒店品牌都在改革创新,革除不适应市场需求和消费者需要的桎梏元素,同时不断创新服务和产品,以追寻最先进的酒店生产力。以尚客优为例,产品和服务创新升级涵盖了经营模式、入住体验等多个角度。其在国内率先提出的酒店U+法则,充分利用物业空间,在大堂里增加咖啡吧、面吧、蛋糕店和U-Shop,为客人创造新的消费体验。此外,其充分利用酒店的无线空间(免费WIFI建立的移动服务平台),分享优质生活,客人在入住酒店客房后,如果发现自己喜欢酒店内的用品,扫码即可下单,将尚客优的优质产品带回家。通过这样的创新,酒店一方面传递了品牌的文化,另一方面又加深了用户的黏性,为酒店带来了新的生产力。

2. 旅游服务业的大战略

中国旅游业发展"515战略",即2015~2017年中国旅游业发展的"5大目标,10大行动,52项举措"。

2015年1月,全国旅游工作会议上,国家旅游局局长李金早作了《开辟新常态下中国旅游业的新天地》的报告,剖析中国旅游业发展新形势,全面部署2015~2017年全国旅游工作重点,即紧紧围绕"文明、有序、安全、便利、富民强国"五大目标,开展10大行动、52项具体举措,推进旅游业转型升级、提质增效,加快旅游业现代化、信息化、国际化进程。

"515战略"是中国发展进入新常态下,按照中国"两个一百年"目标发展的总体要求,在全面分析和判断过去35年旅游发展和未来35年旅游业发展趋势的背景下,对中国旅游业发展的系统创新谋划。实施一年来,"515战略"取得了巨大成就,取得了很多新突破,形成了前所未有的大格局。

九、行业的发展前景及趋势

(一)中国酒店业发展前景及趋势

中国酒店业的发展历经了30多年的风雨兼程,生命力愈加旺盛。中国的酒店业是最早向外资开放的行业之一,早在1982年北京就出现了第一家合资酒店"北京建国酒店",在此后的20年中,中国酒店业更是伴随着国际酒店业的发展与渗透,取得了良好的发展趋势。

1. 一线城市与其他城市酒店经营差距拉大

上海酒店经营指标2013年4季度以前连续30个月同比下降、2013年4季度至2015年10月连续25个月同比上升。2014年,北京、上海、广州、深圳的净利润占全国盈利城市总利润的70.69%。2014年,中国内地31个省、市、区中星级酒店有盈利的省、市、区4个,共盈利24.01亿元,其中上海18.75亿元、海南3.76亿元、北京1.09亿元、广东0.41亿元。洲际酒店集团2015年上半年中国大陆地区RevPAR上升4.8%,而其中上海RevPAR上升13.7%,显然若干地方是负增长。酒店行业的第一要素是地段,酒店的规模和等级结构与所在地区的经济发展完全正相关,我国许多地方酒店业的发展远远超出经济发展的需求,因此陷入经营状况难以改观的困境。在困难时期,地方政府应该对酒店总接待人数与实际能接待人数进行信息化,采取商业承载力的方式进行审批干预,或举行听证会,对后进者进行设限和关闭。

2. 酒店新三板上市

2015年9月19日,中青旅控股决定中青旅山水酒店上新三板,中青旅山水由创始人蔡海洋先生于2002年创建,基于中档酒店定位,商务酒店品牌山水时尚、精品酒店品牌山水S,在北京、广州、深圳、成都、南京、郑州、丽江等地投资管理了50余家酒店。

2015年9月,胜高连锁酒店管理股份有限公司在新三板挂牌成功,胜高酒店集团创立于2007年,目前在北京、上海、广州、深圳、河北、浙江、湖南等省市拥有在营、在建、签约门店数十家。

安徽古井酒店发展股份有限公司新三板挂牌材料于2015年10月30日在全国股转系统披露。古井酒店成立于2000年11月,于2015年8月完成股改,亳州市国资委占股60%,为公司实际控制人。其报告期内开办直营店共计8家,并通过连锁加盟的形式,在安徽市场形成优势地位。

3. 住宿业出现分享经济

国务院办公厅2015年11月19日以国办发〔2015〕85号发出《国务院办公厅关于加快发展生活性服务业促进消费结构升级的指导意见》,把"积极发展客栈民宿、短租公寓、长租公寓等细分业态"定性为生活性服务业,要求财政部、税务总局会同有关部门适时推进"营改增"改革,研究将尚未试点的生活性服务行业纳入改革范围;科学设计生活性服务业"营改增"改革方案,合理设置生活性服务业增值税税率;"支持符合条件的生活性服务业企业上市融资和发行债券;鼓励金融机构拓宽对生活性服务业企业贷款的抵质押品种类和范围";"积极稳妥地扩大消费信贷,将消费金融公司试点推广至全国。"

4.公务员住宿费标准调整

财政部10月20日下发《关于调整中央和国家机关差旅住宿费标准等有关问题的通知》,自2016年1月1日起,调整2013年下发的《中央和国家机关差旅费管理办法》所规定的差旅住宿费标准。其中,调整北京、上海等11个城市部级干部住宿费标准、7个城市司局级干部住宿费标准和33个城市处级及以下干部住宿费标准。部级干部北京和上海从800元提高到1 100元,上升37.50%;司局级干部北京从500元上调至650元,上升30%,上海从500元上调至600元,上升20%;处级及以下干部北京和上海分别从350元上调至500元,上升42.86%。

财政部的调整有利于公务员出差住宿中高端酒店。调整后的差旅住宿费标准是中央和国家机关工作人员到各省会城市、直辖市、计划单列市出差的住宿费上限标准,各类人员应当坚持勤俭节约的原则,根据职级对应的住宿费标准自行选择宾馆住宿(不分房型),在限额标准内据实报销。此次中央和国家机关差旅住宿费调整也是2006年、2013年年底以来的第三次调整,特点是与全球发达国家一致的市场化操作,实质是以标准取代定点、以负面清单(报销上限)取代正面清单。新标准按地域不同而设定不同的住宿标准,还依据各地实际情况设置了淡旺季标准。

(二)深圳酒店行业发展前景与趋势

1.深圳酒店市场业绩预测

在综合考虑将影响未来的需求水平的积极因素与消极因素的基础上,我们对深圳竞争酒店市场供给、需求以及住宿率的预测概括如下:

2014年至2016年,竞争酒店市场供给将出现第一波增长,年均增长率在10%以上。预计相应的市场住宿率会从2014年时的高点(66%)下降至2016年时的低点(61%)。

2017年至2019年,竞争酒店市场供给增长将放缓。此外,南山区一些竞争力不高的中高档酒店将被新进入竞争酒店市场的较高档至高档酒店取代。鉴于竞争酒店市场的历史趋势,竞争酒店市场住宿率极有可能恢复至67%,与2011年时的住宿率持平。

但是,预计2020年至2023年竞争酒店市场将迎来第二批新增供给。供给的增长将极有可能超越需求的增长,致使市场住宿率在2023年时下降至60%。尽管这样的住宿率比竞争酒店市场目前实现的住宿率低很多,但作为竞争酒店市场假设性供给预期增长的结果,我们认为这样的住宿率是合理的。

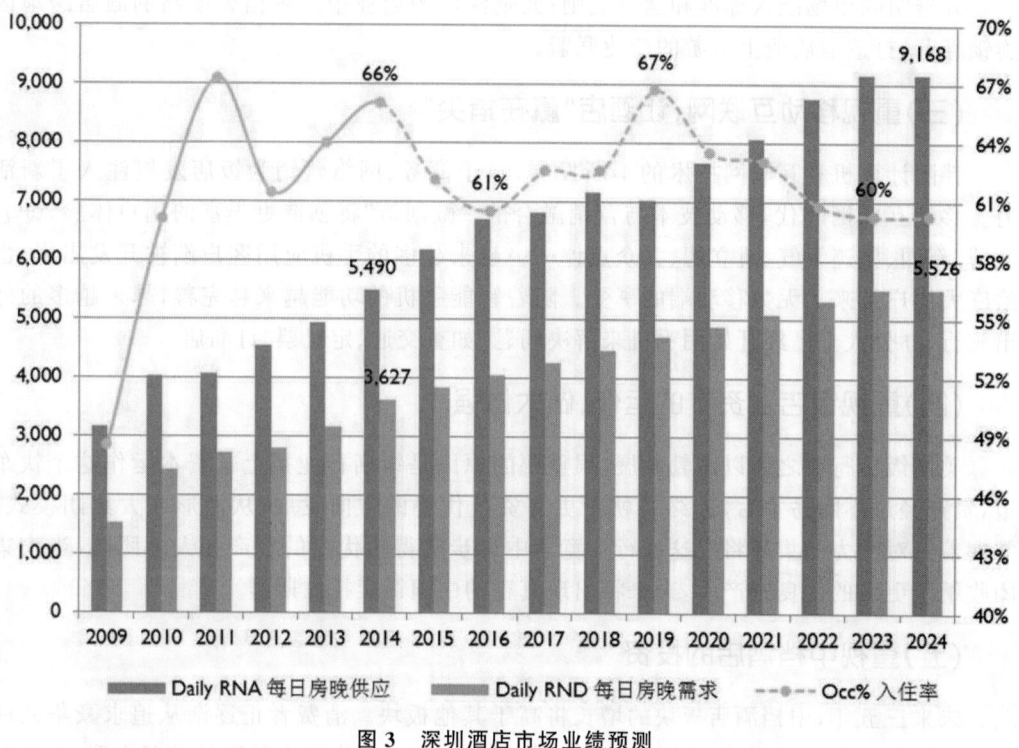

图3　深圳酒店市场业绩预测

十、行业发展的建议

未来,酒店经营过程会越来越回归常态化,以往酒店既占"里子"又占"面子"的时代即将过去。酒店正在慢慢回归商业本质,今后酒店业将进入一种新常态增长的历史时期——酒店经营更加强调资本的力量、文化创意的力量,酒店品质将经受考验。深圳的酒店行业需要以新的姿态迎接新常态。

(一)树立科学旅游观,调结构适应新发展

深圳旅游业应从标准化向多样化、特色化、个性化方面发展,根据深圳的旅游资源情况划分不同的旅游圈。全市各行政区的旅游产业应基于自身条件,差异化发展,错位竞争,形成各自优势,打造"都会福田"、"金色罗湖"、"品位南山"、"蓝色盐田"、"生态宝安"、"山海龙岗"、"绿色光明"和"低碳坪山"的特色化旅游格局。各区(包括经济功能区)的目标特色应有同有异,不追求绝对相异,尤其要兼顾各区旅游发展类型的互补性、交叉性和协同效益。

(二)加快政府职能转变,发挥行业协会作用

政府应简政放权,鼓励中介组织发展,使市场在酒店资源配置中起积极促进作用,建

立公开透明的市场准入标准和运行规则;鼓励深圳酒店业中品牌信誉度高的酒店跨地区连锁经营,打造酒店业上下游的产业联盟。

(三)重视移动互联网,让酒店"赢在指尖"

伴随计算机和互联网技术的不断发展,电子商务、网络营销为饭店发展注入了新活力。移动互联网时代,移动技术与营销融合的"微创新"将创造更丰富的用户体验,QQ、微博、新闻、墨迹天气、凯立德、大众点评……越来越多的手机应用客户端被开发出来,也给广大用户带来了无数移动端的享受。随着智能手机的功能越来越完善,越来越多的外出旅行、办公人士已经开始用手机来解决问题,如查交通、定机票、订酒店。

(四)重视饭店业资本的运作,做大做强

美国饭店行业之所以蓬勃发展,很重要的原因是饭店行业搭上了资本运作这个快车道,资产经过不断易主后,最终将朝着更有资金优势的方向发展,从而形成大集团模式。掌握着绝对实力的集团将在这次行业竞争中逐步获得更优良的资产和人才团队,当大集团收纳了更多的优良资产后,未来将出现真正的中国饭店托拉斯群。

(五)重视中档酒店的投资

未来三五年,中档酒店板块的增长将高于其他板块。消费者正逐渐从追求豪华到回归理性。深圳中产阶层的人数日益增多,是酒店市场中一个庞大的理性消费人群,具有高性价比的中档酒店往往更能符合他们的需求。此外,中央倡导厉行勤俭节约、反对铺张浪费、限制"三公"消费,更多客源将流向中端酒店。

(六)政策倾斜与支持

酒店业作为全行业亏损的行业,深圳酒店业的生存环境日益严峻。政府要解决旅游住宿业的税收、用水、用电等问题,为企业减轻负担,如连锁酒店业如何避免重复征税;星级宾馆、饭店实行与一般工业企业同等的用水、用电、用气价格政策的落实。

2015年,国民经济步入"新常态",对旅游业的发展有诸多利好:经济结构调整,加速服务业发展;动力结构转换,增强内需消费的拉动力;重点民生改善,居民收入持续增长;推进新型城镇化和户籍制度改革等,进一步释放国民的旅游需求。这种大环境、大政策为旅游业持续、强劲发展创造了更好的基础。

深圳市饭店业应懂得抓住机遇,不断创新。创新是饭店业得以持续发展的根本,这是因为饭店服务的对象是人,而人对服务的需求是不断变化的,发现差异和获得新体验是旅游者的追求。

新市场、新需求、新技术、新媒体、新资源、新理念的出现为企业带来了机遇,但能发现机会、抓住机遇的,总是善于研究、做好准备、有远见的企业家。发现机会、抓住机遇、不断创新,才能在新一轮酒店市场洗牌中确立自己的优势地位。

Ⅱ 深圳市饭店业协会 2015 年度发展概况

一、协会发展历史及现状

深圳市饭店业协会自 2004 年 11 月成立以来,始终本着遵守宪法、法律、法规和国家政策,遵守社会道德风尚,以自我管理、自我约束、自我教育、自我服务的精神,加强国内外的交流与合作,组织本行业的培训,规范本行业行为,维护本行业利益,加强企业间的协调和交流,沟通企业与政府间的联系,促进企业经济发展和技术进步,为本行业发展服务,为会员服务,为繁荣深圳经济做出贡献。截至 2015 年年底,协会有会员 332 家。会员主要为行业骨干企业,遍布深圳各个区域,覆盖率达 80%。协会设有分支机构 10 处,并于 2008 年成立了深圳市饭店业培训中心。

二、协会会员情况及分布特点

深圳市饭店业协会会员以深圳市星级酒店为主,并发展了一批高质量的酒店相关产品供应商会员,目前 332 家会员单位中有 302 家酒店会员,30 家供应商会员,其中酒店会员各区分布如下图:

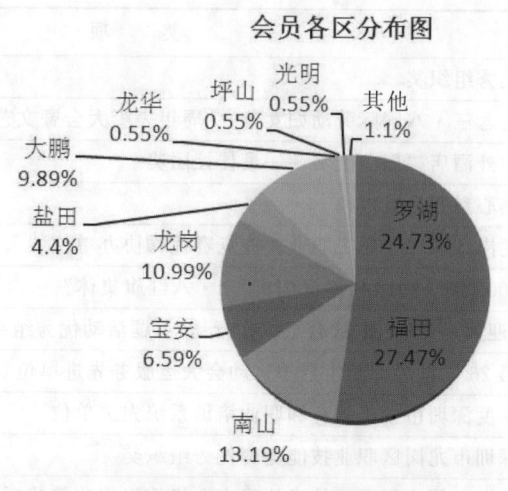

图 5 会员区域分布图

从上图中可以清楚地看到坪山、光明等区会员基础相对薄弱,待条件成熟的时候,在龙华、坪山、光明等区设立新分支构,是协会 2016 年下半年的工作重点之一。

三、主要服务项目内容与主要成绩

(一)协会业务服务范围是

1.组织本行业间的信息、技术、管理经验的交流和研究,制定本行业职业道德规范和质量标准等自律规则,增进横向联合,提高职业经理人及各级管理人员的素质,组织本行业的培训,促进行业的发展;

2.协调会员之间的关系,增进同行业间的友好往来和相互协调,接受会员的委托,对本行业内的经济纠纷进行协商或调解,必要时报主管部门协调;

3.收集和反映会员的意见,及时向政府部门和市行业协会服务署提出建议,根据法律、法规和政策,维护会员的合法权益;

4.组织本会会员参加各类招商洽谈会、商品展销会、国内外参观、访问考察以及其他活动,积极协助其开拓海内外业务;

5.办好会刊(月刊);

6.为会员举办各种专业讲座和业务培训等,提高人才素质;

7.设立本会专门网站,为会员推广宣传及提供信息、咨询服务;

8.取得政府支持,策划组织行业性大型活动。

(二)协会荣誉 深圳市饭店业协会在政府及会员单位的大力支持下,获得了以下殊荣

序号	年份	奖　项
1	2005	优秀组织奖
2	2007	纪念三·八国际劳动妇女节97周年表彰大会暨文艺演出创意奖
3	2007	中外酒店二届白金奖——最佳社团奖
4	2008	热心慈善公益机构
5	2008	龙岗区第二届职工职业技能竞赛优秀协办单位
6	2010	2009年—2010年度深圳市"三·八红旗集体"
7	2011	"迎大运 创文明 社会组织在行动"主题活动优秀组织者
8	2011	第26届世界大学生夏季运动会大运服务先进单位
9	2011	年度深圳市技工教育和职业培训系统先进单位
10	2012	深圳市龙岗区职业技能竞赛优秀组织奖
11	2013	罗湖区第八届职工技术比武大会优秀组织奖等奖项
12	2014	"中国饭店协会10周年携手相伴奖"
13	2014	4A级社会组织

四、协会今年主要工作情况与成绩

2015年,深圳市饭店业协会在市社会组织管理局、市文体旅游局等上级领导部门的重视、指导、支持下,在会员单位的支持配合下,紧紧围绕着"新常态·新趋势·新发展"的主题,为政府服务、为行业服务、为会员服务,以服务促发展,通过内抓队伍建设,外抓服务交流,立足实际,努力打造和谐高效、进取创新的品牌形象,较好地发挥了协会组织的应有作用,增强了行业影响力。它主要开展了以下工作:

(一)系统全面加强协会建设

1.依法遵章开展协会建设工作

按社会组织管理办法和《深圳市饭店业协会议程》的要求,以丰富多样的会议形式全年召开会员代表大会1次、常务理事会2次、理事会4次及监事会4次、培训管理研讨会1次,集思广议,深入分析及探讨行业热点问题,推动协会的发展。

2.发挥协会信息平台作用

全年编辑出版两期《深圳客》,陆续建立三个QQ交流群,六个微信群,拓宽信息发布与沟通交流渠道;加强协会微信订阅号管理,全年共推送各类通知、协会会态、会员推广活动等信息180余条,阅读量合计超过2.78万人次,粉丝量从1 300多人增加到1 800多人。

3.加强秘书处人才队伍建设

协会秘书处2015年在册工作人员8人,设行政办公室、会员服务部、培训部。为了适应发展需要,协会秘书处建立健全各项规章制度和员工绩效考核制度,"内培外训"打造学习型团队,加强自身建设,完善队伍建设,提升了协会工作人员的素质,提高了服务会员的能力。

(二)科学管理会员,增强行业影响力

协会牢记自身的宗旨,服务会员,为会员谋实惠,为企业办实事。2015年,协会会员工作涵盖老会员维护与升级、会员回访与满意度调查、新会员发展、专业论坛及交流台建设4大核心内容。

2015年,会员走访的主要区域为罗湖区、福田区、南山区、宝安区、龙华区5个区域,走访单位165家,会员服务部走访会员基本全覆盖。老会员会费收缴率为93%,远远超过民政局规定的80%。在会员走访的过程中,协会深入了解会员单位的需求,增强了协会与企业间的沟通与联系。通过会员走访,协会收集及整理会员意见为制定协会工作方向与发展规划提供有力的依据。

2015年,会员服务部发展新会员21家,其中包括酒店会员单位15家,供应商单位6家。

全年组织会员交流活动50余场次,涉及参观考察、行业培训、行业论坛、行业沙龙、联谊会等。如四季酒店、温德姆酒店参观,文化主题酒店评审员、职业经理人、收益管理培训,"酒店投资与管理"、"酒店互联网营销创新经验分享"沙龙、"如何突破酒店业绩效管理

困局"沙龙、年会论坛、移动高峰论坛、新春团拜、中秋联谊会、"绿色低碳、节能环保"经验交流研讨会、提升酒店西餐业绩分享会、智慧地产暨智慧社区产业发展研讨会等。

(三)重新架构培训课程及培训体系,建立多层次培训体系

培训中心正处于内化管理、资源整合的特殊阶段。2015年,我们将培训中心的基础运营框架和经营业务范围进行了初步的疏理和整合,进一步明确了培训中心未来的市场定位和发展方向与运营管理方案,同时建立了培训中心专家讲师库及技能竞赛裁判专家库。目前,培训中心讲师阵容中,竞赛版块的裁判专家有26位,候选专家80多位。以协会会员单位为基础,广泛挖掘培训需求,向会员企业了解培训需求,为培训中心项目承接、业务洽谈以及品牌推广等奠定了初步的基础。

通过筛选引进一些业内知名的专业机构或专家学者,2015年,协会尝试与第三方开展一些项目或领域的交流合作:3月份与中国饭店业协会联合主办了"深圳首批文化主题饭店国家级评审员培训班";6月底与美国鸿铂国际管理咨询有限公司总裁、美国康奈尔大学酒店管理硕士、中国第一部酒店收益管理书作者——胡质健先生合作主办了"酒店收益管理培训班";12月底与美国饭店业协会联合主办了"酒店互联网营销创新经验分享培训班",并与美国饭店协会、瑞士洛桑学院、萨维尔商学院等第三方国内外专业院校或机构驻中国代表处建立了初步的联系。培训中心通过与专业机构之间的合作,发挥双方在课程体系、专业领域或组织发动方面的优势,为培训中心积累了一定的项目运作经验和市场基础,进一步提高了培训中心的业务覆盖面和知名度。

开展行业培训的同时,其积极拓展政府培训市场,拜访罗湖、宝安、龙岗、盐田、大鹏、龙歧湾等相关政府部门的培训机构,争取培训项目并编写方案、组织实施。全年培训中心争取到了宝安区文体旅游局、宝安区职业能力开发局、大鹏新区社会建设局、市经信委等政府业务部门的培训合作,先后承办了大鹏新区职业经理人培训、宝安旅游局服务英语培训、服务礼仪培训、服务意识与服务技巧培训、宝安户籍居民就业培训、宝安技师沙龙以及市经信委节能培训等各类培训项目共12期,为行业近百家酒店培训学员600余人,培训人群涉及一线服务人员、主管、经理以及酒店总经理等高管,通过承接政府培训,实现培训收益约50万元,培训中心的培训业务逐步迈入正轨。

(四)搭建政企桥梁,做好政府职能转移项目承接工作

这些年协会通过规范有序的运作,承接了政府相关部门转移、委托、授权等职能事项或购买服务项目。协会将立足于为政府做好"参谋"工作,团结、服务会员单位,多争取政府购买服务。2015年,协会政府购买服务已涉及数据购买、行业报告、薪酬报告、宣传服务、培训与技能大赛5个方面,政府购买服务收入占协会总收入的43.46%。2016年,我们将进一步加强承接政府转移职能项目的力度,使之成为协会收入的支柱。

(五)引领行业发展,创协会品牌活动

协会发展至今已有12年,协会已夯实基础,活动品牌化是我们目前面临的问题。为提高活动品牌化程度,2015年,协会开展了以下活动:

1.深圳市绿色饭店项目

低碳环保、节能增效是时代的要求,绿色饭店是政府大力提倡推广的项目,推广绿色饭店是协会的一项重要工作。2014年,我们成功举办了首届深圳市绿色饭店博览会暨绿色产品展等系列活动,包括绿色饭店博览会、环保骑行活动、绿色饭店国家级评审员培训、节能与清洁生产培训班等。2015年,协会加大人力物力的投入,推动绿色饭店申报,观澜湖酒店、圣淘沙酒店(翡翠店)成功申报五叶绿色饭店。2016年初,新增四叶绿色饭店弘都酒店,新豪方东涌酒店和圣淘沙酒店(马家龙店)顺利通过四叶绿色饭店复评,东华假日酒店目前正申请五叶绿色饭店。此外,协会还主办"垃圾减量分类,深圳环境更美"讲座,开展"消除饭店酒楼用气安全隐患,改造管道天然气"调查活动,组织饭店人"全橙跑,刷地球",组织1期"绿色低碳,节能环保"经验交流研讨会,3期节能与清洁生产培训班,推广酒店节能新技术。

2.互联网+与智慧酒店

互联网+与智慧酒店已成为行业焦点,互联网+的思维已经深入到酒店的每个细节。互联网的发展不单是重新定义了智慧酒店的概念,更为深刻的是互联网的蓬蓬发展,重构了中国的酒店业。

3月12日,协会协办"智慧酒店的变革和升级"智慧地产暨智慧社区产业发展研讨会,为会员单位全方位解读了智慧酒店发展现况以及未来发展方向。

9月17日,协会举办深圳市移动高峰论坛暨别样红移动酒店战略发布会,利用互联网平台为会员单位提供新的管理模式。

12月10日,协会在圣淘沙酒店(桃园店)成功开展"大数据助力酒店决胜未来"研讨活动,30多家会员单位,60多位总经理参加了此次的研讨活动,深入了解大数据对酒店业的改变。

3.开展论坛及评选活动

2015年12月,协会与广电集团《食客准备》栏目组合作开展"第四届餐饮风云榜评选活动",参与了启动仪式暨"互联网+餐饮"高峰论坛,有8家会员单位参与此次活动。

2016年年初,协会启动首届"深圳市饭店业琅琊榜"评选活动,与深圳晚报倾力合作,旨在推动深圳饭店行业的发展,表彰先进,树立标杆。此项评选活动将从大众评选、网络口碑、政府信用评价体系以及专家到店评审4个维度开展。

2015年,会员代表大会同期举办行业论坛,行业反响强烈。于是,协会组织首届"饭店业麒麟论坛",参会代表、各方专家将共同探讨2016年饭店业的发展趋势与方向,聚焦中国酒店业消费者需求分析、智慧酒店的变革与发展、酒店设计创新、老酒店翻新改造以及酒店资本运作等热点领域。

4.技能大赛

职业技能大赛是检验从业人员技能水平的重要手段,也是选拔高技能人才和促进高技能人才成长的有效途径。为推动我市饭店行业技能人才队伍的发展壮大和整体素质的提升,协会成立至今,共承办了各类技能竞赛11次,培训饭店专业人才6 000余人,对推动深圳饭店人才的培养与发展具有深远的意义。未来我们将尽可能地引进社会资源,将竞赛做成行业有规模、有影响、有口碑、有效益的品牌活动。

五、协会运作过程中的典型经验

深圳市饭店业协会自成立以来始终坚持实施管理创新和内部治理原则,典型经验汇报如下:

深圳市饭店业协会坚持以服务为宗旨,推动行业发展,全面贯彻落实科学发展观,通过不断加强制度建设,科学规范工作程序,建立了比较完善的行业自律制度和有效的实施机制,形成了覆盖全行业、多层次的行业自律管理制度体系。

(一)深圳市饭店业协会是行业自主发起的具有广泛代表性的第一家纯民间性质的社会组织,其最大的优势在于完全由民间自发形成。会员保持紧密协作,共同搭建行业平台,推动行业发展,改变同行价格竞争,规范行业运作与服务。协会像经营企业一样管理创新,靠优良的服务吸引会员,推动会员企业共谋行业新发展。

(二)协会坚持积极配合政府主管部门的工作重点,发挥参谋、助手和智囊作用,加强对行业的协调和指导,坚持深入调查研究,广泛征求会员单位意见,更加准确地反映行业发展的诉求、反映市场发展的规律和主管部门的要求,具有较强的权威性、可操作性和时效性。

(三)协会形成了包括协会章程在内的有效的工作制度,不断完善工作机制,努力增强自律管理的有效性。通过建立各项规章制度,协会保证了各项工作的科学规范和高效。各项制度的贯彻落实,加强了协会的自身建设和规范发展。

(四)协会适应新的形势任务,增强和完善协会的服务功能,对内设机构进行调整和精减,在原有基础上强化了会员部与综合部门的职能。

深圳市个体劳动者协会 2015年度发展报告

◎深圳市个体劳动者协会

一、协会发展历史和现状

伴随着深圳经济特区36年的发展,深圳市个体工商户从建立特区之初的6户18名从业人员,发展到2015年12月底的101万户210多万从业人员的庞大队伍。36年来,个体工商户为推动深圳经济发展、创造财政收入、实施就业再就业、保障深圳市民生产生活的物质供应、为广大市民提供全天候无缝服务做出了积极的贡献。这样一个人数众多、经营分散、成分复杂、素质文化偏低、流动性强的弱势群体。在当年,不仅需要有一个组织给予政策和服务项目的扶持帮助,更重要的是需要这个组织肩负起团结、引导这些经营者和从业人员在政治上和思想上与党中央保持高度一致,引领他们跟着共产党走中国特色社会主义道路,引导他们诚实经营、和谐发展,肩负起为国家经济建设多做贡献的责任。基于此原因,依据国务院《城乡个体工商户管理暂行条例》,全国各级个体劳动者协会如雨后春笋般顺势而生。1985年1月15日,在原深圳市工商局的牵头筹建下,深圳市个体劳动者协会(以下简称市个协)正式成立,并以市工商局一个业务科的身份在原工商大楼内挂牌办公。1988年6月20日,深圳市人民政府办公厅正式发文,批准成立深圳市个体劳动者协会(深府办[1988]844号),明确市个体劳动者协会的宗旨是:"团结、教育全市个体劳动者,为发展社会生产、方便人民生活、建设社会主义物质文明和精神文明服务。"

与全国工商行政管理局的建制相同,全国个体劳动者协会同样分国家、省、市、区、分会5个级别,依托于工商系统开展工作。深圳市个体劳动者协会31年的发展分为两个阶段:

1985年1月15日至2005年12月18日的21年,属于体制内运行阶段。在原市工商局的领导下,市协会下属分别成立了6个区级协会和62个分会,工作人员最高时达229人。当时市个协15名工作人员均是由市工商局政工处正式调入的干部,享受市政府事业编制待遇(市编委给市个协事业定编15人)。在广大个体工商户眼里,个协和工商是一家,因此,凡是办理了个体营业执照的个体工商户都主动加入协会,成为会员。在工商局的领导下,协会开展了众多关于会员生产经营情况的调研活动,将会员生产经营中存在的困难和问题及时形成有分量的书面材料向政府各有关部门反映,为会员呼吁呐喊;积极开展职业道德、普法维权、党建等宏观层面服务,通过编辑各类书刊、出版协会自有杂志、组织培训等活动帮助会员树立遵纪守法、文明经营、和谐发展的意识;依托工商局的平台和声誉,为会员提供融资、代办执照年审、出具各类证明等个性化服务,帮助会员解决生产经营和生活困难。市个体劳动者协会成为当时体制最健全、机构最完善、人员最充裕、影响力最广、运作最好的协会之一。

2006年1月至今,属于协会市场化运作阶段。根据2004年12月深圳市委、市政府联合下发的《深圳市行业协会民间化工作实施方案》,作为综合类协会的我们,也被一刀切地列入改革范围。在人、财、物、办公场所等均未得到妥善安置,在协会自我生存能力和自我发展能力相对薄弱、在上级协会和基层协会都不参与改革的情况下,市个协被断崖式地完全推向市场,这对协会无疑是致命的打击。协会走过了怨愤、迷惘、彷徨、摸索的四年,又迎来了开拓、进取、重振、喜悦的六年。通过前四年的摸爬滚打和探索积累,2010年以党建系列亮点工作为主线,以2011年为个体工商户提供集中办理社会保险服务为突破口,逐步开发出了深受会员欢迎和喜爱的集中办理社会保险、融资贷款、积分入户咨询、商事主体业务等多项服务,与协会原有的宣传教育、普法维权、党建等服务形成了针对性强、覆盖面广、关注度高、社会效应好的会员服务体系。同时,协会积极参与服务政府活动,尝试开展承接政府职能;发挥党组织的核心引领作用,严抓党组织的纪律和作风;开展共产党员店档"三亮"挂牌经营活动和"红旗文明诚信商户"创建评比活动,引导会员树立诚信理念,营造诚信氛围;鼓励和支持会员参与各项社会公益事业,延续中华民族的优良传统等,均取得较好的社会效益和经济效益。2013年12月27日,协会被深圳市民政局授予"5A级社会组织"称号。

近六年来,协会获得的重要荣誉有:2010年12月,被深圳市慈善总会授予2010年~2014年"热心慈善公益机构";2011年7月,被市委、市政府授予"2006~2010年深圳市法制宣传教育先进集体";2011年7月,被中国个协授予"全国个私协会服务工作先进单位";2011年9月,被深圳市民管局授予"迎大运、创文明,社会组织在行动优秀社会组织奖";2011年12月,市协会党委被广东省委组织部授予"两新"百强党组织;2012年2月,被中共深圳市委、深圳市政府授予深圳市"文明单位";2012年6月29日,市协会党委被市委组织部授予深圳市"创先争优'鹏城先锋'先进基层党组织";2014年4月,市协会党委被中共深圳市委组织部授予"深圳市非公有制企业和社会组织党建工作示范点";2015年12月,被中共深圳市非公有制经济组织委员会授予"深圳市非公党委党建工作示范点"。

二、协会概况

秘书处内设办公室、宣教部、服务一、二、三部、融资部、《深圳民企时代》编辑部等办事机构,下设出彩商务服务有限公司、个体私营企业权益维护工作委员会、个体私营企业法律培训基地等。协会旗下还拥有党委1个、党总支2个、党支部26个。

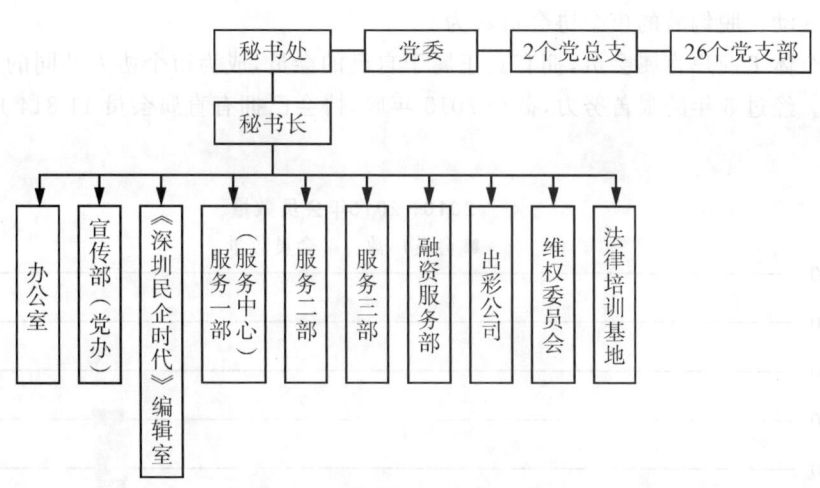

图1 市协会组织机构图

目前,协会秘书处团队拥有30名专职服务人员,其中有13人是民间化改革后留在协会工作的老员工,这部分人员年龄偏大、学历偏低,在协会工作时间长,经过民间化改革前后双重体制的历练,拥有了丰富的协会工作经验,能较好地带领团队开拓市场、发展会员、寻觅商机。协会后期因业务发展需要招收的多数为30岁以下的年轻人,本科学历居多、头脑灵活、接受能力强。通过新老员工组合搭档,经验和创新不断交融和互补,协会的工作迸发出旺盛的活力,服务会员的水平和能力得到了快速提升。

表1 协会人力资源状况

人力资源状况	说　明
平均年龄	秘书处团队共有30人,平均年龄38岁
性　别	男性20人,女性10人
学　历	本科10人,大专11人
从业年限	从业20年以上13人,从业2年以上18人,从业1年以上23人

三、会员概况

(一)会员数量

在民间化改革前,市个协、区个协、基层分会都依托于工商系统开展工作,市个协作为领导单位,主要发挥指导、协调、沟通、调研、策划的作用,所有的会员都分布在基层,由基层分会掌握着会员的第一手资料,三者是上下联动、会员共享、密不可分的整体。2006年,市个协实行民间化改革了,而区个协未被列入改革范围,他们仍以事业单位人员自居,区个协的领导仍由工商部门派出的科长担任,这样的体制导致他们不会认可市个协的任何决策和活动。脱钩后的市个协会员数为0。

发展个体工商户直属会员,拥有真正属于自己的会员,成为市个协人共同的追求和努力的目标。经过5年的艰苦努力,截至2015年底,协会已拥有直属会员11 814户共计34 727人。

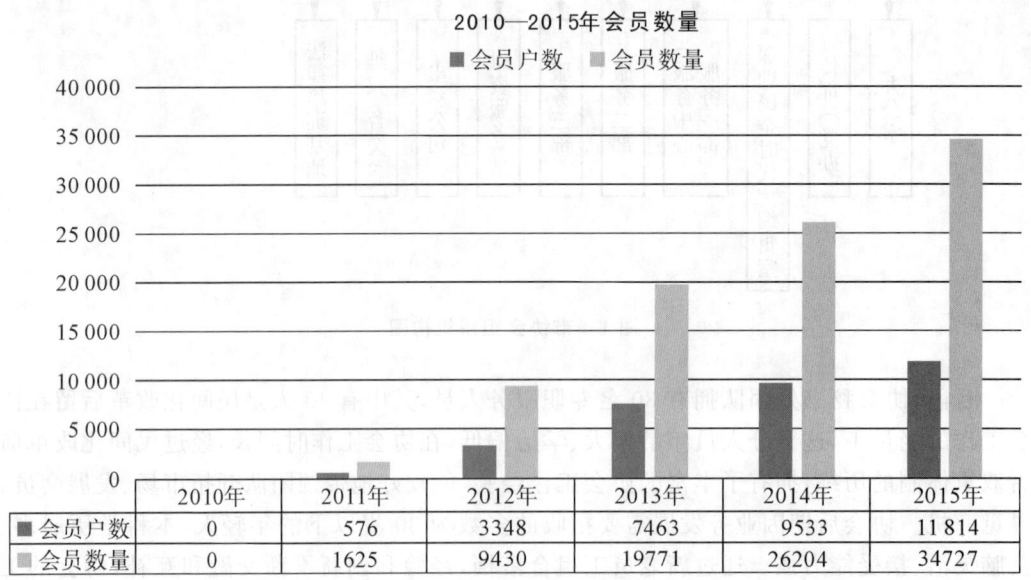

图2 市协会2010—2015年会员发展情况

(二)会员覆盖率

随着2013年3月1日深圳商事主体登记制度改革的全面启动,个体工商户数量出现井喷式增长。商事登记制度改革实施至2015年年底的2年10个月中,个体工商户增长数量超过经济特区成立33年来的总量,由2013年2月底的477 464户增至2015年12月底的1 012 858户。

虽然协会拥有11 814户会员单位,但与巨大的市场主体量相比,2015年年底会员覆盖率仅为1.17%,可喜的是与2012年年底数据相比已呈增长态势。随着市场主体的逐渐饱和,新注册的个体工商户数量增长趋势必定放缓,随着市场经营秩序的逐步规范,黑名单商户和僵尸商户将被清理出市场,因此,未来的个体工商户总量将不会大幅度增长。协会将加大投入服务会员的力度,通过优质高效服务凝聚会员,不断扩大会员队伍,壮大协会发展。

(三)会员行业分布情况

截至2015年年底,协会会员行业分布情况为:批发零售业占39%;服装鞋帽业占15%;农贸市场行业占12%;电子电器占11%;餐饮酒店占7%;五金建材、美容美发、烟酒副食及其他类各占4%。

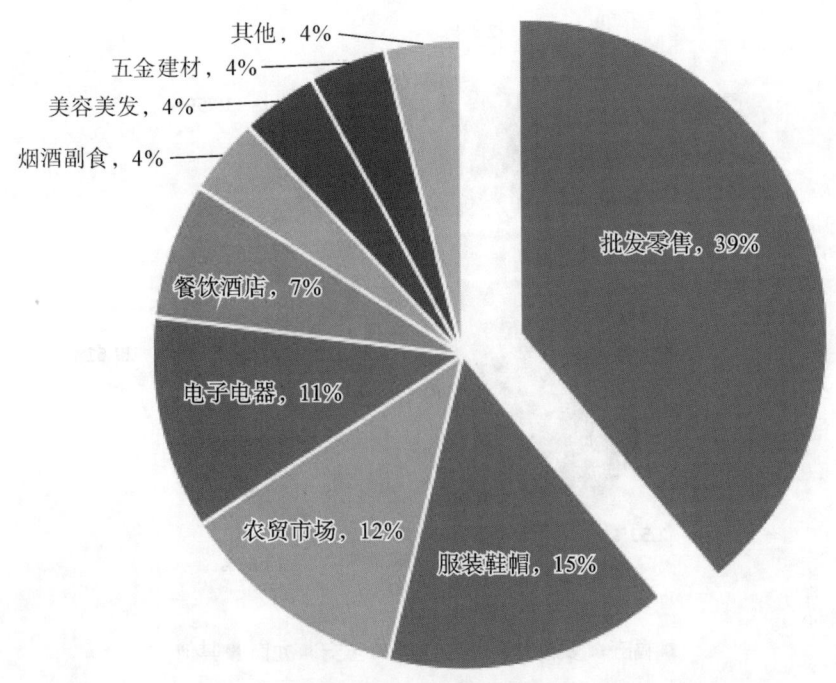

图3　会员行业分布比例

(四)会员区域分布情况

截至2015年年底,协会会员总户数为11 814户,其中福田2 315户,占19.59%;罗湖2 080户占17.61%;南山1 709户,占14.66%;龙华1 096户,占9.27%;宝安296户,占2.51%;龙岗4 042户,占34.21%;光明、坪山、大鹏、盐田等区共276户,占2.33%。

四、会员发展存在的困难和问题

(一)经营理念落后,抗风险能力差

个体工商户文化程度较低,80%以上属于家庭式小规模经营,本小利薄,品种单一,转型慢,政策把握能力和市场拓展能力较弱,抗风险能力差,成立和消亡有时就在一念之间,往往变动快速频繁。

(二)互联网向全民生活渗透,竞争更加激烈

互联网由于具有成本低、效率高等优点,已经迅速、广泛、深入地渗透到传统行业之中,企业的经营理念和模式正发生着深刻的变化。商事登记制度的放开,实体店又如雨后春笋般增长,市场主体量剧增。有文化且善于接受新知识的年轻一代将借助"互联网+"的运营模式快速成长起来,而年龄偏大且思想僵化的群体或部分实体店必定在这场没有

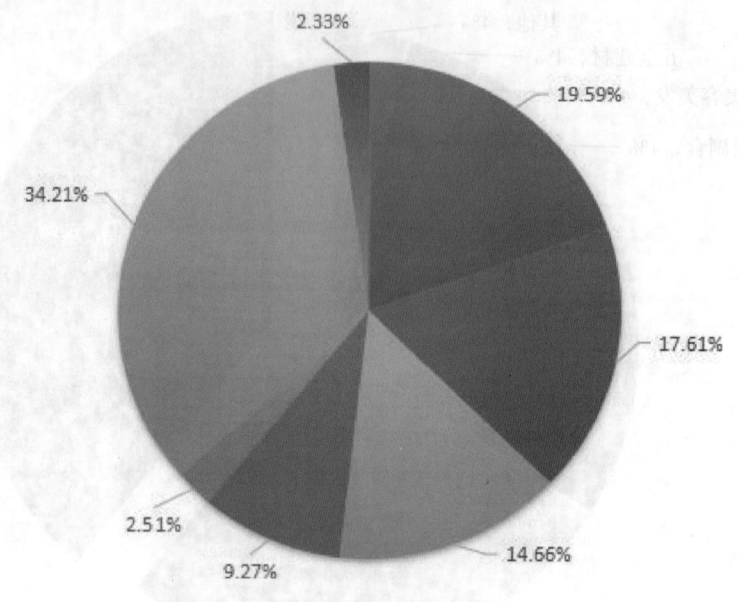

■ 福田 ■ 罗湖 ■ 南山 ■ 龙华 ■ 宝安 ■ 龙岗 ■ 其他

图4 会员区域分布情况

硝烟的战争中落败,被淘汰出局,竞争愈发激烈。

(三)政府没有扶持政策,融资难,发展存在瓶颈

个体工商户受资产规模、竞争实力、经营风险等因素的限制,很难在银行获得贷款。加上国家及地方政府很少出台扶持个体工商户发展的政策和措施,他们从出生到成长,基本上都是靠自己,磕磕碰碰一路发展,如果想做大做强或转型升级,存在着困难和障碍。

(四)对商事登记制度改革引发的构建全面诚信体系建设认识不足,致使个人信用受影响

商事登记制度的改革,降低了创业门槛,激发了市场活力,随之而来的是社会信用体系的全面构建和监管。网上办理注册变更、取消年检改年报、五证合一、税务网络零申报等一系列措施的密集出台,让个体工商户群体猝不及防。这集中表现在年检改年报,绝大部分个体工商户都以为取消年检就不需要年报了,导致被移入异常名录,产生信用污点。

五、协会内部治理特色

2005年行业协会民间化改革前,协会属于原市工商行政管理局的一个内设处室,人员使用和管理完全参照公务员和事业单位的管理体制,没有任何后顾之忧。协会民间化改革后,没有了主管单位,没有了工商局这个可以依靠的大树,靠什么来解决人员的生存

和协会的发展？15名由原市工商局调入系统后分配在协会工作的老员工,被强行改制到协会,情绪低落、满腹牢骚,如何进行市场化运作,协会上下一片茫然。消极怠工、混日子等退休的思想逐渐在协会占据了上风,促使一些年轻想干事的员工也感到前途一片悲哀。

协会领导班子意识到不改变现状,协会将是死路一条。改变先从思想抓起,协会一方面组织员工讨论协会发展前景、讨论未来的路怎么走,强调协会的发展必须要靠自身的努力,并邀请多名副会长来协会交流企业的运作模式,请部门领导谈如何以身作则地带好团队;另一方面顶着外界压力,大力推进绩效改革,实行奖励制度,调动想干事、能干事的员工的积极性,以好带差,改变队伍整体松散、懈怠的状况;同时积极与各政府部门沟通,取得支持和帮助,引入符合协会发展、符合会员需要的服务项目。

2012年年底,协会开始策划参加社会组织等级评估。面对4大类113项考核内容,我们把评估当作是完善内部治理和提升综合能力的一次大练兵。特别是内部建设方面,通过广泛征求员工意见,接纳不同声音,协会修订理事会制度和完善秘书处各项规章制度50多个。有章可循、依章办事,促进了员工整体素质的提高,促进了内部管理科学高效,促进了工作效率大幅提高。在获得"五A级"协会的荣誉后,协会内部管理规范在业内已小有名气,2014、2015年连续两年作为行业协会唯一代表单位,接受广东省"两建"工作考核组检查,获得满分,为深圳及深圳的行业协会争得荣誉。

随着协会服务业务的不断丰富和成熟,2014年2月,协会引入企业管理专业人士,运用科学的手段、明确的目标、有效的任务来规划工作岗位和量化工作任务,员工拿出工资的10%、协会拿出5%作为绩效奖金,制定了奖惩分明的绩效考核指标。协会通过岗位负荷分析、定岗定责、竞争上岗、双向选择等一系列措施,让员工有清晰的工作目标和充分选择岗位的机会;通过任务分解和奖惩措施制定,让员工知道每个岗位都有工作压力,迫使自己不断开拓和进步。

2015年2月,协会推出《光彩人生积分奖励方案》,完善激励机制。协会通过量化标准、细化工作,将每项工作内容都纳入评分和考核,让员工始终在公开、公平、公正的良性竞争环境中工作;设立光荣榜,对"月度之星"、"季度之星"、"年度之星"进行张榜表扬及给予奖励,同时将阶段性表现记入个人档案,作为长期考核、评先、晋升的参考。

2016年4月,协会对工资体系进行改革,将任职人员的职务补贴从工资中剥离出来,让职务补贴与任职情况挂钩,任职可享受,不任职不享受,充分激发了部门领导勇于担当和敢闯敢干的工作热情。同时,协会实行公开、公平、透明的工资晋升体系,给表现优秀的员工提供了看得见、摸得着的晋升渠道和上升空间,从而极大地调动了员工的工作积极性。

通过一系列的内部治理改革,协会的建设和管理发生了翻天覆地的变化。"立足本职、努力工作、争创佳绩"成为每位员工的工作目标,一个作风正、效率高、懂服务、能战斗的团队悄然崛起。

六、协会财务状况

协会各项制度严谨规范,严格按照《民间非营利组织会计制度》和《广东省社会团体财务管理办法》核算的需要,建立了完善的内部财务管理制度,配备持有会计证的专职会计和出纳,实行钱账分管制度,能及时、准确、完整地记账、结账、报账,编制各种财务报表。

目前,其财务状况运作良好,无负债,可持续发展性高。

2015年度协会收入来源主要为:(一)会员费;(二)政府购买服务;(三)提供业内服务;(四)利息及其他收入。

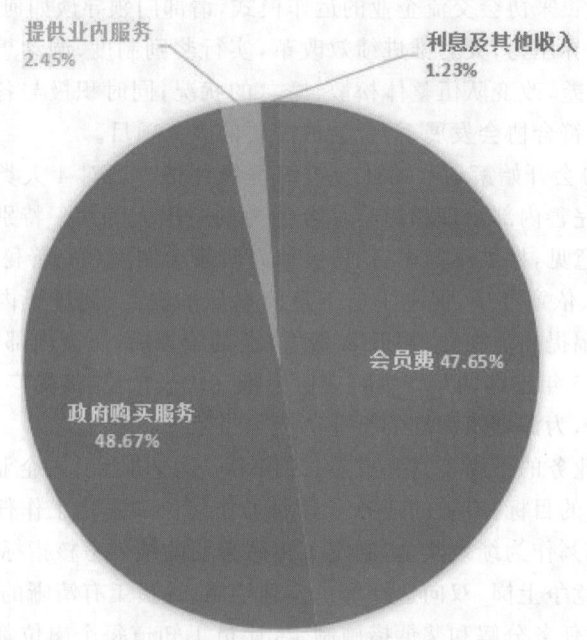

图5　2015年度主要收入来源分布情况

2015年度协会主要开支为:(一)业务活动;(二)在职员工工资及福利;(三)退休人员工资及福利;(四)场地租金及管理费;(五)日常办公及其他开支。

七、协会2015年主要工作和活动开展情况

2015年,协会在两会理事会的正确领导下,在全体员工的共同努力下,内部建设趋于完善规范、服务力度不断扩大延伸、党建工作继续抓好抓实、政府委托工作完成得精彩出色。

(一)发挥党组织的核心引领作用

1.严格按照《党章》的要求,进行党委换届,配备优秀党务干部,加强党的组织队伍建设。

2."七·一"期间表彰了7个先进基层党组织、38名优秀共产党员、15名优秀党务工作者。

3.协会会长兼党委书记曾宏兴当选为深圳市第六次党代会代表。

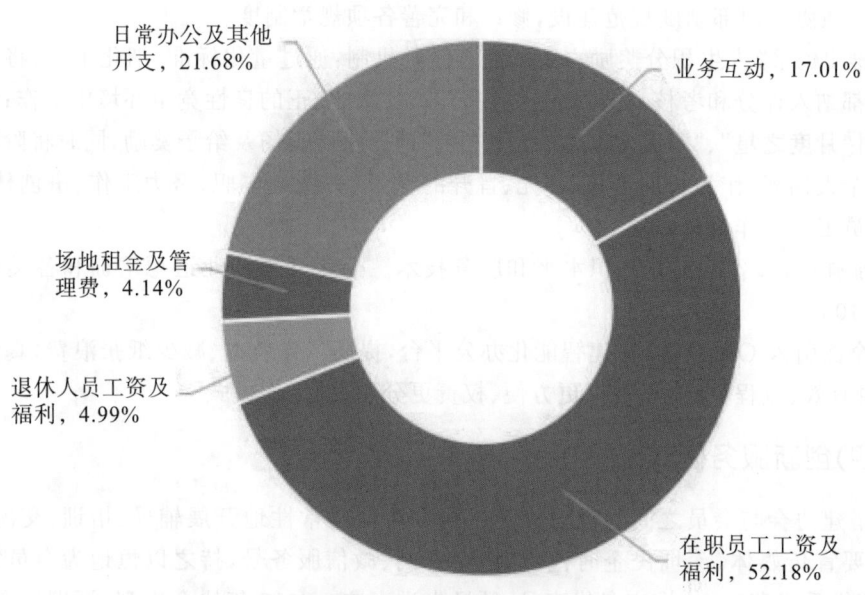

图 6　市协会 2015 年主要开支情况

4.推进"共产党员店档"、"三亮"挂牌经营活动,充分发挥党员的先锋模范作用,塑造党员新形象。

5.党组织活动开展得丰富多彩:2015 年,开展学习"三严三实"、深圳第六次党代会、《中国共产党纪律处分条例》、十八届五中全会、抗战 70 周年习近平重要讲话等活动;慰问关爱困难党员、会员 17 人次,送去慰问金 3 万元。

6.协会党委承办深圳市非公有制经济组织基层党委书记北京大学党建理论研修班,共有 32 个非公经济党组织 40 人参加了培训。

(二)策划深圳市个协成立 30 周年庆典

2015 年 1 月 15 日,协会在晶都酒店举办"情系鹏城三十载,勇立潮头再扬帆"深圳市个协成立 30 周年庆典。大会高度概括了个体劳动者协会 30 年来,为呈几何增长的个体工商户群体在领航方向、领航党建、领航服务、领航公益关爱等方面所做的工作和取得的巨大成就。大会同时表彰了优秀个体工商户、个体工商户之星、30 周年杰出理事、30 周年协会突出贡献员工等一大批先进人物。全国政协委员、国家工商总局原副局长、中国个协会长钟攸平、中国个协副会长兼秘书长刘敏及港澳同行友人、省工商局、省个私协会、市人大、市政府相关职能部门领导、全国各地部分省市协会同仁等众多嘉宾出席了大会。

为配合本次宣传,协会编辑出版了《深圳民企时代》特刊,以图文并茂的方式展现了协会的发展历程和贡献成就,受到广泛的好评和赞誉。

(三)加强内部管理和建设

1.严格按照《章程》规定,召开年度理事会和常务理事会,对协会的重大事项进行商议和决策,保证协会全年工作有序、高效开展。

2.加强协会内部制度规范建设,修订和完善各项规章制度。

3.推出《光彩人生积分奖励方案》,完善激励机制:通过量化标准、细化工作,将每项工作内容都纳入评分和考核,让员工始终在公开、公平、公正的良性竞争环境中工作;设立光荣榜,对"月度之星"、"季度之星"、"年度之星"进行张榜表扬及给予奖励,同时将阶段性表现记入个人档案,作为长期考核、评先、晋升的参考。"立足本职、努力工作、争创佳绩"成为每位员工的工作目标。

4.加强内部培训,提升知识水平和服务技术。全年开展职业道德培训和各类业务知识培训10次。

5.全面引入OA系统,搭建智能化办公平台,提高工作效率,减少纸张浪费,真正实现"管理更有效、流程更统一、查询更方便、权责更分明"的工作模式。

(四)创新服务模式

1.搭建协会与会员之间的沟通交流平台。协会经常性地开展辅导、培训、交流,通过协会主要宣传媒体《深圳民企时代》和协会官网、微信服务号,持之以恒地为会员宣传政策、介绍优秀经营理念、推广名优产品、颂扬先进事迹。2015年协会出刊《深圳民企时代》10期(总第123至总第132期),刊发封面人物9个,产品封面1期,刊登稿件2 233篇,其中,文字稿件549篇,图片1 684幅,发行刊物12万册。2015年,官网发布各类信息82条,微信发布42期,发布消息210条。

2.为个体工商户会员提供集中办理社会保险服务。协会组成14人的社保服务团队,深入市场、街道、门店宣传普及社保知识1 800多次,提供现场服务1 500多次,派发各类宣传资料5万份,为2 747户共7 200名个体工商户集中办理社保,为1 325名会员办理补缴服务,办理各种变更567份,为1.6万多名会员办理社保IC卡更换业务,为会员出具社保各类证明322多份,开通社保服务专线提供各类电话咨询2万多人次,接受服务预约1 300多人,调整社保扣款比例2次,比对5项社保数据18万人次,发送社保短信超过25万条。协会开辟会员档案室一个,60平方米,购置专业档案柜14排70个,设立会员服务大厅一个,70平方米,为会员提供舒适的办事环境,并请专业的互联网公司开发会员管理系统。

3.为个体工商户和小微企业提供融资服务。面对个体工商户和小微企业创业资金短缺、融资渠道狭窄等困难,2015年来,协会在与深圳农村商业银行、邮政储蓄银行、招商银行合作的基础上,又与光大银行、杭州银行等及互联网融资平台合作,引入各类融资产品构建会员"金融超市",开展银企交流会、座谈会超过12场次,去年受理贷款118笔,成功融资4 100万元。

4.开展积分入户咨询服务。针对积分入户办理流程时间长、涉及部门多、情况复杂多样等特点,协会聘请专人学习此项业务,为有需要的会员提供信息咨询,去年协助78名会员入户深圳。

5.为帮助文化层次偏低的个体工商户创业、发展,协会推出商事主体注册、年报、移出异常名录等服务,2015年为会员免费办理年报1 200多份,注册营业执照530多个,移出异常名录420多个。

6.对协会的网站和微信进行改版升级,开辟在线申请服务。协会对会员网上提交的申请资料核实无误后,提供上门服务,为会员创造舒适、便捷、足不出户的服务模式。

(五)提升会员守法守规意识,增强经营管理能力

1.2015年是协会连续组织会员开展"学雷锋"义务活动的第25个年头,是连续组织会员开展"光彩服务日"便民活动的第19个年头,是组织开展送法进企业活动的第6个年头,全年共为群众提供各类咨询、理发、现场办理等服务358人次,派发宣传资料和书籍1200多份,为专业市场70余家商户负责人进行法律知识培训。

2.联合城管局开展关爱环卫工人活动,组织为环卫工人捐款21477元,并开展在会员中为环卫工人设立"歇脚屋"等一系列活动,提高全民关爱环卫工人和环境保护意识。

3.联合爱心企业家,共同为贫困山区的孩子举办为期一周的爱心学习之旅,为他们创造"走出大山、开阔视野、增长见识"的机会,同时为他们举办专场爱心联谊会,为孩子们捐赠文具和书籍。

(六)打造红旗文明诚信商户创建评比活动品牌

2015年,协会开展了第二届红旗文明诚信商户创建评比活动,经过初审、现场考核及资格复核、公示等工作环节,102户个体工商户当选为"红旗文明诚信商户",协会及时将获奖名单载入深圳信用网,极大地激发了广大会员争先创的优积极性。

(七)积极参与政府活动

1.参与深圳商事登记制度改革的宣传和推广。协会组织会员参与商事登记各类问卷调查、组织会员参与金鹏改革创新奖的投票,宣传呼吁会员按时年报、珍惜信用记录等。

2.参与深圳信用网信用记录的维护和更新。作为深圳信用网的成员单位,2015年,协会更新会员信息12次,更新数据20多万条,列行业协会之首。

3.参与2015卷《深圳年鉴》的组稿工作。该书对协会重大工作情况和全市个体私营经济发展状况进行记录和上报。

4.参加《深圳市行业协会2014年发展报告》的组稿。

5.积极参与社会组织管理局的各类活动,包括参加座谈会、调研会、培训会、沙龙会等,还参与接待多批次外省市同行的党务、会务交流团。

八、协会运作的典型经验

(一)将协会文化打造成闪亮的宣传名片

通过完善各项规章制度,在原有定岗定职、竞争上岗、双向选择的基础上,协会推出《光彩人生积分奖励方案》、任职人员工资与职务挂钩等举措,使协会的发展与员工的个人

成长紧密联系起来,打破排资论辈的用人模式,在公平、公开、公正的工作环境中,员工可以凭特长、兴趣选择岗位,凭知识、态度、业绩衡量个人的能力和成绩,极大地激发了大家的干事热情,形成了以老带新、以新促老的良好的工作氛围,不少年轻员工已经成为协会的中坚力量。协会通过完善考核机制、开展业务培训、道德讲堂、建设文化长廊等手段,打造出独有的文化品牌,成为宣传协会的一张闪亮名片。

(二)推广"三亮"挂牌经营活动

2010年,其在协会系统率先推出"亮身份、亮标准、亮承诺"共产党员"三亮"挂牌经营,目前已有58名党员勇于亮出自己的身份,接受消费者和广大群众的监督,以文明经商、诚信守法、质量安全、明码标价、价格实惠赢得了广泛的赞誉。协会通过先进的带动作用,成功影响了一大批优秀党务干部和爱心企业家,带动他们认真履行社会责任,受到非公党委的认可和推广,《深圳特区报》进行了多期报道。协会党建工作被深圳市委组织部授予"深圳市非公企业和社会组织党建工作示范点",被中共深圳市非公有制经济组织委员会授予"深圳市非公党委党建工作示范点"。共产党员店档"三亮"挂牌经营活动已经成为党建工作一面鲜红的旗帜。

(三)为会员提供社保"保姆式"、"一站式"的服务

市社保局将为个体工商户会员集中办理社保的服务下放到协会后,我们打破了业务只能上门办理、窗口办理的模式,推出为会员提供"保姆式"、"一站式"的贴心服务模式。为了让更多的会员享受到国家民生福利政策,协会员工长期深入市场宣传、推广和办理。针对会员文化层次较低、经营人手少、工作时间长无法前来办理等限制,协会利用网站、微信、电话预约等现代通讯工具,在不降低办理条件和标准的情况下,变通办理流程,先收集会员证照,初审信息,打印资料,然后上门审核证照,无误后予以确认办理,社保卡也通过快递的方式送上门,让个体户足不出户就享受到协会提供的"一站式"、"保姆式"贴心服务。这种将办公场地搬到市场、搬到门店、搬到基层的做法不仅受到广大会员的赞誉,也被市社保局作为群众路线教育实践活动的典范在全市进行推广和宣传。2013年,深圳电视台新闻中心、第一现场、羊城晚报、晶报等多家媒体对协会进行了采访报道。

(四)将《深圳民企时代》杂志打造成形象展示、合作交流的平台

2004年,协会将《深圳市个体私营经济通讯》升级为《深圳民企时代》。12年来,已出刊138期,发行超过100万册。杂志围绕中心、服务大局,致力于宣传党的路线、方针、政策,介绍先进的经营理念,颂扬模范人物,树立先进典型,为增强全市个私经济活力献计献策。《深圳民企时代》已经成为协会系统宣传大政方针、利好政策、合作交流、信息互通、凝心聚力的平台。

(五)将红旗文明诚信评比活动打造成引领诚信经营的灯塔

协会通过开展红旗文明诚信创建评比活动,引导广大个体工商户不断加强精神文明建设和行业自律,提高文明诚信水平;通过弘扬正气、树立典型,鼓励和激发广大个体户自

觉遵守法律法规、加强职业道德教育、强化诚信意识、维护消费者权益、维护员工合法权益、积极承担社会责任、自觉接受社会监督、自觉维护市场正常经济秩序。红旗文明诚信创建评比活动犹如一盏灯塔,点燃了个体工商户的诚信追求。其通过两届评比活动,吸引了越来越多的个体户工商户踊跃参加。

深圳市工艺礼品行业发展及行业协会报告·2015

◎深圳市工艺礼品行业协会　王亮标　吴雅琴　陈忱

一、深圳工艺礼品行业概述

(一)历史悠久,口碑良好

深圳的工艺礼品行业于80年代末期兴起,外资企业带来的先进制造工艺技术和内地大批优秀人才汇聚深圳,使得深圳的工艺礼品制造一开始就拥有了良好的口碑,行业的兴起以及工艺技术一直走在内地前端。而经过30多年的磨砺与大浪淘沙,深圳现代工艺礼品的品牌自主创新能力、制造技术不断增强和提高,知名度越来越高,成为优良产品的代名词,并形成了由创意设计、制造、销售、结算等环节组成的完整产业链,以优良的创意和质量树立了地域品牌优势。

(二)人才优势带动行业创新

深圳是著名的"设计之都",聚集了大批设计人才,一批高科技企业的聚集,促进了文化与科技的深度融合。在文化和科技的带动下,深圳工艺礼品行业也不断地登上新的台阶,新品的开发与市场的销售始终占领着市场的最前端、家居饰品、电子礼品类别的产品以创意设计独特和产量的不断增长居行业领先地位。文化产业的发展给深圳工艺礼品行业注入了新思路,与家居饰品有关的空间布局设计、与电子产品有关的工业设计也紧密地和工艺礼品行业结合在一起,产业的外延逐渐扩大,借助现代信息产业的投入发展优势,以及电子商务的运用,深圳工艺礼品的地域品牌的竞争力进一步增强。

(三)政策支持与营商环境优良

深圳市政府重视特色产业的发展,积极引导企业在创新、创意、市场份额上占据优势;在研发、设计、销售上出台政策,以文化引导企业发展上台阶,并在产业政策上帮助企业发展,深圳文化创意产业年平均增长率已超过17%,文化产业已经成为深圳四大支柱产业。2012年,文化产业增加值930亿元,增长约20%,占全市GDP的7.2%;2013年,文化创意产业增加值1 357亿元,增长18%,占全市GDP比重超过9%;2014年文化创意产业增加值1 560亿元,增长15.4%,占全市GDP的9.8%;2015年,深圳GDP达1.75万亿元,文创产业占到10.1%。这样的增长率和GDP占比在全国也是居于前列。而借助文博会、深圳文交所、中国文化产业投资基金、国家对外文化贸易基地四个国家级文化产业发展平台,深圳的核心文化产品和服务出口占全国的六分之一,成为中国文化产品进出口的重要基地和主要口岸。深圳的工艺礼品搭上文化产业这趟顺风车,在工艺礼品的产品特性与传承文化结合、满足人们文化需求方面取得了较好的成绩。

(四)我国唯一的国家级产业基地

自90年代开始,深圳就已成为全国行业规模最大的工艺礼品产业聚集区域乃至世界知名的工艺礼品产区,创意设计和销售环节牢牢占据行业领先地位,精加工环节也是遥遥领先。2009年,其被中国轻工业联合会授予"中国工艺礼品产业基地"荣誉称号,当年的产值超过300亿元,并以每年10%以上的速度不断增长,是目前国内唯一的产业链完整的国家级工艺礼品行业产业基地。

近年来,深圳的工艺礼品行业逐步向文化创意、生产服务业转型升级,部分生产企业转为服务企业,主要表现在文化艺术品类服务方向、礼赠品促销服务类方向。可以说,深圳工艺礼品的转型升级具有一定的引领示范作用。

(五)目前行业现状

2015年,深圳工艺礼品、礼赠品依旧占据了国际高端市场40%的份额、国内市场40%份额、新品开发60%的份额。有行业内风向标之称的国内规模最大的工艺礼品展于每年4月、10月在深圳举办,其规模也是亚洲第一,成交量与专业买家、参展企业数量在国际国内均名列前茅。该展会汇集了行业的信息流,新品发布、买家人群、交易量等都对下一年度的市场趋势有较大的引导作用。

2015年,据不完全统计,深圳目前仍有近3 000家从事工艺品、礼品的设计、制造和销售的企业,从业人员20多万人。而随着美容小家电、健康、保健、时尚智能家居越来越受到青睐,国民对美化生活的需求增加较快,现代电子产业向礼品行业不断渗透,加之各行各业的跨界融合、新材料和新技术的应用研究成果不断推陈出新,工艺礼品行业呈现出更多元化的发展。

借助创新与互联网,深圳的工艺礼品已经驶入转型升级和提升发展质量的快车道。由于政策和市场的影响,部分工艺礼品企业开始转型,放弃生产,利用原有的渠道为企事业单位提供礼品、赠品、广告品、员工福利解决方案,成为综合性的礼品服务公司,从生产型企业转为服务型企业。据了解,2015年,我市已有2 000多家从事礼品服务的企业,服务范围辐射全国;与此同时,行业内部分优秀企业发展势头良好,云中鹤、柏星龙已经在三板上市,金一百、蓝葆斋、勇艺达机器人等正在筹备上市。这使得工艺礼品行业依然在深圳生产性服务行业领域占有一席之地,在生产性服务业的转型升级的路径和成效上领先国内其他地域。

二、深圳市工艺礼品行业协会基本情况

深圳市工艺礼品行业协会成立于2002年,是全国第一家工艺礼品行业协会。12年的发展,经历了礼品行业的黄金期、发展期和低谷期。协会的会员单位均为本市属中小微企业,以制造业和生产性服务业为主,2015年,协会的会员从原有的361家逐渐下滑到298家,部分传统礼品行业因转型或停产退出,工艺礼品行业进入了一个变革和洗牌阶段。作为与文化产业紧密关的礼品行业,作为传统与现代融合的产业,如何在新的形势下获得新生?2015年,我协会在跨界融合的过程中,引导礼品、赠品在互联网、新材料、新技术应用趋势等方面取得了较好的成绩。

作为行业协会,2015年,我们主要围绕以下几个方面开展工作:

(一)积极反映行业需求,服务企业发展

作为传统优势产业、文化创意产业的小微企业群,协会的职责之一在于让政府职能部门了解行业发展的需要,为行业在深圳的生存空间争得一席之地。秘书处积极维护与政府有关部门的关系,保持与市经信委、文产办、各区经促局及企服中心的良好关系,对行业进行调研数据分析,将分析结果报给深圳市经济贸易和信息化委员会、深圳市民政局、深圳市中小企业服务中心、福田区企业服务中心;以"在文化创意产业、现代服务业(生产性服务业)中寻求发展空间"为目标,在走访企业的同时,结合政府政策与信息,和会员企业一道对企业进行分析,为企业发展提供建议。

(二)做好行业品牌宣传,助力品牌发展

在互联网的浪潮推动下,企业面临着巨大的压力,品牌建设显得尤为重要。虽然"深圳礼品"在行业内的认可度较高,但品牌建设仍是新形势下行业发展与提升不可或缺的重要工作。因此,协会在行业内重点知名展会上,如2015上海礼品展会,设立"深圳馆",推介宣传"中国工艺礼品产业基地"与"深圳礼品",宣传和建设"深圳礼品"区域品牌,引导企业注重自身的品牌建设;为每年在深圳举办的深圳礼品展做好汇集产品信息、人才信息、引导发布等服务工作;以增强企业的抗风险能力,保持深圳工艺礼品的领先地位和竞争优势。

此外,我协会与轻工业联合会、中国礼仪休闲用品工业协会在深圳共建"中国工艺礼品产业基地",着重突出宣传深圳企业在创新、创意上的优势,成为宣传行业的一面旗帜。

(三)构建全方位服务平台,提升服务质量

1. 构建网络服务平台,与专业机构合作,在建设协会微信公众账号的同时,为企业提供微信营销服务,供会员根据自身情况选择使用。

2. 为拓展市场,协会全力协助有关部门落实政策服务。例如,在政策支持落实工作方面,协会认真细致服务企业,协助落实225家企业获得市场拓展专项资助。

3. 承办中国工艺美术协会在深圳举办的"2015深圳·金凤凰工艺品创新设计奖",经

初选的参评作品来自广东、广西、福建、浙江、江苏、山东、湖南、湖北、江西、上海、北京、河北、辽宁、黑龙江、甘肃、西藏16个省市,共评出金奖42个,银奖47个,铜奖54个,优秀奖64个。以此评选行业内的优秀创意、设计人员,引导行业内的不断创新,同时为工艺品人才成长搭建平台。

4.广泛联系各地商协会,在保持与各地同行交流的同时,为会员企业提供信息服务,为两地企业牵线搭桥,谋求合作发展。

5.圆满完成政府交办的外出组展工作,为深圳与外地的经贸交流做了有效的工作。

三、行业面临的困难

(一)人才缺失,企业发展陷入恶性循环

工艺礼品行业进入门槛比较低,加之产品与人们生活密切相关,市场比较容易开拓,很容易导致阶段性竞争激烈。深圳的工人工资、房租、水电等成本逐年提高,生产材料资源逐年上涨,企业利润下降而导致薪酬、福利的不到位,使得技术工人比例偏低,管理人员的素质偏低,人员流失率高。例如,协会在跟踪服务企业的过程中发现,很多企业的频繁,从而导致企业的很多办事人员对政策文件的理解程度有限,对于政府的引导、政策支持等相关信息很难有效地利用和应用。而由于人才的缺乏,也使得企业不能在产品的开发以及品牌打造上花力气、下功夫,从而使企业发展受困,难以做大做强,制约了产业进一步发展。

(二)人才成长与认可缺乏通道

传统工艺美术是深圳的弱项,深圳工艺礼品虽然继承和发扬了传统工艺美术的优秀文化基因,但内涵和形式等已经发生了巨大的变化,可衡量人才的尺子还是传统工艺美术的程序。我市工艺礼品行业的企业均为民营小微企业,活跃度和自由度很高,缺陷也是因为这两个因素造成的。除了企业自身的人才意识有待提高,现有的人才成长轨道和激励机制往往也忽略了他们。例如,很多人才在成长过程中没有相应的职称来帮助他们规划职业,职业归属感不高,不利于人才成长。再例如,工艺品产品成型工艺的技术人员,找不到相应的职称去依靠。因为"跨界",能靠的现代技术专业,这类技术人员又达不到那个"相邻"专业的技术水准;回归传统工艺美术,他们又不够"手工"所要求的专业。

(三)对新趋势、新发展不够重视

工艺礼品行业的企业大多是小微企业,人力、物力有限,专业人才更是缺乏。目前,行业内拥有比较完善的互联网营销管理以及技术应用的企业可谓是凤毛麟角,凡是对新技术、新趋势把握很好的企业,紧紧抓住互联网,结合企业已有的沉淀,一跃而成为礼品行业电商加服务的第一新三板上市企业例如云中鹤公司,;还有部分企业在淘宝、天猫开设网店,开始尝试微信营销,正在逐渐接受和学习新技术、新趋势;还有一些企业因种种原因,仍在沿用传统的营销方式。

四、行业发展前景

(一)用互联网+以及金融手段为行业发展提供后援与支撑

在互联网时代,政策对行业的影响是短暂的,也并不能影响礼品行业主流企业的业务,对工艺礼品行业有重大影响之一的将是互联网。因此,礼品行业要积极引进互联网人才,或者"借船过海",让企业学会用互联网思维去思考、去解决产销、管理、品牌等问题。互联网使产品向品牌化、设计化、品质化、品位化、大众化方向发展,使服务向多品种、少批量、个性化、定制化方向发展。

另外,对工艺礼品行业有重大影响之一的将是金融。金融与工艺礼品产业的结合,将是未来产业发展的助力。众筹、基金等金融产品的成熟,为产业的发展提供了金融保障,促进了产业的发展。比如"投融资"+"快消品"模式的试水成功,为产业的发展提供了很好的借鉴。

(二)增品种、提品质、创品牌

协会引导企业深度挖掘用户需求,适应和引导消费升级,在新产品开发、外观设计、产品包装、市场营销等方面加强创新。近年来,礼品行业已逐步回归礼品的本质,从商务礼品回归市场终端,发展方向着重在企业用户和个人用户。如,企业用于宣传与营销的具有特色企业文化的馈赠品,企业用户对市场化的礼品、促销品费用大量投入的行业,企业这部分礼品费用的投入是用于服务对象、企业形象的提升和企业产品的销售促进;而个人用户市场指的是个人礼品市场,包括节日、儿童以及婚庆用品,市场非常广阔。因此,生产开发型企业必须运用具有独创性的特色产品去吸引企业用户、吸引个人消费者,才能占领市场;用产品的新奇特,帮助客户提升竞争优势,用产品的创意与实用功能占据个人消费者市场的前端。

然而,同其他行业一样,礼品行业在产品方面的发展方向是"实用+品牌+设计",我们提供的礼品,如果在具备新颖的功能、满足人们各方面需求的实用性基础上,再加上完美的设计与创意就会大放异彩;但是,一个设计新颖并具有实用价值的产品,不插上品牌的翅膀只能说是"折翼的天使",是无法在礼品市场的浩瀚蓝天中自由翱翔的。因此,在重视创意、设计、实用的前提下,企业要在自有品牌的打造及国际品牌的代理方面下足功夫,这样才能使产品具有长久的生命力。

因此,协会要引导骨干企业参照国际先进标准组织生产,逐步缩小与国际标准之间的差距;引导企业强化全面的质量管理,提升产品质量,打造高质量的自有品牌。

(三)高度关注旅游休闲产业

当前,中国旅游产业进入了一个新的5年发展机遇期。国家旅游局宣布,国家旅游局与国家开发银行等6家金融机构签订了合作协议,在未来的5年里,金融机构将为旅游业提供 1.6 万亿元信用额度；2015 年，国内可以统计的旅游突破 40 亿人次，同比增长 10%。

与此同时，随着人们的生活水平的不断提高以及假日经济的不断崛起，一系列与休闲生活方式有关的新型旅游项目诸如野外探险、深山休闲、温泉度假、康体健身等旅游休闲方式也悄然兴起。而无论是景点旅游还是休闲度假，纪念品、野外用品的需求都是工艺礼品行业的切入点，我们应密切关注并投入产品研发，满足民众需求。

(四)积极倡导工匠精神

在工艺礼品行业有许多制造企业，他们要生产出优良的产品，提品质、创品牌，十分需要精雕细琢、精益求精的工匠精神；深圳具有很强的文化包容性，有利于工匠精神的发扬光大，而全国各地的传统工艺美术大师的作品进入艺术品收藏领域，将促进工匠精神的传承。高端工艺品收藏的前景可观，因此，各级工艺美术大师应该引起政府文化部门的关注。

(五)建立行业的综合性服务平台

由于礼品企业各自为政，设计、生产、销售一把抓。作为小微企业，由于实力有限，一把抓的结果往往是限制了企业的发展；而作为礼品的购买者和使用者，往往因为没有一个综合性的礼品展示、选购平台，为买礼物而犯愁。因此，建立一个专业的、行业的综合性服务平台，应有助于企业的发展。

平台的有效性、可持续发展是服务行业的关键。目前，虽然各类服务平台众多，但各自的服务方向定位欠缺精准，与行业结合不紧密，将会因过于平庸而被市场边缘化，所以，我们需要打造一个专业的服务平台。

深圳市物业管理行业发展及行业协会报告·2015

◎深圳市物业管理行业协会　曹　阳　吕　维　刘双乐
　　　　　　　　　　　　　　潘世朋　魏会学

Ⅰ　2015年深圳市物业管理行业发展情况

一、行业基本情况介绍

　　物业管理是指物业管理企业受物业所有人的委托,依据物业管理委托合同,对房屋及其配套的设施设备和相关场地进行维修、养护、管理,维护相关区域内的环境卫生和秩序的活动。物业管理作为房地产市场的消费环节,实际上是房地产开发的延续和完善,是在房地产开发经营中为完善市场机制而逐步建立起来的一种综合性经营服务方式。物业管理既是房地产经营管理的重要组成部分,又是现代化城市管理不可缺少的一环。

　　中国物业管理经过30多年的发展,作为一种"朝阳产业"已初现端倪,并昭示出其巨大的发展空间,物业管理的内外部环境和自身运作模式都在发生深刻的变化。由于物业管理拥有最终的消费群体,因而在第三产业的产业链中处于中心位置。物业管理类型多样,已经覆盖到不动产管理的所有领域,不再单纯是新建商品房项目,而是包括从商品房到经济适用房、房改房,从住宅物业到办公、工业、医院、学校、机场、码头、车站、仓储、运动场馆、文物建筑物业,从小型配套到大型公建,从单门独院到大型社区,从单一类型物业到综合性建筑等多种多样的物业类型。

　　深圳是我国内地物业管理的发源地。作为新兴的朝阳产业,它在我市已有35年的发展历史,30多年来,在各级政府领导的关心和支持下,在广大业主和物业管理企业的共同努力下,我市的物业管理总体水平得到了很大的提高,物业管理行业现已发展成与我市经济社会协调发展、与广大人民生活、工作息息相关的新兴行业。目前,我市已基本建立了适应市场经济发展的物业管理新体制,涌现出一批管理水平较高的物业项目和在全国有一定影响力的品牌企业。

二、行业发展状况分析

截至2015年年末,在纳入统计的1 491家物业服务企业中,具有一级资质的137家,占9.2%。全市物业服务企业在管物业管理总建筑面积为17.65亿平方米,其中本市为5.07亿平方米,总营业收入518亿元,占全市GDP的2.9%;深圳物业管理从业人数已经超过48.5万。深圳物业管理的范围已从早期的住宅区扩大到写字楼、工业区、商场、酒店、学校、车站、码头等各类物业,基本实现了全覆盖。

深圳是全国市场经济发展最好的城市之一。市民需要物业管理,一方面要求房屋能够得到及时、良好的维护,营造安全、文明、舒适的生活和工作环境;另一方面,更要求自己拥有的物业能够获得经济效益,实现对物业的保值增值。所以,物业管理服务已经成为市民日常生活和工作以及个人资产管理的必需品。在做好基本物业管理工作的同时,深圳市物业服务企业围绕企业的专业优势和业主需求,利用互联网等新技术、新方法,积极探索多种经营业务,延伸服务链条,业务规模取得较快发展,在为业主提供更加便捷服务及便利生活的同时,更为企业带来了良好收益。随着彩生活、中海物业等在香港上市,以及万科物业推出"睿服务",长城物业推出"一应云",等等,这些在通过技术创新提升物业管理效率的同时,也给整个物业管理市场带来了广阔的市场前景。

深圳物业管理以其独有的区位优势和扎实的发展基础,率先举起了"绿色物业管理"的旗帜,与"建设环境友好型和资源节约型社会"以及智慧城市、智慧社区建设紧密结合,积极探索和实践,取得了良好的成绩。另外,深圳物业管理总部经济渐成规模,在深圳设立经营管理的物业服务企业总部数量不断增多,这对深圳总部经济的发展和壮大起到了积极的促进作用。这些物业服务企业立足深圳,在内地城市积极开拓市场,在经营管理上实现了一定的规模效益。

三、行业发展与历史数据对比分析

(一)在管项目数量及建筑面积

2015年,深圳市在管物业项目的数量首次突破13 000个,达到13 661个,较2014年增加2 866个,同比增长26.5%,增速比2014年提高了10.2个百分点;在管物业项目的建筑总面积为17.65亿平方米,同比增长51.2%,增速比2014年提高了32.5个百分点。其中,在管本市物业项目的建筑面积为5.07亿平方米。

2015年,深圳市物业服务企业在管外地项目数量和在管外地项目的建筑面积增长迅速。其中,在管外地项目数量为7741家,同比增长64.1%;在管外地项目的建筑面积为12.58亿平方米,是深圳本市建筑面积的2.4倍,同比增长75.4%,增速较2014年增加超过38个百分点。跨区域扩张一直是深圳市物业服务企业最为重要的发展策略之一,也是我市物业服务企业在全国保持综合竞争力和品牌知名度、处于领先地位的重要原因。

表 1 在管物业项目的建筑面积和数量(单位:个、十万平方米)

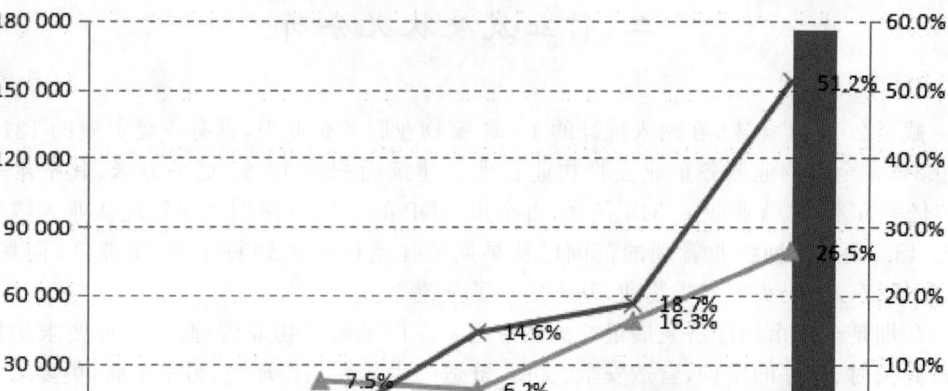

(二)在管物业项目的主要类型

在各类型的物业项目中,住宅类物业项目在建筑面积和项目数量上都占有主导地位。

从建筑面积来看,2015 年,深圳市物业服务企业在管本市住宅物业项目建筑面积为 3.52亿平方米,占在管本市物业项目的 69.4%。

表 2 在管本市和在管外地主要类型物业项目的建筑面积占比(单位:%)

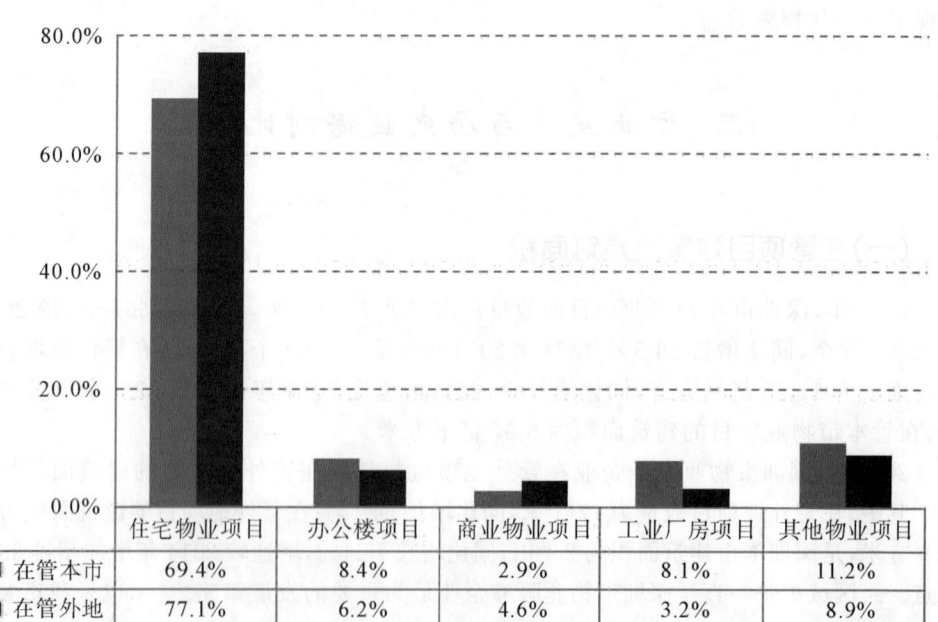

	住宅物业项目	办公楼项目	商业物业项目	工业厂房项目	其他物业项目
在管本市	69.4%	8.4%	2.9%	8.1%	11.2%
在管外地	77.1%	6.2%	4.6%	3.2%	8.9%

从项目数量来看，2015年深圳市物业服务企业在管本市住宅物业项目个数为5 920个，占在管本市物业项目的58.7%。在管外地住宅物业项目建筑面积为9.7亿平方米，占在管外地物业项目的77.1%。

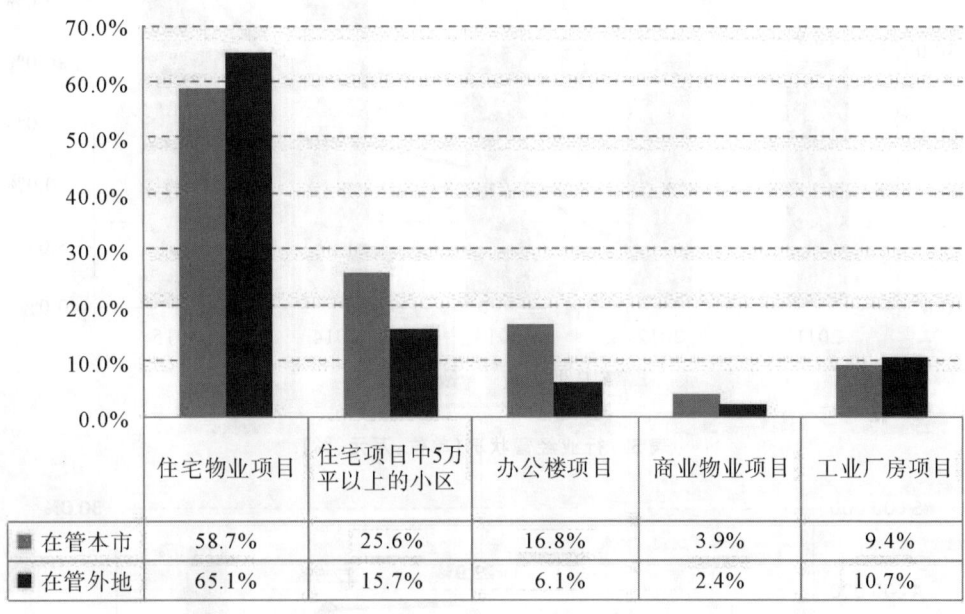

表3 在管本市和在管外地主要类型物业项目分布情况（单位:%）

	住宅物业项目	住宅项目中5万平以上的小区	办公楼项目	商业物业项目	工业厂房项目
在管本市	58.7%	25.6%	16.8%	3.9%	9.4%
在管外地	65.1%	15.7%	6.1%	2.4%	10.7%

（三）从业人员及构成情况

由于物业管理行业其就业门槛低、从业人数多、覆盖范围广、与民众生活关系密切等原因，自然而然地承担起促进就业、缓冲社会基层矛盾的社会责任。2015年，深圳市物业服务企业从业人员为48.5万人（包括深圳企业在管深圳本地物业项目和深圳之外的与物业相关所聘用的人员），较2014年增加10.9万人，同比增长29.0%，增速较2014年提高15.2个百分点。近5年来，深圳市物业管理行业从业人员增加超过19.6万人，增长率除2012年低于5.0%，其余年份均保持在10%以上，从业人员队伍不断扩大。

（四）物业管理行业的经营情况

深圳市物业管理行业的规模持续扩大，带动了行业总收入的稳步增长，2015年，深圳市物业服务企业的总收入达到518.7亿元，其中，主营业务收入达454.2亿元，同比增长24.0%，主要原因是物业服务企业积极拓展外地项目，扩大企业管理规模。2015年，企业物业服务费收入稳步增长，达到291.9亿元，同比增长15.2%，占主营业务收入的比重达64.2%。

表4 从业人员数量和增长率(单位:万人、%)

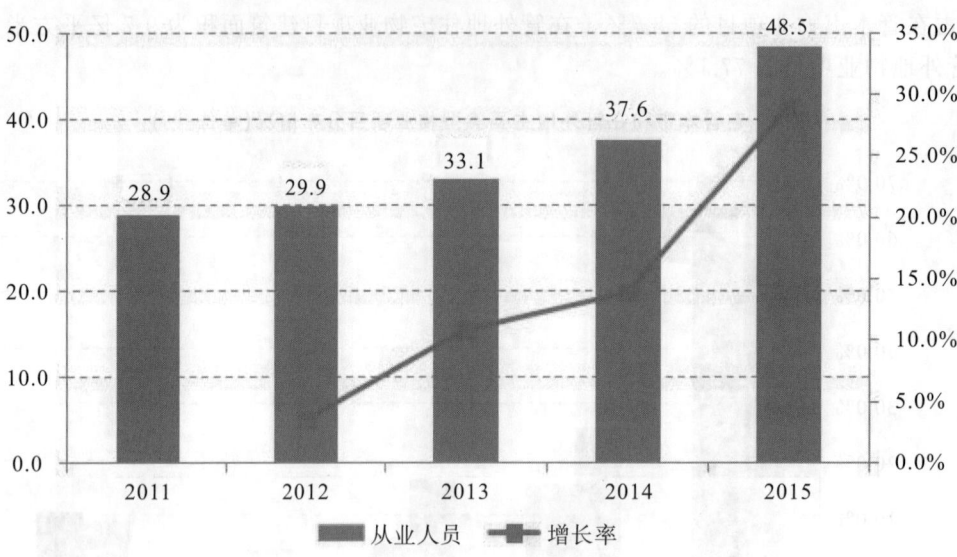

表5 行业经营状况(单位:万元、%)

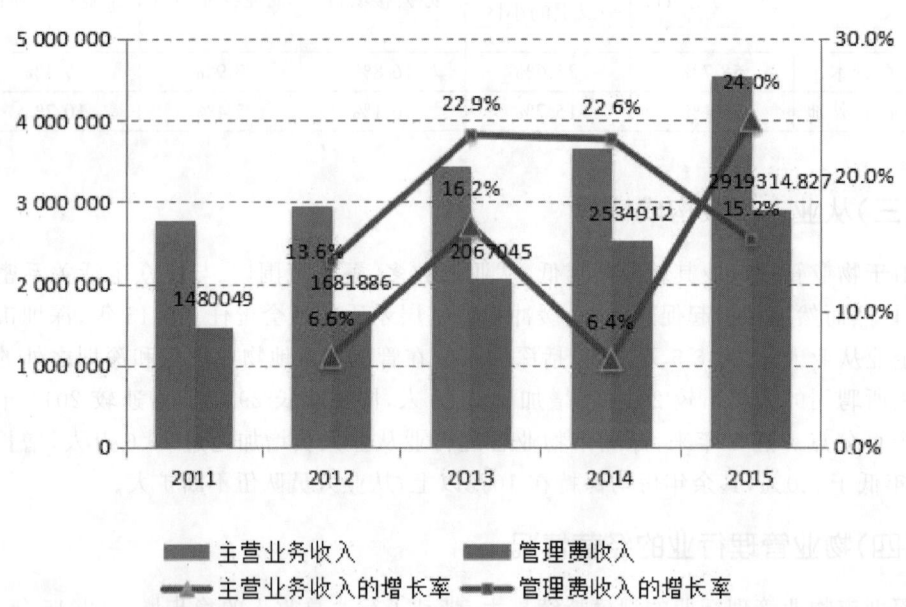

(五)物业管理行业集中度(CR8)

行业集中度又被称为行业集中率或市场集中度,是指在管物业总建筑面积最大的前8家物业服务企业占深圳物业管理行业管理面积的百分比。其中,总建筑面积包括在管深圳市内和外地物业项目的总建筑面积。2015年,深圳物业管理行业集中度达到52.4%,较2014年增长22个百分点。行业集中度大幅提升,主要与我市龙头企业利用人力、资本以及品牌等优势大力拓展全国市场等因素有关。

表6 2008—2015年行业集中度CR8(%)

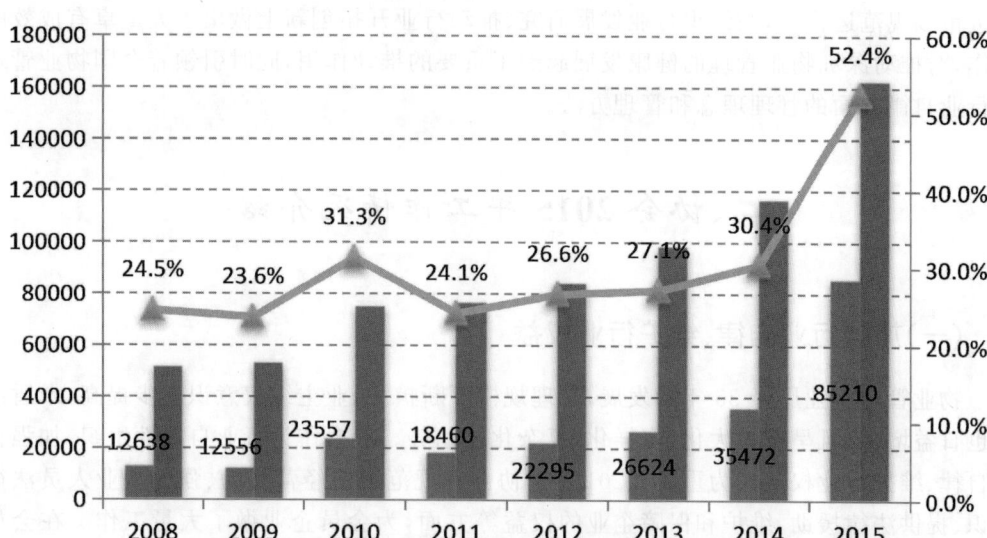

- 管理面积排名前8家企业在管物业总面积（万平方米）
- 深圳市物业服务企业在管物业总面积（万平方米）
- 行业集中度CR8

Ⅱ 2015年深圳市物业管理行业协会年度发展状况

一、协会发展历史及现状

1993年6月28日,国内第一家物业管理行业社会组织——深圳市物业管理协会成立,标志着中国内地物业管理作为一个独立的行业确立了社会地位和政治身份,获得了社会的正式认可。深圳市物业管理协会的诞生,为行业内专业性管理的推进构建了专业交流平台和利益诉求平台,更为深圳物业管理赢得了广阔的发展空间和良好的发展机遇。2005年,深圳市物业管理协会完成了组织管理模式的民间化改革,2008年1月1日,《深圳经济特区物业管理条例》规定,物业管理行业实行"业必归会",凡在深圳从事物业管理的物业服务企业,按照要求应当及时加入协会,协会的自律能力大大加强。2014年年底,在市民间组织管理局组织的对协会的实地考评中,协会被评为5A级（民间组织最高评估等级）社会组织。

截至2015年年底,加入协会的物业服务企业有1350家,占到纳入统计（已按要求填报2015年物业管理统计年报）的物业服务企业总数的90.54%。20多年来,协会始终把握为政府服务、对政府负责,为企业服务、对企业负责的"双向服务、双向负责"的原则,在搭建政府与企业之间沟通的桥梁,在当好政府参谋和维护企业利益上,在加强行业自律、促进市场规范运作上,在组织行业发展研究、推动行业开拓创新上做出了大量卓有成效的工作,对推动深圳物业管理的健康发展起到了重要的推动作用,同时引领着全国物业管理在行业自律方面的管理理念和管理方法。

二、协会2015年工作情况介绍

(一)加强行业自律,维护行业权益

物业管理行业历经35年的发展,管理规模不断扩大,业主维权意识逐步提高,矛盾纠纷也日益增多,且呈现扩大化、多样化、复杂化的趋势。协会作为行业自律性组织,加强行业自律、维护行业权益尤为重要。2015年,协会在规范企业经营行为、强化从业人员法律意识、提供法律援助、维护和保障企业的权益等方面,为会员企业做了大量工作。在会员自律方面,协会一直通过权益保障和自律督察委员会抓好这项工作,秉承及时、狠抓、公正的原则。今年,协会共接待来访、接听电话等各类咨询、投诉近千人次,其中绝大部分属于一般性正常解释、法规理解、问题处理办法等事项,属于疑难问题、纠纷协调的有20余件,当场或电话中予以解决、形成正式受理的共有71件,主要是针对媒体曝光、政府转办、业主业委会投诉等方面的内容。经协调、约谈等方式大部分事件予以解决。协会在维护行业权益方面主要做了以下工作:

1.针对省人大出台的《广东省电梯使用安全条例》(草案)中有关物业服务企业承担首负责任问题,多次组织专业委员会讨论,并多次参与省人大讨论和电视辩论,在省市主管部门和省协会及各地市协会的共同努力下,促使该条例经省人大决议最终取消了物业企业承担电梯事故首先垫付的条款。

2.参与市政府采购中心关于物业管理项目招标文件模板的意见征询事宜,协会组织行业专家专项研讨,派遣行业专家参与意见征询会,共同修改了物业管理项目招标文件中影响行业权益的条款,并正式致函市采购中心,为维护行业权益做出了努力。

3.协助住建局组织部分大型物业企业参加水务集团关于优质水入户的调研活动,并就高品质水入户项目开展协调工作。

4.组织会员企业讨论省住建厅《关于进一步发挥住宅专项维修资金在老旧小区和电梯更新改造中支持作用的通知》,从物业管理角度向政府部门反馈行业观点。

5.组织权益保障与自律督察委员会,讨论和分析《国家发展改革委关于放开部分服务价格意见的通知》中非保障性住房物业服务、住宅小区停车服务等7项服务价格放开后对我市物业企业的影响,共同商讨如何应对和规避风险。

6.组织标准、规范与企业评价委员会和权益保障与自律督察委员会,针对社会上各类商业评选活动,召开讨论会,采取必要措施谨慎对待,维护行业秩序。

(二)开展企业评价,激励行业发展

协会通过开展深圳物业服务企业"综合实力50强"评选、业主满意度深圳指数测评、市优省优项目考评、优秀会员评比以及为企业开具诚信证明等多方位的企业评价活动,表彰和鼓励先进企业,促进我市物业管理行业规范发展,提高企业社会认知度,提升物业管理水平和服务质量。

1.完成"综合实力50强"的评选活动

自2006年起,协会连续开展深圳市物业服务企业综合实力排名活动。2015年,根据《深圳市物业服务企业综合实力排名评选、认定和发布办法》,协会对工作流程进行了改进和升级,使评比工作更加公平、公正。

2.组织和推荐企业积极参加中物协"全国TOP100"的评比活动

协会积极发动企业参加中物协了TOP100(共200家企业)、年度人物、感动人物等评选活动,共有44家企业申报TOP100,11位申报年度人物,24位申报感动人物。最终35家企业上榜TOP100,前10名中,深圳企业占据5席,在全国10名年度人物中,协会推荐的2名榜上有名。

3.开展2014年度业主满意度深圳指数测评工作

自2007年起,协会连续开展深圳市物业管理业主满意度测评工作。2015年完成了2014年度的测评,全市180家物业服务企业所管理的279个物业项目被纳入抽样调查范围,物业管理业主满意度深圳指数为80.9,同比上升0.2。

在本次业主满意度指数抽样涉及的180家企业中,协会对抽样项目两个以上且样本量超过50个的物业服务企业的业主满意度指数进行统计,排名在前30的企业被授予2014年度物业管理业主满意度深圳指数(抽样单位)"领先30"的称号。

4.组织2015年度市优秀示范项目考评验收,以及配合省优预检和考评工作

优秀项目考评工作于6月份启动,共对30个物业管理项目和1个市优复检项目进行"市优"考评,对10个"省优"预检项目进行预检。最终,我市有28个物业管理优秀项目获得"市优"称号,9个项目获得"省优"称号。

5.开展2015年度优秀会员评选

协会根据《优秀会员评选办法》设定的条件及相应分值要求,通过定量指标统计、排序、打分,预选出优秀会员企业,经网上公示,并征求市、区两级行业主管部门意见后,最终评选出前100名会员,其中10家为"2015年度特别贡献优秀会员",90家为"2015年度优秀会员"。

6.鼓励企业参加具有公信力的综合评比

协会建立物业服务企业工商登记、协会会籍、高层管理人员通讯方式、管理项目、信用档案、综合实力排名等档案信息库,完善诚信执业、信息公开、公平竞争、奖励惩戒、自律保障等规范运作机制,同时,鼓励企业参加"深圳市知名品牌"、"重合同守信用"、"区长质量奖"和"市长质量奖"等评选活动。

(三)发挥平台作用,增进行业交流

为推动行业与国内外同行的沟通与交流,推进国内外优秀管理模式和先进理念的传

播,协会优化交流学习平台,全年组织外出交流学习和接待到访共74批次934人。

1.组织会员企业赴境内外交流考察共8批次131人,其中,境内考察5批次73人,境外考察3批次58人。

2.接待外地来深考察及深圳本地行业间交流学习共65批次778人。其中,接待外地来深考察41批次442人,参观项目71个;安排深圳企业相互学习18批次168人,参观项目26个;安排深圳企业赴外地交流学习6批次168人。

(四)创新培训机制,拓宽行业视野

2015年,协会除了组织开展传统的培训课程以外,还根据会员企业的需求,开展了互联网＋、社区O2O、资本市场等方面的专题讲座,拓宽了从业人员的视野。

协会的培训工作取得了多项突破:一是培训工作常态化,每月保证有一次;二是培训课程丰富多彩,满足了不同层次从业人员的需要;三是培训内容紧贴形势,助力企业转型升级;四是培训价格低廉,减轻了企业负担。

1.为了让物业企业了解移动互联技术和互联网＋商业模式,促进深圳物业企业转型升级,协会与行业领先企业合作举办了系列论坛,分享转型探索、商业模式创新、互联网技术应用等方面的经验。

(1)协会与万科物业合作举办近400名物业企业高管参加的《互联网时代万科物业转型之路》论坛。

(2)协会作为支持单位参与组织了《社区O2O高峰论坛暨一应云联盟创始大会》。全国各地超过500家企业参与此次盛会。

(3)协会与南山风险投资俱乐部共同举办了物业管理社区数字化商务平台发展战略研讨会,重点探讨了风投俱乐部平台产品在物业管理社区商务平台上的切入点与价值,为企业发展创造新的机会。

2.与专业培训机构建立了广泛的联系,举办了12次培训,共有2 300余名学员受益。其中,《物业管理盈利模式与经营策略创新》、《物业管理风险防范与应对策略》、《物业管理客户关系策略与技巧》和《迈向资本市场的物业管理》的培训以及《企业高级管理人员金融投资研修班》、《物业管理安全责任纠纷案例专题讲座》、《住宅小区电工知识培训》等深受会员企业的好评。

(五)开展课题研究,促进创新发展

协会于2015年加强了行业课题研究方面的投入,承接了一系列重大的研究课题,并取得了一定的突破。在中物协主办的首届中国物业管理创新管理发展论坛上,《住宅专项维修资金使用问题研究报告》、《深圳市物业管理项目物业服务机构更迭交接问题研究》分别获得"2015物业管理课题研究优秀成果"一等奖和二等奖。

1.完成了住建部委托协会的《物业管理收费问题研究》和《业主大会法人地位问题研究》两个课题研究工作。

2.受市住建局的委托,开展《深圳市质量指数物业管理质量分指数体系》课题的研究工作,并完成《深圳质量指数物业管理质量分指数研究及试测评报告》,最终形成《深圳市

质量指数物业管理质量分指数核心指标体系》、《物业服务业主满意度评价规范》的课题研究工作预计在2016年4月份完成。

3.承接市住宅租赁管理服务中心委托的两项研究：一是我市部分公共租赁住房物业服务企业履约评价工作；二是深圳公租房物业管理办法课题研究工作。目前，履约评价工作已经完成，公租房物业管理办法课题研究工作预计在2016年3月份完成。

(六)用好纸媒网媒,扩大行业宣传

行业的发展需要社会舆论的关注、认同和支持,协会的《深圳物业管理》会刊,始终坚持资料性、资讯性、指导性并重的原则,对行业热点难点问题,坚持以专题报道为主。2015年,协会策划了"互联网+"思维下的物业管理创新、绿色物业示范项目创建思考等十余个专题策划工作;完成话题讨论"放开非保障性住房物业服务、住宅小区停车服务价格"等十余个对行业有影响的专题;全新策划了《物业人的一天》等专题,通过对维修主管、物业管家、项目经理、客服、保安队长、资料管理员等十个一线岗位的描写,图文并茂地展现了物业人一天的工作情况。

2015年,协会组织编写了《2014年度深圳市物业管理行业发展报告》。该报告翔实地记录了深圳物业管理的发展状况,在内容上更加丰富、在数据研究方面更加深入、在分析上更具逻辑性,是政府机构制定行业政策、业内人士了解行业资讯,企业制定战略规划的重要参考。

在行业文化宣传活动中,协会举办的"物业好声音"歌唱比赛在全行业深入人心,今年成功举办了第三届,活动得到了物业人的广泛参与,受到社会各界的支持和关注,总决赛现场已然成为企业文化宣传的阵地。该活动更是展示物业人风采,彰显企业精神,唱响行业主旋律的年度盛会。

另外,协会的网站和微信平台持续保持较高的热度和广度,目前,公众号关注量已逾5 500人。

(七)发挥桥梁作用,当好参谋助手

协会作为政府的参谋助手,在政府和企业之间,发挥着重要的桥梁和纽带作用。在政府推进的系列工作中,发挥了不可替代的作用。

1.完成了2014年度和2015年第二季度物业管理统计年报的分析研究工作。协会组织全市物业服务企业参加统计报表的填报,在2014年度的报表中,全市的1 870家物业企业有1512家按照要求进行了填报。

2.配合市住建局制定绿色物业管理工作方案,组织会员企业积极参与相关工作,引导我市物业管理向低碳环保方向发展。

3.物业小区充电桩建设工作是今年市政府的重点工作之一。为推进这项工作,协会组织了100多家企业参加市住建局组织的推进新能源汽车充电设施建设工作动员大会,并代表物业企业多次参加了市政府办公厅组织的充电桩建设推进协调会议。为物业企业争取权益,经过多轮磋商,协会确定了充电桩运营企业将充电收入的20%分配给物业公司,作为充电运营辅助管理的费用,这既保护了物业企业的正当权益,也为物业企业开拓

了新的增收渠道。

(八)夯实组织建设,提升自身高度

依据《社会组织评估管理办法》,协会积极参加社会组织评估,经评估专家对协会各项工作的检查后,对协会各项工作及团队建设等给予了充分肯定,并于2015年2月获颁5A级社会组织。

为进一步完善协会内部组织建设,规范业务流程,提高工作效率,协会重新修订了行业的各项规章制度,特别是秘书处的绩效管理更加科学规范,协会秘书处将稳步向职业化和专业化方向迈进。

2015年,协会受市关爱办颁发第十二届深圳关爱行动"优秀组织单位"奖。同年,中物协授予协会"优秀地方物业管理协会"称号。《深圳物业管理》会刊也连续四年荣获出版业协会颁发的"内刊界优秀内刊传媒奖"。

三、协会下一步的工作计划及重点

2016年,协会将严格履行《深圳经济特区物业管理条例》和协会《章程》赋予的权利和职责,利用各工作委员会的专业优势,发挥其作用,加强行业自律,维护会员权益,进一步发挥协会的桥梁纽带作用,整合行业资源,注重行业培训,推动行业创新发展。

(一)以《条例》修订为契机,积极反映企业权益和诉求

从2013年开始,《深圳经济特区物业管理条例》(下称"条例")的修订工作就成为了行业内外的热点。经过近两年政府相关部门及人大的不断努力,2016年将会是修法的关键一年,《条例》作为行业大法,其修订结果直接关系着行业的发展。协会将根据市人大有关要求加大参与修法工作的力度,积极征询会员企业的权益诉求,深入研究影响行业发展的瓶颈问题,向市住建局、市人大等有关部门反映。

(二)充分发挥政企间的桥梁纽带作用,当好政府的参谋和助手

新的一年,协会将继续坚持"双向服务、双向负责"的方针,即为会员服务,对会员负责;为政府服务,也对政府负责的方针,群策群力,开拓创新,充分发挥政府与行业间的桥梁纽带作用,当好政府的参谋和助手。2016年,协会将在政府制定《深圳物业管理发展"十三五"规划》、新能源汽车推广、安全检查以及老旧住宅区家装电梯、智慧社区和绿色物业管理等方面给予支持和协助,为全市人民谋福利。

物业管理发展已经进入一个与互联网技术、社区经济、绿色低碳以及资本市场等高度融合,物业管理的内涵和外延不断延伸,并与民生息息相关的产业新阶段。为了更好地指导企业尽快适应新形势,提升深圳物业管理产业竞争力,协会将积极主动地参与到市住建局《深圳物业管理发展"十三五"规划》的编制工作中,或在此基础上形成行业的《深圳物业管理产业发展规划(2016—2020)》,推动并指导行业转型升级和创新发展。

新能源汽车推广作为市政府的重点工作已经得到了广泛的认可,不仅关系着深圳未来的环境质量,更是涉及社会民生的大事。住宅区加装充电桩是其中最重要的一环。2016年,协会还将加大力度协调涉及充电桩建设运营中物业企业的责任和权利问题,督促物业企业做好配合与监督,通过建立常效机制,协助政府稳步推进住宅区加装充电桩的工作。

上月20日在光明新区发生了滑坡事件,留下了血的教训,也给我们每一个物业人敲响了警钟,物业管理区域内的自然灾害风险和安全生产问题是时刻都不能松懈的问题。政府部门始终将安全管理工作放在首位,已经启动开展一系列针对安全的检查。我们每一个物业企业配合检查的同时,更要制定、落实好日常检查报告制度,建立健全紧急事件处理机制等,以保证管辖区域的安全。新的一年,协会将把物业安全问题作为重要工作来抓,配合政府落实好各项工作任务的同时,通过全方位的检查工作督促物业企业履行好物业安保职责。

(三)开展法律援助服务,维护行业合法权益

2016年,协会将利用业内专家、律师等各方人员组成法律服务团队来服务于行业发展,还将邀请法律界知名人士组成深圳物业行业法律顾问团,参与行业法制建设、法规释疑、法务援助和纠纷调处,借助外力为会员企业提供更多的法律服务,共同探讨和解决行业的矛盾和纠纷。

新的一年,协会将继续开展法律培训讲座、法律咨询活动,普及物业管理法律知识,提升从业人员的法律意识、履约意识、诚信意识和风险意识。在给予会员企业法律支持的同时,对于会员单位有合法权益受到重大侵害以及对行业发展有重大影响的事件,协会也将积极介入,以适当的形式组织剖析和评议,主张行业立场,表达行业观点,增加行业影响,维护行业利益。

(四)优化评价规则,引领行业创新发展

协会将进一步完善企业评价体系,融入绿色、智慧、互联网等创新元素,以适应行业的快速发展;研究制定企业评星定级考评体系,填补政府退出资质审核后企业评定的空白,规范行业经营环境;建立资信管理系统,规范行业秩序,促进行业的健康发展。

协会还将修改和完善《深圳市物业服务企业综合实力排名评选、认定和发布办法》,开展2015年度"综合实力50强"的评审;加强对第三方测评机构的管控,继续开展2015年度业主满意度深圳指数的测评,扩大业主满意度深圳指数的适用范围;继续开展2016年度的市优、省优物业管理优秀项目考评工作;开展优秀会员评选等评比工作,等等。

(五)加强行业标准化建设,促进物业服务质量的提升

标准化建设已成为我市乃至全国质量战略的重要举措之一,2015年,全国物业服务标准化技术委员会落户深圳和中物协标准化工作委员会成立,标志着物业管理标准化建设进入了一个新阶段。2016年,协会将着力促进我市物业管理标准化技术委员会的成立,加强标准规范与质量促进专业委员会的工作,完善行业标准和技术规范,制定包括基

础通用标准、服务标准、信息技术标准和行业管理标准四个方面的物业服务标准体系的工作计划,逐步向前推进我市物业管理标准化的建设。

(六)强化行业自律,规范企业行为

随着政府对市场监管方式的转变,特别是我省资质管理制度停止后,企业经营不规范的行为更有上升趋势,导致矛盾、纠纷日益增多,行业形象受损事件时有发生。行业自律将是规范物业管理市场最重要、最有效的方式之一。2016年,协会将充分利用深圳《条例》赋予协会的职责,对违反法律、法规规定和行业规范,侵害业主合法权益,损害行业形象和利益的行为,及时启动协会自律机制进行调查处理,对危害行业的害群之马坚决给予自律惩戒,规范企业经营行为,提高从业人员守法、守约的意识。

(七)深入课题研究,为行业发展出谋划策

为加强对物业管理行业的系统性研究,提升对物业管理领域专项课题、项目的研究与咨询水平,2015年,协会与深圳市维度市场研究咨询有限公司和深圳市唯尚物业管理顾问咨询有限公司共同出资筹建了深圳物业管理研究院。2016年,协会将课题研究工作重点移向研究院。

2016年,协会将充分发挥研究院平台的资源和专业优势,重点研究《深圳市公共租赁住房物业管理办法课题研究》《物业管理业主满意度评价体系研究》《社区治理与业主大会制度课题研究》和《物业管理行业"业必归会"制度的原理研究》等课题研究工作。

(八)增进行业交流,加强与兄弟城市的合作

协会将继续推进行业技能比武、先进表彰等活动,以提升物业服务质量,树立企业和从业者的优秀典范;继续组织会员单位间的横向交流,以专题形式定期就行业的热点、难点问题进行交流探讨。在对外考察方面,2016年,协会计划安排境内考察4~5批、境外2~3批,逐步增进与欧美、东亚以及港澳台等国家和地区协会间的交流和合作,提升深圳物业管理的国际化视野。

协会将进一步加强与兄弟城市间的合作,为会员单位业务拓展搭建渠道:一是与地缘接壤的相邻城市的协会开展实质性联盟方式的合作,除建立业务交流、论坛讲座、培训等资源共享,以及定期互访机制外,还探索和尝试两地或多边会员的联席会员(即对方会员可参加协会成为联席会员)制度;二是与内地一二线和省会城市的协会建立广泛的、多样化的联系,探索建立深层次的联络和联系机制。

(九)搭建平台,促进行业转型升级

目前,行业内跨界经营、并购整合、数字化社区管理、养老产业、移动互联技术的实践和应用已经不断涌现,也已成为深圳物业管理继续领先全国的新的因子。2016年,协会要通过搭建平台,如产权交易、并购整合平台等,鼓励并规范行业内新的商业模式、服务方式和管理方法,逐步开发物业管理服务平台的商业价值,延展产业链条和服务范围,改善行业生存状况。同时为鼓励企业间及企业内外的优势互补,协会尝试促进企业以市场化

运作方式打破行业内的一些独立的社商平台的封闭式运作模式,与行业内外的其他一些平台之间横向连通,形成资源共享,共同发展。

(十)加强行业培训,重建行业培训新机制

目前,我市行业培训方面存在较多问题,较为突出的是行业人才的培养跟不上行业快速发展的需要。2016年,协会培训工作的重点是重整行业培训秩序,主导我市物业服务企业和从业人员培训工作,建立起适合行业发展需要的培训新体系。协会将通过整合社会培训资源,与专业培训机构、高等院校和有条件的大型物业企业合作,打造企业培训共享平台,为企业提供种类多、价格低且实用性强的培训内容。

协会将利用去年获得深圳市"5A级社会组织"荣誉的契机,继续提升工作效率和会员服务品质。按照《深圳经济特区行业协会条例》和协会章程规定,2016年年底协会需完成协会换届选举工作。为保障换届工作的顺利推进和协会各项工作的平稳过度,协会将从下半年开始,全面启动该项工作。

2016年,协会将继续发挥在提供服务、反映诉求、规范行为、组织协调、信息交流和人才凝聚等方面的优势,与全体会员单位一道,共同形成推动物业管理健康发展的合力,共同汇聚行业发展的正能量。

深圳市集装箱拖车运输行业发展及行业协会报告·2015

◎深圳市集装箱拖车运输协会　唐　力

前　言

深圳市集装箱拖车运输协会（以下简称为"协会"）是以深圳市各道路集装箱运输企业为主自愿组成的行业性民间组织，于2000年1月经深圳市民政局批准注册成立，属非营利性社会团体，具有独立的法人资格，是中国交通运输协会理事单位、中国道路运输协会集装箱运输分会副理事长单位、广东省道路运输协会副会长单位、全国集装箱道路运输行业协会联席会议成员之一。协会在全国行业内重点发挥规划、协调、调研、培训作用，同时也发挥着政企桥梁的作用，是会员企业之间交流合作的纽带。2015年2月，协会被深圳市民政局评定为5A级协会。

协会目前拥有会员2 100余家，会员拥有的集装箱运输车辆数占全市注册集装箱拖车运输企业车辆数的98%。会员单位中既有大中型国有企业，也有股份制和民营等各种经济性质的企业。

一、协会的理念、宗旨和愿景

（一）核心理念

"双向服务"的核心理念，即服务政府、服务企业。

（二）服务宗旨

发挥好桥梁作用、服务好会员企业、维护好行业利益、促进行业健康发展。

(三)愿景

推动行业低碳生产、规范管理、公平竞争、健康发展,为广大会员提供更多的有效的服务与帮助;与国内外集装箱运输行业及相关行业建立联系,谋求良好的合作共赢。

二、协会内部治理

(一)协会的基本架构

协会的最高权力机构是会员大会。理事会、监事会由会员大会选举产生,任期4四年。秘书处为协会常设办事机构。协会下设深圳市鹏城集装箱运输发展研究院、深圳市牵引车驾驶员职业技能鉴定所、深圳市集装箱拖车运输协会南山办事处等工作机构。协会的日常工作由会长会做出决策,重大事项召开理事以上会议讨论后做出决策,必要时举办全体会员大会,由全体会员参与决策。

协会依据协会组织架构及会员数量建立会员联系制度,形成了长效、稳定的协会联系机制。

(二)协会的内部治理规范

协会自成立以来,始终坚持依法照章办会,不断建立健全各项规章制度,先后制定了《会员大会选举办法》《会议制度》《理事单位任职资格》《监事单位任职资格》《资产管理办法》《会员联系制度》等30项制度;制定了《深圳市道路集装箱运输行业价格自律管理办法》,在国内行业中创先测算了行业主要运营线路的经营成本,定期发布行业指导价格,加强了行业的价格自律,促进了行业的可持续健康发展。

(三)行业风险防控

协会时刻关注政府政策、行业动态,协助政府主管部门推动行业落实相关政策,防控社会不稳定风险。如针对"停车难"问题,协会引导集装箱运输驾驶员合理反映诉求、向政府协调路边临时停车,避免了行业冲突,促进了社会稳定;向相关部门建议加大营运黄标车提前淘汰补贴并呼吁尽快落实方案,避免行业从业人员的过激反映诉求。

(四)财务状况

(1)协会2013—2015年年度收支情况

单位:万元	2013	2014	2015
年度总收入	2 372 050.00	2 876 505.01	3 574 250.00
年度总支出	1 876 506.60	2 685 048.21	3 494 798.72

(2)协会2015年度排名前3的收入来源、支出类别及所占比例

收入来源	收入占比(%)	支出类别	支出占比(%)
会费收入	56	工资福利	31
政府补助	4	会员大会	13
政府有偿服务	21	行业内会务列支	19

协会财务使用以"从会员中来,到会员中去"为准则,同时每年接受由协会监事会的指派的专业会计师事务所对协会账户进行核查。

(五)社会责任

1.提供行业服务

协会配合政府主管部门定期开展企业安全生产培训,提升企业安全生产意识;组织开展多样化的行业文娱活动,如行业青年运动会及行业才艺表演大赛,促进行业文教发展;协会下设深圳市鹏城集装箱运输发展研究院、深圳市牵引车驾驶员职业技能鉴定所,为行业提供相关认证。

2.维护行业权益

协会会长会成员向原深圳海关邹志武关长反映了行业备案车辆年检费问题,深圳海关领导决定免除拖车企业海关年审的车辆检测,取消了每台车300元的年审检测费。

在协会及全国各方力量的争取下,国家保监委决定即日起交强险责任限额由6万元上调到12万元,集装箱拖头作为特种车第四类,费率从5 660元调整为3 980元,挂车费率则根据实际的使用性质并按照主车的30%计算。

协会就港口与外堆场强制收取"闸口费"的问题向国家发改委递交情况反映和建议。2010年1月1日,国家发改委出台了相关的文件规定:码头及港口外堆场不得向拖车行业收取"闸口费"。此举终止了码头收取"闸口费"行为,并为最终规范港口外堆场向用箱人收取"提箱费"奠定了基础,5年来,全行业共28 000台疏港运输车辆累计避免了近15亿元的"闸口费"和"提箱费"损失。

协会经过和市交警局的协调,在市政府、市交委各级领导的帮助下,合理解决了"97半挂车"的历史遗留问题,使全行业5 300余台"97半挂车"得以办理延期使用5年半,为全行业节约"97半挂车"更新成本约3.25亿元。

协会多年坚持向全国行业协会联席会成员单位递交的建议得到了国务院的关注,取消了集装箱半挂车的交强险。深圳地区全行业3万余辆半挂车,按每年每台需缴纳交强险1 300元测算,协会为全行业每年节约交强险成本支出达3 900余万元。

深圳市常务副市长吕锐锋组织召集深圳市人居委、市财委、市交委和市交警局就协会关于对未满10年营运黄标车辆加大政策性补贴幅度的专项会议,会议通过了对协会提交关于未满10年2005、2006、2007年注册登记的营运黄标车加大财政补贴的建议,并决定对未满10年黄标车给予近5~7万元的财政补贴,以此帮助弱势车主群体具备车辆置换的基本条件。

据统计,截至2015年11月30日,协会秘书处共为会员开具车辆报废证明16 449份,协会为会员企业增加废钢铁补贴4 523余万元,协助会员领取国家对老旧车辆的补贴近2亿元,帮助全行业成功领取市财政补贴近8亿元,其中5 483台不满10年的黄标车辆已享受特殊政策补贴近3亿元。

3.促进节能减排

协会号召会员企业积极响应深圳市黄标车淘汰工作,配合其开展深圳市环保工作。同时,协会还号召会员企业积极购买新能源、新技术物流装备,引导企业进行绿色低碳生产。

4.扶贫及其他志愿活动

协会积极号召会员企业参与贫困落后地区扶贫助学活动,如2015年9月,协会组织会员企业前往湖南怀化通道县进行扶贫助学;开展各项党群共建志愿活动,如定期组织党群义工队伍进行市区街道及其他公共场所环境卫生清理。

三、会员服务情况

(一)对会员进行合规性识别

1.协会每年都对已有会员进行整理识别,对违反国家法律法规、不守法经营的;已更改企业道路运输经营范围,即企业无货物专用运输(集装箱)经营范围的;逾期两年以上未进行深圳市道路运输车辆网上年审的;已倒闭的,以及不履行会员义务、逾期两年以上未按协会章程规定缴纳会费的会员单位作移除协会会籍处理,并在协会官方网站上进行公示。

2.协会每年均对自愿申请加入协会的企业进行识别,严格按照协会章程规定的标准确定申请入会企业是否符合条件。

(二)为会员提供分类服务

协会对会员企业进行分类:将具备货物专用运输(集装箱)道路运输资质的会员企业归为A类会员;将涵盖物流设备、金融、保险等领域的配套服务供应商归为B类会员。

协会设置A类会员服务部和B类会员服务部,并由专人负责跟进,提供一对一服务。A类会员服务工作将重点配合并依托港货局开展"网上港货局"电子业务系统的建设和应用,协助其提升行业行政业务效率。针对B类会员,协会开展走访联系机制,了解企业发展需求,推进产品销售、推广、团购等各项活动,为会员企业发展提供增值服务。

协会每年对会员企业进行两次问卷调查,了解会员企业对协会开展各项工作的满意程度,收集会员企业对协会工作的意见和建议,并在今后的工作中做出有针对性的改进。

(三)提升会员服务质量

1.树立顾客文化

协会牢固树立为会员服务的思想,保护会员合法权益,以发挥好桥梁作用、服务好会员企业、维护好行业利益、促进行业健康发展为宗旨,履行提供行业服务、反映行业诉求、维护行业权益、规范行业行为的职责;协会建立网站,发行内刊,及时向政府部门反映企业的困难和呼声,加强政企双向沟通、良性互动、维护稳定。

2.丰富服务内容

(1)降低营运成本。协会收集会员企业的合理诉求,针对企业生产过程中遭遇的不合理收费、重复收费及应予以取消的收费项目,向相关部门反映并呼吁取消不合理收费项目,且已卓有成效。如船公司向集装箱运输企业收取不合理的"打单费",经过协会长年不断的努力,数十家船公司积极响应市交委规范工作的倡导,相继宣布将"打单费"在订舱或提单环节向客户收取,在大家的共同努力下,困扰行业十余年的打单费历史遗留问题最终得到了彻底、妥善的解决。

(2)简化行政手续。协会秘书处在开展会员走访联系活动中,就会员企业反映盐田窗口办事人员行政效率低下问题积极协调上级部门予以内部整改,并就建议提升整体行政工作效率进行了必要的协调,得到了相关领导的高度重视,为即将实施的电子业务审批系统创造了一定的基础。

3.开发服务领域

(1)全国进出口货物集装箱陆路运输成本认证、信息采集:对20家企业的运营成本进行抽样调查。这为管理部门制定相关政策时进行数据考量及为物流行业内劳资双方维护自身合法权益提供了参考范本。

(2)承接深圳市道路集装箱运输行业主要运营线路成本认证工作:为贯彻落实深圳市市政府《关于研究促进港口外堆场与拖车行业稳定健康发展工作会议纪要》(352号)的精神,根据深圳市交通运输委员会港航和货运交通管理局的委托,协会联合深圳市综合交通设计研究院对道路集装箱运输行业主要运营线路进行了成本调查,对80家企业的运营成本进行了抽样调查。这为管理部门制定相关政策时进行数据考量及为物流行业内劳资双方维护自身合法权益提供了参考范本。

(3)年度货物专用运输(集装箱)企业车辆年审工作:对全市有货物专用运输(集装箱)运输资质的企业开展公司名下车辆审验工作。

4.提升服务价值

协会切实履行"提供行业服务、反映行业诉求、规范行业行为"的职能,注重行业信息化、标准化建设,提升道路集装箱运输的服务价值;注重加强政企双向沟通、良性互动,做政府与企业之间的桥梁;不断提高服务水平,做会员企业之间交流合作的纽带;重视与国内外集装箱运输行业及相关行业建立联系,谋求道路集装箱运输事业的合作与共赢。

(四)协会服务效果

1.会员流失率低

(1)协会自成立以来一直致力于为政府和企业提供优质的双向服务,获得了行业主管部门的信任及会员企业的认可,长年保持较低的会员流失率。

②协会开展各项行业工作秉持"行业主管部门工作即时办、会员企业工作当天办、岗

位工作负责办"的原则,做到快速响应政府和企业的服务需求。

(2)协会保质完成政府部门安排的各项工作,有效解决行业普遍性问题,有针对性解决会员企业困难。

2.行业市场明显拓展

(1)协会积极与集装箱运输配套服务供应商寻求合作,合作对象涵盖物流装备、金融、保险等领域,并已与太平洋保险、青岛解放等供应商建立了战略合作伙伴关系。

(2)协会十分重视与B类会员的合作,协会与深圳车之彩汽车销售服务有限公司联合推广走进"玉柴"、"柳汽"集团采购新能源车辆的大型访问活动,现场认购节能减排车辆645台,推动A、B类会员互动卓有成效,最终达成会员企业降低采购成本、供应商增加营收、协会充分发挥服务会员作用的"三赢"局面。

3.协会内外认同程度高

(1)协会尽心为会员企业解决困难,收到了会员企业的高度赞赏及认可,许多会员企业赠送协会锦旗以示感谢,如2015年8月,深圳市和兴运输有限公司赠予协会"开辟和谐诉讼通道、化解行业劳资矛盾"锦旗;2016年1月26日,深圳市隆基时运物流有限公司赠予协会"情系会员、真诚服务"锦旗。

(2)协会秘书处在确保各项日常工作正常开展的同时,组织秘书处全员分批次开展会员走访联系活动,针对行业发展、协会发展、对主管部门及协会工作的建议与意见开展四部分会员民调,积极倾听会员企业建议及诉求,采集意见,为推动会员凝聚力奠定了基础,会员数由2015年1月份的1 615家发展至12月份的2 123家,全年以有效工作方式鼓励发展新会员508家。

(3)协会经深圳市民政局批准注册成立,并被深圳市民政局评定为5A级社会组织。目前,协会拥有会员(集装箱运输企业)2 142家,会员拥有的集装箱运输车辆数占深圳市注册集装箱拖车运输车辆数的98%,并且每年仍有新企业经会员企业介绍或慕名申请加入协会。

(4)A类会员数由2015年1月份的1 615家发展至12月份的2 123家,B类会员数(配套服务供应商,涵盖物流设备、金融、保险等领域)已发展近100家。

四、协会持续创新

(一)创新能力建设

1.机构和人员建设

协会为提高创新能力,十分注重机构和人员建设。如:为加强行业全面调研,并促进南山区行业维稳工作,2010年,在南山区政府及相关部门的支持下,协会特别设立南山办事处,配备专员负责南山区行业数据收集和政企服务工作;为行业提供相关认证配备专用办公场所及办公人员;安排专员负责与成本认证、信息采集样本企业对接,做好数据收集、保存工作。

2. 多方突破

协会作为行业专业协会,开展多样化的行业工作,如:企业生产管理新模式探讨、促进和谐劳动关系新举措;作为全国集装箱道路运输行业协会联席会议成员,与其他成员共同研究行业管理新方式;结合成本认证信息采集数据,做出合理分析,并为政府有关部门制定相关政策提出合理化建议;推动国内外物流装备供应商合作研发新技术。

3. 建策建言

协会重视和主管部门的沟通,推动行业新规建设。如:协会协助行业主管部门——市港航和货运交通管理局进行行业内企业安全生产强制培训,让企业学习安全生产新规范、新管理模式,使企业改善自身安全生产管理水平;关于取消集装箱半挂车"交强险"缴纳费用的建议得到了采纳和实施。

(二)建立激励机制

协会致力于激励方式激发协会会员的活力。如:协会向为行业健康发展做出积极贡献的会员企业予以通报表扬并颁发荣誉证书;鼓励会员企业介绍新企业入会;鼓励理事以上单位组团出国学习先进的管理经验、物流领域新技术、行业发展新趋势等。

(三)创新管理方式

1. 为贯彻落实深圳市市政府《关于研究促进港口外堆场与拖车行业稳定健康发展工作会议纪要》(352号)的精神,根据深圳市交通运输委员会港航和货运交通管理局的委托,协会联合深圳市综合交通设计研究院对道路集装箱运输行业的主要运营线路进行了成本调查,对行业内80家企业的运营成本进行了抽样调查。

2. 每个月定期、及时、有效地从样本企业中收集相关数据报送,得到相关部委的认可,并为行业成本测算及企业自身合法权益保护提供了真实有效的数据证据。

3. 协会十分重视推进会内 A、B 类会员的合作互动。如:协会与深圳车之彩汽车销售服务有限公司联合推广走进"玉柴"、"柳汽"集团采购新能源车辆的大型访问活动,现场认购节能减排车辆645台,推动A、B类会员互动卓有成效,最终达成会员企业降低采购成本、供应商增加营收、协会充分发挥服务会员上网作用的"三赢"局面。

4. 面对"互联网+"引发的物流行业发展新趋势、企业生产新模式,利用协会平台优势、整合行业资源,协会已计划牵头打造深圳市行业内智慧物流平台。智慧物流平台项目的推进必将为深圳市智能化物流、绿色物流发展提供重要助力、做出重要贡献。

附:2015年协会的主要工作

1. 协会会员数量进一步增加

会员数由2015年1月份的1 615家发展至12月份的2 123家,全年以有效工作方式发展新会员508家。

2.为会员维权

截至2015年1月31日,在协会领导团体的参与和带动下,经全体会员的共同努力和秘书处的督促协调,向协会最后递交承诺书的伊朗国航等相关船公司已全部履行规范收费模式的承诺,全行业约2.8万台疏港运输车辆,每年节约不必要的"打单费"成本近3亿元。

3.向地方政府建言

2015年2月1日前,秘书处协同耿博会长代表行业历经多次向市委、市政府、市人大等有关部门递交情况反映和建议在有关政府部门共同推动,在社会各方的共同努力下,盐田坳收费站正式取消收费,此项每年有效降低了行业的营运成本数千万元。

4.呼吁加大黄标车补贴并得到落实

2015年3月10日起,秘书处受会长会、理事会的委托,重点协调市政府、市交委、市财委、市人居委、市信访局等相关领导,就营运车龄不满10年的黄标车加大补贴及10年以上车辆追加补贴政策出台及落实事宜进行多次情况反映与呼吁。3月17日,深圳市常务副市长吕锐锋组织市人居委、市财委、市交委和市交警局召开就协会关于对未满10年营运黄标车辆加大政策性补贴幅度的专项会议,会上决定,将对协会提交关于未满10年2005、2006、2007年注册登记的营运黄标车加大财政补贴的建议,给予正式通过,并决定对未满10年的黄标车给予近5~7万元的特殊财政补贴,以此帮助弱势车主群体具备车辆置换的基本条件。经统计,截至2015年11月30日,秘书处共为会员开具车辆报废证明16 449份,协会为会员企业增加废钢铁补贴4 523余万元,协助会员领取国家对老旧车辆的补贴近2亿元,帮助全行业成功领取市财政补贴近8亿元,其中5 483台不满10年的黄标车享受特殊政策补贴近3亿元。

据会员企业普遍向秘书处反映,企业于2013年至2014年向相关部门申请领取国家对老旧车辆提前淘汰的补贴款项迟迟未能按期支付,会员企业普遍面临着巨大的资金压力。耿博会长及时向市人大反映了情况,经秘书处协调国家财政部加快款项审批,督促和协调市财委先行垫付数亿元向企业支付,确保各会员单位于2015年7月至10月间全部收到补贴款。

5.组织义工团队

经任军等会长会成员建议,受耿博会长委托,秘书处于2015年3月向盐田区义工联正式报备成立首批共100家会员以上单位代表组成的盐田区义务工作者(志愿者)联合会义工团体工作队,此队的成立将彰显协会服务社会、关爱社会的责任感意识,发挥5A级社会组织的正能量。

6.推广新能源车辆

3月25日至29日,秘书处与深圳车之彩汽车销售服务有限公司联合协会党群互动共180余人,推广走进"玉柴"、"柳汽"集团采购新能源车辆的大型访问活动,现场认购节能减排车辆645台,帮助会员降低了采购成本,协调柳汽与广华通捐助置换了办公用车新款捷达车1台,使A、B类会员联谊活动更加生动有效。

7.参与和促进劳动争议案件调解

通过政企交流与互信,协会与盐田区劳动仲裁机构于2015年3月30日首次合作开展了巡回法庭下基层试点工作,并在协会秘书处会议室开庭,现场氛围公正透明,成功调解了司机林忠玉与深圳市东方希嘉物流有限公司的劳动争议案,促成了当事双方主动握手和解,为盐田区人资局政务改革巡回法庭下基层工作的深入开展夯实了基础。

8.2015年4月25日至5月2日,协会受盐田区政府、区政法委、区公安分局、市交警局委托,组织100家理事以上单位代表与盐田交警大队、市机训大队、盐田派出所联合组建了"道路交通秩序疏导巡查工作队",24小时分班轮流上路,开展巡查和疏导工作,维护盐田范围内营运车辆的停放秩序,有效防控了部分拖车司机被个别不法人员操纵的有计划的不稳定事件发生。此举受到了相关政府部门和盐田居民的一致好评,取得宏扬协会正能量的社会效应。

9.2015年4月29日,经协会与同行业协会联名向市人大法工委反映情况,在市交委和港货局的协助下,市第五届人民代表大会常务委员会第三十九次会议于2015年4月29日通过了《关于修改〈深圳经济特区道路交通安全管理条例〉的决定》,将第四十八条改为第四十九条,修改为:"驾驶营运车辆的人员从事营运活动时,应当持有交通运输管理部门核发的从业资格证。"修改内容解读为:驾驶员持交通部统一颁发的从业资格证可在深从事营运工作。至此,这解决了必须换领或持深圳市交通运输管理部门核发的从业资格证才可在深从事营运活动的行业困扰难题。

10.协会为推动行业和谐用工,防止用工矛盾与争议,动员共38家会员企业积极报名加入盐田区和谐劳动关系促进协会。并于2015年5月7日由广东省人力资源和社会保障厅副厅长谢树兴,深圳市人力资源和社会保障局副局长李滔,盐田区委副书记、区长杜玲,副区长王守睿以及协会首届会长耿博共同为协会揭牌。

11.2015年6月26日,协会党总支组织带领秘书处全员,配合盐田区政府,组织会员企业参与第二届盐田区总商会暨物流行业才艺大赛并取得圆满成功,取得"最佳贡献奖"。

12.2015年8月,秘书处在开展会员走访联系活动中,就会员反映的盐田窗口办事人员行政效率低下问题积极协调上级部门予以内部整改,并就建议提升整体行政工作效率进行了必要的协调,得到了相关领导的高度重视,为2016年即将实施的电子业务审批系统奠定了一定的基础。

13.2015年9月6日,盐田三村路口突发部分货柜车司机采取堵路停放造成的交通堵塞,秘书处组织会员企业相关负责人和车队队长配合现场维稳协调工作,当月每晚开始配合市机训大队上路巡查交通秩序维护工作。秘书处在行业历次开展维稳工作的过程中,突发事件第一时间及时到达现场,积极配合政府部门把控局面,对群体事件的参与者开展理性规劝,坚持参与了政府部门赋予协会维稳工作的各项工作任务,认真履行了职责。

14.2015年9月10日,耿博会长与周克文常务副会长陪同盐田区吴德林区长等政府多部门领导调研盐田停车难问题,实地考察各现场路况,探讨了有效的解决措施,坚持参加盐田区领导组织的解决停车难问题每周例会,广泛征求会员意见并向区领导献计献策,同时向市政府等部门多次呼吁取消盐田和东部沿海高速对进出港口的车辆收费,吴德林区长对协会工作多次予以肯定和表扬。

15.中国道路运输协会全国行业联席会于2015年10月16日在营口召开,周克文常务副会长随同耿博会长列席了会议,协会代表再次向大会建议,由中道协集运分会向国务院、交通部呼吁取消营运车辆二级维护行政监管,切实为二级维护工作的简政放权创造了必要条件,加快了相关新政的出台。

16.2015 年 10 月 23 日,协会坚持开展与市中院的互访活动,应市中级人民法院邀请,当日组织相关会员单位代表就车辆按揭、扣车停运损失等法律问题进行探讨,以期通过典型案例模式,力争协调各区级法院开展公正司法。

17.2015 年 10 月 24 日至 26 日,秘书处协同党总支组织各党支部骨干成员到湖南怀化通道侗族自治县二完小、梓坛小学开展"扶贫助学"爱心结对活动。

深圳市高分子行业发展及行业协会报告·2015

◎深圳市高分子行业协会 吴 宪 孙珍珍

一、前言

(一)协会简介

深圳市高分子行业协会是深圳市高分子行业的唯一代表组织,深圳市5A级行业协会。它的前身为深圳市塑胶行业协会,1987年经深圳市人民政府工业办公室批准成立,在市民政局登记注册。为适应产业发展的需要,2013年经第七届二次会员代表大会通过,更名为深圳市高分子行业协会。更名后的深圳市高分子行业协会承接着深圳市塑胶行业协会27年的历史沉淀,继往开来、开拓创新,为会员提供全方位服务。协会目前拥有实力的企业很多,有上市公司20家、拟上市公司60家。

协会的宗旨为架桥梁、配资源、办实事,本着这一服务宗旨,为会员企业精心打造了党建工作、政府资源、会员服务、行业资源、产业基地、科技交流、创新培训、资金融合、行业宣传、产品推广十大服务平台。

(二)本课题的意义、研究方法、资料数据采集方式

结合互联网的公开信息,获取解决方案、市场和政策等全面的文本资料,为本白皮书的研究奠定了坚实的基础。

1.本课题的意义

对于高分子行业的年度报告,本课题讲究事实清楚、立场明确、行文规范。这对高分子行业的市场整体概况和发展趋势起到了决定性的作用,并提高高分子企业对行业的认知,企业对未来的规划更加明确。

2.研究方法

调阅相关的年度研究报告、统计年鉴、政府项目库和政策法规库,通过课题研究,有助于大力开展深圳市高分子行业的市场调查。

3.资料数据采集方式

数据统计分析方法:排列图,直方图;资料采集方式:采用部分企业抽样调查的方式,以及统计局和市场监督局的部分资料查找。

(三)课题创新之处

1.选题、研究方法创新之处

通过对我市当前现状的调查,针对其中存在的问题,制订的专题;掌握与企业和所属行业相关的各种历史资料和发展趋势,集中使用企业优势资源,避免力量分散,发挥优势资源。

2.内容与观点方面的创新之处

历史数据库、业务类型库和案例库筛选,内容新颖,白皮书内容通过图表的形式表达得更有明确性,同时增加了创新产业的发展论坛总结报告。

(四)报告中的数据、图表资料来源

本报告的数据源于国家统计局 2015 统计资料、深圳市统计局 2015 统计资料、深圳海关 2015 年统计数据、深圳高分子材料技术与产业发展研究报告(2015)、深圳市高分子行业协会第七届五次会员大会暨 2016 年迎新联欢会会刊。深圳市高分子行业协会对本报告的真实性负责。

二、深圳市高分子行业概况

(一)高分子的定义

高分子又称高分子聚合物,高分子是由分子量很大的长链分子所组成,高分子的分子量从几千到几十万,甚至几百万。高分子材料是以高分子化合物为基础的材料,是由相对分子质量较高的化合物构成的材料,包括橡胶、塑料、纤维、涂料、胶粘剂和高分子基复合材料,高分子是生命存在的形式,所有的生命体都可以看作是高分子的集合。高分子行业包括塑料、橡胶、化纤、涂料、粘合剂、复合材料 6 大类,属于深圳的战略新兴产业。

(二)深圳市高分子行业概貌

1.发展历程

1980—1990 年间是深圳高分子行业发展的初期,以塑胶为主,主要由内地国有大企业集团投资成立国有塑胶企业。同时,港台和日本等大量外资企业纷纷在深圳设厂。在此期间,民营企业处于原始发展时期。

1990—2000 年期间是深圳高分子行业的整合提高阶段。国有企业因为体制原因,发展缓慢,经历了承包、改制、关停或转型等阶段。在深外资企业开始大幅度扩张,有些将总部搬迁至深圳,有些购置土地、增设新厂。民营企业通过一定程度的积累,发展到了一定规模。

2000—2010年间是深圳高分子行业的创新发展阶段。经过近30年的发展,本行业已经趋于成熟,中低端产品出现了较为严重的行业竞争。行业内龙头企业应对的主要做法:一是调整产品结构,往高新技术方向转型;二是降低成本,在深圳周边建设生产基地。

从2010年开始,深圳市高分子行业进入了一个快速发展的阶段。各种生物高分子材料、功能高分子材料、功能高分子纤维、形状记忆高分子材料、功能高分子薄膜、3D打印高分子材料和石墨烯复合高分子材料等新型材料如雨后春笋一般相继发展起来,不少企业在这些领域也迅速发展壮大起来。

2.产业链构成

高分子涵盖的产业涉及很多领域,上到原材料如石油、天然气、煤化工、淀粉及纤维素等,下到航空、航天等尖端产品。

高分子材料工业不仅要为工农业生产和人们的衣、食、住、行、用等不断提供许多量大面广、日新月异的新产品和新材料,还要为发展高技术提供更多更有效的高性能结构材料和功能性材料。近年来,随着电气、电子、信息、汽车、航空、航天、海洋开发等尖端技术领域的发展和为了适应这一发展的需要并进一步发展,高分子材料在不断向高功能化高性能化转变方面日趋活跃,并取得了重大突破。

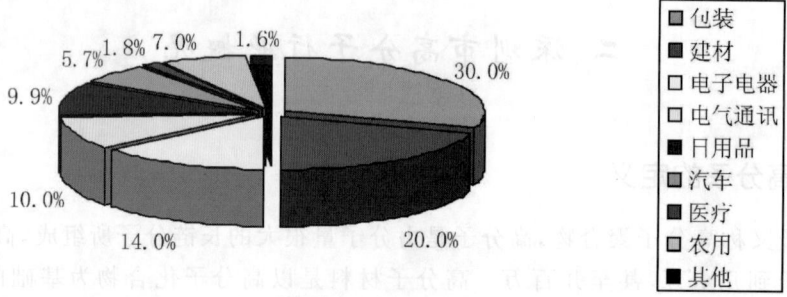

图1 2014年高分子材料制品在下游的应用比例

(三)深圳市高分子行业市场状况

高分子材料包括塑料、橡胶、合成纤维、涂料、粘合剂、复合材料6大类,是新材料的重要组成部分,属于深圳重点扶植的战略性新兴产业。2014年,其广泛应用的军工和航空航天领域又被进一步划分为未来产业。高分子材料、新型金属材料和新型无机非金属材料是国家、广东省和深圳市大力扶植发展的新兴产业,深圳市政府专门为此出台了"深圳市新材料产业振兴发展规划"和"深圳市新材料产业振兴发展政策"两个政策。

1.经济情况

深圳市高分子产业是和深圳特区同步发展的,作为深圳不可缺少的战略性新兴产业,目前已有相当规模,在全国的产业地位突出,荣获全国三项冠军:深圳市高分子行业产值全国城市排名第一、产品科技含量全国最高、产品出口比例占全国第一。深圳市高分子行业近年来的主要经济指标如下表1、表2所示:

表1 深圳市高分子行业主要经济指标(统计值)

	2014年	2015年	增长比(%)
深圳高分子行业规模以上企业工业总产值(亿元)	835.1	890.2	6.6
全国高分子行业规模以上企业主营业务收入(亿元)	20 392	21 466.1	6.1
深圳高分子行业规模以上企业收入占比(%)	4.10	4.15	——
广东省高分子行业规模以上企业主营业务收入(亿元)	3 939	4 089.3	4.4
深圳高分子行业规模以上企业收入占比(%)	21.2	21.8	——
深圳工业总产值(亿元)	16 001.98	17 502.99	8.9
深圳高分子行业规模以上企业收入占比(%)	5.2	5.1	——

表2 2015年深圳高分子产业状况

类别		塑料和橡胶	化学纤维	涂料、粘合剂	复合材料	合计
产值(亿)	统计产值	737.6	8.7	144	0	890.2
	实际产值	1 694	38	475	33	2 240
规模以上企业数(家)	统计数	552	7	64	0	623
	实际数	2 832	24	241	35	3 132

2015年,深圳高分子产业统计产值为890.2亿元人民币,占全国高分子产业统计值的4.15%,占广东省高分子产业统计值的21.8%,占深圳工业统计总产值的5.1%,统计产值年增长率为6.6%。其实际年产值2 240亿元人民币,占全国高分子产业统计值的10.4%,占广东省高分子产业统计值的54.8%,占深圳工业统计总产值的12.8%。规模以上企业数约3 132家,从业人数70万人。

其中产值在10亿元人民币以上的企业25家、1亿元人民币以上的企业400多家,上市公司20家、拟上市公司60家,高新技术企业120家。

2.进出口情况

深圳是全国高分子行业最发达的地区,无论从行业规模还是行业发展水平上看,都堪称全国高分子行业的龙头老大。

深圳海关是全国重要的塑料原料进出口集散地,仅次于广州黄埔海关和上海浦东海关,位居全国第三的位置。

表3 深圳市企业进出口高分子材料与产品数据统计表

代码	中文	出口额（美元）	进口额（美元）
一	合计	36 505 017 566	47 723 286 990
32	油漆及清漆；油灰及其他类似胶粘剂；墨水；油墨	509 062 463	1 372 518 519
39	塑料及其制品	32 801 194 907	41 270 193 743
40	橡胶及其制品	2 139 567 413	3 492 680 224
54	化学纤维长丝；化学纤维纺织材料制扁条及类似品	1 055 192 783	1 587 894 504

2015年度，深圳市外贸累计进出口27 516.6亿元人民币，其中出口16 415.4亿元，位居内地大中城市首位，实现了23连冠。

深圳2015年高分子材料及产品进出口总额为842.28亿美元（约5 896亿人民币），占到深圳市总进出口额的21.4%。塑料及其制品做为高分子行业的重要组成部分，其2015年的进出口额占据深圳市进出口额排名前十大章商品的第五位。

2015年，深圳市高分子材料中塑料及其制品的出口主要国家（地区）为美国、香港、日本、澳大利亚和英国。主要贸易方式前三种分别为：一般贸易，占比40.95%；进料加工贸易，占比37.65%；保税监管场所进出境货物，占比12.71%。

表4 2015年深圳市高分子类塑料及其制品进出口情况

类别	金额（亿美元）	同比（%）	占广东省同行业比重（%）	占全国同行业比重（%）
出口	328	−12.4	30.5	7.5
进口	412.7	−6.4	28.0	8.8

表5 2015年深圳市高分子类塑料及其制品进出口前5大市场

类别	国家（地区）	深圳市 金额（亿美元）	深圳市 同比（%）	广东省 金额（亿美元）	广东省 同比（%）	深圳市占广东省比重（%）	深圳市占全国比重（%）
出口	美国	89.6	13.0	278.3	21.7	32.1	9.5
出口	香港	81.3	−17.7	191.5	−7.6	42.2	27.8
出口	日本	19.3	4.3	52.3	−2.6	37.3	7.3
出口	澳大利亚	9.6	3.7	30.3	8.0	31.9	9.5
出口	英国	9.6	−14.3	33	14.2	28.5	7.9
进口	日本	82.5	7.3	200.6	−5.9	41.5	13.6
进口	台湾省	81.1	−5.4	278.9	−9.7	28.8	12.9
进口	中华人民共和国	54	−2.9	106.7	−5.9	50.5	36.9
进口	韩国	45.5	−4.3	212	−7.0	21.7	5.8
进口	美国	31.3	−14.3	108.1	−11.0	28.4	6.9

表6 2015年深圳市高分子类塑料及其制品进出口贸易方式情况

类别	贸易方式	金额(美元)	同比(%)
出口	一般贸易	974 743 527	−21.1
	进料加工贸易	896 309 410	−8.9
	保税监管场所进出境货物	302 480 417	6.6
	海关特殊监管区域物流货物	178 036 641	−3.0
	来料加工装配贸易	28 549 077	−2.5
	其他贸易	123 498	−24.8
	对外承包工程出口货物	912	−75.1
	其他捐赠物资	33	.
	来料加工装配贸易	457 605	−93.3
	其他捐赠物资	589	.
	其他贸易	265	−97.5
进口	进料加工贸易	1 498 727 166	−7.8
	一般贸易	1 097 719 350	−4.3
	海关特殊监管区域物流货物	240 090 228	−5.0
	来料加工装配贸易	48 484 945	−24.9
	保税监管场所进出境货物	16 703 713	41.3
	海关特殊监管区域进口设备	1 862 919	199.6
	其他贸易	167 611	−43.6
	外商投资企业作为投资进口的设备、物品	27 564	−10.0
	免税品	1 498	.

2015年,在深圳市塑料及其制品的各类出口企业中,外商投资企业的出口金额位列第一,占比达到近50%;其次是民营企业及其他企业出口,占比近40%。在各类进口企业中,外商投资企业进口金额仍然位列第一,占比高达68%,其次是民营企业及其他企业,进口金额占比为27%。具体情况详见表。

表7 2015年深圳市高分子类塑料及其制品出口企业性质情况

类别	企业性质	出口额(美元)	同比(%)
出口	外商投资企业	1 161 627 837	−7.4
	民营企业及其他企业	920 156 350	−22.5
	国有企业	298 459 328	8.7

续表

类别	企业性质	出口额(美元)	同比(%)
进口	外商投资企业	1 974 569 172	−8.1
	民营企业及其他企业	793 498 239	−2.6
	国有企业	135 717 583	−2.9

三、深圳市高分子产业直面的危机与出路

2015年,对于高分子行业而言,日子过得比往年更加谨慎和忧心,一直行走于刀尖浪口上。一方面,原料企业需承担经济下行的压力,挺过去、活下来成为很多企业当前的目标。另一方面,新的经济模式正以迅雷不及掩耳之势冲击着日渐式微的传统经济模式,创新转型已箭在弦上,不得不发。

(一)危机

1.高分子原料市场信心缺乏,产能过剩愈演愈烈

近期以来,原油市场一直低位徘徊,市场价格以弱势下跌为主。不过,原油的价格下降并没有给高分子行业带来绝对的利好。在全球经济增速放缓及中国经济进入"新常态"的大背景下,国内几乎所有的行业都面临着不同程度的过剩,结构性过剩矛盾突出。近几年,高分子行业市场不断增温,高分子原料上游企业及下游生产企业不断投产,增加新装置,产能过剩问题愈演愈烈,当前终端行业伴随着经济下行趋势表现偏弱,高分子原料行业整体持续走弱。

2.人民币贬值,加剧高分子原料行业之殇

国内经济不景气,已让高分子行业尝试了寒冷之殇,原以为人民币的贬值会让国内出口企业从中获益,但是事实证明,这也未必。

我国改性塑料龙头企业金发科技有限公司的三季度报告显示,前三季度的财务费用同比增加约5700万元,同比增长37.55%,主要是由于人民币贬值造成的。金发科技部分原材料采购使用美元结算,产生汇兑损失,对公司利润造成了一定影响。

3.环境标准提高,塑料垃圾成"众矢之的"

随着人们生活水平的提高,对环境的要求也越来越高,不可降解塑料袋、废弃的固体塑料瓶等塑料垃圾成为众人眼里的"毒瘤",而一些不合标准的塑料生产用品也让人闻之色变。人们对塑料的污染性这一观念似乎已经根深蒂固,对塑料产品的节能环保要求也逐步提高,在时间的推移之下,绿色低碳成为行业共识。

4.高分子产业大而不强

中国工程院院士、华南理工大学教授瞿金平从技术角度认为,我国高分子材料产业大而不强。他表示,我国高分子材料加工产业受制于能源、资源和环境:一是单位产值能耗高;二是受到有限的石油资源限制;三是废旧高分子材料难以自然降解。"高分子材料产

业要想实现可持续发展,就必须在保证材料或制品质量、成本、可靠性的前提下,尽量降低能耗,充分利用资源,减轻对环境的影响。"瞿金平说。

(二)出路

今年以来,随着《中国制造2025》的发布,在制造强国战略中担纲重任的高分子材料产业也开始谋划"立业之本、兴业之器、强业之基"。对于低端产品严重过剩,高端产品大量依赖进口的高分子材料产业现状而言,如何转型升级、创新发展,实现从大到强的历史性飞跃?

1. 调整经营思路,拥抱互联网时代

我国高分子产业经过多年的发展,已经初步形成涵盖合成树脂、化工助剂、装备,直至从原料到产品销售流通全过程的完整体系,其产业链长、涉及面广。而这种每天都发生的生产、流通行为,历年来基本是以传统的方式进行,在这种传统的现货交易过程中,从原料到制品再到消费者(中间可能还有销售商),每个环节的行业和商品信息传递范围有限,路径单一,原料和产品价格不透明,更大的问题是小微型实体企业往往无法直接面对原料生产商,必须接受经二次以上转手流通的原料,企业大量的人力、物力、资金在这一过程中被消耗,企业运营成本增加,产品生产流通周期加长。

互联网时代,电子商务技术所具备的功能多样、信息公开、环节简单、融资快捷、成本低廉、运用便捷的服务功能,如果能迅速融入传统的高分子制造业,将极大地提高整个行业的生态。

此外,实体企业通过电子商务平台的建立和应用,对促使企业在线拓展企业品牌、增加服务价值、降低企业运营综合成本、扩大产品或物资销售、拓宽企业与客户的互动交流,从而推动企业运营模式变革创新、转型升级发展的作用也是十分明显的。

2. 借助政策东风,激活发展动力

目前,高分子行业以中小企业为主,整个行业的发展倚靠这些中小企业的活跃动作,不过由于政策形势的紧迫,中小企业贷款难、税收高,陷入发展的泥潭。

但中小企业也无需悲观,发展的春天正信步走来。近日,中国官方在固定资产折旧和税收抵扣方面再次推出优惠政策。在原有生物药品等6个行业基础上,扩大固定资产加速折旧优惠范围,对轻工(包括塑料行业)、纺织、机械、汽车4个领域重点行业的企业在今年1月1日后新购进的固定资产,允许缩短折旧年限或采取加速折旧方法。

高分子行业属于轻工业,也在本次优惠政策名录内。有行业评论师认为:固定资产加速折旧意味着企业"未来的钱可以现在用",当期能够有更宽松的现金用于投资和技术改造升级,而不是马上就交税,这有利于盘活现金流、改善现金流量,对企业的帮助可立竿见影。

3. 利用科技创新,开创新出路

业内专家表示,通过科技创新,实现产品的高端化、市场的国际化,是我国高分子材料产业的出路。近年来,在新材料研发以及工艺技术方面,我国高分子材料行业的科技创新正风生水起。

其中,中国工程院院士、大连理工大学教授蹇锡高带领的科研团队研究开发出了国际前沿的热塑性树脂基复合材料。

在工艺技术创新方面，瞿金平的科研团队开展了基于拉伸流变的聚合物加工技术研究，突破了百年来高分子材料以"螺杆"为标志的发展模式，实现了国内外高分子材料成型加工领域的重大创新。

此外，北京化工大学机电工程学院副院长吴大鸣教授的科研团队进行了聚合物微尺度制造技术的研究。据了解，他们根据蚊子口针的原理，研发了聚合物医用微针，可实现高效、无痛给药；研发的医用美容微针滚轮，其疗效比表层涂敷吸收法可提高4000倍以上。此外，他们还研发了一种基于微透镜阵列的高效散射材料和高效浸反射材料，在解决照明舒适度的同时，能显著提高灯具的光照效率。

4. 向智能制造迈进

"工欲善其事，必先利其器。"业内专家表示，除了在科技创新上下功夫外，我国高分子材料产业还应向智能制造迈进，努力造就智能工厂，实现生产的智能化。

据记者了解，当前国内企业研发的一些先进控制系统为高分子材料生产智能化提供了可能。

其中，浙江精诚模具机械有限公司首创了平模头流体可视化智能系统（简称微互系统），实现了挤出成型的智能化制造。

改性塑料供应商金发科技股份有限公司开发的生产系统实现了特种工程塑料的智能制造。据称，金发科技开发了智能自动排程系统（APS）、智能自动配方系统（AFS）、生产过程集中控制系统（MCS），较早实现了信息化与工业化的融合。

青岛科捷自动化设备有限公司则开发出机器人技术以实现高分子材料的智能制造。该公司副总经理赵明告诉记者，公司深入研究轮胎生产成型、硫化、检测、仓储等各个工序的生产工艺，成功地研发出了应用于轮胎行业各个工序的多款机器人产品。其"橡胶轮胎智能分拣系统"经中国石油和化学工业联合会专家委员会鉴定为国际先进水平，属于国内首创。

5. 围绕节能环保作文章

针对高分子材料产业未来的发展方向，业内专家还指出，应该围绕节能作文章。

"未来20～30年，最大的'新能源'应该是节能。"乔金樑认为，高分子材料在太阳能和风能的高效利用，以及提高石油采收率的驱油聚合物、页岩油气开采用的压裂液等方面发挥不可替代的作用。乔金樑表示，高分子材料还可以生产农用大棚膜、地膜和种子包衣等，在农作物增产方面发挥积极作用。另外，在延长食品保质期、减少食品浪费方面，高分子材料的作用更是难以替代。

同时，高分子材料还可在水资源保护、淡水的制备和收集方面发挥重要作用。例如，高分子材料可以制作海水淡化、污水回用的土工膜；也可制作具有抗菌防霉功能的输水管道，可以保持水质、防止浪费；具有集水功能的高分子仿生材料有望使空气中水分的收集成为可能。

此外，在医疗与保健方面，高分子材料也将发挥不可替代的重要作用。如高分子材料可用于制造卫生用品、医疗器械、医用导管、人造器官等。另据国外权威机构预测，未来超过20％的塑料制品将采用抗菌防霉材料。抗菌防霉材料在医疗领域的使用比例会更高。

四、未来高分子行业重点发展领域

《中国制造 2025》围绕经济社会发展和国家安全重大需求,选择 10 大优势和战略产业作为突破点,力争到 2025 年达到国际领先地位或国际先进水平。这 10 大重点领域中与高分子材料直接相关的项目就有降低船体摩擦阻力涂料、低温材料与防寒设备、轻量化车身、高性能聚烯烃材料、聚氨酯树脂、氟硅树脂等 18 项,深圳高分子行业未来几年的发展也将围绕这 18 项展开。

深圳市物联网行业发展及行业协会报告·2015

◎深圳市物联网智能技术应用协会　胡艳芬　汤恒亮

Ⅰ　深圳市物联网行业年度发展报告·2015

前　言

深圳市物联网智能技术应用协会（AIOT）是深圳市5A级协会的品牌协会。协会成立于物联网战略新兴产业发展的大背景下，从行业共性服务出发，为会员企业提供细致、系统、创新的服务，全方位协助企业增强自主创新能力、提升企业的核心竞争力、完善企业的科技形象和品牌影响力、实现创新转型，同时，积极为政府提供行业调研、政策参考建议，反映行业诉求与问题。

本研究对国内物联网重点企业调研与国内外公开发表的数据引用相结合，分析物联网的技术架构和产业体系，对物联网产业链的典型企业进行统计剖析，对比国内外物联网产业发展的现状、发展阶段，物联网技术在应用发展现状，分析深圳物联网产业的发展现状，从深圳市政策环境、技术研发和产业布局几个方面，对深圳物联标杆企业、新兴创新企业进行调研，并对深圳物联网的标准体系、专利等技术研发现状进行统计，分析深圳市物联网产业的发展现状。

本课题的创新之处在于：

物联网行业是一个泛行业，行业界定尚不明晰。本课题采用的研究方法是采取分类提取样本方式，我们从物联网技术产业架构出发，分析每一层架构代表企业的共性特征，抽取的样为大、中、小型企业均涵盖。

物联网行业是一个全国性联动，甚至全世界联动的行业，我们的研究也不局限于深圳本地，而是从全国、甚至全世界的角度来分析有关数据和状况。

本课题分析对比了深圳物联网行业与其他重点省市物联网行业的优劣势，提出更具针对性的深圳物联网行业发展建议。

本课题报告中的数据、图表资料均为抽样调查及权威部门提供数据整理而来,深圳市物联网智能技术应用协会对其真实性负责。

一、行业定义与概貌

(一)物联网行业定义

物联网是新一代信息技术的重要组成部分,也是"信息化"时代的重要发展阶段。其英文名称是:"Internet of things(IoT)"。顾名思义,物联网就是物物相连的互联网。这有两层意思:其一,物联网的核心和基础仍然是互联网,是在互联网基础上的延伸和扩展的网络;其二,其用户端延伸和扩展到了任何物品与物品之间,进行信息交换和通信,也就是物物相息。物联网通过智能感知、识别技术与普适计算等通信感知技术,广泛应用于网络的融合中,也因此被称为继计算机、互联网之后世界信息产业发展的第三次浪潮。物联网是互联网的应用拓展,与其说物联网是网络,不如说物联网是业务和应用。因此,应用创新是物联网发展的核心,以用户体验为核心的创新 2.0 是物联网发展的灵魂。

物联网概念最初在 1999 年提出:即通过射频识别(RFID)(RFID+互联网)、红外感应器、全球定位系统、激光扫描器、气体感应器等信息传感设备,按约定的协议,把任何物品与互联网连接起来,进行信息交换和通讯,以实现智能化识别、定位、跟踪、监控和管理的一种网络。简而言之,物联网就是"物物相连的互联网"。

中国物联网校企联盟将物联网定义为当下几乎所有技术与计算机、互联网技术的结合,实现物体与物体之间的环境以及状态信息的实时共享以及智能化的收集、传递、处理、执行。广义上说,当下涉及信息技术的应用,都可以纳入物联网的范畴。

而在其著名的科技融合体模型中,其提出了物联网是当下最接近该模型顶端的科技概念和应用。物联网是一个基于互联网、传统电信网等信息承载体,让所有能够被独立寻址的普通物理对象实现互联互通的网络,具有智能、先进、互联的三个重要特征。

国际电信联盟(ITU)发布的报告,对物联网做了如下定义:通过二维码识读设备、射频识别(RFID)装置、红外感应器、全球定位系统和激光扫描器等信息传感设备,按约定的协议,把任何物品与互联网相连接,进行信息交换和通信,以实现智能化识别、定位、跟踪、监控和管理的一种网络。根据国际电信联盟(ITU)的定义,物联网主要解决物品与物品(Thing to Thing,T2T),人与物品(Human to Thing,H2T)、人与人(Human to Human,H2H)之间的互连。但是与传统互联网不同的是,H2T 是指人利用通用装置与物品之间的连接,从而使物品连接更加简化,而 H2H 是指人与人之间不依赖于 PC 而进行的互连。因为互联网并没有考虑到关于任何物品连接的问题,故我们使用物联网来解决这个传统意义上的问题。物联网顾名思义就是连接物品的网络,许多学者讨论物联网时,经常会引入一个 M2M 的概念,可以解释成为人到人(Man to Man)、人到机器(Man to Machine)、机器到机器(Machine to Machine);从本质上而言人与机器、机器与机器的交互中,大部分是为了实现人与人之间的信息交互。

(二)物联网行业概貌

1.物联网产业架构

目前在业界物联网体系架构大致被公认为有这三个层次:底层是用来感知数据的感知层,第二层是数据传输的网络层,最上面的则是内容应用层。如图1-1所示,感知层是物联网的皮肤和五官——识别物体,采集信息。感知层包括二维码标签和识读器、RFID标签和读写器、摄像头、GPS等,主要作用是识别物体,采集信息,与人体结构中的皮肤和五官的作用相似。网络层是物联网的神经中枢和大脑——信息传递和处理。网络层包括通信与互联网的融合网络、网络管理中心和信息处理中心等;网络层将感知层获取的信息进行传递和处理,类似于人体结构中的神经中枢和大脑。应用层是物联网的"社会分工"——与行业需求结合,实现广泛智能化。应用层是物联网与行业专业技术的深度融合,与行业需求结合,实现行业智能化,这类似于人的社会分工,最终构成人类社会。在各层之间,信息不是单向传递的,也有交互、控制等,所传递的信息多种多样,这其中的关键是物品的信息,包括在特定应用系统范围内能唯一标识物品的识别码和物品的静态与动态信息。

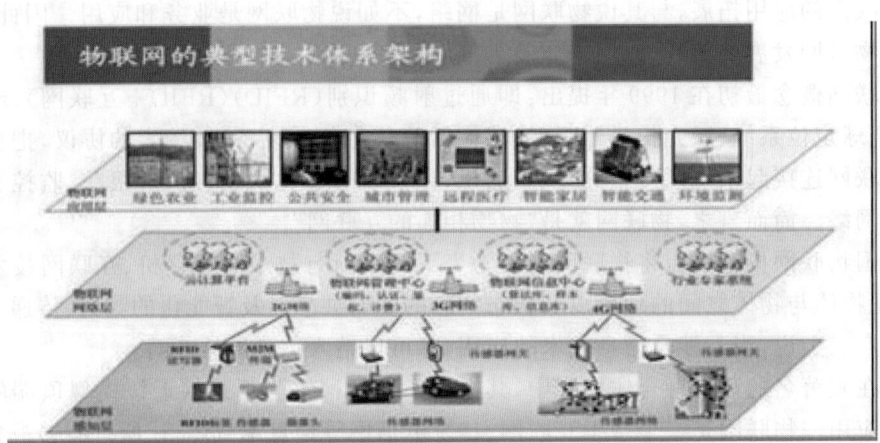

图1 物联网典型技术体系架构

(1)感知层

感知层技术主要包括 RFID 技术、传感器技术、音视频采集技术、条码技术以及 ZigBee、UWB、Bluetooth 等近距离通讯技术,其中 RFID 技术和传感器技术是物联网的基础环节。在 RFID 领域,深圳有企业 330 多家,拥有国民技术、远望谷、先施科技、鼎识科技等一批龙头企业,产品以电子标签、读写器具、系统集成为主,其中约 80%的企业有自主开发的产品,超过 40%的企业拥有专利;先施科技的 RFID 防伪技术已成为防伪行业领域极具发展前景的分支,远望谷已成为国内"铁路车号自动识别系统"产品与解决方案的主要供应商。在传感器技术领域,中科院深圳先进技术研究院成立了智能传感中心,致力于现代传感器及智能处理的前沿研究和应用开发;清华大学深圳研究生院与思科公司于 2009 年联合组建了智能传感网联合实验室,主要研究传感器之间的路由方式、传感器的特殊应用等。

(2)网络层

网络层技术包括 Wi-Fi、LAN 等局域通讯技术,以及 WCDMA、TD-SCDMA、HSDPA 等广域通讯技术。深圳是国内通信产业发展最快的城市之一,已成为全国乃至全球重要的通信产业基地,拥有 600 多家通信设备制造企业和 100 多家通信技术服务与内容服务企业。深圳企业在 GSM、GPRS、CDMA、3G 移动通讯和光传输领域掌握了一批核心专利,技术上国内领先、国际一流,产品在海内外市场具有较强的竞争力。

(3)应用层

应用层技术主要体现为各种应用解决方案。深圳电信、移动、联通等运营商先后推出了警务通、城管通、物流通、手机深圳通、企业一卡通、校巴管理、学生安全保护卡、智慧医疗、快递业物流巴枪等应用解决方案,积极培育和建设本地物联网应用。深圳的科研单位和企业相继在基于物联网技术的车辆监管系统、医疗废弃物监控系统、远程老人监护与社区紧急救援系统、食品追溯平台、产品防伪平台、城市生活垃圾分类收运管理平台等应用中取得突破并能提供较成熟的解决方案。

2. 物联网行业产业链

物联网相关产业是指实现物联网功能所必需的相关产业集合,从产业结构上主要包括服务业和制造业两大范畴。物联网制造业以感知端设备制造业为主,又可细分为传感器产业、RFID 产业以及智能仪器仪表产业。感知端设备的高智能化与嵌入式系统息息相关,设备的高精密化离不开集成电路、嵌入式系统、微纳器件、新材料、微能源等基础产业的支撑。部分计算机设备、网络通信设备也是物联网制造业的组成部分。物联网服务业主要包括物联网网络服务业、物联网应用基础设施服务业、物联网软件开发与应用集成服务业以及物联网应用服务业四大类,其中物联网网络服务又可细分为机器对机器通信服务、行业专网通信服务以及其他网络通信服务,物联网应用基础设施服务主要包括云计算服务、存储服务等,物联网软件开发与集成服务又可细分为基础软件服务、中间件服务、应用软件服务、智能信息处理服务以及系统集成服务,物联网应用服务又可分为行业服务、公共服务和支撑性服务。(参见图1)

3. 中国物联网产业发展概况

自 2009 年 8 月温家宝总理提出"感知中国"以来,物联网被正式列为国家五大新兴战略性产业之一,写入《政府工作报告》,物联网在中国受到了全社会极大的关注,其受关注程度是在美国、欧盟以及其他各国不可比拟的。

中国在物联网发展方面起步较早,技术和标准发展与国际基本同步。在应用发展方面,物联网已在中国公共安全、民航、交通、环境监测、智能电网、农业等行业得到了初步的规模性应用,部分产品已打入国际市场,如智能交通中的磁敏传感节点已布设在美国旧金山的公路上;中高速图传传感网设备销往欧洲,并已安装于警用直升机;周界防入侵系统水平处于国际领先地位。智能家居、智能医疗等面向个人用户的应用已初步展开,如中科院与中国移动集团已率先开展紧密合作,围绕物联网与 3G 的 TD 蜂窝系统两网融合的三步走路线,积极推动物物互联的新业务,寻求 3G 业务的全新突破。

总体看来,中国物联网研究没有盲目跟从国外,而是面向国家重大战略和应用需求,开展物联网基础标准体系、关键技术、应用开发、系统集成和测试评估技术等方面的研究,

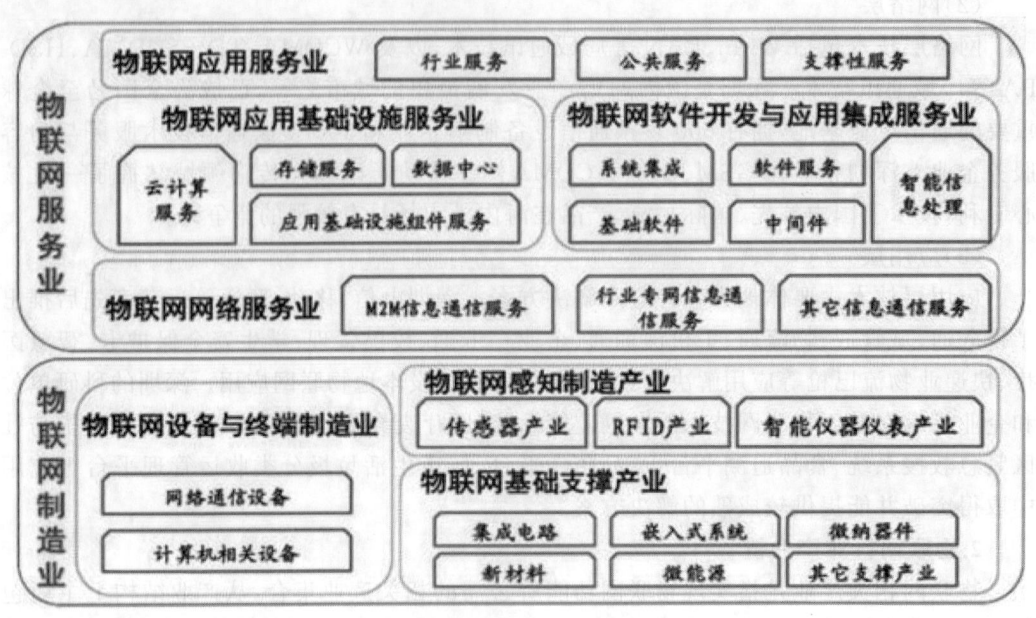

图 1 物联网产业链

形成了以应用为牵引的特色发展路线,在技术、标准、产业及应用与服务等方面,接近国际水平,使中国在该领域占领价值链高端成为可能。

二、物联网行业经营状况及在全国的地位

从空间分布来看,我国已初步形成分别以北京—天津、上海—无锡、深圳—广州、重庆—成都为核心的环渤海、长三角、珠三角、西部地区四大区域集聚发展的总体产业空间格局。各产业集聚区相互独立、各有特色,产业领域和公共服务基本保持协调发展,集聚的区域研发机构、公共服务等配套体系完备。

长三角在芯片、传感等基础环节有一定的产业积淀,特别是在新型 MEMS 力敏传感器方面一枝独秀,依托高铁城市群联动效应;北京地区主要依靠京津冀区位与资源优势,以集成和模式创新为主发展物联网产业;珠三角市场化程度高、产业链条衔接最为紧密,各环节对市场的感应程度较为明显,市场转向灵活。深圳发挥传统电子产品制造优势,形成以物联网产业制造、软件、系统集成等引领的重要基地,拥有国民技术、远望谷、先施科技等一批龙头企业,在传感器、微机电和无线传感网络领域,集聚了近 600 家企业。同时,深圳在通信及互联网技术领域、感知技术领域有非常完整的企业集群和产业链,涌现出一大批世界及全国知名企业,有华为、中兴这样的旗舰型企业,还有国民技术、科陆、远望谷、键桥等上市公司。同时,在深圳市物联网智能技术应用协会的会员群中,还有一大批年产值 1 至 2 亿之间的,如华大、金溢、华阳微、宏电、威美实业、富士智能等创新型企业,它们是物联网细分领域的隐形冠军。

三、深圳市物联网行业市场状况

(一)深圳市物联网产业规模

深圳市 2015 年物联网产业规模为 1 430 亿元,较 2014 年增长 33%(参见图 2 和图 3:图 2 为 2009—2015 年深圳物联网产业规模示意,图 3 为 2015 年深圳物联网业务收入构成分布)。

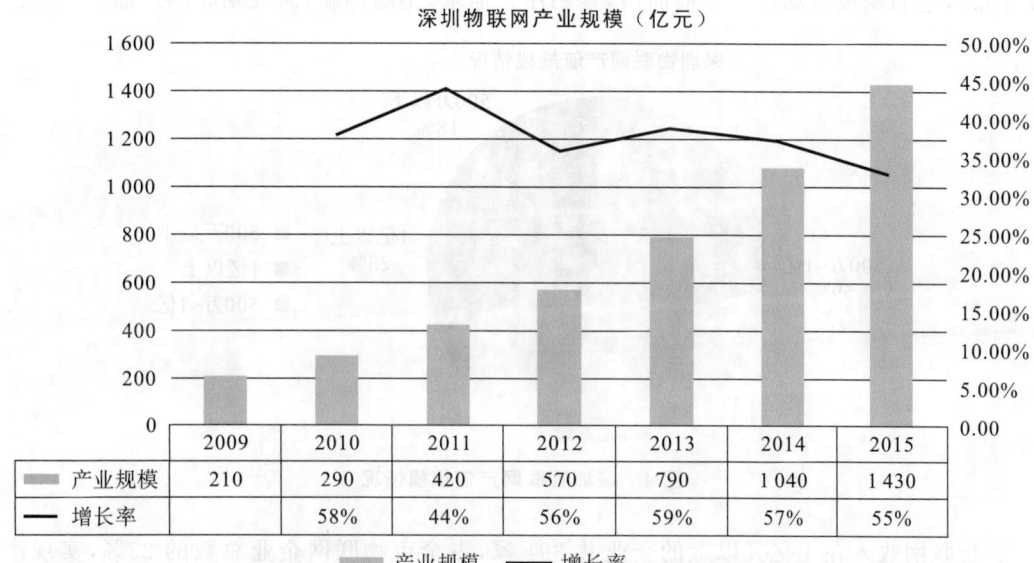

图 2　2009 年—2015 年深圳物联网产业规模

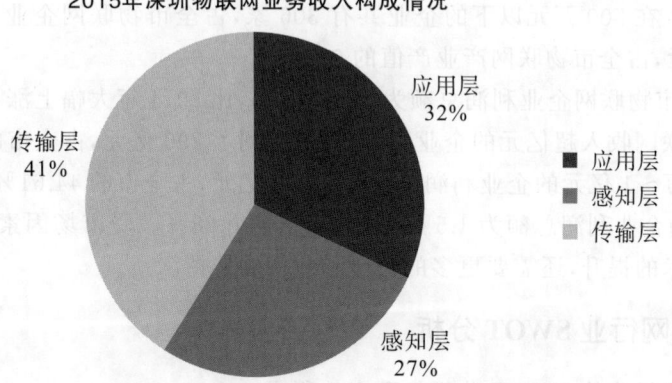

图 3　2015 年深圳物联网业务收入构成分布

(二)物联网行业企业状况

截至2015年年末深圳市核心物联网企业约1 700家,如图5所示,企业产值规模在500万元以下的占18%,产值规模在1亿以上的企业占深圳物联网企业总数的23%,产值规模在500万元到1亿元之间的占比达59%。19.4%的企业持续经营3年以下(含3年);51.6%的企业持续经营4年至8年(含8年);28.8%的企业持续经营8年以上。5年销售收入年平均增长率超过25%,其中出现负增长的企业占比仅为5%,95%的企业5年销售收入均呈现增长趋势,年平均增长率超过100%的企业占比为42.5%。大中型企业依然是深圳物联网产业发展的中坚力量。深圳中小物联网企业一直都是物联网产业的活跃因素,它们积极活动在产业最前沿,紧贴用户需求,不断创新,研发物联网产品。

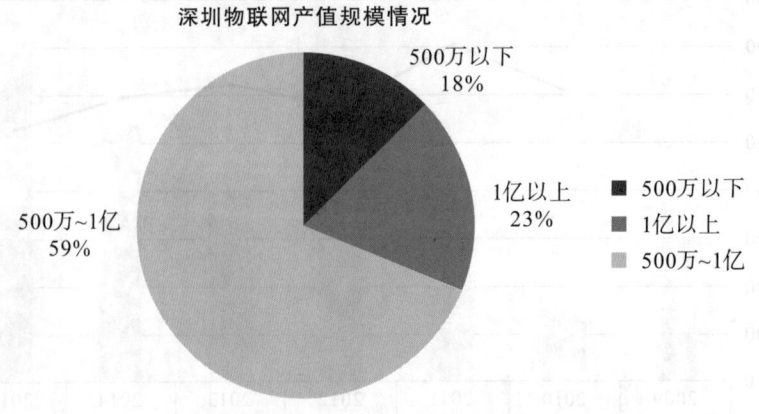

图4 深圳物联网产值规模情况

物联网收入在1亿元以上的企业共391家,占全市物联网企业总数的23%,实现产值708.5亿元,占全市物联网产业产值的49.5%。

物联网收入在500万~1亿元的企业共有1 003家,占全市物联网企业总数的59%,实现产值714.4亿元,占全市物联网产业产值的50%。

物联网收入在500万元以下的企业共有306家,占全市物联网企业总数的18%,实现产值7.1亿元,占全市物联网产业产值的0.5%。

2015年全市物联网企业利润总额为526.3亿元,比2014年大幅上涨了52.5%。利润主要来源于物联网收入超亿元的企业,利润总额达到了290亿元,占全市的55.11%;物联网收入在500万~1亿元的企业利润总额为234.8亿元,占全市的44.61%;物联网收入在500万元以下的企业利润总额为1.5亿元,占全市的0.28%。受市场因素影响,这些企业不仅要面临技术的提升,还需要更多的资金和政策的扶持。

(三)物联网行业SWOT分析

针对物联网行业的SWOT分析如下表1所示。

表 1　深圳物联网行业 SWOT 分析

Strenghth 优势	Weakness 劣势
物联网行业市场发展前景广阔； 深圳具有良好的产业链配套环境。	标准不统一； 企业协同能力不足； 行业发展需要一定时间的市场培育。
Opportunity 机会	Treatment 威胁
国家政策和地方政策的大力支持； 龙头企业的持续关注和投入。	技术发展速度快，企业应变市场能力要求极高； 信息安全未能得到高度重视。

四、物联网行业 2015 年整体发展状况

随着各项传感技术、通信技术、计算机技术的成熟，物联网在各行业将有越来越多的应用需求出现，并成为未来十年最瞩目的趋势。2015 年 7 月麦肯锡发布的最新报告则指出，全球物联网有望渗透的下游应用市场将在 2025 年以前成长达到 3.9～11.1 万亿美元的规模，约 11% 的全球经济占有率，并与城市管理、生产制造、家庭事务、汽车驾驶、能源环保、物流运输、工作办公、消费结算、个人健康等重要领域结合，形成 9 个千亿级规模以上的细分市场。

2015 年，物联网受到全球关注，世界各地都在推进智慧城市的建设。在此带动下，全球物联网产业快速增长，核心产业规模突破 3 700 亿美元，同比增长 28.1%，图 5 显示了全球物联网的产业规模和增长率。

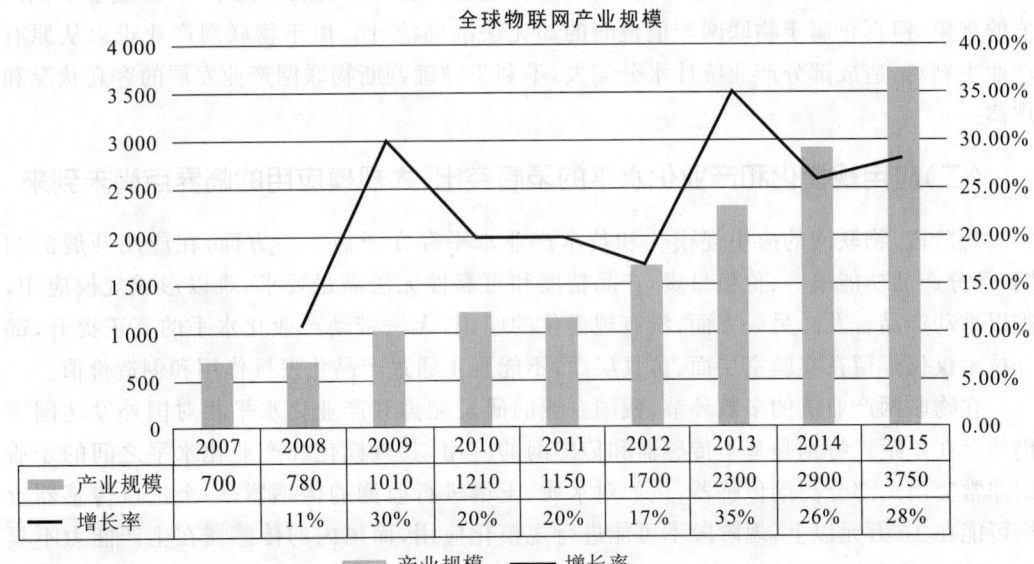

图 5　全球物联网产业规模

但是在目前发展仍混沌不明的时间点,要抓住庞大的商机,企业势必要跟着转型,才能抓得住物联网这个巨大的颠覆性市场。

物联网不只是技术的创新,更带来了整个产业结构的革命,这也为企业带来了许多改变,例如企业可以做出更智慧的产品、启用更智慧化的业务营运以及做出更智慧的决策,甚至改变现今的商业模式;企业也必须更改经营模式以因应这些变化。

物联网带来的五大变革,包含生产方式从集中式大规模转向少量多样、市场竞争力从降低成本转为资料分析及应用的价值服务、产业结构从封闭的垂直供应链转为开放式平台的生态体系、价值链从品牌主导的垂直分工改成水平及异业结合的新一代的服务型应用生态体系。年成长率达到近30%,如此的成长性更是其他市场少有,创造出了极大的商机及利益。

五、深圳物联网产业发展存在的问题

(一)产业集中度低,边界模糊,物联网发展脉络难以把握

物联网产业链条长且分散。物联网每个产业环节都有众多的中小企业或者少数大企业,但缺乏能够凝聚产业形成发展合力、具有产业引领和绝对话语权的灵魂企业。在移动互联网领域,国内外均形成了一批对产业链有强大影响力和凝聚力的领袖企业。

物联网产业边界模糊。物联网是信息技术与信息产业的高度集成,构建在已经存在多年的产业基础之上。物联网产业边界模糊,造成部分产业统计没有依据,统计难度大。以物联网核心产业之一的传感器为例,我国传感器产业已经发展了几十年,形成了千亿产值的规模,但真正属于物联网产值范畴的却无法准确统计。由于物联网产业难以从原有产业中剥离,造成部分产业统计水分偏大,不利于准确判断物联网产业发展的客观状况和规律。

(二)应用规模化和产业化水平的矛盾突出,大规模应用的临界点尚未到来

现阶段,物联网的应用规模化和技术产业水平存在矛盾。一方面,在应用开展的初期,部分产品功能单一、价格昂贵,产品精度和可靠性无法满足要求,难以形成规模应用,难以推动产品普及。另一方面,没有规模化的应用,无法带动产业化水平的真正提升,部分技术仅仅停留在实验室层面、仿真层面,不能真正通过产品化发挥作用和创造价值。

在物联网产业链的多数环节,我国企业的研发能力和产业化水平相对国外发达国家仍然存在差距。特别是基于传感器和传感网的应用,其规模化和产业化水平之间的矛盾则非常突出。部分高端传感器,例如对水质、土壤进行监测的传感器,一个进口传感器价格可能在10万元以上,现阶段不可能进行规模化应用,而国内的传感器在生产能力不具备,或者精度达不到应用要求。

(三)行业定制性强,物联网实现革命式突破发展难度大

物联网可以应用在经济社会生活的各个行业领域,而行业需求的差异性要求企业需要深入了解行业特点、明确行业要解决的关键问题、为行业进行定制性的设备研发和软件开发,一定程度上增大了企业研发的难度。同时,行业的差异性也带来了标准化的难度增大,产品无法实现有效互通。行业的多样性和强定制性,使得物联网技术与产业发展在现阶段难以聚焦,以实现集中跨越式突破。

(四)物联网企业品牌建设处于起步阶段

调查结果显示,仅有15%的企业获得过省级及以上的荣誉,35%的企业未获得任何荣誉,换言之,物联网行业企业在品牌建设方面还处于起步阶段,获得荣誉以市级或其他荣誉为主,属于较低层次的品牌荣誉,今后需要加强品牌建设,扩大企业的影响力、知名度、美誉度。

(五)物联网企业主导、参与标准制定能力较差

调查结果显示,80%的企业未主导制定标准、65%的企业未参与标准的制定。这组数据反映了深圳物联网行业企业对标准的重视程度不够,或者说参与标准制定的能力不强。标准的制定不仅有利于标准化、大规模生产的开展,更有利于参与制定标准企业自身产品从区域化到全国化甚至国际化。今后,物联网行业企业如何在做好企业标准的同时,将这些企业标准通过主导、参与标准制定扩散为行业标准、国家标准,将是一个紧迫而艰巨的任务。

六、物联网行业发展建议

(一)建立物联网企业认定标准及认定机制,完善物联网产业发展政策

自物联网概念提出以来,物联网的概念一直不清晰。随着近两年物联网政策的频繁出台,标准日趋完善。但物联网技术应用范围非常广,许多企业对自己企业所处领域并不明确,在政府出台相应物联网产业扶持政策时,不能辨别自己的企业是否属于该领域。因此,深圳市应出台相应的物联网企业认定办法,以明确物联网企业的认定范围及认定条件。

在现有的物联网政策体系下,结合企业政策需求,我们提出以下物联网产业发展的政策建议:

一是彰显深圳市物联网产业特色。本次调研企业在智能电网、交通运输、物流产业、医疗健康、智能家居、环境与安全检测、精细农牧业、工业与自动控制、金融与服务业、公共安全、国防军事以及智慧城市12大领域皆有分布。其中企业数最多的是智慧城市领域,占样本企业数的27.3%,企业数最少的是国防军事领域,占样本企业数的8.35%。完整的

产业链既是机遇也是挑战,调研中,样本企业提出目前市政府在物联网产业发展方向不明,与产业链较为完整有一定关系。产业经济学理论认为,产业的发展和腾飞必须以某个领域为突破口,以点带面,从而促进产业的全面发展。因此,深圳市物联网行业必须结合实际、结合其他省市的发展重点,选择一个具有比较优势的领域重点发展,从而带动深圳市整个物联网行业的发展。

二是政府在公共管理领域率先应用相关适用的物联网技术,促进物联网技术的应用示范。本次调研结果显示,样本企业中私营企业占样本企业数的83.78%。市政府应重视我市这种私人企业比例较高的现状,在公共领域率先应用物联网适用技术,以点带面,扩大应用;同时,注意遴选优质企业参加政府主导的物联网应用示范项目,提高物联网企业参与度,以用促研、以用促产,实现应用、研发、产业化的良性互动。

三是实现政策的全覆盖。调研结果显示,深圳市物联网行业企业规模在500万以下的企业占21%,501万~1 500万占23%,1 501~3 000万占32%,3 001~10 000万占24%,10 000万以上占25%。数据说明,深圳市物联网企业在各个规模层次上皆有一定比例的企业,因此,政府在制定产业政策时应充分考虑这一特点,使得政策能够实现全覆盖或者覆盖较大部分。调研中一些中小企业反映的因自身规模较小而被忽视的情况,应在今后的政策制定过程中尽量避免。

四是尽快成立深圳市物联网产业联盟。联盟的主要任务是承担行业共性技术的攻关,为行业企业提供技术咨询、专利咨询、人才服务等工作,研究深圳市物联网产业未来发展方向,为深圳市物联网产业政策制定提供行业数据等行业发展的共性问题。

五是加强现有政策的宣传力度。从企业对政府政策的了解程度来看,虽只有2.5%的企业对政策的了解程度选择了"较不了解",说明企业对政府政策还是比较了解的,但是从后面的开发性问题和访谈中看,一些企业对政府政策不是十分了解,或者说了解也仅仅停留在认知层面,并没有对相关政策进行解读并很好地应用于企业发展中。因此,在今后的政策活动中,政府应多进行政策的解读和宣传,帮助企业更深层次地了解政策,真正让这些政策发挥作用。

(二)推动发挥市场主导作用,形成物联网自循环的内生发展动力

充分激发市场活力,依托科技创新体制改革,建立以企业为主体、市场为导向、产学研用相结合的创新体系,增强物联网发展的内生动力。

在行业应用领域,推动物联网在各个行业的渗透,深化在工业、农业和服务业的应用,充分发挥物联网在推动传统行业转型升级的重要作用,带动形成物联网产业的规模发展。

在个人应用领域,推动其形成物联网自循环发展;以面向公众的应用为突破口,通过规模发展带来突破性效应;对于感知节点采集上来的大量物的信息,借助与移动互联网的融合,通过应用创新为个人提供特色服务,以此突破规模化瓶颈,推动物联网自身的持续性发展。

(三)坚持应用先行,实现物联网的层次化、有序化推进

充分按照"需求牵引,应用先导,确保安全"的原则,面向重点行业和重点民生领域,选

择工业、农业、节能环保、商贸流通、交通能源、公共安全、社会事业、城市管理、安全生产、国防建设等重点领域,深化物联网应用。

结合技术和产业化的水平,坚持层次化推进。优先在技术产业相对成熟、发展潜力大的领域开展应用推广工作,以规模化的物联网应用市场带动技术、标准、产业、政策等进一步完善;在技术和产业化尚未成熟的领域,在确保自主创新技术突破和产品满足应用需求的前提下,循序渐进发展;在技术相对稳定而产业化能力不足的领域,应首先提升生产能力,扩大产品产量,改善产品的工艺、质量,以适应应用规模化推广的高标准和低成本要求。

(四)强化创新驱动,优化物联网发展的配套环境

1.坚持创新驱动,提高创新层次

开展核心技术和关键产品的基础性研发,推动自主创新技术产品的研制,在物联网重大基础设施、重要业务系统加强安全自主可控软硬件的应用。加强融合创新,创新服务模式和商业模式,培育新型业态;坚持物联网发展的自主可控,加强防护管理,建立健全监督、检查和安全评估机制,有效保障物联网信息采集、传输、处理、应用等各环节的安全可控。

2.推动物联网公共服务平台建设,加快标准体系建设

加强信息系统间的资源共享和业务协同,强化数据处理和综合应用,推动物联网持续健康发展。调查结果显示,仅有37.5%的企业分析竞争对手的专利情况,换言之,就是大部分企业在不分析对手的情况下从事自己的专利规划,实施自己的知识产权战略,这类似于"闭门造车",结果必然是专利规划难以实施,知识产权战略难以成功,且让对手在知识产权布局中占据有利地位。建设物联网知识产权公共服务平台,为物联网企业提供知识产权查询、预警、竞争对手分析、行业知识产权发展方向等公共服务,避免深圳市物联网企业在知识产权方面的迷失。

调查结果显示,80%的企业未主导制定标准、65%的企业未参与标准的制定。这组数据反映了深圳物联网行业企业对标准的重视程度不够,或者说参与标准制定的能力不强。鉴于深圳物联网企业在标准方面的短板,政府应尽快建成物联网标准联盟,吸引国家级标准化机构在深圳设立分机构,整合行业资源,尽快参与全国物联网行业标准的制定工作中去。

3.关注和解决企业基础设施需求,推动产业聚集

当前企业对基础设施方面的需求主要集中在办公场地难以适应企业发展需要。从调查结果来看,87.5%的企业是租赁场地进行生产经营活动,50%的企业有较为强烈的购买或租赁厂房的需求,47.5%的企业现有经营场地面积以500～3 000平米为主;与此同时增长率超过100%的企业有42.5%,6 000万以上产值规模的企业占38%。也就是说,42.5%的企业一年后规模增加了一倍,但是经营场地并没有相应增加。这种产值的增长与生产经营场地之间的矛盾日益凸显,政府必须关注这种需求,通过建设物联网产业基地、物联网产业园等形式,既完成产业聚集,又解决物联网企业的现实需求。

(五)设立物联网专项资金,优化政府资金配置

优化政府资金配置,发挥企业作为创新主体和市场主体的作用,鼓励企业加大技术研发力度,加强产业链上下游的多方协作,推动商业模式和服务模式等方面的创新,形成互利共赢的局面。

税收和财政补贴是一种重要的市场调节手段,能起到很好的杠杆作用,物联网行业发展必须在顺应企业对资金扶持力度和税收优惠的需求的基础上做好以下几个方面:一是利用好下一代信息技术产业发展专项资金,并建议单独设立物联网产业发展资金,对物联网重大技术攻关、重点项目和应用示范予以资金支持;以无息贷款、研发补助等形式对企业的研发行为予以支持,鼓励企业技术创新;以专利奖励和专利维护费补贴等形式对企业申报自主知识产权行为进行支持,鼓励企业形成自己的核心知识产权,形成核心竞争力。二是加强税收优惠强度。我们可以借鉴软件企业、文化企业、动漫企业的认定后予以税收优惠或者税收返还等形式,认定物联网企业,对通过认定的企业予以一定程度的税收返还,将会在一定程度上鼓励企业发展。三是引导社会资本进入物联网产业。社会资本不仅总量大,而且投资效率高,我们可通过项目推介会、资本对接会等形式实现资本需求企业与民间资本、风险投资等社会资本的衔接与互动,既解决了社会资本的投资需求,又解决了物联网企业的资金需求,实现资金与产业的双向互动和共赢。

(六)加强人才服务

做好物联网行业人才服务必须立足物联网行业的现状。目前,物联网行业正以一个较高的增长速度向前发展,对资金、场地、政策、人才的需求较为旺盛,特别是人才需求,没有人才做智力支撑,其他方面的扩张也是徒劳的。因此,我们必须从以下几个方面做好物联网人才服务工作:

一是分析物联网行业人才流失快的原因。调查结果显示,物联网行业企业平均离职率达到12.5%。这是一个较高的离职率。我们应深入分析这种较高离职率的原因,提出可行的对策加以改善。

二是加快物联网人才计划的制定。多渠道引进和培育高层次人才,完善人才激励机制,探索人才租赁、团队引进等多样形式,拓宽人才引进渠道,为物联网产业发展尽快引进高层次人才做好准备。

三是做好物联网产业基础人才的培养。联合清华大学深圳研究院、哈尔滨工业大学深圳研究院、南方科技大学、深圳大学、深职院等院校开展物联网基础人才培养工作,有条件的可以开设本科专业,为物联网发展持续提供人才。

四是做好物联网在职从业人员的培训、认定工作。通过对在职从业人员的培训,不断更新这些从业者的知识结构、技能水平,提高其为物联网企业服务的质量和水平;加强从业人员职称、技能的认定工作,对达到一定标准的从业者授予相应的技能证书、职称,激励从业者不断参加各种技能培训。

Ⅱ 深圳市物联网智能技术应用协会年度发展概况·2015

一、协会发展历史及现状

深圳市物联网智能技术应用协会(AIOT)由深圳市68家物联网行业领军企业及相关单位共同发起,于2011年1月经深圳市民间组织管理局批准成立。协会是广东地区第一家,也是深圳最具影响力的物联网行业协会。

协会是深圳市社团组织最高等级5A协会,是国家工信部授予建立的物联网窗口中小企业服务平台;也是政府指定的主打两个市场展会组织单位,并获得广东省品牌培育协会荣誉、优秀组织奖。

协会以"平台搭建、资源整合、服务集成"为服务宗旨,致力于凝聚物联网行业集体智慧,搭建融合"资讯"、"技术"、"市场"、"服务"于一体的全方位资源平台;整合优势资源,以推进物联网智能技术的实际应用为核心目标。

物联网行业是一个泛领域的行业,跨众多技术和服务领域,面向众多企业。而物联网行业正处于产业发展初期,对物联网的边界尚不明确,因此,我们采取"收费会员+免费会员+服务企业库"的方式,多方吸纳服务企业。截至2015年12月,我们一共有收费会员346家,免费会员1 460家,服务企业库企业达到千余家,针对每一类企业实行分级服务体系。

协会会长单位为深圳感知博合物联网股份有限公司,其董事长为中国物联网之父刘海涛博士,他是中国物联网产业领军人物、CCTV中国经济影响人物、中国物联网基础标准工作组组长,在中国物联网乃至世界物联网技术领域极具权威。这也是我们协会为深圳物联网产业极力引进高端资源所做的努力。在刘海涛会长的带领下,新一届的理事会将在深度产业服务方向方面给予协会更多指引。

协会以"立足深圳,面向全国,辐射全球"为战略方向。总部位于深圳南山高新技术产业园中国科技开发院;在蛇口网谷设有500平米的智慧体验馆;在无锡设有深圳物联网产业基地;建立了北京办事处、中法孵化器、澳大利亚与加拿大等办事处。

协会专职工作人员30余人,大学及以上学历达到95%,知识结构涵盖经济、金融、会计、英语、市场、营销、工科等。该高素质团队具有丰富的行业和企业服务经验,能抓住企业的共性需求,以专业化的服务方式深入、细致地为企业提供共性深度的服务。

二、协会会员情况及分布特点

截至 2015 年 12 月 31 日,协会拥有收费会员 346 家,免费会员近 1 460 家,涵盖电子信息、通信、互联网、软件、电子商务等企业。

会员企业中,物联网企业数量最多的是南山区,依然是物联网收入最多的一个区,占物联网收入的 64%。光明区物联网企业数量和物联网收入与其他各区相比,较为薄弱。

2015 年深圳物联网产业各区产值与企业数量分布比例情况如表 1 所示。

表 1　深圳物联网产业各区产值与企业数量分布

	产　值	企业数量
宝安区	12.6%	17.7%
福田区	14.7%	17.1%
龙岗区	2.3%	3.4%
罗湖区	3.6%	4.2%
南山区	62.3%	52.7%
盐田区	1.2%	0.8%
龙华区	1.3%	1.9%
光明区	0.8%	2.2%

深圳在发展物联网产业方面形成了自身独特的优势,已经具备大规模应用和推广物联网技术的基础和条件。如,相关企业攻克了大量关键技术,取得了参与国际标准制定的重要话语权,在射频识别(RFID)、全球卫星定位(GPS)、传感器、安全防伪等产业链的各环节,都拥有先进的技术和解决方案。同时,深圳在通信及互联网技术领域、感知技术领域有非常完整的企业集群和产业链,涌现出一大批的世界及全国知名企业,有华为、中兴这样的旗舰型企业,还有国民技术、科陆、远望谷、键桥等上市公司。同时,在深圳市物联网智能技术应用协会的会员群中,还有一大批年产值 1 至 2 亿的,如华大、金溢、华阳微、宏电、威美实业、富士智能等创新型企业,它们是物联网细分领域的隐形冠军。

三、主要服务项目内容与主要成绩

在协会四个办会理念的指导下,协会秘书处坚持为会员提供六大免费基础服务,以及四项深度服务。

(一)六大免费基础服务

1.一次会刊广告免费刊登。2015 年共刊登免费会员广告 150 余次。

2.为会员企业提供两项资助项目辅导申报(国内、国际市场资助资质备案流程、资金申报流程)。2015年共辅导120余次。

3.行业网站免费为会员开放三大板块的信息发布(技术交流、产品推广、应用案例)。2015年共发布各类信息400条。

4.为会员免费赠送每年4期会刊,并附送精美书籍。2015年共刊发4期,近3 000本,赠送书籍1 000余本。

5.为会员免费开放5类活动(对企业领袖的企业家沙龙、对技术人员的18论坛、对市场人员的业务推广会、跨行业交流的11交流日、行政财务人员的政策宣贯会)。2015年共举办活动100余场,会员免费参加700余人次。

6.为会员提供6种免费资讯(优惠政策、招投标、行业动态、行业展会、会员资讯、政府公告)。2015年共发布会员资讯1 300余条。

(二)政策事务服务

协会是政府与企业沟通的桥梁。协会有两大服务群体,一个是政府,另一个是企业。

在为政府服务方面,我们积极反映行业诉求、做好行业调研、承担政府软课题研究等工作。2015年,我们为政府做了大量的工作,主要有:

1.协会接受深圳市科技创新委员会委托,主持了深圳物联网行业2015年调研。

2.协会接受市政府委托,组织近100家会员参加中国国际物联网(传感网)博览会,宣传推广深圳物联网品牌。

3.担任广东省守合同、重信用初审单位,服务企业300余家。

在为企业服务方面,我们充分利用协会的平台优势,主动搜集政府的优惠政策、科技扶持、税收优惠政策,我们运用1+N模式联合各种会计师、律师、大学机构,通过培训辅导向行业内的企业宣贯。

(三)资讯与情报服务

发送符合企业需求的专业资讯及高端情报,提供六大板块的资讯服务:政策资讯、行业资讯、协会动态资讯、高端服务资讯、企业动态资讯和互动调研资讯。

资讯与情报服务主要通过以下方式实现:会刊(《物联网技术与应用》)、网站(www.aiot.com.cn)、企业服务短信平台。

1.会刊集合行业信息精粹

会刊《物联网技术与应用》于2011年3月正式刊发(国际刊号ISSN2221-8777)。会刊设立"特别策划"、"企业展示"、"应用案例"、"技术论坛"、"政策风向标"等栏目,集合物联网行业信息精粹,展示深圳物联网企业风采,收集和整理深圳物联网的应用案例,研讨物联网技术,分析物联网相关政策,成为深圳物联网行业的重要读本。

2.网站平台第一时间传递行业和协会动态

其建立两大服务网站:"深圳物联网(www.aiot.com.cn)"和"优惠政策网 www.youhuizhengce.com"。

"深圳物联网(www.aiot.com.cn)"全方位地提供物联网信息服务,包括"展会活动"、

"行业信息"、"技术交流"、"产品推广"、"应用案例"等栏目,企业亦可在此网站发布宣传技术、产品与案例。

"优惠政策网 www.youhuizhengce.com"实时发布国家、省、市、区政府各类优惠政策,帮助企业把握政策趋势与动向。

3.微信公众平台

协会建立微信公众平台,将获得的各种行业、政策、技术等资讯通过微信的形式发送给会员企业。其搜集贴切会员需求的资讯1 200余条,发送给会员企业的服务资讯近3万条。

(四)技术专家服务

协会拥有丰富的专家资源,包括行业专家、技术专家、财务金融法律等专家,为行业企业提供深度的专家咨询与辅导服务,比如:

1.技术引导与国家标准推荐

目前,标准是企业占据行业制高点的重要体现。我协会是国家物联网标准工作组成员,我们引荐深圳优秀企业参与物联网国家标准制定,行业专家团开展技术评审与研讨,同时与国际标准组织(ZIGBEE等)开展探讨与合作。

2.知识产权服务

针对企业缺乏对知识产权的重视度、知识产权规划与管理存在盲目性、知识产权的价值发掘不足等企业需求,协会开展知识产权服务,包括:知识产权培训、知识产权规划、专利转让、专利查询与分析服务,帮助企业提高知识产权水平与竞争力。2015年,协会共为60余家企业提供专利查询、分析与规划服务近100次。

(五)交流与活动服务

协会搭建行业的交流平台,通过定期不定期的活动,加强行业互动沟通,分享行业资讯,为行业企业开拓市场和提升发展服务。

协会的交流与推广服务主要通过以下形式实现:组团参展、组团观展、新产品推广、全国行业宣传与推广。我们每年挑选一个重点城市和重点展会,统一深圳物联网形象品牌,组织行业新产品的推广活动,向全国宣传与推广深圳物联网行业,打造深圳物联网品牌。同时,我们组织各种观展,了解行业最新动态。

协会根植于物联网行业,把搭建行业交流与合作平台作为日常的服务重点。我们的活动形成了多层次体系,包括技术论坛、跨行业交流日、高层沙龙、政策解读会、行业调研、集体参展、集体观展、国内国际市场考察、全国市场拓展、国内城市交流合作、知识培训等,不同活动满足不同企业的不同需求。

立体的活动体系已在行业内形成影响力,月度活动、季度活动、年度活动及不定期活动四个层次的交流活动,从技术交流到市场交流、从研讨到企业家高层交流到会员联谊活动、从新产品推广到深圳品牌全国推介,致力于打造全方位、深层次的行业交流平台。

1.100余场常规行业交流活动,带动行业活力

(1)高端沙龙"企业家沙龙",为企业负责人提供思想碰撞的平台

沙龙活动自协会成立以来现已成功举办近50期,先后邀请科技局等政府领导及远望

谷、华大、宏电、华奥通、高科润、奈特信息、科陆电子、共济科技、中宏鼎信、安冠、共进电子、金溢、软通动力、沃特沃德、康沃、宇泰科技、华盈泰、安通等近300人次高层参与交流，氛围融洽。

(2)公益技术性论坛"18论坛"，为企业技术负责人提供学习行业前沿资讯与应用案例观摩的平台

"18论坛"是协会每个月18日定期举行的公益性品牌技术论坛，该论坛主要面向企业技术负责人，为加强物联网行业技术交流，邀请知名专家、行业优秀企业、政府及社会相关人士参与。2015年，"18论坛"已经举办了20期，讨论的主题从智能交通到智能安防、智能家居等，参加企业的人员达到近500人次。

(3)跨行业交流活动"11交流日"，为企业各层次人员提供轻松交流的平台

每月11日，协会举办定期的"11交流日"活动，旨在加强不同行业领域企业的相互交流。通过这个平台，我们把防伪行业、物联网行业及文化行业、印刷包装行业和其他行业的企业集聚起来，交流先进的管理经验，交流不同的技术与应用，由此带来新的供需合作，形成"1+1大于2"的资源共享、优势互补。

2015年协会组织了36期跨行业交流活动，近1 000人次参与。

2.全年60余场次的免费政策解读会，向企业传达最新的政策资讯

协会设有"政策事务服务中心"，专门搜集国家、省、市、区各级政府政策资讯，第一时间通过短信、网站、邮件、电话等方式传递给企业；面向企业财务和行政人员的政策解读会，解读国家、省、市、区各级产业和政府优惠政策，让企业及时享受各种优惠政策，推动企业发展。协会已经举办了近50场政策解读会，参与人数近600人次。

3.协会组织集体参与国内重点展会、观展及市场考察，了解国内物联网产业动态

协会组织会员企业参观各类展会及考察国内市场，如中国国际物联网(传感网)博览会，我们组织了近100家会员企业，展览面积达到近100平方米，整体推介深圳企业。还有"台湾电子信息展览会"等，2015年，协会共计组织参展企业数量次数达到200多家次，通过"深圳物联网"公共展区，充分展示了深圳物联网的优势和优秀案例，在全国形成了深圳物联网鲜明的产业特色和优势。协会组织会员企业到无锡、成都、青岛等多个城市考察，参观当地物联网产业园，了解全国物联网的产业情况。

根据我们对年度会员活跃度的统计，会员与协会互动、参与协会活动的比例达到95%，形成了非常活跃的行业氛围。

(六)拓展全国及全球

从2015年开始，协会逐步加大向全国市场拓展的脚步，继2015年无锡基地设立后，我们继续筹办北京等地区的办事处。

在国际资源拓展方面，我们与国际标准组织WIFI、Zigbee等进行合作，带领深圳物联网行业参与国际标准建设中去；我们与法国欧洲科技园、国际最大的智能零售商Kroger Co.、Shang Market、Wincor—Nixdorf、国际巨头Intel、微软等开展深入的技术交流和合作，将国外先进技术与国内技术相融合，打破国际技术壁垒；我们正在筹划建立中法孵化器、海外推广分支机构(澳大利亚、硅谷、伦敦、新加坡)等，已先后在国内深圳、无锡、北

京、西安等地建立分支机构,以打造全球最具影响力的产业服务机构,促使全球物联网产业健康发展。

五、协会运作过程中的典型经验

(一)全国布局建设创新智慧体验馆,推广物联网应用

物联网产业所关联的行业很多,如智慧交通、智慧教育、智能家居、智慧城市、智慧金融、智能社区等,产品线及技术线非常丰富,如此庞大的产业以及如此众多的解决方案很难被人全面理解或者接受。因此,广泛地建设智慧展厅,并结合"科普旅游"、"智慧生活体验"等概念,加以推广运营,才能较快地让大众理解、接受这些概念及相关的产品解决方案,促进市场早日成熟,让相关企业尤其是中小企业早日受惠。

协会创新性地策划建立"创新智慧体验馆",将各种物联网应用案例征集展示在体验馆中,向社会公众开放,推广深圳物联网产业,带动物联网产业的应用发展。"创新智慧体验馆"是一个结合了展示、服务、体验、交易于一体的全球首创科技生活体验式的O2O交易平台,不仅有线上平台提供完善企业产品最详尽的解析和描述,还有线下实体展厅的体验式服务。它通过文字、实物、影像等,结合声、光、电等现代化科技手段,虚实结合,将企业产品及创新方案直观地展示出来,为公众、企业、政府呈现企业创新方案最直接的体验,对智慧产品的理解变得非常容易,涵盖着我们生活中的所有。第一个创新体验馆已经在蛇口网谷(占地面积500 m^2)开放,社会反响热烈。它后期将在全国设立100个智慧体验馆,形成物联网产业全国展示布局。

(二)全国及全球运营中心拓展

物联网是一个城市级的应用产业,因此,在2015年开始协会逐步增加把深圳物联网推广到全国的拓展步骤。我们在2011年设立了无锡物联网产业基地,之后逐步筹备建立西安、北京办事处等,并已在2016年年初确定了具体建立步骤计划。2015年,协会正式迈出海外拓展服务的脚步,考察了法国、澳大利亚、加拿大、美国、台湾等多地,计划在法国、加拿大、硅谷、台湾建立物联网全球运营中心,带领深圳物联网企业向全球市场拓展,并与法国欧洲科技园等合作伙伴签订战略合作协议,筹备建设中法孵化器。

深圳市工艺美术行业发展及行业协会报告·2015

◎深圳市工艺美术行业协会　喻连生　高小霁

Ⅰ　深圳市工艺美术行业 2015 年度发展报告

深圳工艺美术业,作为当代中国工艺美术的新兴产业和深圳市文化产业的重点行业,是随着深圳经济特区的建立、发展而形成、成长的。

深圳工艺美术业是适应当代社会物质文化需求与生产,及新开发在传统工艺美术品种、技艺基础上,运用现代设计理念和先进生产方式,形成产业化、高端化、国际化的产销模式,门类齐全且具有集聚、融合、延伸等业态特征的造型艺术。现有 9 大门类和 121 个品类,分别是：11 个工艺雕塑品类、3 个刺绣和染织品类、9 个艺术陶瓷品类、3 个工艺家具品类、3 个工艺玻璃品类、金属工艺和 16 个首饰品类、2 个编织品类、1 个漆器品类、家居饰品及其他共计 73 个品类。在现有 121 个品类中,除少量日用瓷器、编扎、珍珠养殖、石刻等品类是由深圳前身宝安县自古遗承,其余均为 20 世纪 70 年代,主要是建立深圳经济特区后,由全国 31 个省市区、港澳台和国外引入深圳及来深从业者开发创造的。

一、产业结构与布局

(一)产业链结构

深圳工艺美术产业经过 40 余年的发展,已经形成原材料与配件供给、研发设计、生产加工、专业市场、出口基地、展览、培训、传媒等完整的产业链。截至 2015 年年底,其已有原材料与配件供给企业 151 家,研发设计单位 247 家,生产加工企业 3690 家,销售企业 1760 家,出口基地 4 个(金属工艺、圣诞树、珠宝、陶瓷与工艺品),专业市场 42 家,专业展会 10 届/年,培训机构 12 家,行业媒体 11 家。深圳工艺美术产业链,既具有完整性,还具有领先性,其中,加工工艺、出口基地、专业市场、专业展览均水平处于国内领先地位。

(二)行业所有制结构

2015年年底,全市工艺美术企业共计5 910家,其中,港资企业2 599家,占44%;民营企业2 541家,占43%;台资企业710家,占12%;外资企业60家,约占1%。

(三)行业产业集中度

2015年,本行业4家最大企业的产值合计301亿元,占行业总产值1364亿元的22%;8家最大企业的产值合计422亿元,占行业总产值的31%。产业集中度比全国多数产业的产业集中度高10个百分点以上。

(四)行业人力资源结构

2015年年底,全行业从业人员共计351 090人。其中,专业技术人员38 629人,占从业人员的11%;大学专科以上学历有42 131人,占从业人员的12%;高中及中专学历有193 099人,占从业人员的55%;初中及以下学历有77 239人,占从业人员22%。从业人员平均年龄为28岁。

(五)产品营销结构

2015年年底,全市行业主营业务收入为1 089.26亿元,其中出口额为66.49亿美元,占销售总额的38%;内销额为677亿元,占销售总额的62%。

(六)企业空间分布

全市5910家工艺品产、供、销企业的空间分布结构:

罗湖区3 035家,主要为珠宝类、金属类、综合类、工艺设计、家居饰品、电子类、水晶类工艺品生产企业及工艺品专业市场。

福田区410家,主要为电子类、综合类、琉璃类、礼品赠品类、皮革类工艺品生产企业及专业市场。

南山区294家,为礼品表、电脑刺绣、电子类、雕刻类、综合类工艺品生产企业。

盐田区230家,为珠宝首饰、电子类、水晶类工艺品生产企业。

龙岗区、大鹏新区、坪山新区共1 233家,主要为家居饰品、圣诞用品、金属及综合类、电子类、精品文具、皮革类、工艺画、工艺包装生产企业。

宝安区、龙华新区、光明新区共708家,为综合类、树脂类、陶瓷类、电脑刺绣、工艺配件、圣诞用品、电子类、工艺包装生产企业等。

二、业态、企业状况及特征

(一)业态及企业状况

1. 大产业类

珠宝首饰：截至2015年年末，深圳珠宝产业各类法人注册企业有3 600余家，个体工商经营户有5 000多家，大小珠宝交易批发市场22家，从业人员约15万人，注册资金超过300亿元，行业制造加工总值超过1 500亿元，全行业批发、零售总额超过400亿元，含出口额为14.8亿美元(下同)。

家居饰品：2015年，有生产企业363家，专业市场12家，商户3410家，经营面积50多万平方米，主营业务收入520多亿元，出口额为15.5亿美元。

电脑刺绣：在高速发展的2000年，有企业210家，生产加工产值200多亿元。

红木家具：2015年，企业107家，主营业务收入90亿元，其中红木原材料销售41亿元；专业市场5家，经营面积12万平方米。红木原材料销售额为94亿元。

工艺陶瓷：2015年，产销企业2 500余家，出口额为14亿美元。

金属工艺：2015年，企业180家，主营业务收入51亿元，出口额为6.4亿美元。

人造植物：2015年，企业164家，主营业务收入60亿元，出口额为9.3亿美元。

树脂工艺：2015年，企业279家，主营业务收入57亿元，出口额为3.79亿美元。

2. 新品类

新技术：电子工艺品、激光雕刻水晶、竹简、激光成像瓷、电脑精雕工艺品、3D打印首饰灯饰。

新工艺：首饰加工中的创新镜面加工工艺、镂空多层加工工艺、幻彩金、玲珑金工艺；陶瓷生产中的颜料、调墨油、防爆封面油及金膏配比；树脂水电镀工艺；革新古法琉璃工艺和创新模具压铸工艺；丝翎檀雕工艺等

新材料：复合材料、合金材料、混搭材料、环保材料、新配方材料、纳米堆釉瓷材。

综合创意：奇石微书、幽默篆刻、抽象雕塑、彩色蜡染、影画、溶刻画、概念装置艺术。

跨界融合：剪纸灯饰、服饰、酒包装；皮革壁挂、灯饰、家具、会馆装饰工程等

3. 国外引进

富兰克林车模、丹麦水晶技术、澳大利亚动物标本技术等

4. 承续再现

再现珐琅彩、古法琉璃、景泰蓝工艺画、古彩瓷艺等

(二)主要特征

1. 先天缺陷转变为后发优势

行业先天性的缺陷：一是历史遗传的工艺美术品类别极少，不成产业，几近一张白纸；二是引进的产业起点低，多数起步于"三来一补"、贴牌生产，而且延续时间少则数年，多则

一二十年;三是民营小微企业成为产业主体,凝聚力、稳定性差。

在经济特区,变革往往从落差最大的地方开始。一张白纸,没有负担,便于工艺美术产业的重建。没有产业,也就没有门户、没有派系、没有学阀。一切工艺品类,来者不拒,一切能工巧匠,来了就是深圳人。上规模的贴牌生产,起点虽低,却带来了先进的技术、装备、管理方式和成熟的市场,为生产者成长、为创业者发展提供了原始积累。民营中小企业,自主经营,在鼓励创新,允许失败的深圳进退自如,有利地抢占先机和更新换代。

2. 移民文化的包容性、开放性、竞争性促进创作与创新

深圳产业化意义的工艺美术品同经济特区建设发展并行,它不是建立在深厚的地域工艺美术传统资源的基础上,无深厚的传统手工艺文化积淀,但是经济特区和移民文化特性,吸引了国内外工艺美术门类中的大量人才和工艺企业,从而带来了丰富多元的工艺美术品种、技艺与设备。

没有陈旧的传统工艺美术桎梏,具有包容一切优势工艺文化的特区文化特征,移民文化的拓荒精神、合作精神的深圳最具工艺美术产业产生新风尚、产生名牌作品、名牌企业、名牌创意设计大师的条件。从深圳驰名中外的工艺美术精品展、家饰工艺展、文化艺术展中可以看到,深圳工艺美术产业中群英荟萃,行业成果领先国内。其在深圳打造现代工艺美术产业链、产业网,有规划、有步骤地进一步扩大文化产业的影响力。

3. 新价值观拓新产业发展

深圳当代工艺美术的价值:基于实用价值和观赏价值,包括传统价值、文化创意价值、科技价值、现代设计价值、国内外交流价值和产业集聚、融合、辐射价值。

被政府纳入文化创意产业的深圳工艺美术业,一方面扩大了在国际国内文化市场的份额以更大范围地满足社会文化需求,实现文化交流传播;另一方面,采用先进技术和全新设计理念,提高产业高端化水平,成为文化产值利税贡献的支柱产业。

三、发展阶段、在国内外的行业地位及现状

(一)发展阶段

作为产业的深圳工艺美术,是伴随深圳经济特区的建立而形成和发展的。从20世纪70年代至今,可分为四个阶段。

起步阶段:1971年—1978年。深圳建市前,其前身宝安县是一个三级农业县,手工艺零散而不具规模,仅有珍珠养殖、胶花、假发、草编几个品类的生产项目。东方珍珠场1967年7月由省管下放给惠阳和宝安县管理。1971年,宝安县工艺品进出口公司成立,出口产品主要是草编客家凉帽等制品,1973年开始生产假发,1975年开始生产胶花,均请香港技师指导生产。胶花是由港商送来半成品,在宝安组装好后运回香港。这是后来深圳"加工贸易"的雏形。1978年,宝安县出口总额120万美元。

形成产业规模:1979年—1991年。1979年深圳建市,同年,香港开通大陆人员因公持证赴港,次年,全国人大常委会批准设立深圳经济特区。1988年,《国务院关于鼓励台

湾同胞投资的规定》正式施行。在政策、区位、资源优势的吸引下,港台厂商陆续将越来越多的生产工序和工厂迁到深圳,同时,内地工艺美术生产企业纷纷南下深圳寻找商机。1983年7月,轻工部工艺美术总公司创办了深圳艺华公司。自1985年8月开始,艺华公司组织全国18个省市的21家名优工艺美术厂家在特区联营,将内地初级产品在深圳深加工出口,带动了全国各地大批工艺美术生产企业到深圳设立"窗口"、办事处、批发点、分销站,开办公司、工厂。1989年,深圳市工艺美术行业协会成立。1991年年底,金属工艺品、珠宝首饰、红木家具、电脑刺绣主导产业形成,有企业1 120家,行业总产值155亿元,出口额4.2亿美元。这一阶段,产业规模初步形成。

大发展阶段:1992年—2002年。1992年,邓小平南巡讲话后,全国改革开放的步子加快。全国人大授予深圳经济特区立法权,社会保险、无形资产评估、产权交易等100多项法规相继出台。台商大规模来深圳投资,内地企业也争相来深圳设厂,利用深圳的优势扩大出口。一两年内,有近900家香港、台湾企业迁到深圳。行业发展所需的资金、人才、设备、技术快速集聚升级,促使行业企业规模、产品门类、加工工艺、行业产值有了跨越式的提升和发展。2002年年底,深圳工艺美术行业企业已达2 660家,行业产值363亿元,其中出口额26亿美元。1997年,深圳率先建成社会主义市场经济十大体系,基本完成由计划经济到市场经济的过渡。工艺美术行业的发展,由政策驱动转为市场驱动。专业市场艺展中心、水贝珠宝、大芬油画村、黄贝岭古玩城,大型展会如深圳礼品展、珠宝展相继创建运营。

转型与协调发展阶段:2003年—2015年。2003年1月,深圳市委三届六次全会确立了"文化立市"战略,并相继确立把文化产业建成深圳新的支柱产业的发展目标。2004年,深圳将工艺美术纳入文化产业,并在首届文博会设"工艺美术大师精品展"。深圳工艺美术行业以"三来一补"加工贸易和以民营小微企业为主体,在经历一二十年的快速规模化发展后,自主知识产权、产业结构、产业规划引导等方面的问题日显突出。同时受国内外经济状况、贸易壁垒、突发事件等影响,行业整体发展增速减缓。面临产业升级和国外先进制造业竞争的双重压力,深圳工艺美术行业迫切需求行业、企业后续发展逐步由制造转向创造,由速度型转向效益型,由跳跃发展转向持续发展,由低产业端转向中高端产业。转型时期行业发展的驱动力,也由以政策与市场为主动力,转向文化创意为主动力。2006年,国家文化产业发展规划将工艺美术纳入文化创意群体,2009年,深圳市将工艺美术列入重点扶持的7大创意设计业范围。其依托文博会、礼品展、珠宝展、家居饰品展、红木展,产业园区基地建设,信息与网络平台服务,促进全行业转变发展观念、转化优势资源、调整产销结构和经营策略,形成具有应变、融合、延伸等优势的新业态。2015年,全市行业主营收入1 089.26亿元,是2002年产值的3倍、1991年产值的17倍;行业出口额为66.49亿美元,是2002年出口额的2.5倍、1991年出口额的15倍。

(二)在国内外行业地位

1. 国际领先水平

陶瓷花纸网印技术三次蝉联国际网印及制像协会金像奖,无铅无镉技术达到美国加州标准,激光成像美术瓷技术为世界首创;

仿真车模制作工艺,8次荣获国际高级车模大奖;

铂金、黄金首饰产销规模居世界首位,宝福珠宝公司被国际铂金协会评为"全球铂金首饰生产领军企业",中国商业联合会授予宝福珠宝"中国铂金第一家"、授予百泰公司"中国黄金制造第一家";

圣诞节日饰品占美欧圣诞饰品市场70%的份额。

2. 国际先进水平

铜雕艺术获法国艺术家协会沙龙特别大奖;

动物标本工艺获世界标本冠军赛二等奖;

陶瓷艺术获国际陶艺大会"和谐奖"银奖;

深圳文博会,深圳礼品、家居用品展均获全球展览协会UFI认证;

贵金属珠宝首饰制作运用镀膜电金、中空纳米电铸、无焊接等世界先进技术。

3. 全国领先水平

全市行业2015年主营业务收入1 089.26亿元,同比增长7%,占全国行业主营业务收入的14%,其中出口66.49亿美元,同比增长9%,占全国行业出口额的20%,均居全国省市同业首位。

深圳工艺美术行业有中国驰名商标26件,为全国同业之最;全国红木家具10大品牌,深圳占6席;世界品牌实验室2013年评估深圳周大生珠宝品牌价值122.26亿元,为内地同业第一品牌。

深圳有国家级文化产业示范基地4家,国家文化出口重点企业5家,重点项目2家,居全国省市同业首位。

率先于20世纪八九十年代普遍在行业企业引进ISO9001国际质量管理体系认证、ISO14001环境管理体系认证和CBIT28001职业健康安全管理体系认证。

率先在工艺美术业推广手板、平面抛光工艺、CAD计算机辅助设计、注塑成形工艺、激光雕刻工艺、3D快速建模等技术

首创磁条金卡、姓氏礼品、奇石微书、彩色蜡染、幽默印石、甲骨文文化礼品、大型立体皮雕、纳米堆釉瓷画、景泰蓝工艺画。

发明琉璃烧铸金工艺、树脂水电镀技术、热缩菲林感光技术、黄金首饰幻彩金、玲珑金工艺、镜面空心珠宝饰品加工工艺、电脑刺绣新工艺等

全国第一家剪纸公司挂牌上市(深圳"贺贺文化"2014年8月在上海挂牌上市)。

全国第一家公共艺术公司深圳广美雕塑挂牌上市(2016年4月在新三板上市)。

全国首家珠宝传媒挂牌上市("水贝传媒"2016年5月11日在新三板上市)。

拍摄全国第一部红木艺术电视系列片《盛世红木》("深发"投资,2013年12月25日央视首播)。

敲响中国工艺美术大师作品专场拍卖第一锤(2013年5月深圳文博会)。

建立国内首家"中华旗袍馆"、"拓荒牛艺术品馆"、"中国铂金历史文化馆"、"中国象棋馆"、"琉璃庄园"。

创建国内首个油画产业国家级示范基地(大芬村,2004年)和首个陶瓷产业国家级示范基地(深圳市永丰源实业发展有限公司,2010年)。

四、市场状况

(一)重点专业市场(园区基地)

2015年,本行业18家重点专业市场(园区基地)的经营总面积为114.9万平方米,入驻企业2 103家,商户11 020家,年营业额1 078.89亿元(详见下表)。

序号	园区基地市场名称	级别 国家	级别 省	级别 市	辖区	创建时间	占地面积(万 m²)	经营面积(万 m²)	入驻 企业	入驻 商户	年营业额(单位:亿元)	主营业务
1	大芬油画村	√			龙岗	1989	40	6	45	1 210	50.2	油画
2	深圳古玩城	√			罗湖	2002	45	8		3 000	25.1	古玩艺术品
3	中国丝绸文化产业创意园	√			龙岗	2009	3.6	4.2		156	80	丝绸产业
4	国瓷永丰源	√			龙华	2003	8	1.5	4		11.1	陶瓷
5	深圳文化创意园		√		福田	2006	6	4		300	40	工艺美术
6	水贝珠宝产业园		√		罗湖	2004	11.6	11.6	1 300	2 000	510	珠宝
7	宝福—李朗珠宝文化产业集聚区		√		龙岗	2009	17	10	200		30	珠宝
8	文博宫古玩艺术品国际交易中心		√		龙岗	2011	16	13.3		1 218	31	古玩艺术品
9	艺展中心		√		罗湖	2000	16.5	16.5		1 550	90	工艺美术
10	三联水晶玉石文化村		√		龙岗	2005	450	11	500	480	37	玉石雕刻
11	笋岗工艺城		√		罗湖	2009	15	15		550	51	工艺美术
12	楼尚文化创意产业园		√		罗湖	2010	3	1		112	2.1	工艺美术
13	紫荆会中国工艺美术大师文化创意园		√		福田	2013	3	0.2		135	0.092(国大师作品拍卖)	工艺美术
14	观澜红木文化产业集聚区		√		龙华	1980	3	3	50	80	90	红木家具及木材
15	坂田手造文化街&创意园		√		龙岗	2011	5.4	6.5		139	20	手工艺

续表

序号	园区基地市场名称	级别			辖区	创建时间	占地面积（万 m²）	经营面积（万 m²）	入驻		年营业额（单位：亿元）	主营业务
		国家	省	市					企业	商户		
16	通明实业瓷爱谷科技文化创意产业园			√	大鹏	2014	1.8	1.8	4	8		陶瓷
17	艺美家灯饰博览中心				罗湖	2010		1.2		50	3	灯饰
18	罗湖商业城（手工艺商户）				罗湖	1994	1.092	0.1		40	0.3	手工艺

（二）主要展会

1. 文博会中国工艺美术精品展

它自2004年11月创办，由国家"四部两府"主办，深圳报业集团等承办，深圳市工艺美术行业协会负责招展组展及配套活动的组织。每年5月中旬，文博会在深圳会展中心9号馆举办，展会面积15 000平方米，展期4~5天，展馆设有工艺陶瓷、红木家具及雕塑、珠宝玉器、刺绣、民间工艺、当代工艺、大师作品7大展区，有来自全国34个省市区和世界50多个国家300多家品牌参展商。文博会冬季工艺美术精品展，自2011年12月开展，每年12月中旬在深圳会展中心举办，展会面积22 500~30 000平方米，每届有来自全国各省市和海外共500余家参展商的近万种工艺美术品参展。

2. 中国（深圳）国际礼品、工艺品、家居用品展

它自1993年由深圳华博展览公司创办，每年4月、10月在深圳原高交会馆、会展中心举办。展会面积11万平方米，2015年国内外参展商达3 500家。

3. 深圳国际珠宝展

2000年，它由深圳市黄金珠宝首饰行业协会创办，每年9月在深圳会展中心举办。2015年展会面积6万平方米，展位3 300个，1 100余家国内外企业参展。

4. 中国（深圳）国际红木艺术展

2013年，它由国家工信部工业文化发展中心等主办，深圳市红木文化艺术协会等协办，每年9月在深圳会展中心举办。2015年，展会面积3万平方米，参展商300余家。

（三）外销情况

2015年，全市工艺美术行业出口额为66.49亿美元，同比增长9%。其中，家居饰品出口额为15.5亿美元，珠宝首饰出口额为14.8亿美元，高档陶瓷出口额为14亿美元，人造植物出口额为9.3亿美元，金属工艺出口额为6.4亿美元，树脂工艺出口额为3.79亿美元，电脑刺绣出口额为2.7亿美元。

五、行业 SWOT 分析

（一）依托四大优势，形成领先全国行业的发展模式

在率先改革开放的深圳，凭借政策、区位、市场、公共服务平台等优势条件，集聚国内外优势资源，形成了领先全国行业的产业化、高端化、国际化的发展模式。

政策优势中央政府批准深圳改革开放先行先试和享有省级立法权。深圳自20世纪80年代初率先实行劳动合同制、结构工资和劳动保险；2003年确立文化立市，2004年将工艺美术纳入文化产业，随后又出台将30多家工艺美术文化园区基地认定为国家、省、市示范园区基地等相关政策，为行业企业从全国引入了数十万劳务工和数以万计的工艺美术师、工艺美术大师、设计师、工程师、技术骨干和管理人才。全市通过技能培训与竞赛，职称认定，积分入户，激励人才提高素质，用其所长。它推行外引内联配套服务政策，带动了全国各地工艺美术产销企业来深圳设立办事处、分销站、开办公司。

区位优势：深圳毗邻港澳台，在对外开放中成为中国走向世界、世界走进中国的前沿窗口，成为"三来一补"、"三资企业"投资建厂的首选地。20世纪90年代初，就有900多家港台工艺品生产加工企业迁移和创建于深圳。深圳珠宝、玩具、金属工艺、红木家具、圣诞礼品等规模产业由此发端，行业发展所需的资金、先进技术与装备、现代企业管理人才，在此集聚。

市场优势：深圳金融、物流、高新技术、文化创意四大支柱产业联通了珠三角、港澳台及国际大市场，带来工艺品、礼品、收藏品空前大规模持续增长的市场需求。在世纪之交，深圳迅速发展为全国乃至世界家居饰品、珠宝首饰、红木家具、金属工艺、电子礼品赠品、圣诞节日用品最大规模的产销基地。

公共服务平台优势：中国（深圳）文博会工艺美术精品展、国际礼品家庭用品展、国际珠宝展、红木家具展，集聚整合全国34个省市自治区和世界90多个国家的政策、文化、信息、人、财、物、产、供、销等资源，成功打造共建、共享、共赢的国家级国际化公共服务平台。

（二）凭借观念和科技优势，实现产业要素优化重组

本世纪初，深圳率先将工艺美术纳入文化产业和创意设计业发展规划，实施促进发展的配套政策。借力国家级国际化的中国（深圳）文博会，深圳工艺美术业12年间整合政策、产业、企业、院校、媒体、市场及海外资源，连续成功承办了11届由34个省市区、90多个国家参与的文博会中国工艺美术精品展、工艺美术发展论坛、工艺美术文化创意奖评审、文博会海外分会场等。截至2014年5月底，其实现交易额223亿元，接纳专业观众85.4万人，其中境外为77 000余人。

深圳通信科技、互联网、工业设计等在全国乃至全球的领先优势，带动了工艺美术业的科技重组。深圳联合湖南、香港等地企业，率先在国内成立首家合资电脑刺绣公司，到2000年，企业达200多家，电脑刺绣机1 000余台，年产值超过100亿元。深圳与香港、台

湾及欧美厂商合作,率先在全行业引进、推广手板技术、平面抛光工艺、计算机辅助设计、激光雕刻、3D快速建模、无铅无镉陶瓷生产等技术。

为整体提升竞争力,合理配置资源,本行业优化重组珠宝产业链。罗湖水贝珠宝产销区,20世纪90年代初仅有10来家企业,90年代中后期国家实行"黄金寄售"等优惠政策,加之毗邻港澳的区位优势,到2003年已吸引300多家珠宝企业进驻。翌年,深圳市政府支持在该区域挂牌成立黄金珠宝产业集聚基地,以市场为主导,以名优企业为主体,打造完整的产业链和高效的公共服务平台。到2015年,产业基地集聚中国名牌、中国驰名商标、中国黄金、铂金、彩宝、珠宝镶嵌"第一家"等品牌产、供、销及服务企业和商户3 300家,交易中心和批发市场18家,交易展厅400余家,培训、信息、展会等服务机构21家,并首发"水贝·中国珠宝指数",竖立起中国珠宝的风向标。该基地2015年的产值超过1 100亿元。

面向全国和国际市场需求的营销重组。深圳连接的珠三角与港澳台地区,是中国和世界工厂、物流、金融及高收入高消费人群的集聚地,是国内外贸易的窗口和枢纽。与之相适应的营销重组,一是由单一市场重组为综合市场。位于罗湖笋岗的工艺美术集聚区,2000年,仅有1家陶瓷等生活用品出口到专业市场。随着文化消费需求的规模化和多样化,以及与市场配套的金融、物流、信息业同步发展,到2015年,已形成高端工艺品、时尚文化用品、家居饰品、国际品牌、收藏珍品等7大专业市场,经营面积为40万平方米,中外联营商户3 000余家,年交易额280多亿元。二是内外合璧并适时延伸展销品类。中国(深圳)国际礼品及家庭用品展,1999年仅200个展位,经整合国际品牌展会及50多个国家展商资源和国内12个省市的行业资源,并将展销品类由3大产业拓展到9大产业,2015年,展位达5 800个,中外参展商3 500余家,买家16万余人,被誉为"中国礼品第一展"。三是共建电商平台。由"爱迪尔"、"星光达"、"钻之韵"、"宝怡"、"嘉华"、"泽木"等15家珠宝企业共同出资8 800万元成立的珠宝电子商务综合服务平台——深圳市宝易通珠宝网络科技有限公司于2015年1月正式运营。该平台整合行业产品、渠道、资金等资源,致力于将自身打造成为深圳珠宝电子商务运营中心、物流中心、上下游供应链服务中心,为珠宝企业提供全面的珠宝电子商务服务。目前,该平台已签订9个省级代理,合作商家近百家,并已整合12家企业在"天猫"开设珠宝品牌集合店。

产学研结合的人才资源重组。为了给行业培养输送合格的复合型人才,深圳职业技术学院艺术设计学院一方面与全国知名专家合作,建立了平面设计、数字媒体、空间展示、蜡染艺术等7大创意研发中心,另一方面与15家龙头企业共建教研实习基地,聘请21位行业专家担任该院客座教授。深圳市工美文化创意研究院也为行业企业聘请了29名院校教授、专家和131位中国工艺美术大师担任艺术顾问或总监。

畅通投融资渠道的文化与金融重组。深圳文博会公司与中银国际、中央电视台等机构合作,建立中国文化产业投资基金,首期募集资金60亿元,以文化产权交易所、文化产业投资基金为主导的"文化+金融"模式,不断创新对文化企业的金融支持方式,促进更多的风险资本、创业资本和社会资本进入文化产业领域,畅通了文化产业交易与投融资渠道。

(三)劣势与挑战

1. 产业基础薄弱

深圳建市前,工艺美术品类仅有少量的生活用瓷、珍珠养殖、草编等,又未形成产业,建市后,产业发展起步于"三来一补"、加工贸易,自主知识产权、品牌建设、创意设计在相当一段时期滞后于兄弟省市行业。

2. 产业主体以小微企业居多,抗御风险能力受限,不利于纳入整体规划建设

深圳工艺美术企业,90%以上为几十人、上百人的年产值千万元以下的小微企业,稍遇风险,便关停并转,影响行业的中长期规划建设。

3. 在国家政策、理论层面,当代新兴工艺美术被边缘化

固守了数千年农耕文化、手工制作、作坊生产的中国传统工艺美术,正是在社会工业化、现代化、信息化大潮中,尤其是在我国改革开放以来的经济体制、社会时尚、资源配置等的急剧变革中,产业形态发生了分化、重组、再生。在经济高速发展的改革开放前沿窗口地区,凭借政策、区位、科技、物流等优越条件,集聚国内外优势资源,先期形成了新的工艺美术品类和业态,如人造植物、电子工艺品、激光雕刻、电脑刺绣、纳米材料工艺品以及采用手板技术规模化生产的金属、树脂、琉璃工艺品。一些品类已形成国内乃至世界最大规模的产业基地。

据中国工艺美术协会2010年的行业调查报告:"全国工艺美术品种共有1 881个,其中新兴品种485个。新兴工艺美术是为适应现代生活与审美需求,新开发的或者在传统工艺美术品种、技艺的基础上,引入现代设计理念、运用现代化生产手段、采用现代生产方式,批量化、规模化生产的工艺美术产品。改革开放以来,传统工艺美术品种的产值占全行业产值的比重呈下降趋势,在广东、山东、浙江、江苏、福建等工艺美术生产大省,传统品种的产值已占不到行业总产值的3成。改革开放以来,新兴工艺美术品种快速发展,拉动了整个工艺美术行业。"

然而,作为全国工艺美术生产大省的主力、拉动整个工艺美术行业发展的新兴工艺美术业,在评价标准、产业政策、权威学术理论上却得不到认可。工艺美术大师评审只评从事手工制作的大师;工艺美术保护专项资金只拨给传统手工艺从业者;在已启动的国家文化工程《中国工艺美术全集》编撰中,规划编写260余篇(册),但尚未设立新兴业态的独立篇(册)。

工艺美术新业态,是依社会物质和文化生产发展规律产生的客观存在。其跨越地区、学科、门类、产业界限,集聚优势、整合资源,形成了产业化、高端化、国际化发展的路径和模式,对全行业产生了显著的实践示范性和先导性作用。

而这个新业态至今仍处于被边缘化的地位,这就向我们提出了亟待破解的新课题:

——改变工艺美术理论研究滞后、脱离产业发展的现状,加强对新业态基础理论和专业理论体系的构建与研究。

——创建新兴业态的价值评估体系和评鉴标准体系。

——支持和鼓励资深从业人员、学者、专家、政策研究者、院校师生撰写新兴工艺美术专著、论文。

——出台支持传统工艺美术和新兴工艺美术共同发展的新的政策法规。

——将工艺美术新业态纳入行业、社会、政府发展规划,制定具体的实施方案。

作为工艺美术新业态发祥地、集聚地的深圳,已率先启动新兴工艺美术专著的编撰,近百家企业、院校、社团、工作室踊跃参与,携手为新业态正名、立传和领航,尽心尽责。

4. 经济转型与互联网生态境遇的挑战和机遇

改革开放前沿地区的经济转型进一步趋向科技驱动和与国际接轨,互联网生态的形成,正在加速变革传统的思维、生活、生产方式。由此,工艺美术业面临着多重挑战与机遇。

产业结构:产品由手工类、专项类、具象类向智能类、混搭类、新概念类延伸;企业由作坊型、家族型向科技型、标准型、特色型、协作型转换;在产业链上形成产供销、人财物配套完整、设施装备先进的园区基地。

市场:品类及层次进一步多样化和细分;实体与虚拟、线上与线下相结合;供需、体验、服务、关怀、信用融于一体。

研究院所:亟待改变对新业态理论与课题研究滞后的状况,促成新业态实践向理论转化,将产业人力资源转化为人才资源。

新业态价值体系构建:由传统的实用价值、观赏价值体系,转向构建产业价值、文化价值、品牌价值、决策价值、国际交流价值、标准价值、网信价值的新价值体系。

管理部门与行业协会:制定并督导、落实、扶持促进新业态发展的政策规划;通过信息、研发、展会、教培、交流合作等公共服务平台,形成政府、社会、企业、市场的联动机制,推进新业态成长。

六、2015 年行业运行状况

2015 年,全市工艺美术业受社会改革攻坚、经济转型、产业调整等方面制约,尽管总体产销增速继续放缓,但发展走向更趋理性和可持续性。

(一)逆势中的坚挺

据中国工艺美术协会中青年人才专委会对江苏、浙江等工艺美术大省的调查,2014年、2015 年,旅游纪念品、礼品等大宗产品及出口产品额出现了 30% 以上的下滑,而深圳工美产业主营收入仍有 7% 的增长。另据国家统计局相关资料统计,2015 年 1—8 月全国工艺美术出口额同比减少 33%,而深圳工艺美术出口额同比增长 9%。

(二)登上新的台阶、创造新的纪录

深圳"永丰源"1 个月完成 700 余万件"国瓷"的研制,由中央代表团作为庆祝西藏自治区成立 50 周年的"国礼"赠送西藏全区每个家庭。"百泰"首饰创造了猴年生肖工艺品网上销售 5 亿元的新纪录。"剪纸皇后"贺虹被联合国文化发展委员会认定为"世界民俗文化使者"。市工艺美术行业协会由4A级升格为5A级社会组织。"拓璞设计"和"自在家"公司荣获德国"红点奖"。市工艺美术大师郑萍荣膺"深圳十大杰出女企业家"。

(三)产业融合与行业合作更具深度、广度

工艺美术与家装资源整合而延伸为现代家庭艺术;工艺美术与宗教资源整合而进入造像造景工程;工艺美术与食品包装、服装、文具、电器等产业资源整合,促使日用品工艺化、工艺品日用化。工艺美术与院校结合,变"人力"资源为"人才"资源;工艺美术与慈善事业结缘,从美化生活升华为美化心灵;工艺美术与社会传媒携手,促进大众审美能力和工艺美术社会关注度的双向提升。深圳市工艺美术、礼品、玩具、黄金珠宝、红木、服装、包装、花卉、风筝、公共艺术等行业协会联手,共同编撰专著《深圳当代工艺美术》。深圳工美与各地同行合作,共同组织大连、新疆、成都、徐州、鄂尔多斯、杭州、海南、澳门等地的展览。

(四)国际影响力增强

由深圳中华旗袍馆馆长、市工艺美术大师唐光艳参与发起的《全球华人旗袍映象长卷》摄制活动,串联、凝聚起全球华人的民族情、爱国心,向世界弘扬中华民族优秀文化。

市工艺美术大师庄玉君相继在美国洛杉矶、纽约等地举办的《中国精神》《中国性格》主题国画展,入选洛杉矶艺博会"中国国家展",接受来自世界各地的艺术名流、艺术商人、策展人及批评家的审视,一展中国哲学水墨的魅力,获得首批海外"粉丝"。美国洛杉矶电视台、新华社洛杉矶分社、中国日报驻洛杉矶记者站等媒体对《中国精神》展等活动作了全面报道。洛杉矶艺博会创办人吉姆·马丁代尔先生为庄玉君颁发荣誉证书,美国民主党华裔众议员赵美心女士为庄玉君颁发《美国国会荣誉奖》。

由中国人民对外友好协会、中国五洲传媒中心联合举办的中国汉字巡回展在美国加州sacramento博览中心举行,中国"奇石微书"创始人、深圳市工艺美术行业协会副理事长关柏春,在石、壶、扇、卷上的微书作品,情景交融、天人合一,备受海外观众瞩目。其作品先后被奥地利英扎特音乐学院、法国巴比松画家村、中国驻美国旧金山总领事馆收藏。

七、"十三五"行业发展规划概要

(一)发展重点

传统优势产业重点发展珠宝首饰、(红木)艺术家具、艺术陶瓷;新兴优势产业重点发展家居饰品、公共艺术、工艺礼品纪念品、当代工艺画及艺术品等。

(二)主要任务及策略

依据居全国行业领先地位的产业园区基地和行业公共服务平台,充分发挥其产业集聚、孵化、服务、协调、引领作用,实现传统产业转型升级和新兴产业的持续领先优势。

以技术创新、文化创新、经营模式创新，推动传统产业完成由高产、高耗、低附加值的制造业向环保、高效、具有核心竞争力的"智造业"转型。

转化优势资源，提升产业融合价值、艺术价值、内外交流价值，以增强新兴产业的辐射影响力和社会贡献力。

支持并协调文化产业园区基地进一步明确定位，优化结构，突出文化艺术本色和经营管理的独创性，打造高效、特色、升级版的园区基地。

支持行业研发、信息、展销、教培、合作交流等公共服务平台建设，重点支持文博会艺术美术精品展，国际珠宝展，国际礼品、工艺品、家居用品展，红木艺术展；建设好水贝珠宝学校、深圳工美文化创意研究院；着手筹建深圳工艺美术博览馆和深圳工艺美术学院。

(三)阶段目标

建成具有优化传承性、跨界兼容性、持续创新性的显著特色，既产业化、日用化，又品牌化、高端化，并与国际规则、市场与管理全方位接轨的"中国新兴工艺美术产业基地"。

附：本报告主要数据来源：
1. 政府部门统计资料
2. 《中国工艺美术行业通讯》
3. 《深圳年鉴》《深圳文化产业年鉴》
4. 《深圳工艺美术》会刊
5. 企业报表、专题报告

Ⅱ 深圳市工艺美术行业协会发展概况·2015

一、协会发展历史及现状

深圳市工艺美术行业协会自1989年5月成立，自2004年始由文博会组委会授权协办文博会中国工艺美术精品展，自2009年始由市人事局授权组织全市工艺美术等5个行业初、中级专业技术资格职称评审。它通过承接政府行业调研、职称评审、标准制定等职能，建设行业信息、展会、研发、教培、产业园区协调等公共服务平台，服务会员及行业企业，发挥在政府、企业、社会之间的纽带与桥梁作用，促进行业持续繁荣与发展。

参与承办的主要项目及活动：1.中国(深圳)国际文化产业博览交易会、中国工艺美术精品展及冬季工艺美术精品展招商招展和相关活动；2.主办行业专刊《深圳工艺美术》和行业网站"深圳工艺美术网"、"国之宝艺术网"；3.承担政府部门的课题项目《深圳市工艺美术业发展规划(2008—2020)》《深圳工艺美术行业状况与行业协会》《深圳文化产业年鉴》等;4.组织全市工艺美术、广告、服装、环境艺术、平面设计等专业的初、中级专业技术职称评审;5.组织深圳市工艺美术大师申报评审;6.组建主管深圳市工美文化创意研究院、深圳市国大师艺术品投资有限公司。

2015年2月,其被深圳市民政局授予AAAAA级社会组织。

二、协会会员数量、构成及分布

截至2015年年底,协会有会员单位223家,其中生产150家,研发39家,服务16家,销售18家;研发、服务、销售会员单位多集中在福田区、罗湖区、南山区,生产会员单位多集中在龙岗区、宝安区、龙华新区、大鹏新区等。

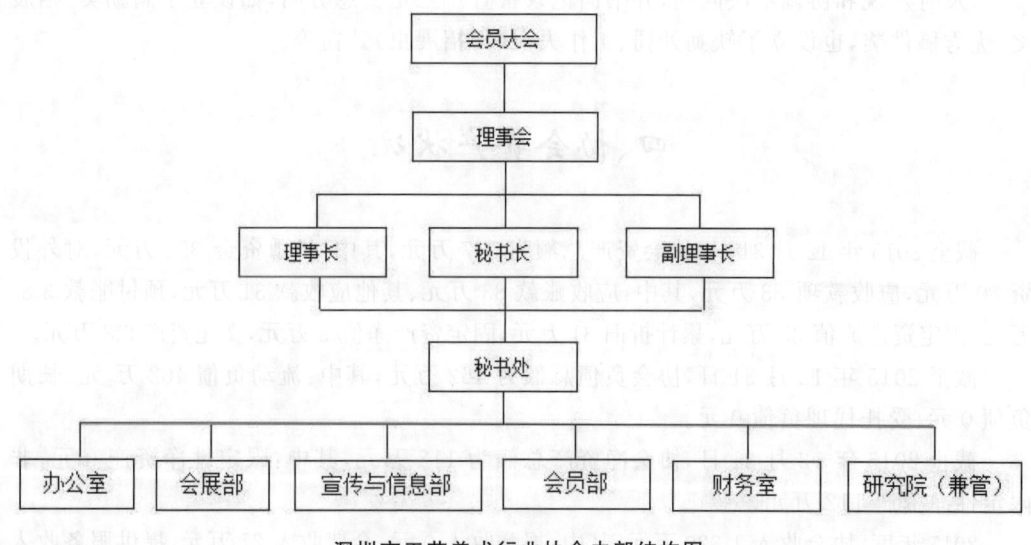

深圳市工艺美术行业协会内部结构图

三、协会的内部治理结构及其发展变化

(一)具备完整规范的管理制度

协会具有完整规范的会员(代表)大会制度、民主决策程序制度、分支机构管理制度、员工培训管理制度、聘用管理制度、薪酬管理制度、奖惩制度、印章文件管理制度、财务管理制度及行规行约。它按章程规定设置理事会、常务理事会、监事会;实行民主决策程序制度,遇重大事项,经民主程序进行表决。协会负责人人选、章程制定、大师及职称评审、会员单位资格审定等事项均由大会选举、表决通过。

(二)执行制度,规范管理

依制度实行规范管理,主要体现在遵守程序与界限,坚守公开、公正、公平。它遵照章程规定召开会员大会、理事会、监事会、常务理事会;协会负责人人选、重大决策事项严格按规章程序、标准执行;劳资、财务、考勤、档案管理,严格执行劳动法、会计制度和档案法规;重大活动制定严密详尽的方案,事前上报请示,事后备案;适时通过会员大会、会刊、网站公开重要决策、人选、财务、奖惩、重大活动、行业动态等情况。经历年工商、税务、财会、民管、监察等方面的审查、考核、评价,这些均获合格及4A、5A评级。

规范管理主要措施:一是明确的分工责任,将制度建设与工作、责任、人员捆在一起,定责到事到人到责任范围,追责到事到人到责任范围。14个专职人员,每人都有明确的分工责任。二是及时的报告、交流、协调机制,每周一会,每个人都要汇报一周情况,相互交流,及时发现和协调解决问题,并书面记录备查。三是奖惩分明,如设立了满勤奖、招展奖、优秀稿件奖,也设立了缺勤处罚、工作失误(如招展虫)处罚等。

四、协会资产状况

截至2015年12月31日,协会资产总额为547万元,其中:货币资金394万元,对外投资50万元,应收款项83万元,其中:应收账款83万元、其他应收款31万元,预付账款3.85万元,固定资产原值35万元,累计折旧31万元,固定资产净值5万元,文化资产6.8万元。

截至2015年12月31日,协会负债总额为462万元,其中:流动负债462万元、长期负债0元、受托代理负债0元。

截止2015年12月31日,协会净资产总额为112万元,其中:限定性净资产0元,非限定性净资产112万元。

2015年度,协会收入1 320万元,其中:捐赠收入0元,会费收入27万元,提供服务收入1 176万元,商品销售收入0元,政府补助收入116万元,投资收益0元,其他收入1万元。

2015年度,协会费用1 275万元,其中:业务活动成本907万元,管理费用368万元,筹资费用0元,其他费用0元。

协会自主创收,不依靠政府资助与会员支持,收入的近90%为展览收入,近3年的业务收入逐年递增,递增幅度在50%以上。

2013—2015年,本协会纳税总额128.47万元。

五、协会的人力资源状况

2015年,协会专职工作人员14人,60岁以上4人,40~59岁的3人,39岁以下7人,平均年龄46岁;其中,男性8人,女性6人。近3年,本协会新进员工3人,流出人员为0;大专以上学历11人,占比79%。协会专职人员在本协会从业时间平均为10年以上。

六、2015年协会主要工作及成效

协会以服务行业、企业、政府和社会的卓越成效,2月被深圳市民政局评授5A级行业协会。

(一)第十一届文博会中国工艺美术精品展招展组展

由协会组展的第十一届文博会工艺美术精品展于5月14—18日在深圳会展中心9号馆开展,有来自全国34个省、市、区及海外参展商303家参展,展位720个。

(二)主办"中国工美·世界表达"研讨会

协会与广东省工艺美术协会5月15日共同主办的"中国工美·世界表达"研讨会,在福田区香蜜湖紫荆会大剧院举行。

(三)承办"中国工艺美术文化创意奖"评选活动

文博会组委会等主办,协会参与承办的"中国工艺美术文化创意奖"评选,于5月14日至18日在会展中心举行。其征集26个省、市、区参评作品1 684件,经评委会评审,评出特别金奖9件、金奖176件、银奖238件、铜奖257件。深圳市委常委宣传部长王京生、副市长吴以环出席颁奖大会。

(四)协办"中国工艺美术大师作品专场拍卖会"

协会协办的"2015年中国工艺美术大师作品专场拍卖会"5月16日在深圳会展中心6号馆2楼进行。88位中国工艺美术大师的146件作品参拍,涵盖陶瓷、刺绣、雕塑、金属工艺、漆器、编织、唐卡、内画等品类,总起拍价5 100万元。经角逐,有66件作品成交,总成交价920万元,成交率47%。其中,姜栓兰大师的翡翠《妙手生花》成交价640万元,成为标王。

(五)承办第十一届文博会冬季工艺美术精品展

文博会组委会办公室、中国工艺美术学会主办,我协会参与承办的第十一届中国(深圳)国际文化产业博览交易会冬季工艺美术精品展在会展中心的6、9号馆开幕,展出来自海内外的工艺美术精品。文博会冬季工艺美术精品展自2010年创办,规模逐年扩大,展会面积从首届的7 500平方米增加至今年的22 500平方米。今年,有来自海内外的472家企业参展,展位1 000多个。目前,展会在交易、活动、宣传推广、辐射影响力方面均居全国同业展会前列。人民网、中国网、深圳特区报、深圳卫视等39家主流媒体对本展会作了专题报道。

(六)组织专业技术资格职称评审

协会于2009年受深圳市人力资源和社会保障局委托进行深圳市工艺美术、广告设计、平面设计、服装设计、环境艺术设计、工业设计六个专业的职称材料受理和评审工作。

(七)主办《深圳工艺美术》会刊、"深圳工艺美术网"、"国之宝艺术网"

会刊编发4期24 000册,"深圳工艺美术网"日均点击量达26 869人次,"国之宝艺术网"日均点击量达39 155人次。

2015年,协会作为行业协会代表,应邀出席市委宣传部主持的深圳市"十三五"文化产业发展规划研讨会。

深圳市计算机行业 2015 年度发展报告

◎深圳市计算机行业协会 杜和平 朱 庆 叶 刚
丁月斌 李 雷

深圳市计算机行业协会于 1987 年 7 月 10 日在深圳成立,英文名称为:SHENZHEN COMPUTER INDUSTRY ASSOCIATION,英文缩写为 SCIA。经过 29 年的发展,深圳市计算机行业协会(SCIA)已经成为一个优秀企业自愿组成的社会团体,代表的经济总量大,对社会贡献多,协会因会员企业而精彩。协会的主要成员有长城电脑、华为、联想、研祥、长城开发、神舟、金蝶、闪联、赛迪、国民技术、振华通信、中电港、迪菲特、长城宽带、彤兴集团、杰拓科技、祈飞科技、国通世纪、康冠、中柏电脑、宝德等 160 余家企业。在深圳市社会组织管理局党委的领导下,协会进一步加强了运作的合规性、制度的完善性管理的科学性,在 2015 年 11 月市本级社会组织评估中,协会被评为 5A 级协会组织。2015 年,协会成为深圳市"科技服务入库机构",成为"具备承接政府职能转移和购买服务资质的市级社会组织"。

一、2015 年计算机行业发展情况

(一)2015 年全球计算机行业发展情况

2015 年,世界经济增长为 2.5%,增速比上年放缓 0.3 个百分点。世界工业生产低速增长,贸易持续低迷,经济整体复苏疲弱乏力,增长速度放缓。全球计算机产业面临转型升级,产品结构不断调整,硬件移动化势头不减。2015 年,由于经济不景气和智能手机、平板电脑的替代作用,全球台式计算机市场依然处于负增长状况。大屏手机、低价笔记本电脑也对平板电脑产生了替代效应,全球平板电脑市场的需求增速继续放缓。依靠创新驱动,二合一笔记本、游戏笔记本电脑、特种计算机、智能终端和商用平板呈增长态势,发展前景好。服务器与存储市场和外围设备持续增长。从整体来看,计算机产业规模缓慢增长,截至 2015 年年底,全球计算机产业规模达到 6 030.2 亿美元,同比增长 2.90%。从长期来看,计算机作为未来核心计算设备的功能不会改变,随着新技术的突破,计算机行业将迎来新的发展机遇。

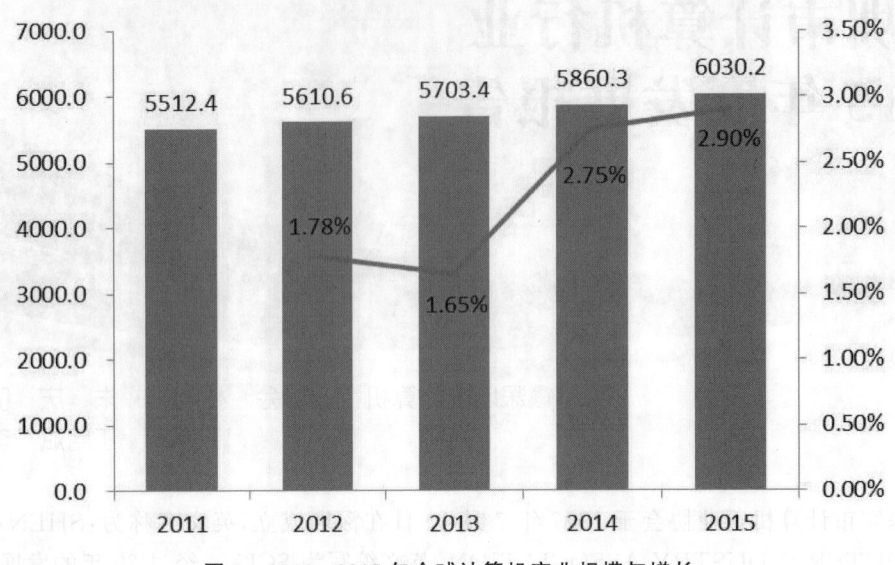

图 1　2011—2015 年全球计算机产业规模与增长

(二)2015 年我国计算机行业发展情况

受益于国家良好的经济发展环境与企业自身的努力,2015 年,我国计算机行业总体呈平稳发展态势。2015 年,我国计算机行业实现销售产值同比增长 0.4%,低于去年同期 2.5 个百分点,内销产值实现同比增长 15.7%,高于去年同期 6.4 个百分点。在固定资产投资方面,2015 年,我国电子信息产业新开工项目 9 614 个,同比增长 19.76%。其中,电子计算机行业同比增长 35.87%,电子计算机行业完成投资 1121.5 亿元,同比增长 30.6%。在进出口方面,我国计算机行业持续保持顺差,2015 年,我国计算机出口额为 1 941 亿美元,同比下滑 14.4%;进口额为 533 亿美元,同比下降 12.6%。

(三)2015 年深圳市计算机行业发展情况

2015 年,深圳市计算机产业硕果累累,整机、服务器、平板电脑、智能终端等产品均走在全国前列,出现了一批全国甚至全球的"行业领跑者"。借助自主研发、创新驱动,华为成为全球最大的电信设备商,2015 年又成为计算机行业的耀眼新星;华星光电成为全球第五大液晶面板提供商,为计算机显示器和电视机提供了面板资源;比亚迪发展成为横跨 IT、汽车和新能源三大产业的绿色企业;深圳普联技术公司的无线设备居全球市场占有率第一等。深圳已成为全国乃至全球重要的计算机及外部设备、平板显示、电子元器件和软件的研发、生产、出口基地。基于云计算、大数据和信息安全的产品和服务快速发展,工控机、高端服务器与存储产品快速增长,呈现出"速度稳、质量好、创新强、结构优"的态势。

1. 深圳市计算机行业保持平稳增长

(1)工业增加值高,据深圳市统计局 2016 年 4 月 26 日发布的统计公告显示,2015 年全市规模以上工业增加值排名前五的行业依次为:通信设备、计算机及其他电子设备制造业增加值为 4 214.95 亿元,比上年增长 10.6%;电气机械和器材制造业的增加值为355.77

亿元,增长 2.4%;石油和天然气开采业的增加值为 257.62 亿元,增长 27.1%;电力、热力生产和供应业的增加值为 249.00 亿元,下降 2.3%;专用设备制造业的增加值为 213.75 亿元,增长 6.9%。

(2)产量平稳增长:深圳市统计局发布的 2015 年主要工业产品产量及增长速度公告显示,2015 年,我市生产微型计算机设备 2 779.36 万台,比上年增长 4.7%。

表 1　2015 年深圳计算机及关键零部件产量

名　　称	计量单位	数　　量	比上年增长率(%)
微型计算机设备	万台	2 779.36	4.7
其中:笔记本计算机	万台	714.00	3.2
打印机	万台	1 304.84	−18.8
硬盘存储器	万台	4 440.19	−28.3
半导体存储盘	万个	17 615.49	−16.6
集成电路	亿块	131.13	−5.0
液晶显示屏	万片	80 084.9	−44

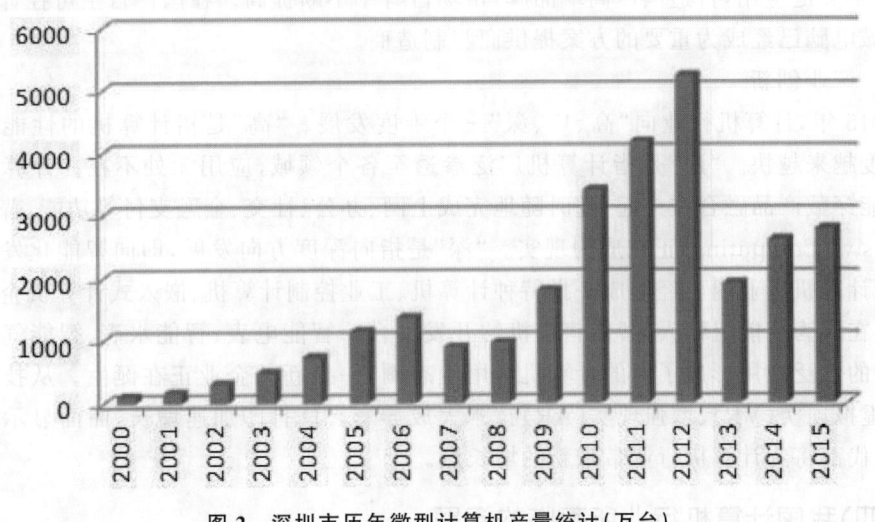

图 2　深圳市历年微型计算机产量统计(万台)

(3)入围全国电子百强的企业增多:根据国家工业和信息化部运行监测协调局和中国电子信息产业联合会历年发布的电子信息百强企业名单统计,深圳市电子信息企业在全国电子信息百强企业中的比例呈增长态势,由 2005 年的 11 家增加到 2010 年的 15 家,2015 年又进一步增加为 20 家,占全国的五分之一。这 20 家入围企业多数以计算机相关产品为主业,其产品在全国占比高、影响大。

(4)深圳市技术外溢,生产外包,产业转移的发展带动了其他地区的发展。深圳市在"十二五"期间始终保持着 10%左右的中高速增长,全社会的研发投入占全市 GDP 比重达 4.05%,每万人有效发明专利拥有量 66.2 件,是全国平均水平的 16 倍。2013 年以来,受"成本、政策、市场"三大因素影响,深圳企业在全国及"一带一路"国家设立研发机构、生产制造基地的日益增多,技术外溢、生产外包,产业转移带动了其他地区的发展。从统计数字上看,深圳本地制造有较大幅度下降。

2. 优化产品结构,计算机行业向高端发展

(1) 产业融合、跨界发展,为行业带来新的生机

2015年,华为的市场表现出色,在通讯领域,华为智能手机旗舰明星机型频出,同时将崛起的火焰蔓延到了服务器、平板电脑、笔记本领域。华为的平板电脑"M2·揽阅"搭载了华为自主研发的"海思麒麟"芯片,备受市场青睐,为用户带来了更加流畅的应用体验。2016年2月,华为在巴塞罗那正式发布了旗下首款笔记本电脑产品Mate Book,更为连年下滑的笔记本市场带来了新的惊喜。2016年3月14日,英国市场咨询公司Brand Finance公布了2016年"全球最具品牌价值百强"报告,华为入围,排名第47位。

(2) 优化产品结构

深圳市的计算机行业向高端转型,在国家"自主可控"发展战略的指导下,服务器与存储、国产自主可控计算机成为新的亮点。服务器是网络环境中的高性能计算机,具有"高可靠性、可用性、可扩展性、易用性、可管理性"五大特点,产品利润高,技术难度大。2015年,国产服务器市场规模有着突飞猛进的发展。深圳华为、宝德、长城电脑、迪菲特等厂商积极研发关键应用,打造国产高端品牌,市场占有率不断提高。在国产自主可控计算机领域,长城电脑已经成为重要的方案提供商与制造商。

(3) 产业创新

2015年,计算机行业向"高、广、深"三个维度发展。"高"是指计算机的性能越来越高、速度越来越快。"广"是指计算机广泛渗透至各个领域,应用无处不在。计算机与手机、智能穿戴产品融合在一起,随时随地完成上网、办公、社交、金融支付等功能,普适计算(Pervasive Computing)正在成为现实。"深"是指向深度方向发展,即向智能化发展。深圳市的计算机行业内已经形成一批特种计算机、工业控制计算机、嵌入式计算机企业。计算机正在成为智能机器人、智能售卖机的开发平台。智能电表、智能水表、智能气表以及物联网的广泛应用形成了新的计算机应用生态圈,一批新的企业正在诞生。从技术层面来看,虚拟现实(VR)、增强现实(AR)技术大放异彩,3D打印加速增长,曲面显示器进入大众时代都将为计算机行业带来新的增长点。

(四) 我国计算机行业所面临的问题

1. 集成电路依赖进口,"缺芯"的问题依然严峻

从我国2007—2015年海关的进口数据来看,中国集成电路进口额超过了原油,甚至超过了四大战略物资(铁矿石、钢材、铜和粮食)的总和。2015年,芯片产业进口花费高达2307亿美元,是原油进口总额的1.7倍。从具体分类来看,存储器对进口的依赖最大,2015年的需求为362亿美元,其次是模拟芯片和处理器芯片。计算机用的微处理器仍然是英特尔一家独大。集成电路严重的对外依赖性,从长远来看将制约我国计算机产业的发展。2016年3月7日,美国商务部以"中兴通讯违反美国对伊朗的制裁规定"为由,要求美国供应商不得向其提供关键元器件,外国制造商也不得向中兴通讯出售包含相当数

量美国产元器件的产品,造成的后果很严重。这不仅使中兴通讯的"股价"应声大跌,而且直接影响到了中兴通讯的全球供应链,元器件的严重短缺直接威胁到企业的生存。这一突发事件告诉我们,集成电路已经成为我国计算机与通讯产业发展"卡脖子"的战略物质,必须尽快予以解决。目前,计算机与终端产业已经到了转型升级、重构生态圈的关键时期,我们要利用自己所拥有的上亿用户,将整机与设计联动,发展自主可控芯片产品。深圳市是我国著名的设计之都,拥有丰富的上游芯片设计和下游整机开发应用资源,如果合理规划设计,一定会大有作为。

2.自主可控计算机亟待发展

目前,我国生产的计算机普遍采用美国 INTEL 和 AMD 的 CPU,AMI、Award 和 Phoneix 等美国厂商的固件(BIOS),ASUS、ECS、Gigabyte、MSI、Supermicro、TYAN 等台湾地区的主板,Seagate 和 WD 等美国厂商的硬盘,微软的 Windows 操作系统。计算机技术和产业基本上可以说是以美国为代表的 Wintel 体系(Windows + Intel)。基于 Wintel 体系之上的计算机安全技术,无法从本质上解决漏洞和后门的隐患。

党和国家领导人对信息安全问题高度重视。习总书记指出:"信息安全问题事关国家安全与长远发展,具有全局性、战略性、全球性",还指出当前的四大安全为国防安全、能源安全、粮食安全和信息安全,他将信息安全问题摆在了至关重要的位置。2016 年 4 月 19 日,习总书记又在"网络安全和信息化工作座谈会"上发表重要讲话,他说:"一方面,核心技术是国之重器,最关键最核心的技术要立足于自主创新、自立自强。市场换不来核心技术,有钱也买不来核心技术,必须靠自己研发、自己发展。另一方面,我们强调自主创新,不是关起门来搞研发,一定要坚持开放创新,只有跟高手过招,才知道差距,不能夜郎自大。"

我们必须高度重视信息安全,尽快研发自主可控的国产高性能计算机,实现产业化。结合供给侧改革,以上两项应是行业发展重点。

二、2015 年深圳市计算机行业协会发展情况

2015 年,在市社会组织管理局的大力支持和指导下,在协会理事会和秘书处全体工作人员的努力下,协会的工作又有了新的起色。

(一)服务会员,推动协会的能力建设

一是成立"创客分会",推动大众创新。2014 年 12 月 30 日,协会成立了"创客分会",2015 年 4 月 21 日,协会在彤兴集团召开现场会,宣传"创新、创业、创客三创典型人物"的创业故事,现场观摩企业的创新产品。2015 年 8 月 5 日,协会组织会员参加协会常务副会长单位——深圳市杰和科技有限公司在深圳万豪酒店举办的"服务器主板新品发布会"。协会吸引"中电港"加盟,使业界享有盛誉的"萤火工场"和"扬帆社区"成为深圳创客和协会会员的发展平台。

二是组织各种形式的交流互动活动。2015 年 7 月 5 日,协会组织会员企业开展电商业务交流。2015 年 8 月份,协会组织全体理事会成员到"怡亚通供应链整合体验中心"参

观,体验互联网+时代的最佳商业模式。2015年10月13日下午,协会组织了"中电港走进计算机行业协会活动",行业专家们具体讲解了"计算机丰富的接口设计和计算机主板电源的新构建",为设计师们介绍了年度最新的前沿技术。通过经验交流活动,其促进了会员企业的转型升级。

三是推动国际合作,密切与外地协会间的交流。协会是"深港科技创新社团联盟"成员单位,与香港电脑商会、香港应研院等机构联系密切。10月22日～23日,协会组织会员企业参加第四届安卓全球开发者大会,11月,参加"国际高新技术成果交易会"。9月12日协会副会长单位雅迪威承办了"2015年中国(深圳)第二届汽车音响文化节"等,推动了国际合作与交流。2015年7月,协会接待了义乌电脑行业协会代表团,并陪同客人走访了部分骨干会员单位,双方达成"参与一带一路建设、推进两会合作,相互支持,共谋发展"的共识。

四是弘扬正气,宣传会员中的先进典型。协会通过自己的网站、微信、微博、信息动态期刊及时宣传行业明星、行业新星等先进典型,同时多次在深圳商报组织专版,宣传报道协会的创新、诚信企业,弘扬正气,树深圳名牌,引起了社会关注。2015年9月21日,深圳商报还专题报道了我市存储行业的重点企业——迪菲特公司的创新创业事迹,提升了名优企业的社会影响力。

五是创建5A协会,服务能力进一步提高。在2015年11月市本级社会组织评估中,协会被评为5A级协会组织。2015年,协会成为深圳市"科技服务入库机构",成为"具备承接政府职能转移和购买服务资质的市级社会组织"。服务能力进一步提升,连续五年承接政府购买服务项目,2015年又完成了"深圳市计算机行业运行分析报告",由于我们采集了协会平时积累的第一手资料,较好地保证了报告的真实性、科学性和实用性。

(二)协会与公司搭建为行业提供服务的公共平台

协会的职能作用主要是通过建设好、运营好行业公共服务平台来体现的。协会先后规划建设了3个平台。中科凯兰以"互联网+人才服务"为重点,近3年为深圳IT企业输送了6000多名IT人才,服务近3000家IT企业,市场满意度高,协会经过评估,于2015年1月正式授牌,共建"人才服务中心"。协会硬件技能型人才服务平台"新红警"公司,从2005年开设硬件维修培训至今,为社会培养了近2万名专业的硬件维修技能人才,2015年又申请成为深圳市教育局直属的校外实训基地,已通过初步验收。协会软件服务平台则以"鲲鹏培训"为依托。罗湖区鲲鹏职业技术培训中心经过10年运营,形成了一套集课程研发、教学、管理和就业为一体的职业教育体系,先后累计为腾讯、百度、华为、中软国际、中兴通讯、金蝶国际、中联宏达、拜特科技、巨雷科技等多家知名企业培养输送了80 000多名中高级软件开发人才,成为华南地区最具规模、口碑最好的高端软件人才培训机构之一。

(三)发挥桥梁纽带作用,履行社会组织责任与义务

2015年,全球经济增速放缓,经济驱动由要素驱动、投资驱动转向为创新驱动。新形势下,协会作为政府、企业并驾齐驱的第三部门,正日益成为促进转型升级、完善市场机

制、创新社会管理、加强经济建设的重要协同力量。深圳市计算机行业协会在过去的一年里，明确定位，聚焦发展，发挥了桥梁纽带作用。2015年，协会多次就会员企业发展中遇到的旧改、出行难、发展空间不足等问题，多渠道地向政府有关部门反映，收到了良好效果。协会还在基层党建、诚信自律、安全生产、质量立市、推行正版正货、布局知识产权保护等方面积极履行社团组织的责任与义务。2015年10月23日，马兴瑞书记、许勤市长在协会常务副会长单位长城开发召开"出口企业座谈会"。协会马上对此开会研究，贯彻会议精神，主动作为，在系统内开展了"争先创优"竞赛，在年度评比中增加了"优秀外贸及进出口企业"奖项，起到了良好的助推作用。在2015年年底的评比中有三家企业获得"优秀出口企业"荣誉。它们分别是：深圳长城开发科技股份有限公司、深圳市雅迪威电子有限公司和深圳市康冠技术有限公司。

深圳市仪器仪表与自动化行业发展及行业协会报告·2015

◎深圳市仪器仪表与自动化行业协会　钱宗春　阎增序　李学金
　樊宽林　党英杰　朱崇剑

前　言

深圳市仪器仪表与自动化行业协会(以下简称"深仪协")的主管单位为深圳市社会组织管理局,业务上受市经贸局工商领域行业协会办公室、市民政局,以及中国仪器仪表行业协会的指导和监督,本协会是中国仪器仪表行业协会常务理事单位和深圳市总商会委员单位。

本课题的意义在于发挥协会的平台优势,进一步展现协会风采,深入研究我市仪器仪表行业发展的趋势、存在问题及解决路径,以便供政府有关部门在决策时参考。本课题的研究方法主要有调查研究、个案研究、案例研究、纵横对比、文献研究、理论研究、经验总结等。

本报告中引用的图表、数据表的版权由被引用人所有,涉及的企业商号、商标等知识产权由其所有人所有。本报告为内部研究资料而非正式公开出版物,本会仅对报告中涉及深圳市仪器仪表行业及本协会内部数据资料的真实性负责。

一、深圳市仪器仪表与自动化行业协会总体分析报告

深圳市仪器仪表与自动化行业协会经深圳市人民政府批准,成立于1989年9月,迄今已有26年的发展历史。截至2015年年底,深仪协拥有会员企业87家,行业覆盖率为17%。其中,会长单位1家,副会长单位17家,理事单位10家,监事单位3家。

深仪协内部治理结构如下:

2015年,深仪协收入721 600元,其中会费收入229 000元,业内服务支出559 790.35元,在收入中占比为77.58%。

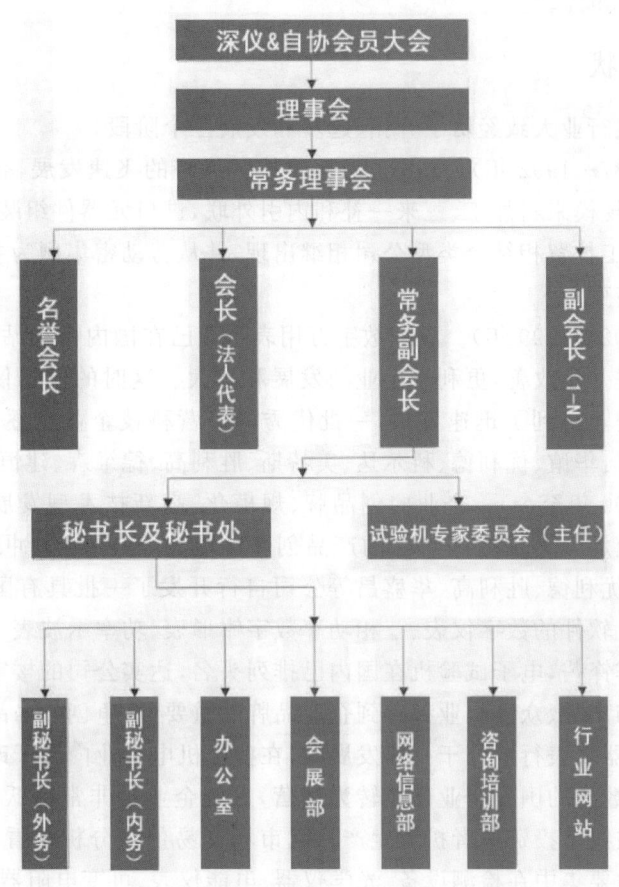

二、深圳市仪器仪表与自动化行业发展报告

(一)行业定义

仪器仪表(instrumentation)是用以检出、测量、观察、计算各种物理量、物质成分、物性参数等的器具或设备。真空检漏仪、压力表、测长仪、显微镜等均属于仪器仪表。广义来说,仪器仪表也可具有自动控制、报警、信号传递和数据处理等功能,例如,用于工业生产过程自动控制中的气动调节仪表、电动调节仪表以及集散型仪表控制系统。

(二)行业概貌

我国是亚洲第二大仪器仪表生产国。世界上仪器仪表的增长率是3%－4%,中国已连续10年实现20%以上的年增长率,有的产品已经占了全世界的十分之一。我国仪器仪表行业能够生产13大类、143个小类、800个系列、1.4万多个品种。其中,工业自动化仪表约占33.5%,精密测试仪器约占33.11%,电影、照相机、复印机、缩微等办公设备类约占34.39%。

(三)行业现状

深圳仪器仪表行业大致经历了开拓、起步和发展三个阶段。

开拓阶段(1987—1992年)。1987年,随着特区经济的飞速发展,企业引进了大量的国内人才,通过小规模来料加工、三来一补和内引外联,进口元器件组装到模拟仿制,小量装配到合资生产、工技贸相结合类型公司相继出现,并从劳动密集型为主逐步向劳动与资金并重的外向型转变。

起步阶段(1992—1999年)。深圳数字万用表企业已在国内市场站稳脚跟,凭借经济特区投资环境的进一步改善,更利于企业的发展和壮大。这时的仪器仪表行业的技术密集和资金密集的企业得到了迅速发展,一批优秀的民营科技企业也逐步显露出生命力。这时的代表企业有:华谊、优利德、科尔达、美特斯、胜利高、德维森、建恒等。

发展阶段(1999年至今)。企业向创品牌、规模化、高新技术型发展。深圳生产数字万用表的领头企业加大力度提高自己的产品创新的能力,向高档次冲刺,做响自己的品牌。同时有华谊、优利德、胜利高、华盛昌等公司自行开发了一批具有国际先进水平的高品质的带有计算机软件的数字仪表、三相功率数字钳形表、功率示波表。深圳的电子式电能表在全国已显露锋芒,电子试验机在国内已排列头名,达实公司的楼宇自动化产品在国内有广泛的市场和声誉,众多企业都感到企业品牌的重要性,争创知名品牌。

目前,深圳仪器仪表行业处于高速发展中,在整个机电行业内属于改制和转制进展比较快的行业,相当数量的国有企业已经转为民营,三资企业也非常活跃,许多著名的仪器仪表跨国公司都在我市投资或者扩大生产。就市场交易份额分析来看,占比重较高的仪器仪表细分产品主要集中在检测设备、光学仪器、电能仪表、可变电阻器、驱动器、过滤器、换热器、显示器等领域。

(四)行业市场状况

由于在重大工程、工业装备和质量保证、基础科研中,仪器仪表都是必不可少的基础技术和装备核心,因此,不论是传统的流程工业、食品安全、环境保护、供应用计量、教学与科学实验领域,还是新兴的智能制造、离散自动化、生命科学、新能源、海洋工程、轨道交通等领域,都会产生巨大的市场。

智能电网的发展也拉动了对智能化仪器仪表的需求。业内预计,2016年后,我国的智能电网将进入到完善提升阶段,届时会对一部分老、旧的电表进行升级换代,预计智能电表市场增长将超过40%。

(五)行业企业状况

2015年,深圳市仪器仪表与自动化业规模以上企业达512家,占全国同行业规模以上企业数量(4 321家)的11.85%。

(六)行业 SWOT 分析

优势:深圳市仪器仪表与自动化行业协会率先提出了"强化创新、狠抓基础,市场导向、拓宽领域,体制创新、优化结构,持续推进、振兴产业"的发展战略。协会紧扣科学发展主题和加快转变经济发展方式主线,不断提升行业自主创新能力,推进工业化、信息化的深度融合,以技术创新、信息化发展推进产业转型升级和经济发展方式转变,积极打造科学发展的深圳质量,努力实现有质量的稳定增长和可持续的全面发展。由于通信、通讯、生物工程、家电、汽车等领域迅速发展带来的产业需求,以及增大出口量等势头,深圳仪器仪表与自动化市场是极具潜力的。

劣势:深圳仪器仪表行业自主创新能力依然薄弱,拉大了与国际先进水平的差距,尤其是在一些新兴领域,差距更为明显;由于房价过高等原因,深圳仪器仪表制造业的人才引进与稳定的难度加大,特别是高端、海归人才;中小企业融资渠道仍然不畅,融资成本偏高;政府采购仪器仪表制度不完善;仪器仪表企业"走出去"开拓海外市场困难重重。

挑战:传统中低端产品面临国内激烈竞争的同时,还要面对国外产品的拓展、挤压;中高端产品整体发展不平衡,大部分产品经营规模、技术指标、产品种类、品牌影响力、应用实绩等方面与国外产品仍有差距,市场给本土产品的"容错"、"试错"机会越来越少;新型、高端产品市场被国外长期垄断,自主化储备和产业化程度低,相当一部分产品技术和应用层面与国外有代差。随着国际经济环境及中国经济发展速度的趋缓,如钢铁、水泥、玻璃等产业出现的产能过剩,风电、太阳能、轨道交通及食品等领域相继暴露出的种种问题,企业普遍反映盈利能力难以持续,人口红利不在,融资困难成本高,应收账款比例大,尤其是冶金、石油化工、建材、煤炭、通用装备制造业等传统应用领域的效益普遍不佳,需求下滑态势明显,致使仪器仪表行业也开始呈现出降温趋势。而行业对智能制造、离散自动化、生命科学、新能源、新材料、海洋工程等新兴产业所需的产品技术和应有储备不够,短期内难以转换为现实需求拉动。最新数据显示,国内外仪器仪表行业增长趋缓已经显现。

机遇:国家推动工业领域转型升级、提升发展质量;国防安全、社会安全、产业和信息安全等需要国产自主可控的仪器仪表装备;石化、核电、煤化工、液化天然气(LNG)、生物医疗、检验检疫、环境治理等领域大力推进装备国产化。这些都有利于仪器仪表行业的发展。数字技术在仪器仪表中的应用不但使其性能、精度得到了快速提升,而且现场总线的问世,为仪器仪表的更新换代、产品升级以及实现进一步的高精度、高性能,特别是多参数在线实时测控与自动测控,高稳定、高可靠、高适应性、多功能、低消耗等属性提供了巨大的动力和发展空间,让智能仪表的信息交换更为迅捷,使预诊断、预维护等功能成为现实。目前,智能仪器仪表的更新需求、新增需求和智能化比率在不断提升。

(七)行业历史数据对比分析

2012—2015 年深圳仪器仪表行业营收走势图(单位:亿元)

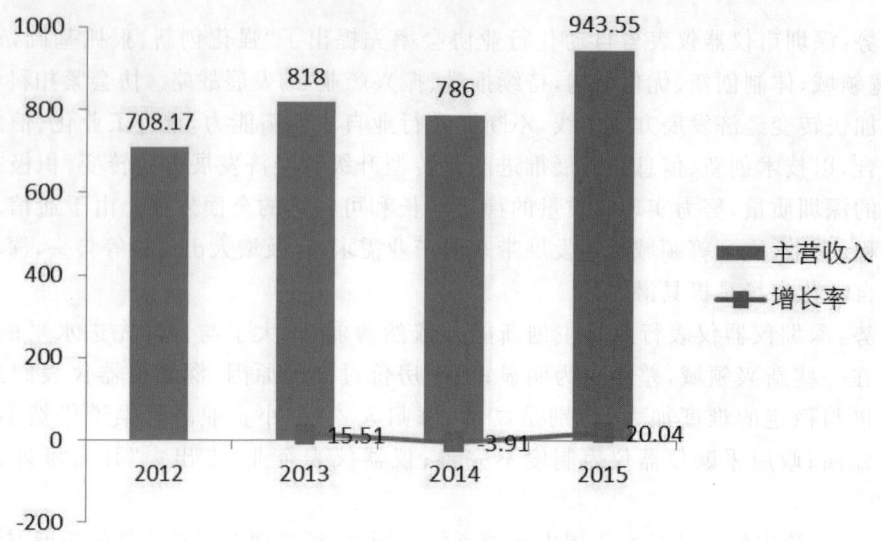

2012—2015年深圳仪器仪表行业营收走势图（单位：亿元）

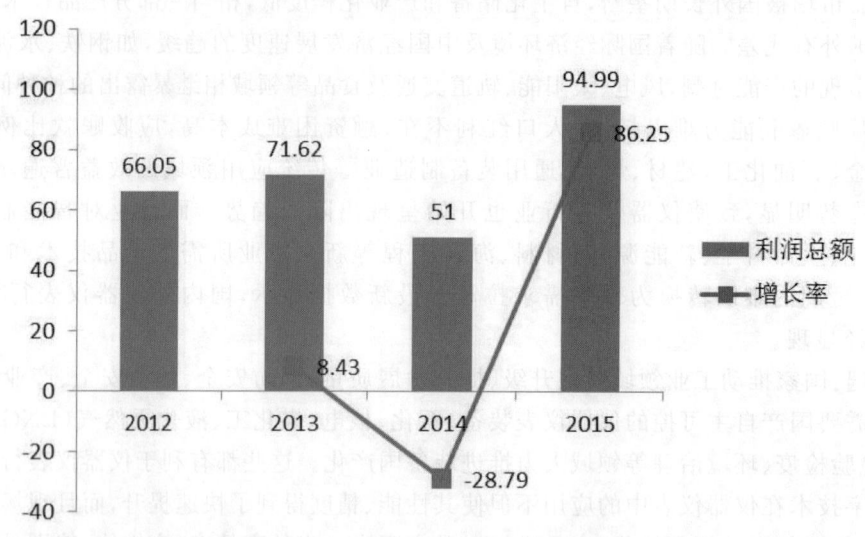

2012—2015年深圳仪器仪表行业利润走势图（单位：亿元）

（八）2015年度行业运行状况

2015年，深圳市仪器仪表与自动化业主营业务收入943.55亿元，占全国同行业主营业务收入（9 378.26亿元）的10.06%；实现生产总值925.27亿元，同比增长2.81%，占全市生产总值（17 502.99亿元）的5.29%；工业增加值293.87亿元，占全市工业增加值（6 785.01亿元）的4.33%，占全市先进制造业增加值（5 165.57亿元）的5.69%；利润总额94.99亿元，占全市规模以上工业企业利润总额（1 619.46亿元）的5.87%。

(九)行业信息获取的途径和质量

深圳市企业调研:获取深圳市本行业企业经营主要财务数据。
深圳市统计局:获取深圳市仪器仪表行业统计数据。
中国仪器仪表行业协会:获取全国仪器仪表行业统计数据。

(十)行业发展趋势与预测

1.高技术指标

随着科技的进步,智能化仪器仪表定会向强效、高精度等拥有更多高优性能的方向发展。提高测量控制的技术指标是智能化仪器仪表产业永恒的追求。生产高精度、高质量、高适应性的产品,延长仪表寿命,降低故障率,使产品在不同温度、湿度、气压、气流等条件下依然可以保持较高的灵敏度。

2.微型化

微型化的智能仪器主要是指电子技术以及机械技术等应用在仪器的生产中,这样使得仪器的体积更加小,并且更加趋近于智能化,生产后的智能仪器可以有效完成信号的采集以及处理等功能。现今,随着机械技术的不断发展,其智能仪器技术也不断革新,并且逐渐趋于成熟,成本也大大降低了,在很多的领域都有所应用。

3.多功能化

智能仪器本身的一个重大的特点就是多功能化,厂家在进行智能仪器生产中,设计了很多种带有多功能特色的函数发生器,这样在很大程度上提高了智能产品的性能,并且在各种测试功能上都有很强的解决方案。

4.人工智能化

人工智能是计算机发展的一个全新的方向,利用人工智能,计算机可以在很多方面得到应用。因此,智能仪器在发展中将会含有很大成分上的人工智能化,可以代替人类的大脑进行相应的劳动,这样的人工智能将无需人们进行操作,而进行检测工作,很大程度上减少了人力以及物力。在充分发挥光电束流最高速物性的基础上,智能化日益趋向人脑化。人们积极地利用人脑机制与生物DNA芯片的有机智能,与电子/光子计算速度的无机智能的高效、能动优势相结合,使材料智能化,进而与虚拟化交互作用,共同进步。

5.虚拟化

对于测量仪器,主要的功能有三大方面:数据采集、数据分析以及数据显示。在虚拟的系统中,数据分析以及显示都是由PC机来完成的,只要有相应的数据采集硬件,与PC机进行组合,会形成测量仪器,这种基于PC机的测量仪器便称为虚拟仪器。并且,虚拟仪器具有一个很强的优点,就是在虚拟仪器中,利用同一个硬件系统,只要对软件系统进行不同程度上的编程,就会得到不同的测量仪器,因此在虚拟仪器中,主要起作用的是软件。传统的智能仪器,主要是利用计算机技术的操作以及计算功能,但是对于虚拟仪表来说,在融合了先进的计算机技术后,它也将仪器的技术进行了整合,使仪器测量更加方便。同时,虚拟仪器中的软件系统具有可升级、通俗以及可扩展性等特点,因此,虚拟仪器具有

6. 网络化

网络化仪器,如现场总线智能仪器仪表,是适合在远程测控中使用的仪器。随着网络技术的飞速发展,Internet 技术正在向工业控制和智能仪器仪表系统设计领域渗透,实现智能仪器仪表系统基于 Internet 的通讯能力以及对设计好的智能仪器仪表系统进行远程升级、功能重置和系统维护。使用者可以远程对仪器进行功能操作、获取测量结果并对仪器实时监控、设置参数和故障诊断,控制其在 Internet 上动态发布信息。当今,光互连技术正以极高的时空带宽、极小的电磁干扰和较小的互连功耗等一系列独特的物理性能,克服了电互连技术物理上的本质极限,为动态、灵活、高速、实时地重构网络互连结构,大大提高了并行处理能力。

7. 与大数据融合

仪器仪表的本质就是数据的获取工具,被誉为大数据的"采集器",自然拥有海量的"大数据"。大数据平台的出现让仪器仪表企业开始意识到掌握这套采集数据可以做更多的事情,比如在生态环境监测领域实现智能化。越来越多的仪器仪表企业开始走上向一体化进程转型升级的道路,他们不再满足于仅仅提供计量的产品,更是升级到完善的解决方案,利用自身采集数据的便利,掌握用户的需求,从而提供出更丰富、全面、时效的服务,促进企业创新升级和产品应用推广。这种新的变化趋势也同时在影响新的产品与服务设计理念和设计过程本身。未来的仪器仪表产品将在传统设计中融入数据服务界面,造就更具有现代特征的新品。

(十一)对行业的建议

1.进一步完善政府采购政策。建议市政府工业管理部门、应用部门为本市(特别是国产)中高端精密测试仪器和自动化控制系统、智能仪表和传感器提供参与平等竞争的市场环境,对拥有自主知识产权和自主品牌的产品要实行优先采购,把深圳市创新企业的产品和服务纳入政府优先采购目录,鼓励生产企业、系统集成商和大型成套设备制造企业合作应用我市开发的传感器及智能化仪器仪表,让真正有行业代表性的单位进入用户单位采购方案(特别是政府采购)的前置性论证,减少乃至避免因首台(套)、应用业绩、人为提高产品技术指标等而抬高本市产品市场进入门槛问题。

2.强化政策落实,鼓励和支持重点工程用户与本市仪器仪表企业联合攻关,共同开发,探索政府引导与"制造商+用户"相结合的市场化运作模式,推广使用具有自主知识产权的智能化仪器仪表;组织市内企业之间产品协作采购、互采互用。

3.对深圳市企业研制的首台(套)应用业绩的自动化仪表及控制系统,已取得代表性领域实验验证认可的实验分析和科学仪器,经认定后,政府部门可在相关工程或企业中开展由点到面的推广应用,给予一定比例的补贴。

4.继续严格执行政府采购进出口产品管理办法,引导、鼓励政府采购项目、国有企事业单位、科研院所支持并大力推进使用本市产品、设备,同时对相应项目给予优先支持。

5.采取有效措施吸引人才、留住人才。人才是推动科技创新和产业发展的"第一资源",市政府人才安居工程希望能惠及仪器仪表与自动化行业,完善行业土地供应、资金保障、规划建设等配套措施。在现有廉租住房、经济适用住房、公共租赁住房等保障性住房基础上,推出面向大型精密测试设备、智能仪器仪表及传感器等重点领域的高端人才、技术蓝领的安居型商品房,解决产业园区和重点企事业单位人才安居问题。

6.打造公平的投资环境,推进仪器仪表民营企业与其他所有制企业在投资审批、土地、财税扶持方面的公平化,激活民间资本活力。政府应加大仪器仪表业政策扶持力度,通过优惠信贷、减税和补贴来帮助企业减负,出台相关政策帮助优秀企业走出去;通过完善仪器仪表高新技术企业认定办法,加大对科技企业特别是中小企业的普惠性政策扶持,激励市场主体增加研发投入,培育创造新技术、新业态和提供新供给的生力军,促进仪器仪表业升级发展。

7.在进一步加大对行业发展政策引导、资金投入的同时,注重加强财政资金投入的科学性和精准度,提高投资效率,重点安排国家急需、解决行业基础共性问题的项目,优先支持拥有自主核心技术和具备良好产业化条件的企业,避免因财政投资项目造成行业新的低水平重复;建议财政政策进一步扩张,货币政策进一步温和放松,持续推动供给侧改革,以纠正资源错配并重振民营企业的市场信心;建议完善面向社会的项目信息公示制度,在政府支持项目的前期指南编制、中期项目筛选、后期资金安排、项目实施后实际效果检查等方面,充分听取行业及社会各方面的意见,更好地发挥财政资金的引导、牵引作用。

8.营造良好的法律环境。当前急需从实际出发,分行业、分产品地完善、修订知识产权保护的相关法律、法规和政策,加大知识产权保护力度,净化企业创新环境,加大执法力度,严厉打击各种假冒、仿制等侵权行为。

9.提升政府服务质量,优化政务环境。要调动各部门服务企业的积极性,由"跑腿"型服务向"参谋"型服务转化,特别是要加强科技服务,聘请有关经济、科技、法律专家为企业创新发展献策。

10.行业企业特别是企业的核心管理层应加强对国家相关政策、行业发展环境、业界生态、企业长期发展战略和行业共性基础问题的关注、思考、研究和沟通交流,积极支持、承担、参与政府扶持项目、政策建议反映和行业资源整合等行业活动,充分表达企业的诉求和呼声。

11.建议设立市级智能化仪器仪表产业园区,按照产业链发展的要求,形成创新型产业集群,加速科技成果的转移转化;希望市、区政府有关部门支持深圳市传感器与仪器仪表产业创新总部大楼的建设。

12.建议市政府相关部门和行业企业共同重视并大力支持深圳市仪器仪表与自动化行业协会的发展,依托行业协会建立行业信息平台,搭建在行业统计数据、发展趋势、企业最新动态方面稳定的信息渠道,培育对行业情况"摸得准、说得清"的能力,提升行业协会的综合服务水平,为政府和企业决策提供有益的参考和支撑。

三、深圳市仪器仪表与自动化行业协会典型案例

(一)服务会员企业,反映会员诉求

2015年,深仪协编辑出版会刊《深仪资讯》第123期,并通过已有的深仪协网站、QQ群、微信群及微信公众服务平台发布最新的政策资讯,为企业服务。

2015年,深仪协帮助副会长单位华盛昌公司成功申请到了广交会专属区域展位;推荐会员企业、院校(深圳大学、新华谊、鑫台铭、亚泰光电)参加第一届中国创新科技成果交流会;协调会长单位浩宁达公司在坪山项目建设前期的有关工作。

1月22日,深仪协执行会长钱宗春率秘书处工作人员前往副会长单位深圳市新华谊仪表有限公司调研。新华谊董事长田军、总经理杨晓峰向钱会长介绍了公司的经营情况。董事长田军谈到,企业发展:一要有质量过硬的产品,二要有优秀的人才团队,三要有政府的扶持与帮助。钱会长表示,企业转型升级是一个长期而艰巨的任务,政府正在加大力度扶持企业的发展,及时申报需要政府资助的项目,开发出高端的测试仪表去拓展国际、国内两个市场,把仪器仪表企业做大做强。

11月11日,协会邀请市科创委先进制造处领导参观调研了思达仪表有限公司。

11月26日,由深仪协和武汉大学深圳研究院联合主办的"名家名企最佳运营管理实践精英会"在武汉大学深圳产学研大楼举行。此次培训分别就"构建企业高效运营体系——让企业自运营"和"对标名企、变革转型——企业盈利流程构建"两大主题进行了讲解分析。会员企业代表一致认为此次培训对企业的运营管理很有帮助,希望协会以后能开展更多的此类活动。

11月26日,深仪协执行会长钱宗春陪同中国仪器仪表行业协会副秘书长高力伟走访深圳市中图仪器科技有限公司,高副秘书长和钱会长听取了黄志勇总经理对中图仪器的情况介绍,参观了生产车间,进一步了解了目前中图仪器的生产、开发和市场销售情况。

12月8日,深仪协执行会长钱宗春和监事长樊宽林等赴深圳市信为科技发展有限公司调研。信为科技总经理吕宝贵向钱会长、樊监事长介绍了信为科技的整体情况。

12月30日,协会邀请市科创委电子科技处领导参观调研了华盛昌机械实业有限公司。

(二)推动行业转型升级,开拓行业市场

2015年5月8日,由深仪协和广东省激光行业协会联合主办的中国装备智能化与工业4.0技术大会在深圳会展中心7号馆6号会议厅隆重开幕。本次大会使制造业企业较全面地了解了国内外智能装备技术领域最新动态,大家能够互相交流智能化和自动化领域的先进技术、优秀产品、解决方案,分享制造业企业产品与生产过程自动化技术应用及自动化技术集成应用的成功经验,加强企业、厂商和专家之间的互动与交流,从而帮助制造业企业加快企业产品及生产过程自动化技术应用及自动化技术信息化集成应用的步伐,推进工业4.0技术的全面实现。

同期举办的2015亚洲(深圳)国际传感器技术高峰论坛,主要围绕传感器与"中国制造2025"、创新型与复合型传感器、物联网传感平台、传感器在物联网和工业机器人等领域的应用、可穿戴健康设备集成信息管理系统、传感器技术发展现状与前景、传感器在智能水表中的应用及发展趋势等方面展开了激烈讨论。

(三)接受政府职能转移,购买服务,提供公共服务

2015年,协会荣获市级社会组织评估4A等级称号,同时获得了承接政府职能转移和购买服务资质。

2015年,深仪协承担市科创委的委托项目4个:《深圳市传感器技术与产业发展研究报告2014》《深圳市仪器仪表产业十年发展报告2005—2014》《深圳市高性能智能化仪器仪表产业发展研究2014》《深圳市传感器技术与产业发展研究报告2015》。

它承担市经贸信委的委托项目3个:《关于我市"服务型制造"仪器仪表产业新业态研究2014》《深圳市仪器仪表产业运行分析报告2014》《深圳市传感器与智能装备深度融合研究2015》。

2015年,协会受市经贸信委和市科创委的委托组织召开了"2015年度产业发展扶持政策暨项目申报宣讲会";协助市科创委电子信息处组织召开了"2015年第六批股权投资项目申请政策宣讲会"。

(四)参政议政及党建

2015年3月30日至4月1日,协会张生广会长和钱宗春执行会长出席了中国仪器仪表行业协会在福州景城大酒店召开的中仪协第六届五次理事(扩大)会议。8月21日,协会执行会长钱宗春和副秘书长王华参加了市信委组织召开的我市工业发展"十三五"规划课题行业协会座谈会,钱会长代表行业提出了建议。10月13日,协会执行会长钱宗春出席了中国仪器仪表行业协会在江苏苏州召开的第七届会员代表大会,深仪协获选为中仪协第七届理事会特邀理事单位。

11月11日至12日,协会党支部书记樊宽林同志参加了为期两天的2015年北京大学深圳市社会组织党委党务干部能力提升培训班。

深圳市机械行业协会发展报告·2015

◎深圳市机械行业协会

一、协会简介

深圳市机械行业协会(以下简称为"协会")成立于1986年,是机械产业链上下游企业共同组成的行业组织,是深圳市政府主管部门评审授牌的"深圳市AAAAA级"行业协会。协会拥有1 200余家会员,下设智能装备、精密制造、精密模具等三大专业委员会,设立了产业发展部、会员发展部、市场推广部、国际交流部、人力资源部、"1对1"慈善公益部、活动策划部、产学研合作部、投融资服务部、科技信息部及秘书处等服务机构。

协会现任会长为亿和精密工业控股有限公司总裁张耀华先生,中集集团总裁麦伯良、震雄集团蒋震博士为协会永远荣誉会长。

二、会员发展和结构分析

2015年,协会共发展新会员46个,至2015年年底,协会总会员数为1195家,其中理事96家,常务理事42家,副会长27家,监事3家。基于产业发展现状和协会自身发展的需要,协会将原有的5个专业委员会重组为智能装备、精密模具、精密制造3个专业委员会,其中:智能装备类430家,精密制造类380家,精密模具类298家,其他87家。总体来看,协会会员企业具以有中小企业为主、大型企业为辅、产业上下游分布均衡、专业领域聚焦、外向型等特点,如下图所示:

(1)会员服务开展情况和分析

2015年,协会继续组织会员赴欧洲机械技术先进地区学习考察,积极协助会员转型升级;组织会员参加国内参观考察和各类产业园招商活动,帮助会员企业应对深圳用地紧张和人工成本攀升问题;组织同行进行技术交流活动,促进行业技术水平提升;继续组织上下游会员的企业互访活动,为会员业务发展牵线搭桥;积极受理会员的诉求并向相关部门反映情况。具体详见下表:

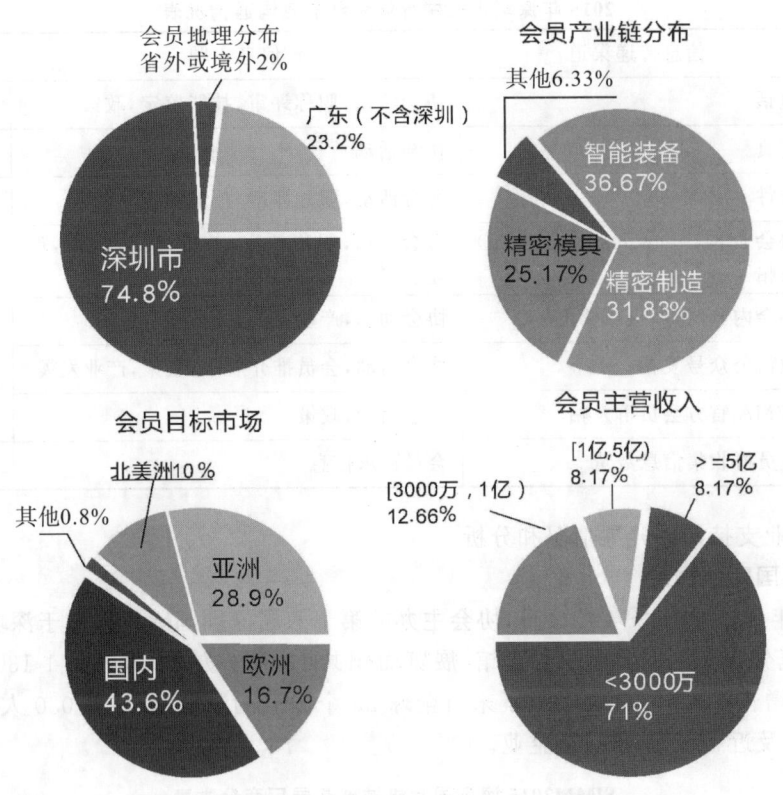

2015年深圳市机械行业协会会员活动组织情况表

序号	会员活动	批次	涉及或参与会员数量
1	组织国外参观考察	4	55
2	组织国内参观考察	13	230
3	组织技术交流活动	10	860
4	组织企业互访	6	56
5	组织招商及产业对接活动	11	120
6	组织集中招聘	3	56

另外，2015年，协会与时俱进，充分利用新媒介新技术来传递信息，开通了"深圳市机械行业协会"微信公众号和"SZMA"官方会员群，结合原有的各类自有信息沟通平台，将政策和相关的信息及时向会员乃至全行业、全社会公众传递，同时关注信息的双向沟通，积极利用信息平台收集会员反馈信息，详见下表：

2015年深圳市机械行业协会信息沟通情况表

序号	信息传递渠道	信息主题	数量
1	电话	协会活动,职称评审,技能鉴定,政策	11.3万次
2	传真	协会活动	5.5万份
3	邮件	协会活动,职称评审,技能鉴定	5.9万封
4	协会官网(www.chinaszma.org)发帖	协会活动,职称评审,技能鉴定,政策,产业发展	1 108篇
5	协会内刊《深圳机械资讯》	协会动态,产业发展,会员展示	1.4万本
6	微信公众号发帖	协会活动,会员推介展示,政策,产业发展	698个
7	SZMA官方会员群发帖	协会活动,政策	198个
8	会员群收集信息数量	会员供求信息	1 200条

(2)行业支持活动开展情况和分析

1.深圳国际机械展

2015年3月30日~4月2日,协会主办的第十六届深圳国际机械展于深圳会展中心举行。展览分布于深圳会展中心全馆,展览面积共11万平方米,国内外1 130家厂商参展,比上年增长1.5%。展会吸引了来自全球25个国家的专业观众71 030人,比上届增长4.6%,涉及近45 000家制造企业。

SIMM2015深圳国际机械展参展厂商分类表

序号	展览分区	参展企业数量
1	金属切削机床	194
2	钣金机床	128
3	锻压压铸机床	103
4	特殊钢及材料	102
5	模具及金属制品	46
6	测量及设备展区	138
7	运动控制与传动	119
8	机器人应用及非标自动化	111
9	刀具工具	163
10	3D打印及软件展区	26

2.中小企业服务

2015年度深圳市民营及中小企业发展专项资金企业国内市场开拓项目资助计划申报于4月7日正式开始受理,协会作为机械企业的初审单位在10天内共受理并初审通过了200家机械企业申报材料。受理材料期间,协会工作人员通过现场服务以及电话咨询服务为申报企业提供最详尽的解答,确保企业顺利完成申报工作。

3.承接职称评审和技能鉴定

协会本年度共收到职称申报材料 225 份,其中机械工程专业高级 39 份,中级 182 份,初级 4 份,共有 151 人通过。2015 年 2 月,经民政局批准,深圳市深机协技能培训中心正式成立。2015 年 4 月,中心承接深圳市人社局数控铣床操作工中高级职业技能鉴定考评工作,2015 年有 984 名考生参加鉴定。

4.1 对 1 助学军船头小学项目继续推进

深圳机械行业"1 对 1"助学活动继续开展,2015 年共有 32 家会员参与助学捐款,共筹得善款 294 500 元,捐款主要用于汕尾市城区东涌镇军船头小学篮球场、环形跑道的更新建设。

三、2015 年典型案例:智能制造众创空间建设

2015 年 3 月,深圳机械行业协会发挥社会组织的优势和行业优势,启动智能制造众创空间项目,为深圳机械领域的创业创新人才提供支持,2015 年 7 月,协会会长单位——亿和控股发起成立深圳市精匠智创科技有限公司,公司专注于该项目的运营管理。项目发挥协会与国内外同行具有广泛联系的优势,采用无偿提供、合资、采购等方式引进日本、瑞士等著名装备厂商的加工设备,同时利用行业资源提供小额贷款、创意诊断、计量测试、产品推介等服务,为创客提供全方位的服务。项目获得了光明新区、市经信委、市科创委的大力支持和肯定,目前项目已投入运营,吸引了 20 个创客(团队)进驻,已开发产品 30 余种。

深圳市家庭服务行业发展及行业协会 2015 年度报告

◎深圳市家庭服务业发展协会　张国燕

前　言

深圳市家庭服务业发展协会是由深圳市社会组织管理局审批、深圳市民政局颁发登记证书的社会团体。依照协会宗旨，协会在政府职能部门的指导下，极大限度地整合行业资源，在创新的家庭服务联合平台上，对于本市家庭服务业发展状况做了调查分析，现提交报告如下。

家庭服务业事关万千家庭，是重大的民生工程，也是拉动消费需求的重要路径。十二五期间，国家商务部、财政部等国务院八部委多次联合行文，相继出台了一系列促进家庭服务业发展的文件及政策；在制定"十三五"规划的指导意见中，党中央、国务院又从改善民生、拉动消费两大事关国计民生的高度，重点提出要大力促进家庭服务业的快速发展。

本报告以 2015 年度深圳市家庭服务业统计数据为基础，对 2015 年深圳市家庭服务业发展现状、特点、对经济社会的贡献以及行业发展存在的问题进行了深入的分析，充分揭示了家庭服务业各发展阶段的特点和对经济民生的贡献，并结合国内外行业发展趋势提出前景分析和对策建议。其旨在为有关方面加强行业监管、政策规划提供科学依据，为促进家庭服务业发展提供基本导向，为企业正确评价自身发展情况、根据市场趋势提高核心竞争力提供准确信息。

Ⅰ　深圳市家庭服务行业发展 2015 年度报告

一、行业整体分析

深圳市家庭服务业主要包括：家政服务、养老服务、社区服务和病患护理四大业态，其中家政服务占比最大,养老服务场所及设施增速最快。

截至2015年年底在深圳市工商部门注册的家庭服务企业及个体工商户(包括经营项目中含家庭服务业的企业)共有5 255家,其中单一从事家政服务的约1 535家,从业人员30.6万人;社区服务中心421个,从业人员4123人;各类养老服务组织500余家,从业人员5 674人;专业病患陪护服务企业5家,专业人员1 200余人。

(一)发展简史

1985年,深圳市首家含有家政服务项目的企业诞生,其后6年含有家政服务项目的企业也仅有5家;截止到2001年,含有家政服务项目的企业数发展到301家,专门的家政公司和专业月嫂公司诞生了。中家家政、好姊妹家政、安子新家政等成为最早的专业家政服务企业。

2001年,《深圳经济特区家庭服务业条例》颁布。2001年3月22日,深圳市第三届人民代表大会常务委员会通过了该条例,《条例》从家庭服务经营者、家庭服务人员、家庭服务消费者以及其法律责任四个方面对家政行业做了明确的规定,《条例》成为深圳市家政行业的法规性文献,也是我国家庭服务业首个法规性文件。

2003年7月,深圳市家庭服务业协会成立。由原深圳市政协副主席李定任会长的家协成立,标志着深圳家政行业在规范化、专业化服务方面向前迈进了一大步。

2010、2011年,深圳市经济贸易和信息化委员会全面贯彻落实了《商务部、财政部关于推进家政服务网络体系建设的通知》(商商贸发〔2009〕149)文件精神。一是建设了深圳市家政服务网络中心,通过统一服务电话、统一服务网站和统一受理投诉等,为市民和家政服务企业搭建了便利的供需对接平台。深圳市家政服务网络中心的成立标志着深圳的家政业已向现代管理和服务的方向发展。二是启动了"家政培训工程",商务部、财政部每年投入300万元免费对家庭服务业从业人员进行培训,连续补贴4年,共培训家政从业人员近1万名,为行业的规范化服务发展打下了坚实的基础。三是根据《财政部、商务部关于2011年开展家政服务体系建设有关问题的通知》(财办建〔2011〕58号)文件精神,深圳市扶持了安子新、好姊妹、中家、巾帼、中青5家大型龙头示范家政企业以及金贝贝、爱婴之家、红黄蓝等3、4家中小专业型家政企业,资助其加快连锁门店建设,完善信息管理系统,加强培训实操教室等服务设施和专业设备建设对9家企业的建设扶持为提升家政服务全行业的整体服务水平提供了良好的示范。

2013年6月,深圳市家政行业诚信数据库建成。深圳市"家政行业诚信信息数据库"是在深圳市经济贸易和信息化委员会领导下建立的信用信息共享平台。该数据库采集、整理、保存家政企业、服务员和消费者三方的诚信信息,此后成为为广大消费者、商家及服务员提供诚信状况查询、诚信评价、诚信服务等各类保障性民生服务的窗口。

2015年9月深圳市家庭服务业发展协会成立。会员单位包括深圳受商务部重点扶持过的5家龙头企业和2家专业型企业、深圳规模最大、最具影响力的专业养老护理机构。深圳市深家网络信息服务有限公司(深圳市家政服务网络中心)董事长孙景涛当选为会长。

2012年至2015年,由深圳市经济贸易和信息化委员会主办、深圳市家政服务网络中心承办的家政服务"消费促进"活动进一步提升了行业的士气,在广大消费者中展现了行业风采,对深圳市家庭服务业的进一步发展起到了良好的促进作用。

如下图1,深圳市庭服务业随着国家政策的引导以及人民生活水平的提高,发展迅猛。从家政服务企业数的增加幅度来看,其出现了两个高潮,一是《国务院办公厅关于发展家庭服务业的指导意见》(国办发[2010]43号)文件发布后的2011年,一是《人力资源和社会保障局、国家发展改革委等家单位关于开展家庭服务业规范化职业化建设的通知》(人社部[2014]98号)文件发布后的2015年。

图1　2002—2015年深圳市家政企业数走势

(资料来源:深圳市家政服务网络中心历年调查统计结果)

(二)家政服务在经济发展中的作用与地位

国务院于2010年9月1日召开的国务院常务会议指出,发展以家庭为服务对象、向家庭提供劳务、满足家庭生活需求的家庭服务业,对于增加就业、改善民生、扩大内需、调整产业结构具有重要作用。虽然目前我国家庭服务业的现状不容乐观,仍然处在起步阶段,但是,从发展趋势来看,作为21世纪的十大朝阳产业之一,作为第三产业的生力军,家庭服务业具有发展快、后劲足的特点,拥有巨大的发展空间和市场潜力。勿庸置疑,家庭服务业必将对城镇经济的发展发挥重要作用,成为我国经济发展的一个新亮点。

1. 家庭服务业对于扩大内需具有直接拉动作用

新兴的家庭服务业市场是极其广阔的。以家庭及其成员为主要服务对象的家庭服务业是第三产业的重要组成部分,它所提供的服务内容从传统的保洁、理家、照顾老人和孩子,到筹办婚丧礼事、寿宴和各种家庭庆典、商品配送、电器维修、服装裁剪、送餐上门、庆典用品出租、房屋维修,等等,涉及人们生活的方方面面。

家庭服务业是服务业中规模较大并极具发展潜力的领域,对于扩大内需具有直接拉动作用。据统计,深圳市现有家庭服务项目的企业和网点共5 000余家,年营业额近12亿元,应缴税费达6 000万元,是扩大内需的"主力军"之一。而随着深圳市人口的持续增加,家庭服务的市场容量也在不断扩大,据测算,至2018年,深圳市家庭服务的需求折算成货币至少将达到 200 亿元。

2.家庭服务业创造了大量的就业岗位

就业问题是一个世界性的难题,从我国来看,国企下岗职工、城镇失业人员和农村剩余劳动力人数众多,随着经济结构调整力度的加大,下岗分流人数还会继续增加,而经济发展所能容纳的就业机会却相对不足,就业形势相当严峻。寻求新的就业生长点,拓宽就业渠道,成为摆在我们面前必须解决的重要问题。家庭服务业作为劳动密集型行业,一直是吸纳就业尤其是安置城镇下岗失业人员、农村富余劳动力等群体就业的重要领域。据统计,2015 年,深圳市已有家庭服务项目的企业和网点 5 000 余家,共安置从业人员 30 余万人。

同时,伴随经济发展和人民生活水平的进一步显著提高,人们对家政服务的需求将逐渐增加,必然要求社会提供形式多样、质量可靠的家政服务,据统计,从事这一行业的人数还不到需求人数的 70%,我市家庭服务业还存在着劳动力供需总量的矛盾,即家庭服务业的"繁荣"景象与专业从业人员不足的矛盾,除传统家政服务、此外高层次的家庭专业服务,还有很多潜在的就业岗位有待开发,未来,家庭服务业将是解决劳动力就业问题的"蓄水池",具有很大的发展空间。

3.满足目前社会老龄化和独生子女家庭的现实生活需要

家庭是社会的基本组织单位,是个人与社会的中介,家庭的稳定影响着社会的稳定和发展。根据我国第六次人口普查统计资料,我国总人口中 60 岁以上人口已超过总人口的 10%,到 2050 年将超过 25%,这表明我国已进入老龄化社会。同时,我国实行的独生子女政策加快了中国家庭小型化的进程,独生子女家庭将要承担赡养 4 位老人的责任,家庭劳动的负荷必然增大。随着人们生活节奏的加快,摆脱繁琐的家务劳动、实现家务劳动社会化已成为城市家庭的广泛需要,人们从事家务劳动的时间将呈现出递减的趋势,这恰好为家庭服务产业创造了很大的发展空间。

4.发展家庭服务业能有效提高人们的生活质量

家庭服务业的发展是人们注重生活品质的必然要求。我国居民的最终消费率大大低于国际平均水平。居民的最终消费包括物质消费与服务消费,而家庭服务消费是服务消费的一个重要组成部分。早在 1998 年,中国社会调查所在北京、天津、上海、广州、深圳、珠海、武汉、成都、哈尔滨、重庆、西安、兰州、郑州、乌鲁木齐、石家庄、太原、长沙、贵阳、昆明、呼和浩特、大连 21 个大中城市进行的问卷调查就表明,有 64% 的城市居民需要家政服务。这表明,家政服务业客观上存在着巨大的需求潜力,关键在于如何开发它的巨大潜力。

二、行业发展现状与特点

(一)家庭服务业发展现状

2015 年,是深圳市家庭服务业稳步发展的一年,也是资源整合、跨界联合的一年,企业数量和从业人员数量持续增加,行业总营业额有了较大增长,规模较大的企业连锁门店进一步增加,中小型企业逐渐探索整合和加盟之路。

1.行业规模分析

2015年本市家庭服务业持续发展,共有企业及个体工商户(包括经营项目中含家庭服务业的企业)5 255家,比去年增加25%;从业人员数量达到30.6万,其中员工制人数1.05万人;行业营业总面积约41.9万平方米,营业收入达12亿元。企业规模普遍较小,且绝大部分仍属中介制,员工制仅占3.4%,行业仍呈现出"小、散、弱"的状态。

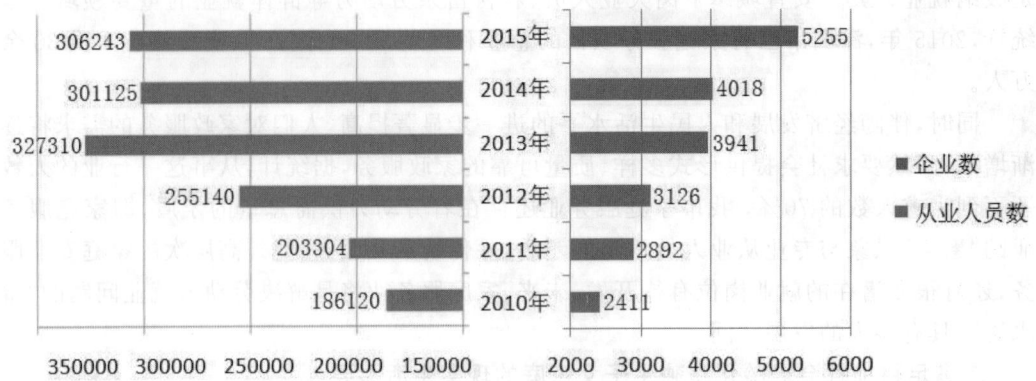

图2　2010—2015年深圳市家庭服务业企业数量(家)和从业人员数量(人)

(资料来源:深圳市家政服务网络中心历年调查统计结果)

2.从业人员结构分析

性别结构上,女性占绝对比例。据调查,女性从业人员占从业人员总数的95%,即除了养老护理和病患护理以及部分钟点服务的岗位需求男性外,在家庭服务的各个岗位中,女性最受欢迎,并活跃为家庭服务业领域主力军。

年龄结构上,60后、70后仍然占总人数的绝对比例,因而从业人员队伍处于青黄不接的状态。从事家庭服务业的中年女性居多的原因,一方面是这部分人对传统的家务劳动比较娴熟,经验丰富且年富力强,承受繁重的家务劳动的忍耐性和稳定性较强,也能受到雇主的欢迎;另一方面是这个年龄段的妇女受学历、技能特长限制,就业可选择范围小,从事家庭服务是较好的就业途径;同时也说明她们对于入户从事家庭服务的认识和心态较好。

如图3所示,从业人员中35岁以下的80后、90后新生代女性比例小,一方面说明家庭服务还是劳动强度大、有责任风险的工种;另一方面,尽管国家一再宣导家庭服务业对社会、对家庭的贡献,提高家庭服务从业人员的身份地位,但受多年传统意识的影响,80后、90后对加入家庭服务这个队伍还是有顾虑的甚至是抵触的。

学历结构上看,如图4所示,初中以下文化程度的仍然是主力军,高中以上学历是从业人员队伍中的"高学历"。近两年来,虽有大专院校毕业生开始加入家庭服务业,但是愿意入户做服务的仍然屈指可数。

综上所述,随着人民生活水平的日益提高,一面是从业人员队伍年龄偏大、学历偏低占比大,一面是雇主对年轻且有一定学历的服务人员的需求增多(特别是照护婴幼儿的工作),这便成为时间难以调和的突出矛盾。

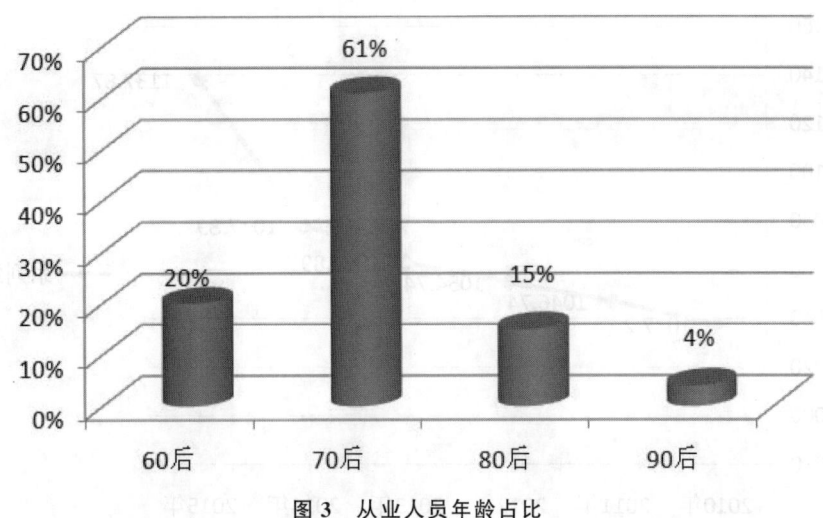

图 3　从业人员年龄占比

（资料来源：深圳市家政服务网络中心 2015 年抽样调查典型企业统计结果）

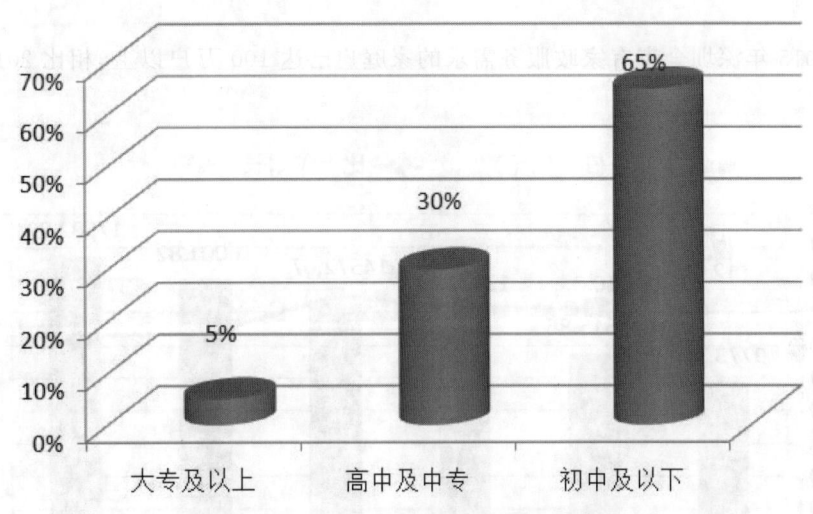

图 4　从业人员学历情况统计

（资料来源：深圳市家政服务网络中心 2015 年抽样调查典型企业统计结果）

3.市场需求分析

2015 年，深圳全市常住人口比上年末净增 60 万人，常住人口总数达 1 137.87 万人，增长 5.6%。其中，户籍人口 354.99 万人，占常住人口比重的 31.2%；非户籍人口 782.90 万人，占常住人口比重的 68.8%。

2015 年，本市居民人均可支配收入为 44 633.30 元，名义增长 9.0%，扣除价格因素影响，实际增长 6.7%。居民人均消费支出为 32 359.20 元，名义增长 12.2%，扣除价格因素影响，实际增长 9.8%。恩格尔系数为 32.0%。

而 1 137 多万的常住人口，使得本市家政行业拥有 400 多万个家庭的庞大市场。保

图 5　2010—2015 年深圳常住人口数量(万人)增长趋势

(资料来源:国家统计局)

守计算,2015 年深圳全市有家政服务需求的家庭户已达 100 万户以上,相比 2014 年增加近 20 万户。

图 6　2010—2015 年深圳居民人均可支配收入及增速

(资料来源:国家统计局)

5.行业结构分析

家庭服务,是指以家庭为主要服务对象,以家庭保洁、衣物洗涤、烹饪、家庭护理、家电清洗、家庭空气治理、婴幼儿看护等家庭日常生活事务为主要服务内容,由家庭服务经营者提供的营利性服务活动。它包括母婴护理(包括以普通家务为主的家政服务、婴幼儿照护)、养老护理等日常服务及提供早教、家庭维修、搬家服务等钟点服务,其中以普通家务为主的家政服务和母婴护理占据了绝大部分的市场份额。

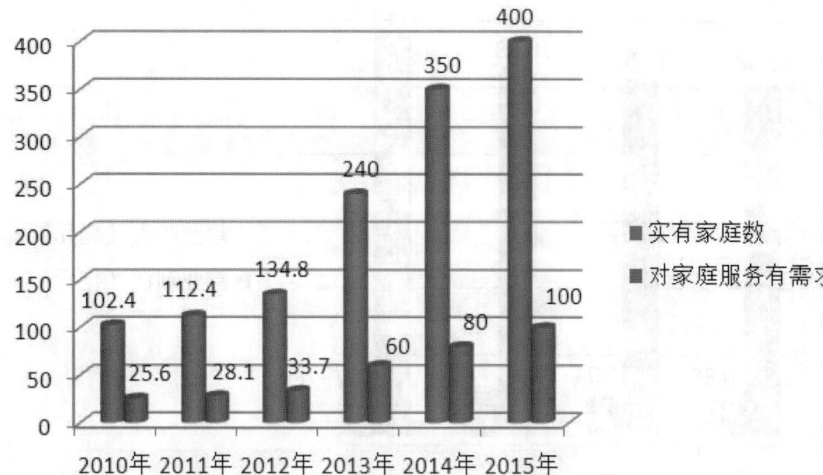

图7 2010—2015年深圳市家政服务需求家庭数
（资料来源：深圳市家政服务网络中心历年调查统计结果）

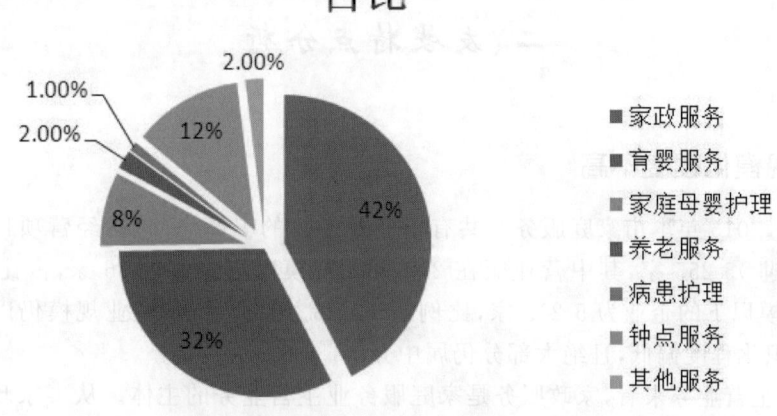

图8 企业经营业态占比情况分析
（资料来源：深圳市家政服务网络中心2015年抽样调查典型企业统计结果）

2015年，深圳市家政服务业总营业额达12亿元，同比增加将近1亿元。其中，营业利润总额仅1亿元，利润率为8.5%。数据显示，家政服务业营业利润率仍处低位，属微利行业；而随着深圳常住人口的持续增加，家庭服务业的营业利润也在不断增长。

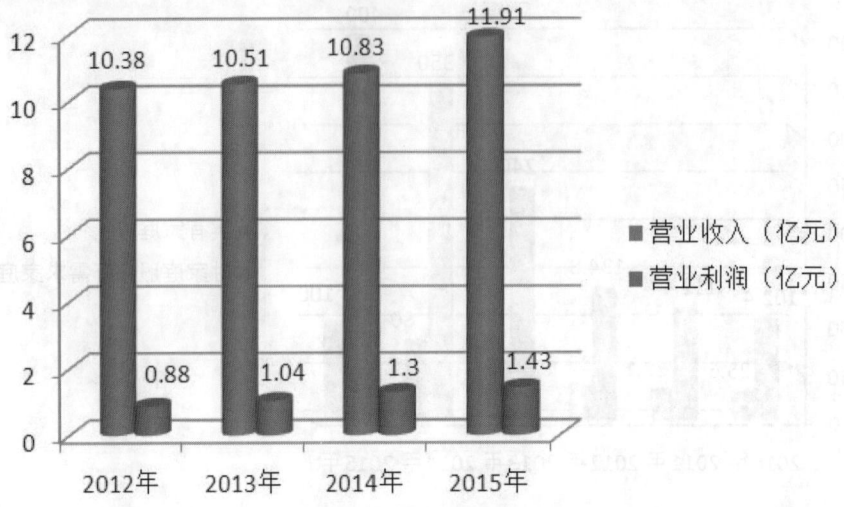

图9 2015年深圳市家庭服务业行业效益情况

（资料来源：深圳市家政服务网络中心历年抽样调查典型企业统计结果）

二、发展特点分析

（一）规模化程度不高

据统计，2015年本市家庭服务业共有企业及个体的工商户（包括经营项目中含家庭服务业的企业）5 255家，其中营业额在200万元规模以上企业近36家，占比不到1%，200万元规模以下的企业为5 219家，比例达1∶133。数据显示，企业规模仍以小微企业为主体，组织化程度偏低，且绝大部分仍属中介制。

从企业主营业务来看，家政服务是家庭服务业主营业务的主体。从事家政服务的企业占总企业数的95%，其他服务如养老服务、社区照料服务、病患陪护服务等部分企业有涉及，但不是主营业务。

（二）从业人员职业化程度低

2015年，本市家庭服务业从业人员数量超过了30万人，可员工制人数仅万余人，企业管理人员为7 882人，职业化普及程度很低。

（三）行业工资增长过快

随着家庭服务业营业额的稳步增长，2015年，本市家庭服务业应交税费及工资总额都比去年有所增加。而伴随从业人员的增加和市场需求大、家政人员供不应求的现状，行业总体纳税增长不明显，而工资总额自2014年后有了较大提高。

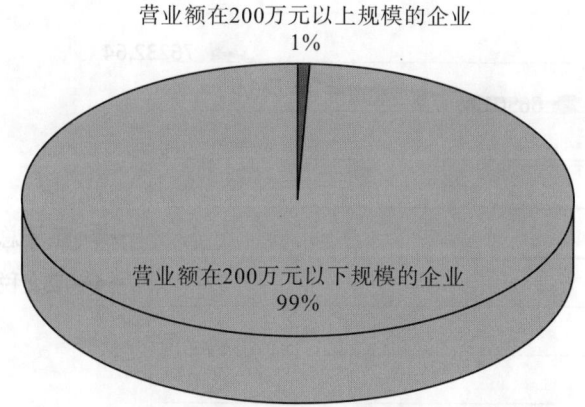

图 10　2015 年深圳市家庭服务业规模以上企业比例
（资料来源：根据 2015 年抽样调查典型企业统计结果）

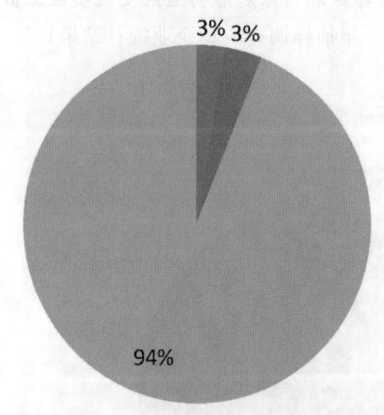

■企业管理人员数　■员工制人数　■非员工制人数

图 11　2015 年深圳市家庭服务业从业人员员工制与非员工制人数比例
（资料来源：根据 2015 年抽样调查典型企业统计结果）

三、2015 年行业发展新亮点

（一）利用互联网进行业务推广趋势明显

从企业互联网应用情况来看，绝大部分企业或多或少地利用电商平台做业务推广。调查结果显示，一半以上的企业使用 58 或赶集等综合性网站，很多企业同时使用几个网站，而不使用电商平台的企业只占企业数的 7%，因此，家政服务业网络化趋势明显。

部分企业开始使用微信公众号等进行宣传推广，但很少有企业有能力自建家政电商

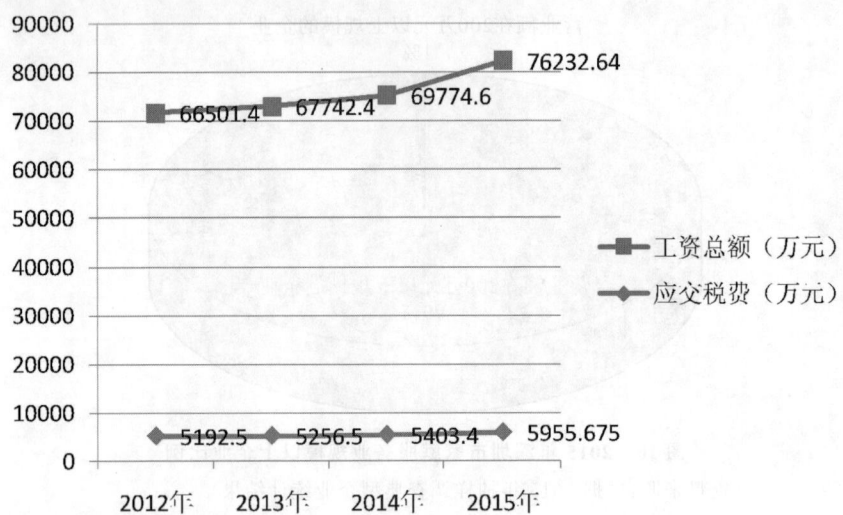

图 12 2012—2015 年深圳市家庭服务业应交税费及工资总额对比图
（资料来源：根据 2015 年抽样调查典型企业统计结果）

平台，且企业普遍信息化程度低。

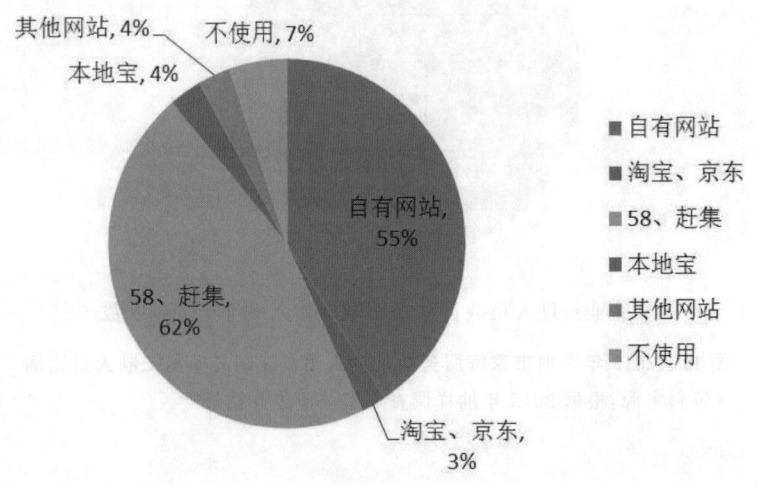

图 13 企业常用电商平台统计情况
（数据来源：根据 2015 年抽样调查典型企业统计结果）

（二）连锁的发展思路

2011 年，商务部、财政部在我市家政行业重点扶持建设了 5 家连锁企业，各建成连锁门店 20 个。几年来，这 5 家企业作为我市家政行业的大型龙头企业已形成了服务品牌，成为行业的标杆，处处发挥着示范作用，对我市家庭服务业规范化健康发展起到了阶段性的推动作用。目前，我市近 30 家家庭服务连锁企业，建立了超过 200 家连锁门店，产生的营业收入占行业5 000余家企业总营业额的6%。行业连锁发展思路越来越得到认可,大型企业不断扩大连锁规模,中小型家政公司通过收购、兼并、重组等方式形成连锁效应。

四、存在的主要问题

全国最早一批工商注册专业家政服务的公司在深圳,全国最早制定家政服务地方法规条例的也是深圳。但与目前的上海、北京及浙江、福建等省市相比,曾经开创多项家政服务之先河的深圳,在家政服务的信息化管理、专业化运营、职业化建设方面,已出现明显的差距。我们不得不承认,传统家政中介模式、服务模式、管理模式,将是制约深圳这一经济发达地区可持续发展的一大隐患。受外部环境、行业因素、人口等方面的影响,深圳家政服务业在发展过程中也遇到了很多问题。

(一)劳动力短缺

随着人们生活水平的提高,消费观念的转变,越来越多的家庭开始通过家政服务照顾老人、孩子,打扫卫生、做饭等,特别是在深圳,家庭结构以年轻人为主,工作压力大,使其对家政服务的需求更大,特别是高端化的家政服务,如营养配餐、辅导作业等需求更甚。

相对于深圳需求旺盛的买方市场,从事家政服务的人口并没有出现增多,因此经常出现供不应求的情况,有的从业人员甚至一天要去几个家庭服务。特别是在年底返乡潮来临之际,由于深圳从事家政服务的大多来自外省,因此,年底劳动力短缺现象最为明显,不乏通过提高工资等手段来留人的现象。

究其原因,一方面,很多人对家政服务业的认知还停留在以前的观念上,认为从事家政服务就是低人一等,不愿意从事这方面的工作;另一方面,人口老龄化的加剧导致我国人口结构发生了变化,高龄人口加剧,低龄人口不足,满足不了行业发展需要;此外,深圳作为移民城市,劳动力人口主要依靠外省输入,近年来适龄劳动力随着其他城市的迅速发展,愿意来深圳就业的劳动力人口有所减少。

(二)行业市场不规范

目前,家政服务行业进入壁垒低,有一个场地和几个人就可以成立公司,从事的工作以体力为主,不需要技术含量,因此,家政服务行业的小企业非常多,且同质化严重,大多从事做饭、打扫卫生、保姆等工作,而高端的专业家政服务只有少数大型企业才有所涉及。

在竞争激烈的环境下,为了揽生意,企业容易打价格战,价低者得,不仅扰乱市场秩序,雇主的服务质量也得不到保证。同时雇佣关系管理不规范,很多小企业不签订合同,不缴纳保险,导致一旦出现利益纠纷,从事家政服务行业的人员自身权益无法得到保障。

目前,家政服务行业鱼龙混杂的原因:一方面是没有设置合理的准入机制以及对雇佣关系没有明确的规定;另一方面从业人员没有得到相应的培训,没有统一的行业规范,人员持证上岗率低。操作不规范,容易引发雇主与从业人员之间的摩擦,从而降低雇主对家政服务行业的信任。同时,需要经过培训上岗的高端家政服务行业又因为没有足够的人员导致供不应求。

(三)法规不健全,政策落实难度大

政府部门对于家政服务业没有制定更切实际的法律规范,导致家政服务企业经营风险大,特别是雇主与从业人员之间的供需矛盾,给企业带来了很大的困扰;同时,对于家政的服务项目具体行业操作规范,企业落实的积极性不高,导致家政服务从业人员技能与雇主的期许之间难以达成一致。

另外,政府制定了一些促进家庭服务业发展的优惠政策,但由于宣传不到位或符合条件的企业太少等原因,很多优惠政策并没有真正落实到企业。

Ⅱ 深圳市家庭服务业发展协会发展报告

一、概述

深圳市家庭服务业发展协会是由深圳市社会组织管理局审批、深圳市民政局颁发登记证书的社会团体。2015年7月23日,深圳市家庭服务业发展协会第一次会员大会顺利召开,协会第一届领导班子通过差额选举方法正式诞生,2015年9月11日,协会成立大会在市会展中心召开。

2015年,深圳市深家网络信息服务有限公司董事长孙景涛当选为深圳市家庭服务业发展协会会长。会长所属的"深圳市家政服务网络中心"是由深圳市深家网络信息服务有限公司承建和运营的、国家商务部、财政部重点扶持、深圳市政府指定的重点民生工程,也是深圳市政府唯一指定的家庭服务业公益性平台。自2010年建成上线以来,它一直承担着家政服务供求信息对接、培育家政企业和培训家政服务从业人员、家政服务诚信数据库信息采集发布、组织行业活动、为政府提供行业基本情况资料、编制行业标准等任务。作为高新技术企业,其创立了服务品牌"580家政网"。"580家政网"充分利用互联网+技术,打造线上线下垂直一体化家政服务运营的先进模式及全新的服务产品。

该公司自主开发的互联网家政业务管理系统及呼叫中心技术,自2010年开发建设以来,经过多次升级,已经在全国推广,被20多个大中城市采用。公司主要团队有市场及产品开发部、技术研发部、家政培训学校、96580呼叫中心、服务站等,构架起面向客户的全新、有力的组织形态和服务网络。目前已经设立的服务站服务能力覆盖深圳市200多个社区,形成了线上线下融合发展的完整服务产业链。

二、行业发展趋势和方向

(一)细分服务市场,提高服务水平

家庭服务业的发展始终伴随着精细化发展,一些专项服务公司例如管家公司、养老公司、月子会所、专业早教公司、母婴护理公司、保洁公司等会有大幅度的服务质量的提升,吸引更多国内国际投资商进入中国家政市场,基本上会投资到投入少、回报高的家政服务中的专项家政服务公司中,获取高收益,因此,细分市场的家政企业会获得较好的发展前景,服务人员素质、从业人员学历都有所提高,服务水平将会有大幅度的提升。2012年,在中家协海口年会上,有领导讲话说"将有40所大学陆续增设家政系,会增加家政人才的培养,培养高学历高素质的家政服务人员。"最近的一些消息表明,开设家政专业的高校正在逐步增多,将会为未来的家政行业提供更加优秀的家政服务,促进不断地提高家政服务水平整体提高。家政专业采用最新的斯坦福教学模式,注重实际培养结果,采用先进的"幕课"形式,并且将这种先进的教学模式融入到目前家政服务的远程教学当中,使现有的家政服务人员都可以通过这种形式得到再提高,既不影响培训教学质量,又不影响服务人员的工作,对家政行业的家政服务质量提高起到了实际的作用。

(二)平台家政成主流,"互联网⁺"助力行业发展

"跨界打劫"成为近些日子的家政话题,做滴滴打车软件的开始做"E"家洁了,原来做360杀毒软件的开始做"阿姨帮",做影视的开始做"保姆驿站",等等。原来不是从事家政行业的人,凭借自身的资源和优势,带着新的思维和思路跨界到家政行业,以新型技术公司的面貌示人,一进入到家政行业就掀起了波澜。这些新型技术公司能够成为家政行业新军,拓宽了思路和盈利模式,凸显跨界家政模式的独特优势,他们一开始就把新技术应用到企业当中去,值得其他家政企业学习和借鉴。

此外,随着互联网技术的广泛普及,家政云平台建设正逐步成为家政服务行业的主流,虽然商务部投巨资建设的家政服务网络平台,多数无果而终,但家政云平台是未来家政的出路。尤为可喜的是,深圳的"580家政网"率先尝试的网络平台和社区服务站形成了垂直一体化的运营模式,规范了家政服务的标准化工作流程,最大限度地保证了服务品质,保证了雇主和服务人员的利益,保证了企业的诚信规范运营,对新形势下家政服务企业起到了很好的借鉴和示范作用。

(三)行业协会规范化、家协组织体系化

家庭服务业是与民生息息相关的重要行业。针对家政服务业的微利性和公益性特点,国家在资金和政策上将持续给予必要的支持。如各省已经出台了加快家庭服务业发展的指导意见,减免行政事业性收费,按机关用电价格收取电费,按居民用气标准收取煤气费,比照中小企业信贷政策给予家政服务企业贷款支持;出台扶持家庭服务业发展的若

干政策措施,对家政服务企业安置下岗失业人员实施税收减免等优惠政策,对家政服务企业发展、家政服务培训及家政服务业标准制定和网络建设等给予资金支持,等等。而各省市家庭服务业协会转型为市场化运作,将逐步代替政府管理行业,对不作为的协会,民政部门有权不年审。这就要求协会领导重新审视家政行业,尽快规范化管理协会、管理家政行业。所以,在未来的几年,家政协会组织体系化一定成为必然的发展趋势。家协体系建设就是将本地区的家政协会和家政服务企业,通过会员单位和协会的网站,还有协会管理系统实现互通互联,实施大数据化管理,保持协会和会员单位的紧密关系,规范家政服务行业行为,引导家政企业快速发展,让家政协会组织通过体系化建设,实现未来智能化家政服务平台建设,提高家庭服务的水平和层次。

深圳市防伪行业发展及行业协会报告·2015

◎深圳市防伪协会　郑艳艳　汤恒亮

Ⅰ　深圳防伪行业发展报告·2015

前　言

深圳市防伪协会（SZAAC）是深圳市5A级协会之一的品牌协会。协会自成立以来，从行业共性服务出发，整合行业共性需求，搭建政企沟通平台；为会员企业提供专业、细致、系统的服务，全方位协助企业增强自主创新能力、提升企业核心竞争力、完善企业科技形象和品牌影响力；为政府提供政策制定参考建议及反映行业诉求。目前，协会拥有团体会员150家，涵盖RFID、数码、激光全息防伪、印刷、DNA生物技术设计等各个领域。

深圳市防伪协会是中国最具影响力的防伪行业地方性协会，被中国防伪行业协会授予"行业突出贡献奖"。目前，协会秘书处有20人的专职服务团队，平均年龄32岁，是一个年轻又富有激情的团队。大专以上学历或中级以上职称人员占总人数的90%，专业包括工科、英语、中文、会计、计算机、新闻、市场营销、管理等，能提供较为全面的服务。

《深圳防伪行业年度发展报告·2015》旨在反映深圳防伪行业的现状，包括经济、技术和市场发展状况，以及未来的发展趋势分析，并由此从行业高度为行业发展提供合适的建议，为政府、投资者和经营者提供基础数据和决策参考。课题采用抽样调查方式，选取深圳有代表性的防伪企业作为样本，同时结合协会在日常服务中随时收集的第一手数据，以及与国家级防伪协会的充分沟通，提供详实数据，以求反映行业发展概况。

本课题的创新之处在于：

本课题采用的研究方法是建立在针对防伪行业规模不一、分散的行业特性基础上提出的。选取的样本均是在性质、技术或产品、规模、销售市场等方面具有代表性的企业，本课题在会员与非会员企业范围内开展，以真正体现行业代表。

本课题不仅仅局限于深圳本土行业数据的搜集,更注重来自国家级防伪协会的全国性数据和状况,从中国防伪行业高度来看待和分析深圳防伪行业的地位和优势。同时,在物联网产业蓬勃发展的情势下,本课题还从物联网与防伪的关联度等方面来分析防伪行业的发展趋势。

本课题在研究行业共性的基础上,更针对防伪行业特性,从协会角度对其进行行业探讨、提供建议,以真正体现协会为行业代言的宗旨。

本课题报告中的数据、图表资料均为根据抽样调查及权威部门提供的数据整理而来,深圳市防伪协会对其真实性负责。

一、防伪行业定义与概貌

(一)防伪及防伪行业的定义

防伪是一门集光学、信息、生物等现代高新学科技术为一体的综合性学科,根据国家标准 GB/T 19425—2003《防伪技术产品通用技术条件》的规定:防伪技术产品是以防伪为目的,采用防伪技术制造的,具有防伪功能的产品。防伪技术产品被分为防伪标识、结构和包装防伪技术产品、防伪材料、计算机—多媒体数字信息防伪技术产品、生物特征识别防伪技术产品、其他防伪技术产品。

防伪行业是以向社会和市场提供防伪技术及其产品为基本经营内容的产业。我国将防伪行业定位于特种行业,制定了《产品防伪监督管理办法》及其实施细则等专门的法规政策,设置了专门的政府管理与执法机构。从 2004 年起,我国陆续发布了《防伪标识产品生产许可证实施细则》、《防伪材料产品生产许可证实施细则》、《防伪票证产品生产许可证实施细则》,将防伪技术产品纳入到全国工业产品生产许可证的管理范围,使防伪市场的运作和发展做到了有法可依。

在物联网行业蓬勃发展的形势下,防伪行业的定义得到了延伸和扩展。由于 RFID 在防伪领域和物联网领域均有所应用,因此,防伪与物联网存在着不可分割的关系。防伪已经不仅仅限于对商品的保真,已经扩展到质量溯源和管理,并能实现智能化管理。

(二)防伪产业链

20 世纪六七十年代,由于全息激光衍射图在纸、薄膜等载体上的成功应用,防伪产业应运而生。时至今日,随着防伪技术不断地推陈出新,防伪行业是不断研发、嫁接、引用各种高新技术而生存和发展的一个综合性优势产业。

防伪产品涉及面广,包括:各行各类名优商品防伪(如烟、酒、药、农资、食品、化妆品、服装、汽车零配件等);金融证券防伪(除钞票外,还包括股票、债券、支票、汇票、彩票、邮票、信用卡、税票、海关报关单、保险单据、电信有价卡等);政府部门颁发的各种证件防伪(如身份证、护照、各种证书、印章等);第三产业的各种票证(如机票、车船票、体育比赛门票等),还有艺术品的防伪和信息领域中的防伪(如字画、古玩、软件、光盘等)。

从产业链上下游来看，防伪产业链起始端的材料和产品主要有：造纸、塑料、化工、有色金属、电子、生物、信息、核工业等行业和产业的产品或中间品；中间端是各种专用防伪材料、元器件、元部件的生产和制造及其中间产品，包括印刷、包装、电子、计算机、信息、生物识别等高端技术和产品；终端是各类产品、商品、证件、证卡等。防伪技术和产品的应用更是牵涉到食品、烟、酒、服装、药品、电子产品、机械产品、证件、证卡、物流、追溯管理等各行各业，是一个综合性极强的行业。

按照 GB/T 19425—2003《防伪技术产品通用技术条件》的分类划分，据不完全统计，深圳防伪行业产品结构状况如表 1 所示。

表 1 深圳防伪行业技术产品结构分析表

类　　型	行业比例
防伪标识	23%
结构和包装防伪	12%
防伪材料	28%
信息防伪	22%
其他防伪技术产品与服务	15%
总　　数	100%

二、防伪行业发展现状

（一）防伪行业发展阶段

防伪是一个古老的行当，古代就有在瓷器、字画上添加印记或警告语来确定制作者身份、防止假冒的做法。而防伪作为一个行业的迅速发展则是在进入 20 世纪之后，特别是近几十年来，随着假钞票、假证明、假商品的泛滥和商品包装防伪要求的日益高涨，市场需求刺激了包装防伪的技术进步，防伪已逐步成为一个重要的独立发展的行业，出现了专门的防伪技术开发和从事安全防伪产品生产和服务的公司。它们把大量高新技术和成果应用于防伪实践，满足各种商品包装个性化的要求。现代科技的高速发展和假冒伪造活动的日益猖獗，促进了各种防伪技术的发展。防伪技术在融入了先进的技术成果的同时，也成为多学科科技成果的组合和综合应用的结晶。

中国的防伪行业起源于 20 世纪 80 年代，作为大学实验室里的科研成果——全息激光衍射图在纸、塑料等载体上的复制，防伪行业由最初的全息激光商标生产，经过 30 年的发展，迅速走上了产业化发展的道路。目前，防伪行业逐渐发展到烟、酒等高档消费品的防伪整体包装，更有与商品物流、智能监控、物联网相结合的高端服务。由于防伪技术的不断嫁接引用，防伪行业形成了集激光全息、防伪油墨、数码防伪、核技术防伪、DNA 防伪、专用包装防伪、RFID 自动识别、追溯等多种高新技术于一体的优势产业，涉及印刷包装、光机电一体化、电子信息、通讯、生物、自动控制、化工、物流、知识产权保护等领域,形成了一个完整的高新技术产业链。

从整个发展历程来看,深圳防伪行业的发展可以分为产生、整合发展、初具规模、规范发展、创新发展5个阶段:

1. 产生

20世纪80年代中期,假冒伪劣在全球市场的出现,使得仅靠一般的印刷标识,难以起到商品、票据、证件等物品的防伪功能。深圳作为中国直接面向国际市场的一个窗口,率先出现了专业防伪企业,有了近50家专业的防伪企业或在印刷、包装企业内设置了专业的防伪技术产品设计和生产业务。

2. 整合发展

20世纪90年代中期,随着全球经济一体化,全球假冒伪劣产品的日益增多,各大品牌对防伪技术及其产品提出了更高的要求。不能适应市场的防伪技术及其产品被淘汰,深圳的专业防伪企业只剩不到30家。新的防伪技术和防伪技术产品开始投放市场,最有代表性的就是全息防伪、数码防伪的出现和发展。这也是一个新技术、新产品不断涌现、百家争鸣的繁盛时期。

3. 初具规模

20世纪90年代后期至今,全球防伪技术及其产品市场需求激增,防伪技术及其产品的研发与生产向科学化、专业化方向纵深发展,催生了一批技术含量高、服务意识强的专业防伪企业。深圳专业防伪企业初具规模,企业发展到近400家,加上印刷和包装行业内专业防伪技术产品生产线,资产规模达到26亿元以上,年销售额超过了23亿元。

4. 规范发展

2001年8月,国务院正式明确了国家质量监督检验检疫总局"依法负责产品防伪的监督管理工作"的职能。依据这一职能,国家质量监督检验检疫总局在调研、分析和总结以前防伪行业发展的成就和存在的问题的基础上,相继出台了《产品防伪监督管理办法》与《产品防伪监督管理办法实施细则》,这标志着我国防伪行业将进入规范化、制度化发展轨道。2007年以来,国家加大了对防伪票证、防伪标识、防伪材料类企业防伪生产许可证办理的检查力度,对于未能办理防伪生产许可证的防伪生产企业进行查处和限期申办,并对许可证实行年审制度。从全国防伪许可证办公室获悉,截至2010年12月31日,全国共有203家获得全国防伪生产许可证,其中有139家防伪票证企业、45家防伪标识类企业、19家防伪材料企业。

5. 创新发展

2011年以来,中国防伪行业与高新技术的结合愈发迅速。尤其是防伪技术与各行业"嫁接"后,形成了防伪油墨、电话防伪、重粒子防伪、指纹防伪、DNA防伪、自动识别等一系列高新防伪技术和手段。整个产业链覆盖印刷包装、信息、生物、自动控制、化工、物流、知识产权保护等诸多领域。目前,防伪技术的研究开发已经步入多媒体共融、多媒体共同发展的阶段。化学防伪、激光防伪、版纹设计防伪、条码防伪、DNA元素防伪,这些曾经各占一席之地的竞争对手,已经开始互相融合、渗透,整合力量共同发展。

(二)深圳防伪行业经营状况及在全国的地位

1. 深圳是亚洲防伪发源地

深圳是亚洲防伪的发源地。它背靠珠三角这个中国最大的印刷基地,以印刷包装为主要介质的防伪技术得到了蓬勃发展,深圳是全国防伪产业最先发展和最集中的地区,全息防伪、印刷防伪、数码防伪、指纹防伪、RFID防伪等防伪技术与手段十分齐全。国内商品市场率先使用的新型防伪技术多出自深圳,深圳的防伪产业发展水平直接代表着中国的防伪产业水平。

2. 深圳是中国防伪产业聚集地

深圳是中国的防伪产业聚集地,经济发达,品牌企业众多,是中国注册商标和专利最多的地区之一,更是知识产权保护最为重视的地区,防伪技术在深圳能够得到及时的应用与推广,防伪科研成果能得到很好的转换。同时深圳良好的经济运行机制和创新体系,也能极大地提高技术成果的转化程度、缩短转化的时间和过程,以及加速与新技术的嫁接。

中国防伪企业主要分为三大类,一类是跨国公司,如德国库尔兹、法国全息、英国API、台湾光群等企业;另外两大类,一类是为国家提供行政防伪服务的国有垄断型企业:印钞总公司、邮票总公司、发票印刷厂、公安特种制证所等,一类是以商品防伪为主要业务的竞争充分的民营企业。在全国的防伪生产厂家中,创新型的中小企业占到90%以上,而这当中较具代表性、发展较好的企业,大部分都集中在深圳及周边珠三角地区。深圳有防伪技术的生产厂家和开发公司百余家,大多为民营企业,以商品防伪的生产为主,占据商品防伪国内市场的半壁江山。深圳防伪服务的品牌企业占据着中国药品防伪、烟包装防伪、瓶盖防伪的80%以上的份额,也占据着中国防伪的高端市场,现在的深圳防伪已逐步向国际市场辐射。

(三)防伪行业市场状况

在中国,经过30年的发展,其逐步形成了两大防伪产业重点区域:珠三角和长三角。珠三角地区是发展最为快速、创新最为活跃的区域。而珠三角又以深圳为重点发展区域,在企业规模、技术代表性、技术门类、创新程度方面都处于全国领先地位。

据初步统计,全国防伪企业大约在1 200家,防伪总产值约为3 100亿元。

防伪产业的客户市场分布较为广泛,只要有品牌企业的地方就缺少不了防伪。国内市场占到85%,国际市场也逐步达到15%。在国内,防伪应用市场也已经在新疆、内蒙古等较为偏远的省份地区使用;在国际,除了以东南亚市场为主外,它还扩大到了非洲、中东等地区,形成了辐射态势。

(四)防伪行业企业状况

过往,防伪企业的分布极为分散,亦存在很多规模小、缺乏技术实力的小型代理机构。随着防伪生产许可证制度的规范管理,对防伪产业进行了清理和整顿,取缔了一些不符合产业政策的代理机构和小型企业,同时也逐步在行业内部形成并购、整合的趋势,保留拥有技术实力和市场能力的防伪企业,防伪企业的规模分布逐步集中,好的企业发展越来越快,行业整合趋势明显,从最多时期的4 000多家逐步整合到3 000家,其单个企业的经营规模也有所提升。

防伪企业比以往任何时候都注重技术的创新,尤其是与新技术的嫁接和融合。比如RFID在质量追溯、物流方面的应用;生物防伪、识别与安防技术的结合,等等。

(五)防伪行业SWOT分析

针对物联网行业的SWOT分析如表2所示:

表2 深圳防伪行业SWOT分析

Strenghth 优势	Weakness 劣势
防伪行业为朝阳产业,市场发展前景广阔; 深圳具有良好的产业基础和发展环境。	牵涉的技术和应用领域不断扩大,发展面临问题不一; 民营企业与国有企业竞争存在不对等的局面; 缺乏核心技术,技术优势多掌握在国外企业手中。
Opportunity 机会	Treatment 威胁
知识产权保护和信息安全的日益重视带来了行业发展新机遇; 品牌建设重视的提升,防伪行业应用前景不断扩大; 物联网产业的发展带来了防伪的新应用与提升。	技术更新速度快,对行业创新能力要求高; 行业标准和发展规范有待进一步提升; 信息化时代防伪需求对传统防伪提出挑战和更高要求。

1.行业发展优势

(1)防伪行业市场发展前景广阔

防伪行业在中国属于朝阳产业,其未来的发展领域和前景非常广阔。从早期的防伪商标、防伪包装到指纹防伪、DNA防伪,经过20多年发展,我国防伪行业目前已形成覆盖多领域的完整产业链。防伪技术产品市场的广阔前景,吸引了越来越多的企业加入到这一行业。中国防伪行业协会的数据显示,目前,我国防伪企业的数量超过2 000家,防伪从业人员有20多万人。近年来,我国防伪行业也涌现出一批具有一定资金实力、技术实力和规模优势的生产企业。这些企业研发出许多高科技、高质量、高效能的防伪技术产品,有效地保护了广大名优企业和消费者的利益。

(2)深圳具有良好的产业基础和发展环境,是防伪产业发展的优势地区

第一,深圳背靠中国最大的印刷包装基地,防伪产业链条相对完整。深圳是亚洲防伪的发源地,背靠珠三角这个中国最大的印刷基地,以印刷包装为主要介质的防伪技术得到了蓬勃发展,深圳是全国防伪产业最先发展和最集中的地区。国内商品市场率先使用的新型防伪技术多出自深圳,深圳的防伪产业发展水平直接代表着中国的防伪产业水平。同时,印刷包装产业又是深圳的优势产业,无论在发展水平、技术水平,还是在政策支持力度方面都占有极大的优势。这些都有利于防伪产业链的形成和相关科研成果的转化。

第二,深圳是最具创新精神的城市,技术创新氛围好,创新人才丰富。深圳市拥有良好的创新氛围,这里聚集了中国最优秀的防伪人才,人力资源优势明显,尤其是各类科研人员,为各类科研成果的研制奠定了基础;同时,大量具有市场意识和经验的企业人员,更能极大地推动产业的成果转化,让其满足市场的需求。

第三,深圳的防伪企业重视人才、重视研发、创新能力强。这极大地得益于深圳经济

特区的经济活力和良好的创新氛围。抽样调查表明,深圳平均每家企业拥有3项以上的专利,20%以上的企业都享有高新技术企业或民营科技企业或软件企业的称号,受到各级政府的政策扶持与资助。

第四,深圳防伪企业资源丰富,市场意识强。目前,深圳有防伪技术的生产厂家和开发公司百余家,大多为民营企业,以商品防伪的生产为主,占据商品防伪国内市场的半壁江山。深圳服务的品牌企业市场总价值在2 000亿元以上,占据着中国药品防伪、烟包装防伪、瓶盖防伪的80%以上的份额,也占据着中国防伪的高端市场,现在的深圳防伪正逐步向东南亚国际市场辐射。

第五,深圳良好的产业基础,与自主创新的深圳防伪产业密切结合,一定能够最大限度地发挥功能与作用,更好地促进研究成果产业化,让该公共服务平台拥有旺盛的生命力和造血功能,以及可持续发展的动力。

第六,深圳信息产业基础雄厚,信息化时代防伪技术开发占据先机。深圳是中国信息产业发展重地,各类信息技术发展快速。在最具创新的信息产业发展背景下,深圳开展信息化时代的防伪技术开发与创新拥有极好的基础,能比其他地区更快、更好地开展此方面的新技术开发。

2.行业发展劣势

(1)牵涉的技术和应用领域不断扩大,发展面临问题不一

防伪行业的发展牵涉领域众多,除了产业发展、经济形势外,还牵涉经济金融安全、公共安全、政策规范等领域,同时,随着与不同技术的嫁接、结合,以及应用领域的扩大,牵涉的领域也在不断扩大,这是一个复杂的产业发展问题。

(2)民营企业与国有企业竞争存在不对等的局面

由于防伪的社会属性,国家重要产品的防伪技术招标倾向于采用国有企业的技术产品,部分招标领域不对民营企业开放,由此出现民营企业与国有企业竞争存在不对等的局面。民营企业的技术产品主要应用在民用领域。

(3)缺乏核心技术,技术优势多掌握在国外企业

虽然我国防伪行业有一定的竞争能力,但是,总的来说,我国防伪行业在世界经济分工中只是作为简单的加工者或技术的使用者身份参与全球市场经济活动。如核心材料技术掌握在外资企业中,如3M、蓝泰、巴斯夫、戈尔、杜邦、理光等,外资企业依靠销售核心材料占据了价值链的高端,赚取了大部分利润,而仅仅留下一点加工环节的费用给中国企业。

3.行业发展威胁

(1)技术更新速度快,对行业创新能力要求高

防伪行业是一个依靠技术生存和发展的行业,行业发展的潜在规则就在于:应用一代,研发一代,储备一代,技术更新速度快。尤其在国际技术更新日益加速的今天,关系国计民生的重要技术手段正在随着经济发展的加快而对技术提升要求提高,由此带来对行业技术创新能力的要求提高。

(2)行业标准和发展规范有待进一步提升

防伪行业在产业链形成时期,其行业标准和发展规范尚不完善。中国的防伪标准正处于逐步建立中,尚不能形成标准体系,对技术检测要求亦不统一,由此带来企业技术发展水

平的参差不齐,其应用亦有高有低,这对整个防伪行业的技术提升和应用都具有威胁。

4.行业发展机会

(1)知识产权保护和信息安全的日益重视带来了行业发展新机遇

知识产权保护是防伪应用的首要功能和目的,防伪行业的发展正是随着知识产权保护的不断加强而不断加快。目前,无论国际还是国内,政府还是企业,将知识产权保护都提升到了前所未有的高度。深圳更是中国知识产权保护要求最高的城市之一,深圳已于2007年成为"国家知识产权示范城市创建市",并在质量管理、专利保护、品牌战略方面加大了关注和投入。在应用企业方面,企业越来越认识到防伪在品牌保护和产权维护方面所起到的"防范"作用,应用的企业不再局限于诸如五粮液这样的大品牌,而是越来越具有应用普及化的特点。信息安全的日益重视亦带来了数字防伪、电子信息防伪等新技术的兴起与繁荣,并由此吸引了来自韩国、美国等发达国家的投资商和技术商,为行业发展带来了新的发展机遇。

(2)品牌建设重视的提升,防伪行业应用前景不断扩大

中国在不断加强品牌建设,中国企业越来越注重品牌,为了保护品牌,必然需要不断加强防伪意识,防伪行业的应用前景必然会不断扩大。

(3)物联网产业的发展带来了防伪的新应用与提升

物联网产业的发展越来越明朗,带来了广阔的市场前景。防伪作为与物联网有一定紧密联系的领域,在如火如荼的市场前景下具有更广阔的应用。有些防伪企业比如RFID、数码防伪企业已经逐步与物联网领域的其他技术相结合,延伸开拓物联网市场。

(六)防伪行业2015年整体发展状况

2015年,防伪行业整体发展向好,主要从以下几个方面体现:

1.企业越来越重视跨行业的交流、延伸与渗透,特别是物联网领域,并且有一部分企业已经在向物联网领域跨界发展,并实现了较好的发展。

2.企业集中度进一步加强,规范、大的企业在业务和经营上整合不规范、小的企业,逐步淘汰技术含量低的落后企业。

3.企业在更多新的技术方向、新的技术应用上下大工夫,不断推出结合其他高新技术的综合性技术,并开拓新的应用领域,如二维码防伪在质量追溯、物流上的应用,防伪在物联网上的应用等。

4.防伪的概念正在不断外延,已不限于辨别真假的功能,而更多地扩大到质量管理、安全管理、智能化管理等功能领域。

三、防伪行业发展趋势

(一)产业聚集与规模化发展趋势越来越明显

目前,很多防伪企业逐步向规模化方向发展。深圳防伪企业急需采购新设备、开发新产品、提高经营管理水平,逐步引进合作伙伴、贷款、风险投资等资源,推动企业实现规模

上台阶。通过收购等形式,行业中大型的集团性质企业开始逐步出现。

我国防伪技术发展迅速,有的技术已居国际领先水平。我国防伪骨干企业中,有的是从原来的印钞、身份证件、邮票等特种行业转向民用商品防伪技术的研制和生产,有的是由科研单位、高等院校、大型骨干印刷企业及IT行业进入防伪行业中来。同时,我国企业的防伪技术正逐步被国际有关部门认可,例如,由我国防伪企业制作的"白沙金世纪"卷烟的防伪全息烫印标识获国际全息制造商协会"最佳安全防伪奖"。

(二)分步骤、分重点、分阶段制定有关防伪国家技术标准

在未来的防伪标准化工作中,积极跟踪防伪技术和防伪标准化发展新趋势,坚持防伪标准化"面向企业,面向市场,服务经济的"发展宗旨,密切配合国家防伪技术产品生产许可制度建设和行业未来发展需要,结合防伪标准体系表绘制的蓝图,着重在标准研制、推进标准制修订项目、申报新的防伪标准及科研项目等方面,将分步骤、分重点、分阶段制定有关的防伪国家技术标准,以适应和满足行业发展需要。

(三)防伪技术与其他高新技术的融合越来越快速

(1)防伪技术走向更加全面化的同时,将以更快的速度向深度发展。

(2)防伪技术的综合使用将成为防伪产品的必由之路。

(3)更多更好的高安全防伪技术将从防伪集成度极高的钞票等领域走向社会,走向民用产品。

(4)更高技术含量的激光全息防伪技术将继续在防伪领域发挥重要作用。

(5)防伪技术日益同自动识别技术相结合,通过自动识别技术能够高效、快捷、准确地对商品或其他防伪对象进行有效的鉴别。例如,信息存储于磁性介质之中,应用磁条能够存储大量编码信息,可用接触扫描器读取;采用电子芯片技术,利用特制扫描仪识读验证真伪;隐形防伪码或条码,借助专用识别仪器识别,并通过数据库进行信息比对等。

(6)防伪技术越来越网络化、信息化。例如,利用数字水印技术、光学水印技术、网屏编码技术等,对证件、证书以及软件产品的知识产权实现保护。

(7)传统的防伪技术含量越来越高,技术门类的集成越来越多。如音响制品防伪标识加碘盐防伪包装及标识,都是在传统的激光全息技术的基础上集成了十几种防伪技术。

(8)防伪借由物联网技术,可向物联网领域跨界发展,并将逐步延伸到防伪领域以外的应用,比如物流监控、质量追溯等。

四、防伪行业发展建议

(一)推动企业向电子商务防伪技术研发和应用方向发展

现阶段已进入信息化时代、互联网时代,电子商务方式正在常规化。有些大型电子商务网站陆续曝出网上销售假货的消息,电子商务时代的防伪技术研发和应用迫在眉睫,也

是最重要的未来发展趋势之一。

(二)加强与物联网领域的交流与融合,寻求产业转型升级

在物联网领域的发展形势下,防伪必须充分把握行业发展大趋势,加强与互联网、物联网领域的交流与融合,积极寻求行业的转型提升,加快与新技术的融合与嫁接,实现更高领域的发展。

(三)充分发挥协会在搭建行业交流与合作平台方面的作用

在行业发展过程中,防伪行业必须突破原有的封闭状态,加大与外界的交流与合作。协会在推动行业内交流及跨行业交流方面具有先天的优势。政府应该积极扶持协会,通过政府购买服务、委托协会承担重要项目和课题等方式,更好地发现和培育优秀和具成长性的防伪企业,推动深圳防伪行业的发展。

Ⅱ 深圳防伪行业协会年度发展概况·2015

一、协会发展历史及现状

深圳市防伪协会成立于2005年4月,是在深圳实行社会组织民间化改革背景下成立的第一批协会之一。

深圳市防伪协会(SZAAC)是在深圳市6 000多家社会团体组织中脱颖而出的5A级协会之一的品牌协会。协会自成立以来,从行业共性服务出发,整合行业共性需求,搭建政企沟通平台;为会员企业提供专业、细致、系统的服务,全方位协助企业增强自主创新能力、提升企业核心竞争力、完善企业科技形象和品牌影响力;同时为政府提供政策制定参考建议及反映行业诉求。目前,协会拥有团体会员100余家,涵盖RFID、数码、激光全息防伪、印刷、DNA生物技术设计等各个领域。

深圳市防伪协会是中国最具影响力的防伪行业地方性协会,被中国防伪行业协会授予"行业突出贡献奖"。目前,协会秘书处有20人的专职服务团队,平均年龄33岁,是一个年轻又富有激情的团队。大专以上学历或中级以上职称人员占总人数的90%,专业包括工科、英语、中文、会计、计算机、新闻、市场营销、管理等,能提供较为全面的服务。

从成立之初,我们即以"市场化经营"为思路,致力于提供专业、高效的行业服务。成立10年来,协会不断加强"政府与企业之间的桥梁"形象、深化会员服务、锻造标准化内部管理,得到政府、会员单位和合作机构的充分肯定和高度评价,于2010年被评为深圳市5A级协会,并获得了全国防伪标准技术委员会授予的"标准先进工作单位"称号,成为中国防伪行业具有较强影响力的地方协会。

截至2015年12月31日,协会拥有会员158家。

二、协会会员情况及分布特点

截至 2015 年 12 月 31 日,协会会员 158 家,其产品结构所占比例如表 1 所示:

表 1 深圳防伪行业技术产品结构分析表

类　　型	所占比例
防伪标识	26%
结构和包装防伪	11%
防伪材料	28%
其他防伪技术产品与服务	35%

协会会员中,深圳市的企业为 152 家,在区域分布上,主要集中在南山区、福田区和宝安区,具体分布情况如表 2 所示:

表 2 深圳防伪协会会员数量分布情况表

序号	区域	数量	比例
1	宝安区	30	19.74%
2	福田区	32	21.05%
3	光明新区	4	2.63%
4	龙岗区	25	16.45%
5	龙华新区	6	3.95%
6	罗湖区	13	8.55%
7	南山区	38	25.00%
8	坪山新区	3	1.97%
9	盐田区	1	0.01%
		152	100%

在企业经营情况方面,整体而言,行业平均销售额相对 2014 年稍有下降,这与行业面临转型升级,正在进行相关业务调整有关系。具体情况如表 3 所示:

表 3 深圳防伪协会行业销售额统计表

序号	销售额	企业数量	所占比例
1	超亿元	2	1.32%
2	2 000 万~1 亿元	111	73.03%
3	2 000 万以下	39	26.65%

三、主要服务项目内容与主要成绩

2015年,我们针对会员企业的共性需求重点落实以下四项深度服务:

(一)政策事务服务

协会是政府与企业沟通的桥梁。协会有两大服务群体,一个是政府,另一个是企业。

在为政府服务方面,我们积极反映行业诉求、做好行业调研、承担政府软课题研究等工作。2015年,我们为政府做了大量的工作,主要有:

1.我们主持了防伪行业2015年行业调研,这是我们连续第10年主持深圳防伪行业调研,为深圳防伪企业提供生产许可证申请辅导和咨询服务。

2.承担深圳市中小企业服务署民营及中小企业国内市场开拓资金申请初审工作,服务企业300余家。

3.在为企业服务的方面,我们充分利用协会的平台优势,主动搜集政府的优惠政策、科技扶持税收优惠政策,我们运用1+N模式联合各种会计师、律师、大学机构,通过培训辅导向行业内的企业宣贯;截至2015年度辅导会员企业办理防伪、IC卡等类型的全国工业产品生产许可证、商密证、安全防范证书、计算机系统集成证书累计136项;截至2015年度推荐企业参与防伪、安防、住建部国家标准制定累计10余项;联合专利事务所辅导企业撰写各类专利,截至2015年,累计辅导实用、新型及软著1 600余项,发明专利80余项。

(二)资讯与情报服务

我们发送符合企业需求的专业资讯及高端情报,提供六大板块的资讯服务:政策资讯、行业资讯、协会动态资讯、高端服务资讯、企业动态资讯和互动调研资讯。

我们的资讯与情报服务主要通过以下方式实现:会刊(《防伪世界》)、网站(www.szaac.cn)、企业服务短信平台。

1.会刊集合行业信息精粹

会刊《防伪世界》设立"特别策划"、"企业展示"、"应用案例"、"技术论坛"、"政策风向标"等栏目,集合行业的信息精粹,展示企业风采,收集和整理深圳应用案例,研讨技术,分析相关政策,成为深圳防伪行业的重要读本。

2.微信公众平台

我们建立微信公众平台,将获得的各种行业、政策、技术等资讯通过微信发送给会员企业;搜集贴切会员需求的资讯700余条,发送给会员企业的服务资讯近6 000条。

(三)技术专家服务

协会拥有丰富的专家资源,包括行业专家、技术专家、财务金融法律等专家,为行业企业提供深度的专家咨询与辅导服务,比如:

1. 技术引导与国家标准推荐

目前,标准是企业占据行业制高点的重要体现。我们引荐深圳优秀企业参与防伪国家标准制定,行业专家团开展技术评审与研讨。截至2015年,我们向全国防伪标准化委员会推荐标准立项6项,辅导深圳防伪企业参与制定修订国家标准12项。

2. 知识产权服务

针对企业缺乏对知识产权的重视度、知识产权规划与管理存在盲目性、知识产权的价值发掘不足等企业需求,协会开展知识产权服务,包括:知识产权培训、知识产权规划、专利转让、专利查询与分析服务,帮助企业提高知识产权水平与竞争力。2015年,我们共为39家企业提供专利查询、分析与规划服务80余次。

(四)交流与活动服务

协会搭建行业的交流平台,通过定期不定期的活动,加强行业互动沟通,分享行业资讯,为行业企业开拓市场和提升发展服务。

我们有立体的活动体系,分为月度活动、季度活动、年度活动及不定期活动四个层次的交流活动,从技术交流到市场交流、从研讨到企业家高层交流到会员联谊活动、从新产品推广到深圳品牌全国推介,我们致力于打造全方位、深层次的行业交流平台。

1. 在2015年,我们组织参加了两次大型展会:第四届中国(宁波)智慧城市技术与应用产品博览会、中国(西安)国际社会公共安全产品展览会。其中,宁波智慧城市博览会,我们组织了40余家会员企业,展览面积达到近1000平方米,整体推介深圳企业。

2. 每个月至少举行一期"企业家高端沙龙",每次邀请5~8家行业企业领袖,在协会共享下午茶时间,不定主题,分享各自的心得与成功经验。截止到12月,"企业家高端沙龙"已经举办12期,参与人次达到100多人次。

3. 2015年度,我们还不定期地举行政策宣贯会、会员交流、培训等共56场,参与人次达到1 000多人次。

根据我们对年度会员活跃度的统计,会员与协会互动、参与协会活动的比例达到90%以上,形成了非常活跃的行业氛围。

四、协会2015年度大事记

(一)2015年3月6日在南山区高新南七路30号深圳清华大学研究院C320召开防伪协会第三届第10次理事会。

(二)2015年3月9日—11日,深圳市防伪协会组织会员企业参加第22届华南国际印刷工业展览会。

(三)2016年3月15日,"中国质量行之防伪的责任"大型公益活动圆满举行。

(四)2015年11月26日,协会部分理事专程来到蛇口网谷,就"奇创客"防伪溯源项目进行了深入认真的讨论。

五、协会运作过程中的典型经验

协会在11年的运作过程中,最大的经验就是独特的运营四大理念。

(一)社会责任优先

协会是一个第三方的社会组织,必须站在行业的公立角度来运营和服务。因此,我们坚持以行业的利益为先,所有服务都以推动行业发展为终极目标。

(二)1+N资源倍增

协会要做到"触角广"。协会就是"1",我们要发挥1家的平台力量,整合更多的N家优势资源,联同N个战略合作伙伴,吸收N个专家和顾问的智慧,从技术到市场,从政策到知识产权法律,从金融到财务,为会员企业提供具有深度和广度的服务。

(三)行业共性价值传递

协会要做到"服务深"。我们深挖行业的共性需求,从成功的服务中总结经验,传递给更多的会员企业,形成行业的共性价值与经验,传播给更多的行业企业,让大家少走弯路,加速发展。

(四)抱团模式

协会要构建凝聚力强的行业氛围。俗话说,"众人拾柴火焰高",在协会牵头的大平台下,我们采取抱团模式,共同降低成本,共同推广市场,打造深圳防伪的品牌。

深圳工业总会 2015 年度发展报告

◎深圳工业总会　王肇文　贾伟伟

2015 年,是深圳工业总会实施第三个五年规划的第三年。在吴光权会长和主席团的领导下,在社会各界的关注和帮助下,执行局遵照主席团、理事会的决策,与全体会员一道,配合政府中心工作,围绕会员实际需求,持续改进服务,为会员、为企业、为全市经济发展做了大量卓有成效的工作。

一、以推动质量品牌建设、自主创新为主线,助力企业转型升级

遵循习近平总书记提出的要"推动中国制造向中国创造转变,中国速度向中国质量转变,中国产品向中国品牌转变"的"三个转变"的重要指示精神,深圳市委市政府全面实施"打造深圳标准、铸就深圳品牌、树立深圳信誉、提升深圳质量"的"四位一体"工作布局,从中央到地方都将品牌工作放在重要位置,进一步明确了推动品牌建设的方向和要求。

(一)着力推进品牌建设,打造国际信誉品牌

作为全市实施名牌战略的主体活动,由本会具体组织、25 个政府部门、69 家行业协会等机构共同开展的深圳知名品牌培育评价活动,迄今共成功举办 12 届,累计评选产生 601 个"深圳知名品牌",涉及工业、农业、建筑业、生产性服务业和生活性服务业。这些企业占比不到全市企业总数的千分之一,销售额合计占全市总额的 39.46%,纳税额占 37.17%,出口额占 22.46%,成为引领"质量强市"建设的主力军。

深圳知名品牌培育评价活动的实践成果,得到了国务院领导同志及有关部门的肯定,上升为品牌建设的原则和要求写入国家十年《质量发展纲要》。

其主要开展了两个方面的工作:

一是发布表彰,论坛交流。2015 年 4 月 25 日第五届品牌建设高端论坛暨第十二届深圳知名品牌成果发布会在深圳隆重举行。十届全国人大常委会副委员长、中国工业经济联合会名誉会长顾秀莲,本会最高顾问、原航空航天工业部部长林宗棠,国务院参事、中国品牌建设促进会名誉副理事长葛志荣,国务院参事、国家《质量发展纲要》起草组组长张

纲、国际质量科学院院士、国家质检总局原总工程师刘卓慧，联合国工业发展组织高级顾问梁丹，联合国工业发展组织中国南南工业合作中心主任郭力，以色列驻广州总领馆经济商务领事海诺娅和浙江、河北、广东三省品牌建设机构领导等中外嘉宾，专程来深见证深圳品牌建设的丰硕成果。全国人大常委会原常委、深圳市委原书记、本会荣誉主席李灏，市老领导、本会荣誉会长郭荣俊、周长瑚、廖军文、陈思平、刘胜利，以及市、区两级政府有关部门，深圳知名品牌评价委员会各位副主任、委员，各行业协会负责人，莅会祝贺交流。

顾秀莲、梁丹、葛志荣等领导先后发表重要讲话。联合国工业发展组织和深圳知名品牌评价委员会共同认定发布了6个首届"国际信誉品牌"：华为、中国平安、招商银行、正威国际、中集、迈瑞荣获殊荣。深圳知名品牌评价委授予晨光等58个企业为第十二届"深圳知名品牌"称号。

会上，顾秀莲、林宗棠、李灏、葛志荣、梁丹、廖军文、吴光权共同为深圳知名品牌企业联盟揭牌，以推进品牌建设向更高层次发展。

国务院参事、国家《质量发展纲要》起草组组长张纲在论坛上发表题为"中国制造2025呼唤中国品牌崛起"的主旨演讲；国际顶级品牌咨询机构Interbrand中国区总经理姚承纲、华为公司副总裁李刚、以色列SIT全球副总裁Tamar Chelouche、全球著名的服装品牌西班牙ZARA中国区总监应俊分别发表专题演讲，引起各界强烈反响。

二是启动申报，开展评价。2015年4月28日正式启动开展第十三届"深圳知名品牌"评价的申报工作，来自全市52个行业的123家企业申报入围。它们先后经过管理体系现场评审、公众投票、品牌价值评估等环节，评价结果并于2016年1月15日在深圳知名品牌评价委员会全体会议上产生。

令人欣喜的是，深圳知名品牌的国际影响力进一步扩大，继2011年沃尔玛主动申报参评获深圳知名品牌之后，2015年又有INDITEX、ZARA等6个欧洲知名企业主动申报参评深圳知名品牌并获评。

三是开展品牌经理高级研修班。2015年11月28日至30日，根据国家工信部认定授权，本会举办2015年"品牌经理高级研修班"，来自全市41家企业的54名学员参加了为期3天的教学活动。参加本期培训并考试合格的学员，获得工信部工业品牌培育办公室颁发的《品牌经理培训合格证书》。

（二）审定发布创新纪录，打造成果展示舞台

深圳企业创新纪录活动是在共和国工业经济体系的开创者和领导人袁宝华同志亲自推动和指导下，由本会具体组织，13个政府部门、57家行业协会共同开展，旨在推动深圳企业自主创新、提升生产力水平的一项重要活动。

2015年共有97家企业的170个项目申报第十四届"深圳企业创新纪录"，包括华为、普联技术、海普瑞、华大基因、广田股份、洪涛等一批知名企业，涵盖机械、电子、新材料、新能源、装饰、互联网等21个行业，其中96%的项目由44个专业性行业协会和商会推荐。经企业创新纪录审定委员会全体会议审定，公证处现场公证，其共审定通过81家企业的147个项目为本届新纪录项目，其中技术类创新项目83个，工艺工法类创新项目54个，

经营管理类创新项目10个。创新纪录审定发布活动已经成为我市企业自主创新的演兵场,展现创新成果的大舞台。

(三)续评"深圳工业大奖",树立工业质量标杆

为树立工业标杆、推动实体经济发展,本会联合深圳商报共同开展"深圳工业大奖"评选活动,每两年评选一次。第二届"深圳工业大奖"评选活动经过企业自愿申报、秘书处初审、现场调研、公众投票、独立评审团审议评选、向社会公示评选结果等严格程序,产生了第二届"深圳工业大奖"获奖企业和企业家。研祥智能、方大集团等10家企业,比克电池总裁张树全、五洲龙董事长张景新等5位企业家分别荣获"深圳工业大奖";国富黄金、宝德科技等10家企业,光韵达总裁侯若洪、同兴达科技董事长万峰等8位企业家分别荣获"深圳工业大奖提名奖"。

(四)举办高端国际论坛,探究工业发展趋势

以"纵论工业发展走势,构建新型工业体系"为宗旨的"五洲工业发展论坛"已成功举办三届,成为深圳建设国际化城市的又一鲜明的符号。该论坛由联合国工业发展组织、中国国际经济交流中心、中国工业经济联合会、深圳市人民政府作为指导单位,邀请国内外高层级的经济学家和有影响力的企业家莅会发表演讲。

2015年第四届"五洲工业发展论坛"以"带路未来:新工业·新引擎·新发展"为主题,分享创新成果与前沿信息,展望中国工业创新发展新趋势,探寻中国经济结构调整优化原动力。论坛邀请全国政协常委、工业和信息化部原部长、中国工业经济联合会会长李毅中,以及国务院发展研究中心、商务部研究院和省市领导出席,与来自以色列、西班牙、英国、韩国、泰国等多国的政商人士及国内名企高管、专家学者同台演讲交流。

(五)举办单车公益活动,倡导环保生活理念

为在全社会大力倡导和推广宣传低碳、环保、健康的生活方式和文化理念,本会持续组织和推行自行车文化,倡导绿色出行。与中国工业环保促进会共同主办的"2015中国国际自行车嘉年华"活动,于11月13日至15日在龙岗体育中心隆重举行,前七届活动已在国内外产生较大影响,得到了各级领导以及产业界的好评,引起社会的广泛关注。

本届嘉年华3天入场人数超过6万人次,参赛人数超过1 000人,参展品牌超过200个。是迄今为止全球规模最大的自行车运动文化及品牌展示活动。深圳自行车产业创始人、原航天航空工业部部长、深圳工业总会最高顾问林宗棠,中国工业环保促进会长杨朝飞,以及深圳市、区两级政府及有关部门领导出席开幕式。

(六)承接政府委托项目,开展2015年高级经济师(工商、金融类)专业技术资格评审

受市人社局委托,本会组织开展2015年高级经济师(工商、金融类)专业技术资格评审工作,通过评委专家评审会,共评选产生34位工商及金融类高级经济师。

二、以满足会员企业需求、促进经济发展为主旨，切实提升服务实效

(一)掌握会员实际需求,持续促进政企交流

在经济发展新常态下,会员企业的普遍需求,是及时了解和利用政府产业发展政策,反映和解决在企业经营中遇到的实际困难。为此,本会创办了由本会主席团主席担任轮值主席的政企交流会。借助这种独具特色的方式,本会搭建了帮助会员了解产业政策、反映热点问题、增进政企沟通的互动交流平台。

2015年,我们召开5次政企交流会,先后由黄西勤、杨洪、陈工孟、王宏晖、王肇文担任轮值主席,分别邀请了市科创委、金融办、经贸信息委、市场监管委、发改委等政府有关部门领导,围绕"企业高新技术开发项目扶持政策解读"、"金融改革创新政策解读"、"产业转型升级扶持政策解读"、"深圳商事登记制度改革措施政策解读"、"深圳市重大项目申报扶持政策解读"等主题,全年共有110多家会员企业代表参会交流,现场答疑解惑,深受企业家和政府部门领导的好评与推崇。

2015年,执行局工作团队先后拜访福田区政府、盐田区政府、市投资推广署主要领导,做相关工作对接,更好地为会员服务,效果明显。全年我们还组织近200多家会员企业分别参加了本会与市规划国土委、市城管局主办的"深圳市产业用地供需服务平台政策宣讲会"和"城市因您而美·关爱环卫工人"等系列活动。市土地交易中心专门向本会赠送"架接政企沟通桥梁,拓展产业用地空间"的锦旗以表感谢。

(二)适应先进制造业发展,推进配套基础性工作建设

一是参与筹建市石墨烯协会。为加快推进石墨烯科技研发及产业化,带动产业转型升级和结构优化,为实现材料科学突破和相关产业变革,进一步提升我国在全球材料领域的影响力和竞争力,本会联合市新材料行业协会、相关企业和科研机构共同创建市石墨烯协会,由广东省政府参事、深圳工总执行主席王肇文担任名誉会长,深圳工总首席科学家、我国石墨烯产业奠基人冯冠平担任会长。2015年11月4日,市石墨烯协会、市先进石墨烯应用技术研究院在市民中心隆重举行揭牌仪式。市长许勤、国家科技体制改革研究会会长张景安等嘉宾莅会祝贺,副市长陈彪等领导共同揭牌。我市石墨烯协会和石墨烯研究院的成立,标志着我国石墨烯产业的发展,将会以深圳为新起点快速进入新阶段。石墨烯必将成为深圳工业进程的新亮点。

二是召开全国工业级3D打印座谈会。本会最高顾问林宗棠老部长经过两年多的调查研究,并亲手进行3D打印实验,先后两次向中央建议报告。习近平总书记、李克强总理等国务院领导及时作出批示、提出要求,克强总理专门邀请3D打印专家列席国务院常务会议,研究3D打印产业发展。工信部领导专程拜访林部长听取关于工业级3D打印产业发展的意见。

根据林宗棠最高顾问的安排,本会联合市 3D 打印协会、中科院先进技术研究院,于 2015 年 11 月 14 日在深圳召开"全国工业级 3D 打印座谈会",来自全国各地的 3D 打印领域的专家学者与深圳 3D 打印企业进行了深入交流,对全国工业级 3D 打印提出了很有价值的建议。

三是召开"深圳－以色列先进制造业解决方案商业匹配会"。2015 年 12 月 14 日,由深圳市投资推广署、以色列驻广州总领事馆主办,深圳工业总会协办的"深圳－以色列先进制造业解决方案商业匹配会"成功举办,来自以色列的 11 家高新技术企业和 60 家中国企业代表共 100 余人参会。深圳市投资推广署署长王有明,以色列驻广州总领事安亚杰,广东省人民政府参事、深圳工业总会主席王肇文在会前亲切会晤,王有明、安亚杰分别代表中以双方主办单位致辞,市科创委讲解了我市支持国际科技合作交流的有关政策。

四是承担政府委托产业研究课题项目。今年以来,本会分别受市经贸信息委和福田区政府委托,组织专家完成了《深圳市品牌建设研究报告》《福田区建筑装饰行业发展研究报告》等课题项目,为各级政府决策参考提供依据。

(三)开展培训和联谊活动,增进会员相互交流

针对会员企业关心的热点问题,执行局积极与相关机构合作,为会员企业举办各种专题培训和讲座,提供智力服务。

——3 月 27 日至 29 日,由中国工业环保促进会主办,深圳市人居环境委员会作为支持机构,本会承办的"全国环境管理制度变革与创新培训交流会"在深圳市委党校举办。中国工业环保促进会会长、国家环境保护部原总工程师杨朝飞,中国工业环保促进会副会长、广东省人民政府参事、深圳工业总会执行主席王肇文,深圳市人居环境委员会副主任林翰章等领导,以及来自市内外的企业代表 60 余人出席会议。

——12 月 26 日,由中国工业环保促进会主办、深圳工业总会执行主办的"2015 中国工业环保与绿色金融论坛"在深圳举行,中央人民政府驻港联络办经济部副部长雷海秋、中国工业环保促进会常务副会长兼秘书长李英冀出席致辞,环保部政策法规司赖晓东处长发表主旨演讲,部分环保行业企业家共约 200 人出席论坛。论坛由广东省人民政府参事、中国工业环保促进会副会长、深圳工业总会执行主席王肇文主持。

针对企业在运营中的实际需要,本会先后组织了"营商新模式—O2O 的新机遇与挑战研讨会"、"企业走出去时代开启—机遇之春 or 泡沫之夏"、"企业品牌法律风险防控及应对策略"、"物联网的新机遇与挑战"、"企业供应链资金管理"、"企业融资扶持政策解读"、"移动时代,传统企业如何进行'互联网+'转型"、"预防医学—活出健康人生"等 10 多场主题培训和专题讲座;举办了"庆三八·优秀女企业家联谊活动"、"缘系工总·因为有你"单身人士联谊等特色活动;还组织了以"走进恩鹏·让科技温暖生活"、"走进中丝园·弘扬丝绸文化"、"走进东江环保·感受环保新思维"等会员企业活动日。

(四)加强自媒体资讯建设,提供及时性传播服务

2015 年,工总利用网站、微信、微博、平面刊物、电子期刊等多种自媒体工具,向会员快捷传递有效资讯,广泛宣传会员企业。

由工总主办的《深圳工业经济》杂志、《产业发展资讯》、《政策资讯》、深圳工业网、深圳知名品牌官方网站等媒介,是交流会员信息、报道行业动态、宣传政策法规、展示会员形象的平台和窗口。《深圳工业经济》杂志作为中观经济刊物,既有深度专题文章,又有案例分享,全年刊发会员单位宣传文稿119篇,免费刊登会员宣传彩色广告68版;《主席内参》收集高端内刊发表的宏观层面资讯,定向为主席团成员提供决策参考;《产业发展资讯》主要收集国内外工业领域产业发展信息;《政策资讯》主要汇集市、区政府发布的产业政策信息,二者针对性和实用性强,为履行低碳环保承诺,全部采取电子版方式面向全体会员单位发送。

2015年,本会累计编辑印发《深圳工业经济》双月刊6期1.2万册,编发《主席内参》半月刊24期,《产业发展资讯》半月刊24期,《政策资讯》周刊40期;深圳工业网和工总微信平台及时更新各种资讯,进一步提升网络服务水平和信息发布数量;特别为理事会员企业定制《易友》管理杂志共12期,及时传递企业管理小技巧、小案例,很受欢迎。

(五)借力承办展会优势,帮助会员拓展市场

2015年5月18日至20日,受市政府委托,本会执行局组织会员企业代表深圳组团参加"第九届中国中部投资贸易博览会"。国务院副总理汪洋出席开幕式并致辞。本届"中博会"深圳展区共有432平方米,以"深圳质量,品牌领先"为主题,突出展示企业品牌形象,引起了国内外专业人士的高度关注,纷纷前来咨询洽谈。本次参展的15家企业,都是具有一定实力的优质企业,均拥有自主品牌及专利产品,自主研发能力强,特别是通过近几年的发展,产品升级换代、与时俱进,融合互联网、电子商务的实际应用,智能化、信息化程度高,充分体现了深圳的产业特色,使得深圳展区在本届"中博会"上大放异彩。

(六)关注前沿技术发展,举办专业国际会议

2015年6月,本会与德国3D—MID联合会在深圳大梅沙共同主办了第二届中欧3D—MID技术交流会。会议得到了联合国工业发展组织、市科技创新委员会等单位的支持和指导。德国3D—MID联合会执委Dr.Joachim Heyer先生、德国乐普科光电中国区CEO孔富德先生,以及来自德国、日本、韩国、新加坡及国内的近300位中外嘉宾出席会议。本会执行主席王肇文出席会议并向德国3D—MID联合会主席Joerg Franke先生颁发了"深圳工业总会高级国际技术顾问"聘书。

三、以置身国际坐标系、引领先进潮流为导向,推动会员对外交流合作

2015年,执行局在组织会员开展对外交流方面,重点做了以下几项工作:

——2月6日,组织以色列Fourier Education公司与本会主席团单位国泰安集团和会员单位万利达公司合作座谈会,助力会员单位开展国际合作。

——5月14日,执行主席王肇文、秘书长吴沂烛一行赴香港中文大学商学院考察拜访,受到该院院长、著名金融学家陈家乐教授等热情接待,双方进行了深入交流,达成共识。同时,王肇文执行主席代表本会邀请香港中大商学院陈家乐院长担任"深圳工业总会首席经济学家兼深圳工业总会工业资本创新委员会高级指导顾问"。陈家乐院长高兴地接受邀请,表示要为工总发展贡献智慧。

——5月27日,王肇文执行主席等接待专程来访的韩国国际人才开发中心本部长李东俊一行,双方就合作开展企业管理人才培训等事宜进行了深入交流,并签订了合作框架协议。

——6月27日至7月9日,王肇文执行主席率由工总会员组成的深圳工商界高级访欧考察团赴西班牙、葡萄牙和意大利进行商务考察,先后拜访加泰罗尼亚自治区政府、巴塞罗那商会、阿拉贡自治区政府、萨拉戈萨商会、巴塞罗那保税区联盟、拉科鲁尼亚市政府、拉科鲁尼亚企业家联合会、拉科鲁尼亚省议会、拉科鲁尼亚商会、加利西亚自治区政府、拉科鲁尼亚码头、西班牙IFFE商学院等,参观考察全球最大的服装企业ZARA总部和第42届米兰世博会。

访问期间,王肇文执行主席接受了西班牙IFFE商学院授予的荣誉博士、荣誉教授,并且为本会驻欧洲代表处剪彩,彰显了深圳工总在国际社会的影响力进一步提升。

——7月15日以色列驻广州总领事海诺娅领事带领4家以色列顶尖的教育科技公司(Edusoft公司、Einstein公司、Radix公司、Streamitup公司)高层组成的教育科技代表团一行到访本会,并拜访了本会会员单位巨龙、万利达、国泰安,进行教育研讨。

——8月11—12日,韩国FNA科技公司总裁金承植和理事李秀汉以及韩国国际人才中心中国区负责人赵美玲一行到访本会,并拜访本会会员单位奋达科技股份有限公司和迪比科电子科技有限公司,进行企业调研。

——9月1日,以色列商会联合会会长Uriel Lynn(乌列)先生,以色列海法商会会长David Castel先生,以色列特拉维夫商会执行官Dan Carmely先生和以色列驻广州领事馆商务领事海诺娅女士等一行到访本会。王肇文执行主席重点介绍了工总计划与以色列方面共同筹建的中以创新合作项目概况。以色列商会联合会会长Uriel Lynn简要介绍了目前以色列方面开展的经贸合作项目,海诺娅女士希望今后与工总在更多领域、更大项目上取得新进展和新成果,双方签署了战略合作备忘录。

——10月26日至11月2日,本会组织以副会长、单仁资讯总裁刘宏为团长、副会长、康达尔集团总经理陆为民为副团长、吴沂烛为秘书长的深圳创新创业(以色列)考察团,赴以色列进行商务考察学习,先后回访了以色列商会联合会,考察了以色列特拉维夫大学创业中心、Tel Aviv Global&Tourism和Pluristem Therapeutics医疗科技企业,并学习以色列创新课程,了解以色列的创造力和卓越的秘密,深得参团企业家们的好评。

这些对外交流活动不仅拓宽了企业家的眼界和思路,而且借助工总国际资源助力会员开拓国际市场,促进了深圳企业与国外企业的交流合作。

四、以加强自身建设、提升服务能力为目标，打造一流职业化团队

　　加强职业化团队建设，保障持续服务能力，是执行局每年的重点工作。执行局团队建设始终围绕一个"感"字（感恩、感激、感谢、感悟、感奋）展开，使之成为团队建设的思想境界和动力源泉。2015年以来，执行局党支部开展了主题为"点燃激情，凝聚你我，实干兴会"的团队建设活动，组织员工重温工总的创立、创业和发展历程，让每位同事进一步认识和理解工总肩负伟大使命的含义，充分认识我们这代工总人肩负的责任，激发团队成员的工作激情和团队凝聚力，营造人人用心做事、实干兴会的氛围。同时，执行局坚持"每周一课，每人一讲"的优良传统，以打造专业明星为目标，培养员工的业务知识、演讲能力和工作水平，一支"打不烂、拖不垮、冲得上、顶得住、拿得下"的职业化团队正逐步形成。团队整体综合素质的提升，有效地保障了为会员持续服务的能力。

深圳市电子烟行业协会2015年度发展报告

◎深圳市电子烟行业协会

我国是全球最大的电子烟生产制造基地,深圳地区集中了全球约90%的电子烟生产产能。为规范行业的发展,深圳电子烟行业协会于2014年10月30日由从事电子烟、电子烟组件及其相关配套产品的生产企业、经销商、服务商和行业信息单位自愿成立。

深圳市电子烟行业协会依法设立,拥有完善的组织架构。经过一年多的发展,其会员数量已达149家。协会以"服务企业,加强自律,协调管理,发展经济"为宗旨,遵守法律、法规和各项政策,遵守社会道德风尚,集行业之力,办行业之事,为行业服务,维护会员的合法权益,维护行业的全局利益,促进行业经济技术和管理水平的不断提高,促进电子烟行业的健康发展。在过去的2015年,协会在行业自律、标准制定、政策推动等方面做出了以下工作:

一、加强了行业自律,加强了行业形象建设

(一)发布了"电子烟行业自律声明"

2015年5月20日—30日,深圳电子烟行业协会会员深圳市新宜康科技有限公司、深圳市艾维普思科技有限公司等42家企业在协会官网上发布"电子烟行业自律声明",主要对以下方面做出了郑重承诺:1.遵守职业道德,做高品质、健康、安全的产品;2.坚决反对并承诺不会把电子烟销售给中小学生及未满18岁的人群;3.绝不以夸大产品功能的方式进行宣传,我们不会把戒烟做为卖点进行误导宣传;4.通过不断提升专业水平和服务品质,树立电子烟行业良好形象,提高社会公信力。

(二)举办世界无烟日公益活动

深圳电子烟行业协会及相关单位在深圳举办了"世界无烟日,电子烟行业公益健康环城行"活动及电子烟行业新闻发布会,参与的150多个企业现场宣誓,这也是暨4月9日中国首届电子烟展览会后,又一个行业盛会,让真正有技术、有实力的厂家带给广大消费者更好的体验。

(三)协办了2015年三届电子烟展

2015年首届中国国际电子烟(电子雾化器)展览会于4月9日—11日在深圳会展中心6号馆开幕,来自全球各地的100多家厂商参展,为深圳的电子烟产业提供了重要的交易平台。本届中国国际电子烟展览会由工业和信息化部、深圳市人民政府联合主办,电子烟在线承办,深圳市电子烟行业协会协办,广东电视台、南方电视台、深圳晚报、深圳商报等权威媒体莅临现场进行报道,而展会同期举办的电子烟高峰论坛、标准会议、首届电子烟新品发布会、电烟玩家VPPLAY主办的首届电子烟"新宜康"杯蒸汽大赛得到了行业内人士的大力认可和关注。2015年4月15日—17日,协会协办了中国国际电子烟行业博览会。同年,第二届中国国际电子烟展览会于当年10月20日—23日在深圳会展中心成功举办。

协会积极协助各类展会的召开,号召会员积极参展,为产业上下游的发展拓宽道路,向社会各界宣扬电子烟的健康的产业形象。

二、推动行业联盟标准的制定

(一)电子烟产业标准的缺失,对电子烟行业相关企业而言,既是挑战,又是机遇

为了健全电子烟产业标准体系,促进电子烟行业健康发展,深圳市电子烟行业协会急行业之所急,在中国电子烟行业内率先发起制定"中国电子烟雾化液联盟标准"的倡仪。该联盟标准于2015年6月正式制定并在行业内推广执行。2015年12月7日,该联盟标准得到了中国深圳市场监督管理局的官方认可。深圳电子烟行业协会对标准制定的推动、宣传、颁布起到了重要作用。

(二)推动电子烟、电子烟雾化器的联盟标准的制定

以深圳市新宜康科技有限公司推出的电子烟、电子烟雾化器的企业标准(已在深圳市市场监督管理局备案)为基础,2015年,深圳市电子烟行业协会发起制定了《电子烟、电子烟雾化器的联盟标准》,该标准的推到了众多电子烟业者的支持和响应。联盟标准的出台促进了电子烟行业的健康有序发展,对将来制定《中国电子烟行业标准》起到了正面的促进作用。

三、组织行业政策研讨会,协调企业合理合法应对各国监管政策

2015年是电子烟管制的重要转折点,多地实施针对电子烟的管制措施。据世界卫生组织统计,目前有39个国家限制电子烟广告促销,30个国家禁止在室内公共场所使用电

子烟,19个国家要求产品注册,9个国家要求销售许可证,29个国家设定了最低使用年龄。同时,各国对电子烟的界定不尽相同,对含尼古丁的电子烟,有22个国家作为烟草制品监管(人口总数占比10%),14个国家作为消费品监管(人口总数占比27%),12个国家作为药品监管(人口总数占比6%);对于不含尼古丁的电子烟,有18个国家作为烟草制品监管(人口总数占比7%),有23个国家作为消费品监管(人口总数占比35%);共有13个国家禁止电子烟的销售。因此,对于各国相关电子烟监管政策、法规的研究、交流,引导电子烟良性、可持续发展是协会的一项重要工作。

(一)2015年1月6日,协会在深圳组织了首届美国电子烟评测专家交流会。

(二)2015年11月24日,深圳电子烟行业协会邀请欧盟TPD政策专家Peter Backett在沙井凯嘉酒店为电子烟业内人士做了一场关于如何应对欧盟"2014/40/EU"法案的演讲,其主要内容是电子烟产品如何通过欧盟法规的要求,以期在2016年5月20号后持续取得欧盟国家的市场准入资格。

(三)应对FDA的控烟法案,组织了白宫请愿活动。

10月27日,经深圳市电子烟行业协会等组织发起,我们通过白宫请愿网,向奥巴马请愿,要求美国政府慎重考虑,不能扼杀电子烟市场,从而挽救电子烟行业,挽救广大烟民的健康。该项签名活动在规定的时间内达到10万人,顺利地表达了诉求,随后白宫也针对此项请愿进行了认真的回复。

四、2016年工作重点

(一)成立深圳电子烟行业协会美国分会

2016年1月21日成立深圳电子烟行业协会美国分会。考虑到FDA即将对电子烟产品发布最严厉的监管文件,作为中国电子烟制造商代表,其针对电子烟最大市场——美国,与美国及国际多个机构展开合作,向美国政府及FDA游说,积极为电子烟行业发声,提出诉求,并及时向国内传达美国电子烟市场的行情动态。

(二)建立产业信息平台,加强信息互动及数据统计工作

协会建设行业信息化平台,汇聚行业最新信息,把握最新市场行情、政策动态,介绍电子烟及组件技术发展趋势,统计、分析行业发展数据,为政府和会员企业提供全方位的专业咨询服务。

(三)标准制定与认证检测

协会密切关注行业标准的建立和完善动态,鼓励和协助会员积极承担或参与相关标准的制定工作;与国内外检测认证机构建立友好合作关系,为会员单位争取更优质的检测认证服务,降低企业运作成本,提高企业进入国际市场的效率。

(四)技术和市场交流

协会不定期主办各种产业发展论坛、技术研讨会、供应链管理论坛和采购洽谈会,为电子烟产业上、下游企业市场销售、工程研发和采购人员提供交流学习的平台。

(五)商贸合作与商务考察

协会定期组织产业上、下游企业互访、交流,增进企业相互了解;组织会员单位境外参观考察、交流合作,了解国内外产业的最新发展动态并在交流中推动企业间的商贸合作。

在条件成熟时,协会将组团参加国内、国际的优秀展会,扩大电子烟行业在全球范围的影响力。

(六)法律援助服务

协会已与知名律师事务所达成合作,共同面向会员单位提供法律服务,为会员单位解决在经营、管理、生产、市场、渠道、品牌等方面遇到的法律问题。

作为一个新兴行业的协会组织,深圳市电子烟行业协会本着求真务实的态度,积极为会员服务,促进电子烟行业健康、有序、持续的发展。

深圳市净水产业协会
2015年度发展报告

◎深圳市净水产业协会 兰 聪

一、深圳市净水产业协会简介

深圳市净水产业协会于2014年3月25日经深圳市民政局批准登记注册,是由深圳及珠三角地区净水产业相关的企业、厂家自愿组成的非营利性、行业性社会团体,是沟通政府、内外交流、开拓市场、互动合作的重要服务平台。

深圳市净水产业协会以"组织协调、规范自律、监督维权、扶持发展"为核心宗旨,通过挖掘深圳饮用净水、水处理及相关产业科技潜力和社会资源,带动净水、水处理及相关产业整体发展。

深圳市净水产业协会代表净水产业相关企业及销售商的根本利益,维护行业合法权益,反映会员企业诉求,扶持会员发展,协调会员之间的关系,规范会员行为,维护公平竞争与市场秩序,联系政府,为行业、会员、政府提供服务,促进行业的健康有序发展。

协会以"打造平台、服务会员;建造桥梁、促进发展"为使命,全力打造深圳净水产业增值平台,持续创新开展会员服务。

二、深圳市净水产业协会发展历史及现状

深圳市净水产业协会自2014年成立至今,已有两年多时间,从图1可见,会员数量逐年上升,2015年,会员数量较去年增长63%,正涉及越来越广的产业链,且会员所覆盖的范围也日趋扩大,逐渐扩展到深圳及珠三角以外更广的区域。

目前,深圳净水产业协会已发展会员企业120余家,全方位覆盖了我国净水产业的各个环节,如家用、商用净水设备,大型工业、民用水处理工程、公共直饮水、净水产业配件生产等。

此外,在会员结构上,深圳当地企业占79%,佛山、中山、广州、东莞等珠三角地区的企业占15%,其余6%分别来自北京、浙江、江苏、河北等地。

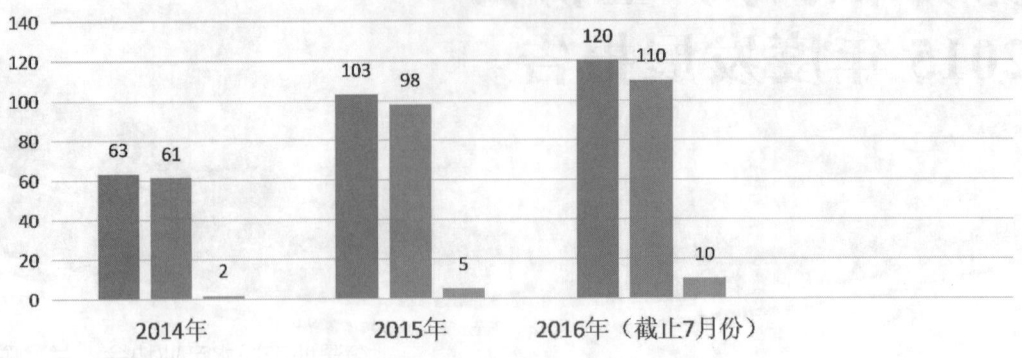

图 1　协会历年会员数量及分布

三、深圳市净水产业协会资产状况分析

根据协会为非营利性社会组织的性质，深圳市净水产业协会的经费来源一般由会员所缴纳的会费、社会或个人捐赠以及政府资助等几部分组成。

2015 年度，协会总收入为 67.8 万元人民币，其中会费收入 41.2 万元人民币，约占总收入的 60.8%；提供业内服务收入 26.6 万元人民币，约占总收入的 39.2%。

从以上数据统计不难看出，目前，协会的收入来源主要是由会员缴纳会费及提供业内服务收入两部分构成，且会费收入仍然占了主要比重。

四、深圳市净水产业协会人力资源状况

目前，深圳市净水产业协会专职人员与上年相比基本保持稳定，包括秘书长 1 名、副秘书长 1 名、策划 1 名、出纳 1 名、文员 1 名、咨询服务 1 名。除 1 名出纳和 1 名文员为女性外，其余 4 人均为男性。

其中，大学本科学历 2 人，大专学历 4 人，且都有较为丰富的行业从业经验，尤其秘书长、副秘书长均有超过 20 年的工作经验，对净水及其相关行业都有较深的了解。

此外，协会还有多名社会兼职人员，负责对外沟通和洽谈服务，为企业提供更多便利。

五、深圳市净水产业协会 2015 年的主要工作

2015 年是深圳市净水产业协会发展的关键年，恰逢国内净水行业呈井喷式增长的时

机,协会在服务会员企业、反映会员诉求、信息公开、规范市场秩序、促进行业诚信自律、推动行业转型升级、开拓行业市场、主导或参与产业标准制定、促进产业区内区域合作等方面取得了良好成就,促进了深圳及珠三角地区净水行业的健康、有序发展,进一步巩固了深圳作为国内重要的净水产业基地之一的地位。协会2015年的工作及活动开展情况如下:

(一)规范市场秩序,促进行业诚信自律

2月10日,为积极响应国家质监总局开展的全国净水器执法打假"质检利剑行动",深圳市净水产业协会同深圳市卫计委、市场监督、消委会等部门组织企业开展了"净水器生产企业确保产品质量安全承诺"宣誓活动,在规范市场秩序、促进行业诚信自律方面起到了良好的示范作用。

6月15日,深圳市消费者委员会在9楼会议室举行"净水器比较试验结果"新闻发布会,深圳市净水产业秘书长王峰应邀出席,分别向记者解答了有关净水器水质菌落总数、ro机废水及耗电等问题。

深圳市消费者委员会选购了2014年第四季度在京东、天猫等电商平台热卖的两种类型10个品牌的净水器,模拟普通消费者使用习惯,对初次使用出水水质、持续使用一段时间的出水水质、使用成本等消费者关心的项目进行了比较试验。包括汉斯顿、爱玛特等在内的10家净水企业产品水质均合格。

(二)加强同行间的合作与交流

协会一方面与国内同行业协会、净水企业交流学习,另一方面也和韩国等亚洲国家的同行开展合作与交流。

(三)推动净水行业产业升级

5月18日,深圳市净水产业协会秘书长王峰等人接待来访的海尔集团深圳渠道总经理赵宏达、海尔净水产品总监洪阳,并陪同来访人员参观考察了我协会净之源、汉斯顿、吉利玛、诚荣、东欣公司等企业,为深圳净水企业引进先进生产技术、管理经验,并为获得海尔集团代工服务创造了良好契机,有效推动了本地区净水行业转型升级。

(四)协会内部调整与布局

7月5日,深圳市净水产业协会成功召开第一届理事会第四次会议,表决通过谢耀文辞去会长职务,由李海波担任协会新任会长,并提名一名执行副会长、五名常务副会长及一名监事长。此后,深圳市净水产业协会还成功召开了第一届理事会第五次会议,审议通过了有关协会章程、财务制度修订等决议。

(五)积极走访会员企业,反应会员诉求

应协会会员企业的要求,深圳市净水产业协会利用其沟通企业与政府桥梁的特殊地位,帮助企业积极开展涉水卫生批件服务,先后多次与广东省疾病预防控制中心、深圳市卫生监督局等部门沟通,为会员企业办理涉水卫生批件提供必要的服务。目前,大部分批

件已落实完毕,尚有少数企业的批件还将继续处理解决。

深圳市净水产业协会还在去年走访企业60余家的基础上,今年继续走访协会企业30余家,并积极带动协会企业相互走访交流学习,促进了企业间的合作共赢。

(六)积极筹办净水培训机构

深圳市净水产业协会多次与深圳市人力资源局及哈工大进行磋商,商定成立"深圳净水学院"的相关事宜,并于本次年会上与哈尔冰工业大学深圳研究生院签订合作办学协议。

(七)主导净水产业团体标准制定

为制定净水及相关产品和服务标准,在日常走访企业的过程中与会员们进行沟通,听取会员们的意见。深圳市净水产业协会先后多次与深圳市消费者委员会、深圳市标准技术研究院、中国质量检验协会净水设备专业委员会、广东省净水设备协会展开磋商,于12月3日联合上述3家单位成立"深圳净水产业标准联盟"。

协会最终已于2015年度年会期间成功召开"深圳市净水产品消费质量标准筹备会",确定深圳市净水产业协会为深圳市净水产品消费质量标准(后改为深圳净水产业标准联盟团体标准)组织实施单位,并确定联盟组织架构及成员单位,正式开展净水及相关产品和服务团体标准的编写工作。

深圳市缝制设备行业协会 2015年度发展报告

◎深圳市缝制设备行业协会　朱娟　刘志强

一、协会概况

(一)基本情况

深圳市缝制设备行业协会(以下简称深缝协)成立于2008年12月13日,是深圳企业自愿发起的具有专业性及非营利性的社会组织,2013年被深圳市民政局评为3A级行业协会。

协会始终坚持引导、服务、创新的理念,全力打造中国缝制界最具特色的行业协会。协会成立以来,已将深缝协打造成缝制界最活跃、最具生命力的行业协会。

2015年,协会现有会员数162个,以从事缝纫机整机生产、辅助产品生产、零配件生产、销售为主,在龙岗、宝安、南山、罗湖、福田等区均有分布。

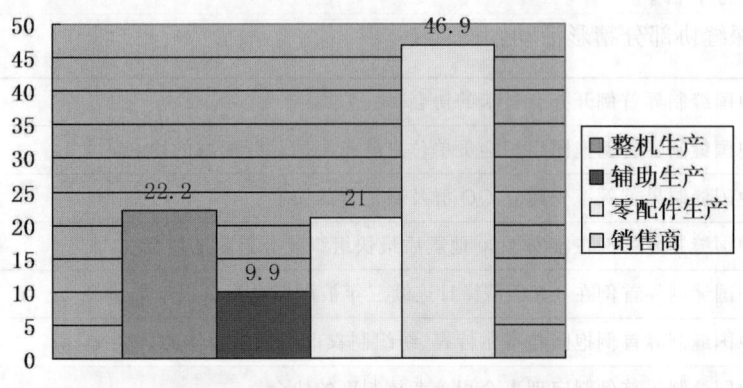

图2　协会会员单位分类百分比图

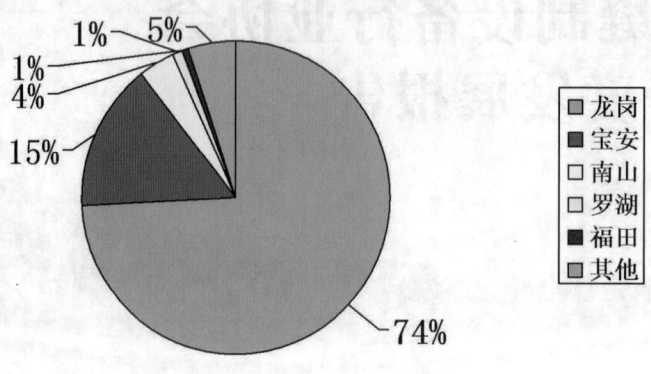

图3 协会会员单位区域分布图

(二)主要工作内容

1.关注市场行情,在架设信息"桥梁"上积极实践

近年来,我国缝制设备市场千变万化、跌宕起伏,如何准确把握市场走势、正确实施经营决策是广大企业面临的最大难题。为此,深圳市缝制设备行业协会自成立之日起就潜心打造信息桥梁,为会员企业提供了无偿的有效服务。其主要体现在两方面特色:

(1)打造特色载体

协会成立后,建立了协会网站,六年来,这一载体日益成熟,特别是通过与赛尔缝制设备工业实施信息互动,收集了大量时效性与适用性都比较强的信息,经过精心筛选,每天为广大协会会员和社会各界掌握市场行情提供有效窗口。

(2)开展特色服务

协会积极参与市场分析,以信息为纽带,开展了特色服务,不仅让会员单位了解了国际国内缝制设备的市场现状与发展趋势等重要信息,而且为业内同行提供了一个交流信息、开展合作的平台。

以下是深缝协部分精彩活动:

1	中国缝制界首例开办会员卡的协会
2	中国缝制界首例抱团组织会员单位进驻东阳国际缝配城的协会
3	中国缝制界首例率先建立QQ群及微信群的协会
4	中国缝制界首例在雅安4.20地震后最快组织爱心捐款的协会
5	中国缝制界首例在3.5学雷锋日连续三年被深圳电视台报道的协会
6	中国缝制界首例抱团与赛尔传媒、纺织制衣市场快讯合作的协会
7	中国缝制界首例制定理事会积分考核制度的协会
8	中国缝制界首例制定经销商行业规范的协会
9	中国缝制届首例搭建移动端APP+互联网平台、整合维修资源的协会

2. 围绕"协会宗旨",促进有效服务

协会成立以来,在规模做大、品牌做优、资源整合等方面进行了不断的探索:

(1)扶持龙头企业做大规模

六年多来,协会对上下游各类资源进行整合,有效发挥了规模效应,涌现出了像深圳市德业智能股份有限公司、深圳市远成缝纫机工业有限公司等一批龙头企业。协会不但为会员单位打造了一个提升形象的平台,而且还积极配合会员企业开展融资工作,与包商银行、深圳农村商业银行达成协议,帮助企业贷款。

(2)引导会员企业创优品牌

品牌是一个行业的重要名片,我们努力通过各种途径和方式,强化企业的品牌意识,引导企业创建精品名牌。深圳市远成缝纫机工业有限公司荣获深圳市知名品牌、广东省名牌、广东省著名商标等一系列荣誉,深圳市雅诺科技股份有限公司被评为国家级高新技术企业、龙岗区自主创新型企业。

(3)打造缝制设备产业链条,整合优化资源

协会着力打造产业链,从生产到销售一条龙服务,减少中间开支,缩减成本。另外,围绕发展主题,协会还组织了多种形式的行业内合作,开展了为会员企业维权等工作,有力地推动了行业经济的持续、稳定发展。

3. 充分发挥理事会和会员的作用,保持协会高速运转

协会及时召开各级会议,确保了协会重大决策和工作方向的制定和执行,也保证了会员企业对协会工作的认知。

(1)成功召开协会第三届第一次会员大会。2014年12月16日,协会第三届第一次会员大会在深圳市宝亨达国际大酒店盛大召开,会议听取和审议通过了深圳市缝制设备行业协会2014年工作报告、财务报告和2015年度工作计划,同时为新增的副会长单位、理事单位、新增会员颁发证书。

(2)2015年召开了两次常务理事会议

协会于2015年6月6日召开了深缝协史上第一次微信理事会。会议首次依托个人的智能手机终端进行,实现全程无纸化,全体与会单位通过微信理事群审阅工作总结、财务报告、会议材料等。2015年12月20日,协会召开第二次理事会议,总结了2015年下半年的相关工作。

4. 依托协会平台,加强交流,扩大协会影响力

2015年,协会领导和会员代表多次参与各个地方的缝制设备行业协会交流会,在密切与其他单位的交流的同时,扩大了协会的影响力。

5. 发挥协会组织作用,参与各种展会,拓展会员企业销售渠道

6. 争取政府资金扶持,加快中小企业发展

(1)2013年7月11日—13日,协会为参加深圳制衣设备展的会员单位返还展位补贴114400元,帮助会员单位减少投资,拓展销售渠道。

(2)协会协助会员单位申请深圳市民营及中小企业发展专项资金和企业国内市场开拓项目资助计划资助资金共计42.2万元。

7. 成立党支部,以党建促进协会发展

2015年10月15日,协会在深圳市缝制设备行业协会办公室隆重召开党支部第一次

党员会议。中共深圳市社会组织委员会肖卫国书记、陈新安同志、刘辉同志出席了仪式，并为中共深圳市缝制设备行业协会支部委员会授牌。

二、缝制设备产业面临的挑战

（一）产销普降，下行趋势明显

2015年1—12月，受市场需求下滑及企业持续高库存影响，我国缝制机械行业整体销售规模相较于上年同期明显缩减，产量同比下降17.95%，销售同比下降17.93%，产销率100.62%。

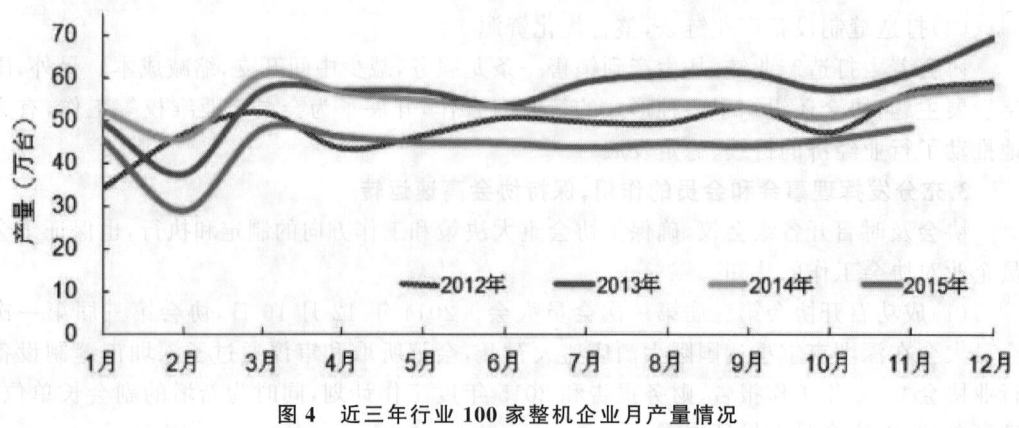

图4　近三年行业100家整机企业月产量情况

（二）出口小幅下滑

据海关总署数据显示，2015年1—12月，我国累计出口缝制机械产品22.47亿美元，同比下降6.03%，行业出口较上年同期小幅下滑。

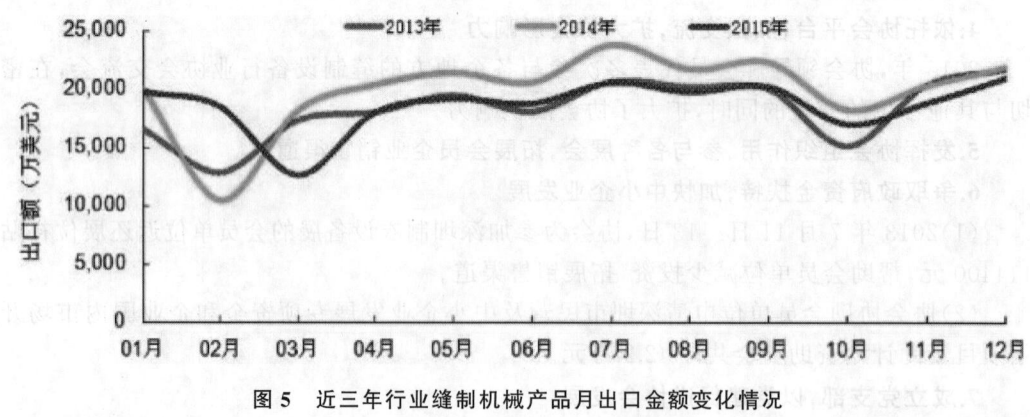

图5　近三年行业缝制机械产品月出口金额变化情况

(三)进口明显萎缩

据海关总署数据显示,2015年1—12月,我国累计进口缝制机械产品5.09亿美元,同比下降18.01%,较上年同期明显萎缩。

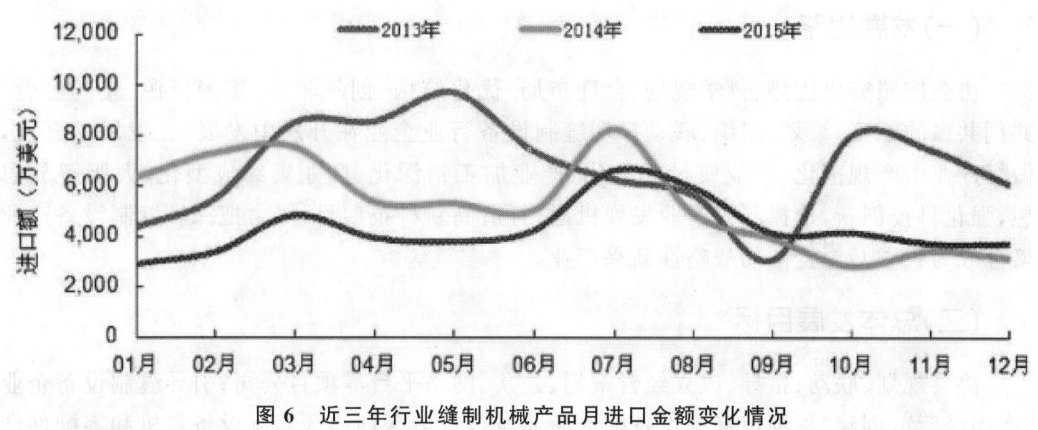

图6　近三年行业缝制机械产品月进口金额变化情况

(四)亏损面扩大,行业整体利润5.5%

据国家统计局数据显示,1—12月,我国缝制机械行业263家规模以上企业主营业务收入利润率为5.49%,同比下降0.83%。规模以上企业中,亏损企业35家,同比增长25.00%,亏损面13.31%,较去年同期增长2.5个百分点。

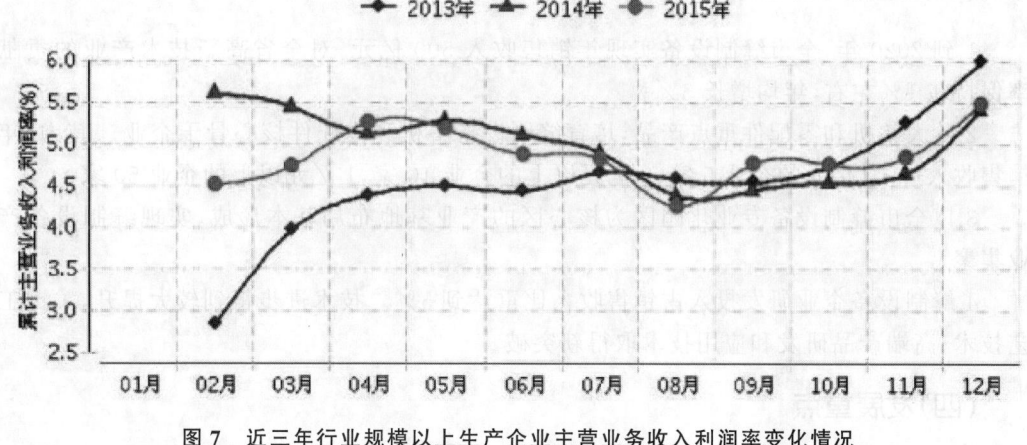

图7　近三年行业规模以上生产企业主营业务收入利润率变化情况

三、发展思路和目标

(一)发展思路

协会按照突出优势、科学规划、合理布局、优化结构、创新驱动、集聚资源、集约经营、共创共赢的原则,策划、组织、联动深圳缝制设备行业企业在开发中发展、在发展中开发,做好产业生产规范化、产业质量标准化、产业加工精深化、产业集约成型化,大胆解放思想,强化科技创新,抢抓新兴产业发展机遇,打造高新科技项目,努力把深圳缝制设备产业培育成为我省乃至全国的战略性新兴产业。

(二)总体发展目标

协会规划、联动、指导、成立经营策划、公共、网络平台等项目公司;引导缝制设备企业"抱团经营",创建"深圳市缝制设备配送商业城",打造深圳地区缝制设备整机和零配件产品的品牌;利用5~10年的时间,主导开发高新科技园区项目(前店后厂),集成深圳市缝制设备产业分散企业为产业化集团,加快完善产业链系列配套项目的功能,形成健全行业集团产业经济体制,强化系统的整合和统一,初步实现经济快速增长方式和产业结构的功能性转型,生产方式和管理体制从传统条块分割向整体规划布局、全面统筹、集约经营、集团化的跨越发展。

(三)主要发展目标

1. 到2020年,全市缝制设备实现年销售收入500亿元,对全省高新技术产业的贡献率保持在1%左右,年均增长5%。

2. 壮大整机和零配件重点产品,培育缝制设备整机和零配件核心骨干企业。其中,年销售收入过10亿元的企业5家,2亿元以上的企业10家,1亿元以上的企业50家。

3. 以全市缝制设备专业化园区为核心区的产业基地布局基本形成,实现缝制设备产业集聚。

4. 缝制设备企业研发投入占销售收入比重达到5%。技术进步得到较大提升,关键工艺技术、高端产品研发和应用技术取得新突破。

(四)发展重点

1. 重点发展5大整机企业在缝制设备产业的领域,重点发展远成、雅诺、德业、大洁王、美宁5家大企业。

2. 打造3条产业链和3大类产品。

(1)依托远成、雅诺、德业、柒柒柒、日东、大地利、金利、超诚、禾丰、全利成、富怡、汉邦、九零九、左奇、五阳、富康、文兴17家骨干企业,打造缝制设备整机生产的产业链。

(2)依托金和、坤伦、新典、童氏、银田五金、新创伟鑫、顺兴、龙丽轩、联鑫泰、耐锋铃、耐可利、恒盛兴、伟达鑫、金迈克、向前进、垚鑫、佳利17家企业，打造零配件生产的产业链。

(3)依托大洁王、美宁、积聚电子、山龙科技、利达行、博克、易利、斯迈迪、东菱、创益、胜天、日乐升12家企业，打造辅助设备生产的产业链。

(4)依托鹏诚、源通、鸿达、环球、星驰、鑫泰达、益达、捷胜、绮威宝、兴汇发、骏昌威、长丰、诚信、金丰、鸿盛、和谐、标缝、东大18家企业，打造贸易商的产业链。

(五)搭建两大支撑平台

1.技术创新平台。

(1)整合整机和零配件的龙头企业科研机构资源，组建1~3个缝制设备(技术)研究中心，5~10个工程实验室和重点实验室。

(2)依托整机和零配件核心的骨干企业组建50家企业技术中心，在此基础上，择优支持省级企业技术中心申报国家级企业技术中心，争取其获得国家创新能力建设重大专项的支持。

2.专业化公共服务平台

(1)协会依托核心龙头企业推动优势领域内的公共服务平台建设，进一步完善深圳缝制设备产业产品检测检验、评价认定体系建设。

(2)搭建产业园区内的缝制设备产业公共服务平台。协会利用缝制设备产业园区，择优搭建缝制设备产业检测检验、评价认定、公共实验、关键共性技术研发、产业孵化等公共服务平台。

(六)建设三大专业化产业项目

1.尽快成立一家经营策划、公关、网络平台等服务项目的盈利性公司，主要负责开发高科技产业园区项目的实施，通过协会的协调管理来搭建零配件生产企业与整机生产企业的供需平台，渗透零配件生产企业与整机生产企业的沟通和交流的层面，整体推进全市缝制设备企业的发展。

2.以协会牵头带动行业企业"抱团经营"，依靠深圳地区数十年整机和零配件产业的雄厚基础，充分发挥其产业发展优势，规划、选址、立项、创建"深圳市缝制设备配送商业城"，打造深圳地区缝制设备整机和零配件产品的品牌，力创企业品牌升值。

第四篇 Chapter 4

经典案例

第四章

名典案內

深圳市包装行业协会开展第一次行业普查

◎深圳市包装行业协会 罗少敏 刘莹

前言

为了全面准确地了解我市生产包装物及相关单位的数量、分布、类别、规模和运行等情况,为政府制定科学的产业导向和政策提供依据,为各单位日常经营和合理制定中长期发展规划提供可靠信息,为协会更好地发挥桥梁纽带作用奠定基础,深圳市包装行业协会从 2014 年 4 月份起在全市范围内开展包装行业普查工作。此次普查是深圳特区成立以来第一次全行业、全方位、全地域的普查,影响力大,涉及面广,普查结束后由协会秘书处负责编辑出版《2015 深圳包装》电子黄页和建立行业数据库系统,与社会各界共享,具有重大的现实意义和深远的历史意义。

一、协会简介

1987 年 11 月深圳市印刷包装行业协会正式成立。1989 年 8 月,根据行业管理需要,深圳市印刷包装行业协会分为深圳市包装行业协会和深圳市印刷行业协会。

深圳市包装行业协会是由深圳市从事包装设计、生产和经营纸制品包装、塑料制品包装、金属制品包装、玻璃制品包装、陶瓷容器、木制品包装、包装机械及包装原材料、辅料等企业、事业和相关的教育、科研单位自愿组成的行业管理组织,属非营利性的社会团体。历史累计会员单位 472 家,现有常务理事单位 36 家,副会长单位 17 家,另有个人会员 376 人,主要是行业专家、学者和包装设计人员。

协会的宗旨是:在遵守国家宪法、法律、法规、国家政策和社会道德风尚的前提下,在深圳市民间组织管理局的指导下,协助政府从事行业管理,建立行业自律机制,规范行业市场秩序,优化行业市场环境,培育国际会展品牌,维护会员合法权益,提高行业整体素质,组织行业国际交流与合作,促进深圳市包装行业的健康发展。

协会下设秘书处、纸品包装专业委员会、塑料包装专业委员会、包装设计专业委员会。

秘书处下设会员部、政策研究部、编辑部等部门,现有专职工作人员7名。

二、普查基本情况介绍

深圳市包装行业普查是自深圳特区成立以来开展的第一次全行业、全方位、全地域的普查,也是深圳市第一家开展行业普查工作的行业协会。普查目的:全面准确地了解我市生产包装物及相关单位的数量、分布、类别、规模和运行等情况,为政府制定科学的产业导向及政策法规提供依据,为企业日常经营及制定合理的中长期发展规划提供可靠信息,为协会更好地在政府与企业间发挥桥梁纽带作用奠定基础。

本次普查涵盖了深圳市行政辖区内从事包装物生产、包装印刷机械制造、包装印刷原辅材料生产供应和与包装行业相关的设计、科研、检测、教育等活动的全部单位。普查内容主要包括全市包装生产企业区域分布、企业数量、企业规模、资质、性质、主营产品、主要生产设备、技术人才配备等。

自2014年4月发动以来,我们严格按照普查工作领导小组的统一安排,精心组织,以质量为核心,截至2014年12月中旬,经过半年多的不懈努力,较好地完成普查工作,基本摸清了我市包装行业概况。

本次普查通过地毯式地走访企业2 973家,发放《深圳市包装行业普查表》2 973份,回收有效调查表2 584份,问卷回收率为86.92%。我们将普查过的企业分类,按地域分布划分:分布在宝安区、光明新区、龙华新区共1 357家,占52.52%;龙岗区、坪山新区、大鹏新区共886家,占34.29%;深圳市区内(含南山区、福田区、罗湖区、盐田区)共341家,占13.2%(见图1)。

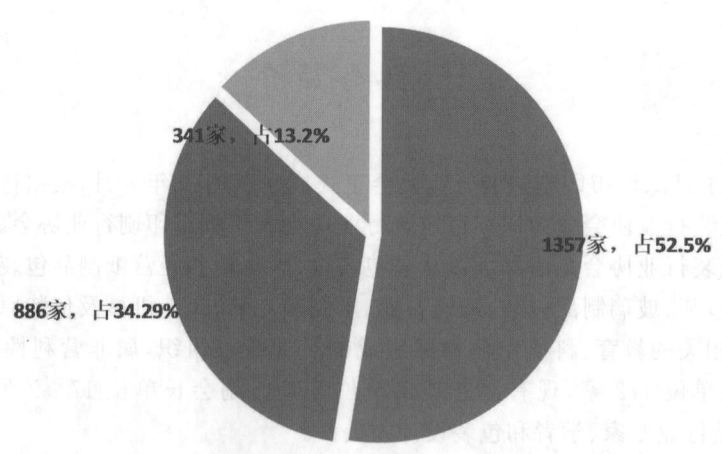

图1 按地域分布划分

按生产产品种类划分：纸制品包装企业占65%，塑料制品包装企业占17%，木制品包装企业占5%，金属制品包装企业占3%，原辅材料加工贸易企业占4%，包装机械占3%，陶瓷、玻璃和其他包装企业占3%（见图2）。

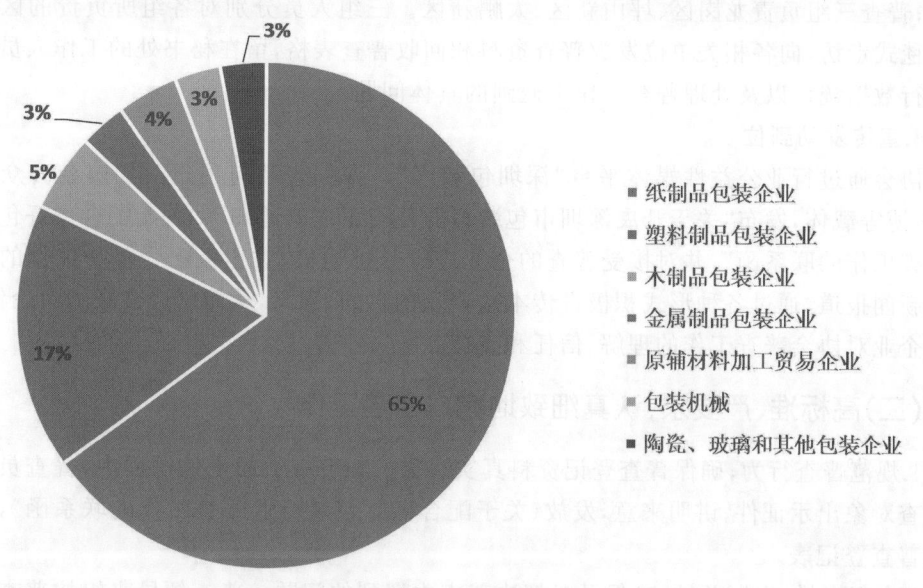

图 2　按生产产品种类划分

三、普查工作亮点

普查领导小组紧密结合我市包装行业的实际情况，全力开展第一次行业普查工作，主要从以下几方面进行：

（一）"四到位"启动普查工作

1.组织领导到位

为加强对此次普查工作的组织领导，普查工作启动前，我们成立了由深圳市包装行业协会会长担任组长的"深圳市包装行业普查工作领导小组"，下设领导小组办公室，开展日常普查工作，由深圳市包装行业协会秘书长任主任，配备普查专员，负责走访各单位并发放普查资料和回收普查表格工作。

2.普查经费到位

普查费用252 540元，其中：协会支出227 540元，6家会员单位赞助共25 000元。本着"工作需要、厉行节约"的原则，普查领导小组编制了普查预算报告，并积极向行业企业征集普查赞助，各相关单位同心协力，为普查工作提供了充足的财力、物力保障，有力地保障了普查工作的顺利推进。

3. 普查人员到位

普查领导小组配备普查专员并实行普查分组,将普查人员按片区分为三组,每组两人。普查一组负责宝安区、光明新区、龙华新区;普查二组负责福田区、南山区、罗湖区、盐田区;普查三组负责龙岗区、坪山新区、大鹏新区。三组人员分别对各组所负责的区域展开地毯式走访,向各相关单位发放普查资料和回收普查表格,留在秘书处的工作人员则负责进行数据统计以及处理普查工作中遇到的具体问题。

4. 宣传发动到位

协会通过行业公益性媒体平台"深圳包装网"、"深圳包装与用户"报、协会公众微信号、微博等载体,发布"关于开展深圳市包装行业普查工作的通知"、"关于配合做好包装行业普查工作的联系函",并对接受普查的企业进行分批通报,对积极配合普查工作的企业展开新闻报道,通过各种形式积极宣传本次普查的目的、意义,从而创造良好的舆论氛围,争取企业对协会普查工作的理解、信任和支持。

(二)高标准、严要求,认真细致地完成普查工作

1. 规范普查行为,确保普查登记资料真实可靠。在普查上门走访过程中,普查员主动向普查对象出示证件,讲明来意,发放《关于配合做好包装行业普查工作的联系函》,认真填写普查登记表。

2. 合理安排、定期总结,确保及时解决普查中遇到的问题。普查领导小组按普查方案要求,认真部署,制定普查工作日程安排,建立质量控制责任制度;通过周工作会议,认真总结、交流,共同协调解决普查过程中遇到的问题,研究安排下周普查工作,确保普查工作按计划有序进行。

3. 加强领导、明确分工,确保普查质量。普查领导小组在普查走访过程中,加强普查工作指导,明确职责分工,对普查资料进行普查员自审、互审和会审,确保数据真实,同时组织秘书处工作人员对普查数据进行录入处理,在录入完成后与普查表进行核对,审核无误后录入人员签字,责任到人,确保普查质量。

4. 实施奖惩机制,确保普查效率。普查领导小组按周分配普查任务,调动普查工作人员的积极性,保证了普查效率。

四、普查工作中遇到的问题

此次普查是我市开展的第一次行业普查,在走访过程中也遇到了一些困难:一是有部分企业对普查工作认识不够,配合度不高,警惕心较强,对这部分企业,普查人员耐心细致地做好企业宣传解释工作,并向企业宣贯行业最新政策法规,从各方面消除企业的思想顾虑,确保普查登记资料的真实可靠;二是部分企业应付式填表,导致普查资料信息部分缺漏,后续工作人员通过电话回访等方式将缺漏信息进行补录,这些问题加大了普查的工作量,对普查数据的准确性产生了一定影响。

五、普查数据分析及开发应用成果
——《2015深圳包装》电子黄页顺利出版

《2015深圳包装》电子黄页经过长时间的充分准备,于2015年5月底完成编辑,在此过程中,多数企业建议出版电子黄页,电子黄页绿色环保、方便阅览且制作成本低。综合考虑多方因素,秘书处出版了电子黄页并在深圳包协官网进行了发布,详情请登录深圳包装网查看(普查难免出现遗漏,数据仅供参考)。

行业普查资料开发应用,是普查工作结束后的重要工作,是将大量复杂、翔实的普查资料和数据进行整理,并转换为向政府提供制定科学的产业导向和政策的决策依据、向社会各界提供研究参考的文字资料的有效手段,这是开展《2015深圳包装》黄页编撰工作的关键。为做好这项工作,深圳包协秘书处经过精心研究与认真探讨,于2014年10月初确定了《2015深圳包装》黄页编写方案,并开始按计划进行推进。

黄页的编撰主要根据2014年全面普查准确掌握的我市生产包装物企业及相关单位的数量、分布、类别、规模、设备、资质、荣誉和运行等情况,经过进一步整理而形成行业企业名录,并编入最新的行业专业技术论文、行业活动大事记、优秀企业推介、企业家风采等,形成深圳特区成立30多年以来包装行业的第一本工具书,黄页的顺利出版发行得到了全市广大包装印刷企业的支持,对深圳包装、印刷行业的发展起到积极的作用,同时也将载入深圳包装印刷发展史册。

深圳市集装箱拖车运输协会行业服务经典案例概览

一、规范"打单费"收费模式

自2000年起,各船公司在深圳先后开始向道路集装箱运输企业收取"打单费",打单费是中国港口集装箱运输的"另类"收费。在国外和台湾、香港地区的港口无打单这一说法,打单是具有"中国特色"的物流环节。企业收到客户的订舱单或S/O时,船公司会要求客户凭订舱单或S/O到其港口所设的办事处或其指定的办公地点打单,即换取"提柜单"。在2000年前,这个打单环节是不收取任何费用的。2000年后,有部分船务公司开始以每份提柜单10~20元不等的价格,向道路集装箱运输企业收取所谓的"打单费"。这项收费是船务公司在没有法律依据、也未经政府相关部门许可、更未与道路集装箱运输行业达成协议,或通知道路集装箱运输企业的情况下,利用其市场支配地位,强行收取的行业性"霸王"费用。道路集装箱运输企业如果不交"打单费",船务公司就不给提柜单。一方面是船务公司掠取的高额额外利润,另一方面是道路集装箱运输企业因不断上涨的高额经营成本引发的企业经营困难,这种情况下,势必引发双方的矛盾。

2006年11月23日,深圳市铁力集装箱运输有限公司代表行业诉马士基打单费不当得利一案开庭审理,全国14家同业协会及数百家会员单位自发到达海事法院声援铁力,协会律师顾问林冰代表行业据理申诉,该案被国内媒体称为"中国物流运输行业理性维权第一案"。

2012年6月12日,协会再次协调相关船公司规范打单费收费模式,马士基于7月1日向协会宣布率先改变打单费收费模式,停止向拖车企业收取打单费。

2014年4月1日,深圳市交委为规范"打单费"收费模式,要求各收费窗口关闭,并希望航运企业参照马士基打单费收费模式,逐步实现向"用箱人"收费。协会依照协会理事大会制定的理性抵制"打单费"的工作原则,向相关航运企业与船代公司累计发送工作联系函292份,向行业主管部门和航运协会累计发函37份,协会代表数十次协同协会理事以上单位多次走访协调了深圳地区所有的航运和货代企业。协会始终坚持解决"打单费"问题务必保持全行业合理诉求理性表达的方针,最终达到了行业叫好、行业主管部门基本满意的工作目标。

截至 2015 年 1 月 31 日,在协会领导团体参与和带动下,经全体会员的共同努力和秘书处的督促协调,向协会最后递交承诺书的伊朗国航等相关船公司已全部履行规范收费模式的承诺,全行业约 2.8 万台疏港运输车辆,每年约节约不必要的"打单费"成本近 3 亿元。

二、建议取消不合理的公路收费

位于盐田区的梧桐山脉盐田坳隧道,是盐田区通往横岗、龙岗区、惠州和汕头的交通要道,隧道原定的收费年限至 2021 年 11 月。协会了解到运荣等大型港口外堆场及金龙翔等大型停车场均设在安良地区,每天通过该隧道进出盐田港区的物流车辆约 9 000 车次,然而,单程 30 元、往返 60 元的盐田坳隧道收费问题严重影响了疏港运输和盐田区物流经济的发展。

自 2012 年以来,协会考虑到多个企业反映的情况,秘书处协同耿博会长代表行业历经多次向市委、市政府、市人大等有关部门递交情况反映和建议,与有关政府部门共同推动。在社会各方的共同努力下,盐田坳收费站于 2015 年 2 月正式取消收费,此项措施每年有效降低了数千万元行业的营运成本。

三、为增加节能减排补贴积极奔走

2015 年 3 月 10 日起,秘书处受会长会、理事会的委托,重点协调市政府、市交委、市财委、市人居委、市信访局等相关领导,就营运车龄不满 10 年的黄标车加大补贴及 10 年以上车辆追加补贴政策出台及落实事宜进行多次情况反映与呼吁。2015 年 3 月 17 日下午,深圳市常务副市长吕锐锋组织召集深圳市人居委、市财委、市交委和市交警局就协会关于对未满 10 年营运黄标车辆加大政策性补贴幅度的专项会议,会上决定,将对协会提交关于未满 10 年 2005、2006、2007 年注册登记的营运黄标车加大财政补贴的建议,给予正式通过,并决定对未满 10 年的黄标车给予近 5~7 万元的财政补贴,以此帮助弱势车主群体具备车辆置换的基本条件。

2015 年 3 月 25—29 日,应广西玉柴机器股份有限公司、东风柳州汽车有限公司邀请,协会与深圳车之彩汽车销售服务有限公司联合协会党群互动推广使用新能源车辆走进"玉柴"、"柳汽"集团采购新能源车型的访问活动,现场认购节能减排车辆 645 台。

截至 2015 年 11 月 30 日,秘书处共为会员开具车辆报废证明 16 449 份,协会为会员企业增加废钢铁补贴 4 523 万余元,协助会员领取国家对老旧车辆的补贴近 2 亿元,帮助全行业成功领取市财政补贴近 8 亿元,其中 5 483 台不满 10 年的黄标车辆已享受特殊政策补贴近 3 亿元。

据会员企业普遍向秘书处反映,企业于 2013 年至 2014 年向相关部门申请领取国家对老旧车辆提前淘汰的补贴款项迟迟未能按期支付,会员企业普遍面临巨大的资金压力。耿博会长及时向市人大反映了情况,经秘书处协调国家财政部加快款项审批,督促协调市财委先行垫付数亿元向企业支付,确保各会员单位于2015年7至10月间全部收到补贴款。

四、促进和谐劳动关系

通过政企交流与互信,协会与盐田区劳动仲裁机构于2015年3月30日首次合作开展了巡回法庭下基层试点工作,并在协会秘书处会议室开庭,现场氛围公正透明,成功调解了司机林忠玉与深圳市东方希嘉物流有限公司的劳动争议案,促成了当事者双方主动握手和解,为盐田区人资局政务改革巡回法庭下基层工作的深入开展夯实了基础。

协会为推动行业和谐用工,防止用工矛盾争议,还动员共38家会员企业积极报名加入盐田区和谐劳动关系促进协会,并于2015年5月7日由广东省人力资源和社会保障厅副厅长谢树兴,深圳市人力资源和社会保障局副局长李滔,盐田区委副书记、区长杜玲,副区长王守睿以及协会首届会长耿博共同为协会揭牌。

五、参与交通治理

2015年4月25日至5月2日,协会受盐田区政府、区政法委、区公安分局、市交警局委托,组织100家理事以上单位代表与盐田交警大队、市机训大队、盐田派出所联合组建了"道路交通秩序疏导巡查工作队",24小时分班轮流上路开展巡查和疏导工作,维护盐田范围营运车辆的停放秩序,有效防控了部分拖车司机被个别不法人员操纵有计划的不稳定事件发生。此举受到了相关政府部门和盐田居民的一致好评,达到了弘扬协会正能量的社会效应。

六、打破执业许可的地方限制

2015年4月29日,经协会与同行业协会联名向市人大法工委反映情况,在市交委和港货局协助下,市第五届人民代表大会常务委员会第三十九次会议于2015年4月29日通过了《关于修改〈深圳经济特区道路交通安全管理条例〉的决定》,将第四十八条改为第四十九条,修改为:"驾驶营运车辆的人员从事营运活动时,应当持有交通运输管理部门核发的从业资格证。"修改内容解读为:驾驶员持交通部统一颁发的从业资格证可在深从事营运工作。至此,协会解决了必须换领或持深圳市交通运输管理部门核发的从业资格证才可在深从事营运活动的行业困扰难题。

七、其他行业服务活动

2015年6月26日,协会党总支组织带领秘书处全员,配合盐田区政府,组织会员企业参与第二届盐田区总商会暨物流行业才艺大赛并取得圆满成功,取得"最佳贡献奖"。

2015年8月,秘书处在开展会员走访联系活动中,就会员反映的盐田窗口办事人员行政效率低下积极协调上级部门予以内部整改,并就建议提升整体行政工作效率进行了必要的协调,得到了相关领导的高度重视,为2016年即将实施的电子业务审批系统创造了一定的基础。

(本案例源自深圳市集装箱拖车运输协会提交的年度报告材料)

深圳市银行业协会反信息诈骗犯罪活动经典案例

近年来,以电信加银行卡为基本作案模式的新型信息诈骗活动日趋凸显,金融秩序和社会治安受到影响,深圳市银行业协会代表并推动各会员银行与深圳市公安局加强合作,为防范和打击信息诈骗犯罪活动做了大量的工作,有效营造了良好的金融发展环境,各商业银行全力支持并参加反信息诈骗活动,全面展示了深圳银行业积极履行社会责任、切实保护金融消费者合法权益的良好形象。

一、构建银警合作新格局

近年来,为加强反信息诈骗工作,深圳银监局、深圳银行业协会与市公安部门进行协商并达成共识,决定开展全面和深度合作,率先构建深圳银行业与公安合作,共同防范和打击信息诈骗的工作格局。2014年3月15日,银行业协会与市公安局网监分局正式签署了双方共同推进反信息诈骗工作协议;2014年5月20日,银行业协会又与市公安局、刑侦局签署了合作协议。2015年8月4日,深圳市公安局、深圳银监局、深圳市银行业协会签署了深圳市反信息诈骗犯罪案件涉案账户资金应急处置合作协议,在深圳地区构建起银行与网络警察合作的有效打击信息诈骗的良好工作格局。

在深圳银行业协会与市公安部门签署的合作协议中,双方重点商定了合作内容、组织机构及工作机制、法律保障等工作实务,注重了对公众防范诈骗的宣传指导,推出了方便公众报案、涉案资金返还等方面的法律援助措施。典型的一起案例,如2015年12月11日,深圳某集团被骗3 505万元。尽管存在报警时间晚了10小时的不利条件,但通过银协与深圳市公安局签订的《深圳市反信息诈骗犯罪案件涉案账户资金应急处置合作协议》,银行立即启动快查快冻模式,在15个小时内查询和止付8家银行、5个层级、75个账户,其中73个账户为外省市账户,成功拦截涉案资金近4 900万元,其中本案资金达2 874万元,为受骗企业挽回了重大损失。数据显示,截止到2016年6月25日,各银行共协助查冻涉案账户4 777个,紧急拦截涉案诈骗资金2.67亿元,返还冻结涉案资金4 589万元,最大限度地减少了受骗市民的损失。

二、大数据促进反诈骗信息高效互用

深圳银行业协会利用覆盖会员银行的公文收发系统和与网警畅通的联通渠道,积极搭建会员银行与网警的信息交流平台,提高银警合作打击信息诈骗的效果。协会一方面将警方发掘研判的最新信息诈骗案件类型、发生区域分布及作案手法及时转达给会员银行,另一方面汇总会员银行搜集的诈骗电话、虚假网页、银行账户等相关案情及有关非接触型诈骗的分析报告供警方研判。与此同时,协会不定期召开银警联席会议,安排双方面对面进行技术和工作经验交流。

银协在深圳市的反信诈专项行动中尽最大努力确保"资金链"这一环不被犯罪分子有机可乘。据悉,在银警合作中,会员银行将公安专线提供的信息诈骗涉案账户录入后台管理系统,当客户在柜台、自助设备、ATM、手机银行或网上银行向"黑名单"账户转款时,系统自动弹出警方的预警提醒,进行劝阻。

同时,深圳银行业协会协调银行与网监合作设立"网安银行警务室",使网安警务前置一线,目前已有工行、中行、建行、平安银行等设立"网安银行警务室"。银协统一行动,积极争取各家会员银行取得总行的授权和支持,立足深圳、服务全国,7×24小时不间断地开展反信息诈骗工作;受害人只要能够第一时间报警,警方把警情指令给银行,银行会在极短的时间内冻结在本地或异地的所有涉案账户,只要钱没有流出银行体系,受害人的资金便能得到最大限度的保全。

三、多维度防骗宣传保安全

在深圳银行业协会的推动下,各银行机构在本行遍布全市的所有营业网点,通过网点大厅挂牌、LED屏显、银行网点户外广告等载体,用宣讲、提示、漫画演示和案例播报等方式进行滚动宣传;各会员银行在客服热线和官方网站、网银客户端等网络平台中,增设"反信息诈骗宣传咨询专线"板块,设置反信息诈骗语音与屏显提示功能,进行风险提示和防范宣传,并接受公众咨询;银警合作把反信息诈骗宣传舆论深入推进到社区和各种公共场所。

"反信息诈骗专项工作意义重大,协会一直非常重视,近几年不断进行有益探索和创新,与市公安局刑侦、经侦、网监分局以及市中院执行局签订了多项合作协议"。深圳市银行业协会专职副会长范文波表示:"协会将按照市领导和深圳银监局要求,在市公安局的指导和帮助下,作为行业代言人,继续与公安等部门紧密合作,推动各行切实履行社会责任,共同做好此次反信息诈骗犯罪专项行动的各项工作,并力争在全国银行业起到示范作用。"

深圳警银合作的新模式、新机制已引起全国各省市的高度关注,纷纷组团前来鹏城学习考察;同时,深圳市这一先进做法也为中央从全国层面推动反信息诈骗工作提供了理论实践和制度探索,受到全国打击治理电信网络新型违法犯罪工作部际联席会议的充分肯定。在公安部、银监会等联合发文开展全国打击电信网络诈骗犯罪活动中,深圳再次先创先试。

(本案例系编辑根据深圳市银行业协会填报的 2015 年年报材料、《深圳晚报》2015 年 9 月 10 日报道《深圳多家银行利用大数据促进反诈骗》,以及《深圳新闻网》2016 年 12 月 27 日报道《深圳银协推动建立银行业反信息诈骗体系》编写。)

深圳市个体劳动者协会整合信用信息促进会员自律

协会会员信用信息体系建设,就是将政府部门、社会资源、协会自身所采集的会员各类信息进行归集整合、互联共享,让信用信息焕发出强大的生命力。信息收集要避免信息堆砌和闭关自守,在信息共享的互联网时代,深圳市个体劳动者协会(以下简称为"协会")善于运用好各方的有效信息资源,结合行业实际,为会员提供服务,帮助会员合法合规经营;开展创先争优活动,推动行业自律;利用信用信息促进资源优化配置,让会员实际享受到诚信带来的实惠;协助政府部门加强监管,推动社会诚信体系建设。

一、信用信息获取的渠道

(一)建立会员信息管理系统

协会自2011年8月开始发展直属会员,建立了完善的会员管理系统。通过采集单位信息(单位名称、注册执照号、经营场所、经营范围、行业分类、入会时间等)和个人信息(姓名、性别、文化程度、政治面貌、身份证、居住地、户籍地以及购买社保所需的相关信息)等,建立了规范完整的会员档案。目前,协会会员信息资料库内容包括1.2万户单位会员信息和4万名个人会员信息。

(二)通过深圳信用网获取会员信用信息

作为深圳信用网的最早一批成员单位,协会利用成员单位的身份可以获得较高级别的信用信息查询资质,掌握在各行政管理部门监管下的会员信用情况。

(三)通过银行征信系统获取会员信用信息

协会自民间化改革后,积极开展多渠道的融资服务,致力于为会员构建"金融超市"的融资服务平台,与多家银行签订战略合作协议,为会员提供信用、抵押等多款融资产品服务,并注意收集会员在中国人民银行的征信记录,录入协会会员管理系统,进行长期跟踪管理。

(四)通过鹏元征信系统获取会员信用信息

协会通过为会员提供积分入户咨询服务,能准确掌握会员在鹏元征信系统的个人信用情况。这成为获取会员信用信息的又一渠道,是对协会现有会员信用管理的有效补充。

二、信用信息的应用

(一)协会会员信息纳入深圳信用网数据库管理,向全社会公开

作为深圳信用网成员单位,协会会员的社保缴费信息、会员协会评先记录、会员慈善捐助信息等已被列为信用网数据库采集目录,成为必须定期提供的数据。5年来,我们共上传数据50多次,更新信息70多万条,供全社会查询和使用,提供数据量远高于9个行业协会成员单位,成为贡献信息量最多的社会组织,多次受到深圳市公共信用中心的表扬。

(二)利用深圳信用网和协会会员系统数据,开展"红旗文明诚信商户"评比活动,推动社会诚信体系建设

"红旗文明诚信商户"评比活动是协会开展的自主品牌评先活动,旨在引导会员加强职业道德教育、强化诚信意识、维护消费者权益、维护员工合法权益、积极承担社会责任、自觉接受社会监督、自觉维护市场正常经济秩序。会员诚信经营,拥有良好的信用记录是参评"红旗文明诚信商户"的首要条件。参考信用网各政府部门对企业的信用评价,结合协会长期记录的会员信用记录,经过严格初审、现场考核及资格复核、公示等工作环节,两届共有206户个体工商户当选为深圳市"红旗文明诚信商户"。协会事后及时将获奖名单载入深圳信用网向社会展示。这种利用信用情况评选先进,将荣誉记入信用记录,充分发挥信用信息循环使用、互联互通的做法,得到了广大会员的高度认可,极大地激发了广大会员争先创优的积极性。红旗文明诚信创建评比活动犹如一盏引航的灯塔,点燃了个体工商户对诚信和荣誉的追求,越来越多的个体工商户踊跃报名参加,自觉将守法诚信经营的理念贯穿于生产经营的每个环节。

(三)协会信用优质客户得到银行认可,可获得最高100万元的信用贷款额度

协会推荐的优质客户得到了合作银行的认可。由于协会长期以来重视、规范、严格管理和使用会员各项信用记录,特别是"红旗文明诚信商户"的评选活动,具备证照齐全、经营状况好,获50多个政府部门的信用好评,在公检法机关无不良记录,协会信用评分优异等特点,在考核过程中还听取了主管单位、周围群众、员工的评价,并对评选结果进行了社会公示。由于评选严谨务实,协会得到了融资合作单位深圳农村商业银行的高度认可。银行根据获得"红旗文明诚信"称号的企业和商户经营规模大小及对资金的需求情况,给予了最高100万元的信用贷款额度,解决了这部分企业商户的资金难问题,让会员实实在

在地享受到诚信经营带来的实惠和好处。

(四)根据会员实际需求,免费开展分类服务

1.为会员开展免费年报服务

商事登记制度的改革,降低了创业门槛,激发了市场活力,但一系列改革措施的密集出台,让个体工商户会员猝不及防,并未真正了解政策的实质内容。这集中表现在年检改年报政策,绝大部分个体工商户都以为取消年检就不需要年报了,导致深圳市个体工商户年报率维持在较低水平。为了避免会员因对政策的不了解而导致没有年报被载入异常名录,产生信用污点,协会一方面加强宣传,通过内刊杂志、网站、微信、短信等平台宣传年报政策和年报的重要性,另一方面,开发微信在线申请,为会员提供免费年报服务。经过反复循环的宣传引导,1.2万户单位会员的年报率由最初的21%,上升至79.77%,远远高于深圳市个体工商户的平均年报率,此举既服务了会员,又服务了政府,为提升深圳的整体年报率做出了积极的贡献,得到了市场监管局的高度肯定。

2.为社保会员开辟微信在线查询缴费记录服务

社保服务是协会为会员开辟的品牌服务项目。协会长期引导会员按时缴纳社保,这也是体现诚信的最基本表现。为了让近4万名在协会购买社保的会员享受到贴心温暖的个性化服务,协会于2014年8月开辟了微信绑定查询社保记录服务。会员只需要提交手机与身份证号码,与会员管理系统内的数据进行匹配成功后,即可在微信查询个人缴费基数、缴费金额、到账情况等信息,清晰掌握自己的社保缴交情况。协会每月还筛选出社保扣费不成功的会员信息,对其发起两次补扣提醒,避免忙于生产经营的会员因为疏忽而造成社保断缴,给将来的生活带来不便。两年来,协会将会员信息较好地融入社保服务,目前关注协会微信社保查询功能的会员有1.6万人,协会已为会员发送社保补扣提醒短信超过20万条。

3.有针对性地开展各类免费培训

由于较为准确地掌握了单位会员的行业分类、经营规模和发展需求,协会针对不同的群体、不同的需求,会经营性地推出系列培训活动,包括移动营销、融资产品、年报知识、营改增后税务申报、积分入户注意事项及法律进企业等相关培训,帮助会员准确把握政策,掌握应对措施,以提高生产经营能力和水平。

(五)推出共产党员"亮身份、亮标准、亮承诺"的"三亮"挂牌经营活动,塑造党员诚信典型

根据党员分布情况,协会于2010年在系统内推出"亮身份、亮标准、亮承诺"的共产党员"三亮"挂牌经营活动,目前已有58名党员勇于亮出自己的身份,接受消费者和广大群众的监督,以文明经商、诚信守法、质量安全、明码标价、价格实惠赢得了广泛的赞誉,并成功影响了一大批优秀工商干部和爱心企业家,带动全行业掀起诚实守法经营、履行社会责任的热潮。受到非公党委的认可和推广,《深圳特区报》进行了多期报道。协会党建工作被深圳市委组织部授予"深圳市非公企业和社会组织党建工作示范点",被中共深圳市非公有制经济组织委员会授予"深圳市非公党委党建工作示范点"。国家工商总局更是借鉴

此做法并在全国进行大力推广。

(六)定期分析个体私营企业的信息数据,向政府提供有效的分析报告

协会每年定期撰写《行业协会发展报告》和《深圳年鉴(个体经营经济部分)》,向社会组织管理局和深圳史志办汇报个体经营企业的最新情况和个体私营经济发展状况,同时积极参与政府的各类调研活动,提供本行业发展数据和反映本行业真实现状。协会已经连续两年作为行业协会的唯一代表单位,接受广东省"两建"工作考核组的检查,由于协会内部建设规范、自律作用发挥好、信息化建设完善,考核获得满分,为深圳及深圳的行业协会争得荣誉。

三、信用信息的监管

(一)借助深圳信用网监管数据,掌握会员经营情况

协会定期将会员信息与深圳信用网的监管数据进行匹配比对,及时掌握会员的生产经营情况。一旦发现会员从事违法经营行为,市区协会迅速联手,通过教育、劝诫、限期整改的方式对其进行批评,同时将其违规行为录入协会会员管理系统,进行长期重点跟踪监管。如发现因对政策不了解而导致被列入异常名录的会员,协会主动与其沟通,给予政策辅导,并协助其移出异常名录,恢复良好的信用记录。

(二)与银行达成一致意见,共同参与会员的信贷信用监管

随着在协会接受金融服务会员的增多,我们与各大合作银行达成一致意见,协会参与对会员信贷信用的监管。协会为每个融资会员建立个人银行信贷信用记录,银行每月将会员的还贷情况反馈给协会,协会可全面掌握融资会员的信用情况,同时可及时协助银行,对未准时还贷的会员进行提醒和督促,帮助其树立良好的信用观念。

(三)公开社会监督渠道,欢迎全社会共同参与会员信用监管

协会通过《深圳民企时代》杂志、官方网站、官方微信等自有宣传平台,全面向社会公开投诉建议渠道,同时在协会办公场所设立意见箱,欢迎社会各界对本行业的发展发表真知灼见,也欢迎参与会员信用监管,共同构建社会信用体系,共同为构建和谐深圳、效益深圳、质量深圳而努力。

(以上材料根据2016年第2期深圳市行业协会/商会经验交流沙龙上深圳市个体劳动者协会副会长兼秘书长楼溟女士发言录音整理)

深圳市钟表行业协会：
小钟表成就大事业

深圳是中国钟表之都，同时也是首批国家外贸转型升级（钟表）专业示范基地。钟表行业是一个小行业，但在国际和国内的贸易中占据着大比重。深圳钟表产业占全球出口总量的42%，国内销售量和销售额占75%以上。深圳市钟表行业协会于1987年成立，曾获得全国先进社会组织、广东省先进民间组织、深圳市5A组织、广东省中小企业公共（技术）服务平台等荣誉，更是深圳市唯一一家获得广东省知识产权示范单位荣誉的行业协会。从某种意义上说，行业协会的作用在于"搭台唱戏"，即针对会员企业的需求，从而搭建相应的平台。

一、建立健康有序、独具特色的内部治理机制

（一）诚信自律，坚持自治

钟表行业协会自1987年成立以来，从未有任何政府部门领导和工作人员（含离退休人员）兼任过协会任何职务。

（二）竞争有序，差额选举

协会选举遵循着严格的差额选举制度，会长、副会长、常务理事、监事长、监事等完全由企业家差额选举产生理事会和监事会。2014年，胡春华书记在协会调研时曾高度赞扬了协会的差额选举制度。而且，候选人之间达成"握手承诺"，即无论当选与否，候选人都要无条件地支持当选会长的工作，继续为行业发展尽心尽力。

（三）结构合理，工作守则

选举以后，理事有严格的工作守则，理事会成员需要负责协会下各个委员会的具体工作。

经过30年磨练，协会逐步形成了以产业推广、技术创新、信息研究为主的三大体系共21个产业服务公共平台的建设。在产业推广方面，协会参与众多项目，比如有深圳市钟

表产业集聚基地、独立运作的深圳钟表展,代理了瑞士巴塞尔世界钟表展、香港国际钟表展以及德国慕尼黑钟表展,等等。在技术创新方面,协会拥有深圳市钟表与智能穿戴研究院、深圳市钟表质量检验中心、深圳市钟表技能鉴定所、产品创新设计中心等。协会还承担了劳动局委托的职业技能培训任务,成立深圳市钟表协会职业技能培训中心。在信息研究方面,协会与各协会商会保持友好关系,而且采取了包括网站、公众号和杂志等在内的宣传方式。另外,"深圳钟表"是深圳市政府积极扶持的优势传统产业,包括中国名牌4个、中国驰名商标7个、广东省著名商标9个以及深圳市自主品牌170余个。2015年,在全中国钟表行业600亿元的产值中,深圳传统手表独占400亿元,智能穿戴产品占200亿元。

二、以瑞士钟表业为标杆,全方位探索转型升级

深圳市钟表行业协会近些年来的工作主要围绕以下方面:

(一)主办"中国·钟表文化周"

如2014年,协会举办了全球第三大钟表展"深圳钟表展"25周年庆典。

(二)建设国家级示范基地产业发展核心区——中国时间谷

(三)引领企业走出去,促进行业国际化——中国展团全部进入国际品牌馆

(四)承接政府职能,发挥协会作用——参与创新国际化城市建设

2014年,协会协助中国工信部、瑞士经济部、中国驻瑞使馆和深圳市,在深圳承办"首届中瑞自贸发展高峰论坛";2015年,钟表行业协会发挥民间外交作用,促成深圳市与瑞士伯尔尼州结成"友好城市"。

钟表行业协会一直受到政府和科研机构的关注。长期以来,协会参与社会组织建设和社会管理研究,与深圳市政策研究室及包括清华大学在内的多所著名高校均有合作。

(五)建立互动发展的行业公共服务平台——引领创新,把握趋势

"深圳市钟表研究院"发展为"深圳市钟表与智能穿戴研究院",是全国首个获得国家计量认证的社会组织,也是全国唯一同时具备CNAS和CMA双认证资质的民间非官方性质的第三方检测机构。

(六)密切企业联系,沟通政企合作

2012—2015年间,协会总共走访会员227家,组织参加政府会议和活动29次,开展会员联谊活动37次。

三、钟表行业协会的下一年度目标

协会将积极争取成为各类试点单位,发挥和培育行业公共服务平台,开拓产业融合和行业交流合作,融入智能穿戴和物联网的发展,促进钟表产业与智能穿戴产业跨界融合;推进时间谷(钟表集聚基地)的建设,以区域品牌建设推动产业转型升级,推动钟表行业增品种、提品质、创品牌;促进中瑞各个产业合作,成为中瑞自贸协定的发展载体。深圳市钟表行业协会将通过转变思维观念、改革治理机制、创新服务模式,转型精密制造、升级区域品牌,以"小协会成就大事业"。

(以上材料根据2016年第4期深圳市行业协会/商会经验交流沙龙上深圳市钟表行业协会秘书长黄伯山先生的发言录音整理)

深圳市二手车流通协会
2015年度行业服务经验分享

长期以来,深圳市二手车流通行业面临着一些亟待解决的困难,突出表现在:一是受限购限迁等因素影响,交易量、交易额等部分经济指标增长缓慢;二是市场服务功能健全不够,经济抗风险能力不强;三是企业外销渠道不宽,外销量增长少,经营压力较大;四是二手车流通行业的便民利民措施有待加强。2015年,深圳市二手车流通协会(以下简称为"协会")坚持以服务会员为宗旨,主动适应行业发展新常态,面对限购限迁的困难经营环境,充分发挥桥梁和纽带作用,扎实做好限购限迁后所需解决的各项工作,为保持深圳市二手车流通行业平稳、健康的发展做出了应有的贡献。

一、延长存量二手车备案时间

协会提出的《关于延长存量二手车备案时间意见》报市经信委转送市政府,要求延长存量二手车备案时间,后得到市政府的批复,同意存量二手车备案时间延长至2015年1月6日。

二、完成存量二手车备案工作

协会建议政府根据实际情况延长备案时间,完成存量二手车备案工作,据全市统计,在2015年1月1日至2015得1月6日期间完成的存量二手车备案车辆为38 560辆。全市完成存量二手车备案车辆共74 884辆,延长时间完成备案数量占备案数量的51%。由于延长的时间充足,各企业递交的存量车辆资料齐全,公证处出具公证书时,前端数据和公证数据吻合,第一批出具的存量二手车备案公证书绝大部分都是在延长的时间内完成的存量备案车辆。由于协会积极主动的作为,协会为二手车流通企业挽回了巨大的经济损失。

三、协作完成存量二手车公证工作

深圳市存量二手车公证情况比较复杂,可分为 2014 年 12 月 29 日 18 时封场核准的存量车辆、2015 年 1 月 1 日至 2015 年 1 月 6 日补录的存量车辆、只交公证材料不做存量备案的车辆、2014 年 12 月 29 日 18 时已拍卖成交的公车辆。经过长时间的艰苦努力工作,协会完成了 2 078 辆只交公证材料而不做存量备案车辆的公证、883 辆新车的 2 次公证、153 辆公车拍卖的存量二手车公证,以上三类公证的车辆占全市备案总量的 4%。

四、主动和政府业务主管部门沟通协调处理企业诉求

为解决企业的经营困难问题,协会需要政府的理解及支持。协会以积极主动的态度和政府主管部门沟通协调,反映行业合理合法的诉求,反映的方式为书面报告诉求及座谈诉求。2015 年,协会向政府业务主管部门提交的报告、建议及意见共 23 份;分别与政府业务主管部门座谈共 25 次,取得的主要工作成绩包括:一是如前所述完成存量二手车备案车辆 74 884 辆,出具公证书的车辆 74 534 辆,出具公证书车辆占备案车辆的 99.5%;二是争取到国 4 排放标准车辆迁入时间初步延长至 2015 年 12 月 31 日;三是促进周转指标的出台实施。

五、积极参与政府业务主管部门的行业调研、规划活动

协会受市经贸信息委的委托,撰写了《2014 年度深圳市二手车流通行业发展报告》。该报告阐述了深圳市二手车流通行业发展基本状况、存在问题及原因、发展趋势和主要对策及政策建议,已被市经贸信息委列入《深圳市商贸流通行业发展报告汇编》。

六、听取会员意见,积极"限迁"诉求行业权益

限购限迁后,行业面临着诸多实际问题和巨大的挑战,为让政府了解我行业的现实情况并给予帮助,把限购、限迁造成不利于行业发展的影响降到最低,协会集合大家的意见、建议,及时向政府业务主管部门提供准确真实的相关数据,反映行业权益诉求。为此,协会召开了一次会员大会、一次会员扩大会议、两次理事会议、一次会长办公会议和五次"五个行业代表"会议,其目的和作用就是征集企业意见和建议,反映行业诉求,争取让政府切实解决困难。

七、切实解决企业实际问题

2015年,深圳市已基本完成存量二手车的备案工作,各区公证机构已开展相关公证工作,7万多辆的存量备案二手车要在规定的时间出具公证书,工作任务繁重。协会抓紧时间和政府相关单位沟通协调,一是和各区市场监管局、市公证处、各区公证机构沟通协调,协助企业及时纠正了车辆备案的错误数据;二是和各区公证机构协商,按协会提供的各备案市场的存量二手车数量,共同制定特殊的解决方案,为企业提供高效的公证服务;三是统计全市各二手车企业关于只交公证资料的车辆、采购新车入户再销售的车辆、拍卖竞得公车再销售和异地入深上牌的车辆的数据和企业名单,及时报送市贸信息委和调控联合领导小组。

(本案例来源于深圳市二手车流通协会填报的年报资料)

第五篇
Chapter 4

政策概要

政策綱要

2015年我国有关行业协会方面的政策重点及其贯彻实施

◎深圳大学法学院 蓝娅倩 高俊杰

2015年,党中央、国务院为了促进社会组织在党和国家"四个全面"战略布局中获得更加明确的定位,在社会治理中发挥更为积极的作用,高度重视社会组织改革发展,主要在推动政社分开、加强社会组织党的建设工作、完善登记部门对社会组织的监管、加强社会组织协商民主建设等领域做出了新的部署。民政部、财政部等相关部门则在各自职能范围内分别制定了有关财政支持、评估制度改革、加强财务监管、加强和改进培训教育等系列配套文件,以推进政策的贯彻实施。深圳经济特区2015年社会组织工作的重点则是,在落实中央和各相关部门新政的同时,继续加快培育发展和规范管理社会组织的步伐,深化社会组织登记管理体制机制改革,促进政社协同治理的工作新格局的形成。

上述中央和地方政策中,有一些是对包含行业协会商会在内的社会组织提出的整体要求,如加强党组织建设;有一些政策既对社会组织提出了整体要求,同时还专门针对行业协会商会提出了特别要求,如在推动政社分开方面,对行业协会商会与行政机关的脱钩提出了总体实施方案。行业协会商会属于社会组织中的一种类型,既应执行政策的特别要求,同时也应当遵守有关社会组织的一般要求,因此,本篇将之均收录在内。

一、进一步推动政社分开

(一)《行业协会商会与行政机关脱钩总体方案》

2015年6月30日,中共中央办公厅、国务院办公厅联合发布了《行业协会商会与行政机关脱钩总体方案》(中办发〔2015〕39号)(以下简称为"方案")。方案明确了脱钩的主体是各级行政机关与其主办、主管、联系、挂靠的行业协会商会。其他依照和参照公务员法管理的单位与其主办、主管、联系、挂靠的行业协会商会,参照本方案执行。脱钩任务和措施是:机构分离,规范综合监管关系;职能分离,规范行政委托和职责分工关系;资产财务分离,规范财产关系;人员管理分离,规范用人关系;党建、外事等事项分离,规范管理关系。随后,国务院成立了行业协会商会与行政机关脱钩联合工作组,各有关部门制定出台了社会组织党的建设、机构编制、外事工作、负责人任职、国有资产管理、经费支持方式、购买服务、办公用房、行业公共信息平台等一系列配套文件。11月下旬,第一批148家全国性行业协会商会脱钩试点名单公布,各地脱钩试点工作也稳妥有序展开。这对激发行业协会商会内在活力和发展动力、提升服务功能、充分发挥行业协会商会在经济发展新常态中的独特优势和应有作用具有重要意义。

(二)《关于行业协会商会脱钩有关经费支持方式改革的通知(试行)》

为配合国务院脱钩总体方案的实施,财政部于2015年9月7日发布了《关于行业协会商会脱钩有关经费支持方式改革的通知(试行)》(财建[2015]788号)。该通知以厘清行政机关与行业协会商会职能边界为基础,按照试点先行、稳步推进、转变方式、合理保障的原则,对行业协会商会原有财政直接拨款进行改革,促进行业协会商会加快脱钩、平稳脱钩,激发内在活力和发展动力,使行业协会商会成为依法设立、自主办会、服务为本、治理规范、行为自律的社会主体,更好地发挥作用。

(三)深圳市推动政社分开的具体措施

2015年9月,《深圳市政府公报》发布了《深圳市市直部门行政职权取消、转移、下放事项目录(2015年第一批)》,取消包括部分暂停实施事项共89项,其中转移交由具备条件的行业协会等社会组织自律管理事项共40项。

深圳市民政局于2015年12月23日发布了《关于开展社会组织与行政机关挂钩情况全面摸底调查工作的通知》,面向全市开展关于社会组织与行政机关挂钩情况的全面调查摸底工作。摸底情况表明,深圳市自2004年以来开始推进的行业协会商会与行政机关脱钩的工作已经基本完成,且没有出现反弹。

二、探索和完善社会组织第三方评估制度

(一)《民政部关于探索建立社会组织第三方评估机制的指导意见》

民政部于2015年5月13日发布了《民政部关于探索建立社会组织第三方评估机制的指导意见》(民发[2015]89号)(以下简称为"意见")。为加快转变政府职能,激发社会组织活力,民政部就探索建立社会组织第三方评估机制提出了以下意见:1.探索建立社会组织第三方评估的总体思路和基本原则;2.积极培育和规范社会组织第三方评估机构;3.建立社会组织第三方评估资金保障机制;4.推进社会组织第三方评估信息公开和结果运用;5.加强对社会组织第三方评估工作的领导。

(二)深圳市关于社会组织第三方评估制度的探索与创新

2015年9月,深圳市社会组织管理局进一步探索社会组织第三方评估机制,坚持政社分开,管评分离,由独立的社会机构对包括行业协会在内的社会组织进行专业化评价,评估主体由往年的政府部门变为独立的第三方。深圳市社会组织管理局通过政府公开招

标的方式确定了深圳市社会组织总会承接市级社会组织评估工作,联合专业评估机构及研究机构、律师、会计师等组建评估委员会及复核委员会,制定评估指标体系,促使评估工作更趋社会化、民间化。在 2015 年,两批有效参加等级评估的社会组织分别为 24 家、31 家,共评估出 5A 等级社会组织 13 家、4A 级 6 家、3A 级 7 家。

三、加强社会组织党的建设工作

(一)《关于加强社会组织党的建设工作的意见(试行)》

中共中央于 2015 年 6 月 16 日颁布了《中国共产党党组工作条例(试行)》,该条例明确要求在包括社会组织在内的六类机构的领导机关中设立党组。2015 年 9 月 28 日中共中央印发《关于加强社会组织党的建设工作的意见(试行)》。这是我国首次从整体上对社会组织党建工作做出顶层设计。《意见》进一步确立了社会组织党组织的功能定位,明确了加强社会组织党建工作的总体要求和重点任务,提出了破解社会组织党建工作中系列难题的办法。《意见》的出台,为新形势下加强社会组织党建工作指明了方向,提供了基本遵循,也为社会组织健康有序发展、更好地发挥作用提供了政治保证。2015 年 7 月 9 日中共中央又颁布了《关于加强和改进党的群团工作的意见》,其核心思想为支持群团组织在党组织领导下加强对有关社会组织的政治引领、示范带动、联系服务,引导和促进社会组织健康有序发展。

(二)广东省关于社会组织党的建设的进程落实情况

2015 年 11 月,广东省社会组织党的建设工作座谈会在广州召开。座谈会上,全体成员深入学习了习近平总书记系列重要讲话精神,贯彻落实《关于加强社会组织党的建设工作的意见(试行)》和全国社会组织党的建设工作座谈会精神,交流工作经验,安排部署当前和今后一个时期的社会组织党建工作。

(三)深圳市关于社会组织党的建设的进程落实与创新情况

1.制定规范

2015 年 12 月,中共深圳市社会组织委员会、深圳市社会组织管理局联合发布了《关于加强异地商会党建工作的意见(试行)》和《关于加强行业协会党建工作的意见(试行)》两个规范性文件,对全市行业协会商会党建工作提出了系统全面的要求,并突出了深圳特色。这两个规范性文件于 2016 年开始实施。该意见提出了明确行业协会党组隶属关系、不断扩大行业协会党组织有效覆盖、着力加强党务工作者队伍建设等六项意见,以进一步加强深圳市行业协会党建工作,促进行业协会健康有序发展。

2.融入登记管理全过程

深圳市社会组织管理局要求市、区两级登记管理部门要将社会组织党建工作贯穿于登记管理的全过程,做到成立登记"三同步"(同步采集党员信息登记,同步筹建党组织,同步指导党建入《章程》,日常管理"五嵌入"(把党建工作嵌入年度检查、等级评估、换届改选、政府购买服务、评优评先等五个关键环节),以确保党建工作的实施。

3.经费保障

根据广东省财政厅有关拨付两新组织党建工作经费使用管理办法,其明确了"两新"组织党建的人、财、物、阵地投入项目标准,党员每人每年500元活动经费,书记每人每月400元工作补贴。

四、完善登记部门对社会组织的监管

(一)加强财政监管

2015年3月2日,民政部、财政部联合发布《关于规范全国性社会组织年度财务审计工作的通知》(民发〔2015〕47号),要求社会组织在接受年度检查时,应当按照登记管理机关的要求报送会计师事务所出具的年度审计报告。登记管理机关为履行监管职责,可以同时出资委托会计师事务所对社会组织进行年度财务抽审。对在财务审计中发现的社会组织违法违规行为,由登记管理机关和相关部门依法予以查处。对于违背注册会计师执业准则,为社会组织出具虚假审计报告的会计师事务所,由财政部门依法予以处理。

(二)统一社会信用代码

2015年12月18日,根据国务院关于批转发展改革委等部门《法人和其他组织统一社会信用代码制度建设总体方案》的通知和要求,民政部在京召开全国社会组织统一社会信用代码实施启动会议,要求各地为新登记的社会组织颁发加载统一社会信用代码的新版登记证书,逐步有序地完成存量社会组织码证转换,这标志着社会组织即将获得全国统一的18位数字"身份证号"。实施社会组织统一社会信用代码制度对于简政放权、优化服务,加强社会组织事中事后监管,建设"信用中国"具有重要意义。

五、加强社会组织协商民主建设

2015年2月9日,中共中央发布了《关于加强社会主义协商民主建设的意见》,明确了社会主义协商民主的本质属性和基本内涵,阐述了增强社会主义协商民主建设的重要意义、指导思想、基本原则和渠道程序,对新形势下开展政党协商、人大协商、政府协商等做出全面部署,是社会主义协商民主建设总的指导性文件。中央办公厅、国务院办公厅于2015年7月22日联合颁布了《关于加强城乡社区协商的意见》,把社会组织协商列为协商民主的重要渠道。

与此相关的一些政策措施还包括:4月,中办、国办《关于加强社会治安防控体系建设的意见》对发挥社会组织作用,培育和发展社会组织做出专章部署。5月,习近平总书记在中央统战工作会议上强调,要高度重视和做好社会组织中的知识分子工作,引导其发挥积极作用。中共中央2015年7月13日发布《关于加强和改进党的群团工作的意见》,提出支持群团组织在党组织领导下加强对有关社会组织的政治引领、示范带动、联系服务,引导和促进社会组织健康有序发展。10月,党的十八届五中全会提出激励各类社会组织自愿采取包干方式参与扶贫。这些重大政策举措,都将有助于拓展社会组织发挥作用的空间。

六、加强和改进社会组织的教育培训

2015年11月12日,民政部颁布了《关于加强和改进社会组织教育培训工作的指导意见》(民发〔2015〕206号),提出国家将从开发教育培训课程和教材、抓好教育培训师资建设、推进教学方式方法改革、建立健全教育培训工作保障制度、切实做好教育培训工作的组织领导5个方面入手,争取到2020年基本建立与社会组织发展相适应、有活力的社会组织教育培训体系。

从2006年起,深圳已经在中央和地方财政的支持下,坚持对社会组织管理人才进行专业培训,取得了良好的培训效果和社会影响。

附：2015年我国有关行业协会商会的主要政策文件

2015年我国有关行业协会商会的主要政策文件

政策主题	政策文件名称	颁发时间	文号	主要内容
政社分开	《行业协会商会与行政机关脱钩总体方案》	20150708	中办发〔2015〕39号	贯彻落实党的十八大和十八届二中、三中、四中全会精神，加快形成政社分开、权责明确、依法自治的现代社会组织体制，厘清政府、市场、社会关系，积极稳妥地推进行业协会商会与行政机关脱钩，厘清行政机关与行业协会商会的职能边界，加强综合监管和党建工作，促进行业协会商会成为依法设立、自主办会、服务为本、治理规范、行为自律的社会组织；创新行业协会商会管理体制和运行机制，激发内在活力和发展动力，提升行业服务功能，充分发挥行业协会商会在经济发展新常态中的独特优势和应有作用。
	《关于行业协会商会脱钩有关经费支持方式改革的通知（试行）》	20150907	财建〔2015〕788号	以厘清行政机关与行业协会商会职能边界为基础，按照试点先行、稳步推进、转变方式、合理保障的原则，对行业协会商会原有财政直接拨款进行改革，促进行业协会商会加快脱钩、平稳脱钩，激发内在活力和发展动力，使行业协会商会成为依法设立、自主办会、服务为本、治理规范、行为自律的社会主体，更好地发挥作用。
	《关于做好行业协会商会承接政府购买服务工作有关问题的通知（试行）》	20150924	财综〔2015〕73号	充分认识做好行业协会商会承接政府购买服务工作的重要性；公平对待行业协会商会承接政府购买服务；科学确定政府购买服务内容；推进财政支持方式改革；创新政府购买服务方式；加强政府购买服务监管；做好组织实施工作。
	《关于开展社会组织与行政机关挂钩情况全面摸底调查工作的通知》	20151225	深民函〔2015〕1856号	面向全市开展关于社会组织与行政机关挂钩情况的全面调查摸底工作，并对调查的范围、内容、时间及办法进行公布。
第三方评估	民政部《关于探索建立社会组织第三方评估机制的指导意见》	20150513	民发〔2015〕89号	（一）探索建立社会组织第三方评估的总体思路和基本原则；（二）积极培育和规范社会组织第三方评估机构；（三）建立社会组织第三方评估资金保障机制；（四）推进社会组织第三方评估信息公开和结果运用；（五）加强对社会组织第三方评估工作的领导。

续表

政策主题	政策文件名称	颁发时间	文号	主要内容
党建	《关于加强社会组织党的建设工作的意见(试行)》	20150928	——	要建立健全社会组织党建工作机构,理顺管理体系,完善工作机制,落实党建责任,形成党委统一领导、组织部门牵头抓总、社会组织党建工作机构具体指导、有关部门齐抓共管的工作格局;要加大党组织组建力度,推进社会组织党的组织和党的工作有效覆盖,创新党组织工作内容和活动方式,切实发挥好社会组织党组织的政治核心作用;要选优配强党组织书记,加强党务工作者队伍建设,强化党建工作的基础保障,不断提高社会组织党建工作的整体水平。
	关于印发《广东省"两新"组织党建工作财政专项资金管理办法(2015年修订)》的通知	20150527	粤财行〔2015〕198号	规范和保障包括社会组织在内的"两新"组织党建工作专项资金的使用和管理,提高资金使用效率。
加强监管	民政部、财政部《关于规范全国性社会组织年度财务审计工作的通知》	20150302	民发〔2015〕47号	社会组织在接受年度检查时,应当按照登记管理机关的要求报送会计师事务所出具的年度审计报告。登记管理机关为履行监管职责,可以同时出资委托会计师事务所对社会组织进行年度财务抽审。对在财务审计中发现的社会组织违法违规行为,由登记管理机关和相关部门依法予以查处。对于违背注册会计师执业准则,为社会组织出具虚假审计报告的会计师事务所,由财政部门依法予以处理。
	国务院关于批转发展改革委等部门《法人和其他组织统一社会信用代码制度建设总体方案》的通知	20150619	国发〔2015〕33号	建立覆盖全面、稳定且唯一的统一代码制度,实现管理从多头到统一转变、资源从分散到统筹转变、流程从脱节到衔接转变,为转变政府职能、提升行政效能、减轻法人和其他组织的负担奠定基础。
协商民主建设	《关于加强社会主义协商民主建设的意见》	20150209	——	明确了社会主义协商民主的本质属性和基本内涵,阐述了加强社会主义协商民主建设的重要意义、指导思想、基本原则和渠道程序,对新形势下开展政党协商、人大协商、政府协商、政协协商、人民团体协商、基层协商、社会组织协商等做出全面部署,是指导社会主义协商民主建设的纲领性文件。
	《关于加强城乡社区协商的意见》	20150722	——	把社会组织协商列为协商民主的重要渠道。

续表

政策主题	政策文件名称	颁发时间	文号	主要内容
教育培训	《关于加强和改进社会组织教育培训工作的指导意见》	20151112	民发〔2015〕206号	提出加强和改进社会组织教育培训工作的总体要求；进一步明确需求导向的教育培训目标；加快开发教育培训的课程和教材；着力抓好教育培训师资建设；扎实推进教学方式方法改革；建立健全教育培训工作保障制度；切实做好教育培训工作的组织领导。